普通高等教育"十一五"国家级规划教材

U0689403

文化产业概论

（第三版）

李思屈　李　涛　编著

ZHEJIANG UNIVERSITY PRESS
浙江大学出版社
·杭州·

图书在版编目（CIP）数据

文化产业概论 / 李思屈，李涛编著. —2 版.—杭
州：浙江大学出版社，2010.10(2024.7 重印)
ISBN 978-7-308-08012-5

Ⅰ. ①文… Ⅱ. ①李… ②李… Ⅲ. ①文化－产业－
概论 Ⅳ. ①G114

中国版本图书馆 CIP 数据核字（2010）第 194009 号

文化产业概论

李思屈　李　涛 编著

责任编辑	朱　辉	
封面设计	刘依群	
出版发行	浙江大学出版社	
	（杭州市天目山路 148 号　邮政编码 310007）	
	（网址：http://www.zjupress.com）	
排　　版	杭州青翊图文设计有限公司	
印　　刷	广东虎彩云印刷有限公司绍兴分公司	
开　　本	710mm×1000mm　1/16	
印　　张	27.25	
字　　数	476 千	
版 印 次	2014 年 1 月第 3 版　2024 年 7 月第 33 次印刷	
书　　号	ISBN 978-7-308-08012-5	
定　　价	55.00 元	

浙江大学出版社市场运营中心联系方式：0571－88925591；http://zjdxcbs.tmall.com

第三版序言

本书 2006 年成稿,2007 年 1 月出版,2010 年修订出版第 2 版,至今已有 7 年时间。从第 2 版面世到现在也已经快四年了。本次再版,除更新数据、校正文字错误外,还在第一章加入了一个小节,补入中国国家统计局 2012 年 7 月颁布的文化产业统计新标准。这个新标准的不仅有助于解决我国各地文化产业统计标准不一,数据缺乏客观分析基础的问题,而且可以帮助初学者简明地理解"什么是文化产业?""哪些行业属于文化产业"这类问题。

本版仍然保留了第 2 版"4 大板块、11 项专题"的框架结构,其内容由本质论、发展论、经营管理理论和对策论 4 大板块构成。

• 本质论回答文化产业"是什么"的问题,包括基本概念和基础理论的介绍,重点阐述文化产业的本质特征、基本规律、基本功能及其与经济、社会、政治、文化之间的关系。

• 发展论介绍各国文化产业的发展现状与趋势。

• 经营管理论论述文化产业的战略发展思想和经营管理模式。

• 对策论是运用文化产业理论对我国文化产业发展中的问题进行的分析和对策性思考。

本书作为"文化产业概论",其基本任务就是概要地阐述文化产业理论的上述 4 个部分的内容,使读者用尽可能少的时间和精力理解文化产业理论的基本概念,达到系统掌握文化产业基本原理的目的。

化繁为简,以少总多,是理论工作者的任务;把厚书读薄,使内容变浅,是大学教育追求的境界。因此,我们建议读者花一点时间来理解本书"4 大板块、11 项专题"的框架结构。这个结构是对全书内容的纲要式呈现,掌握了这个结构,就掌握了把本书读薄、变少的方法。为此,我们特意对"4 大板块、11 项专题"的框架结构图进行了再修订,使之更加一目了解。

《文化产业概论》理论体系架构图（"4 大板块、11 项专题"）

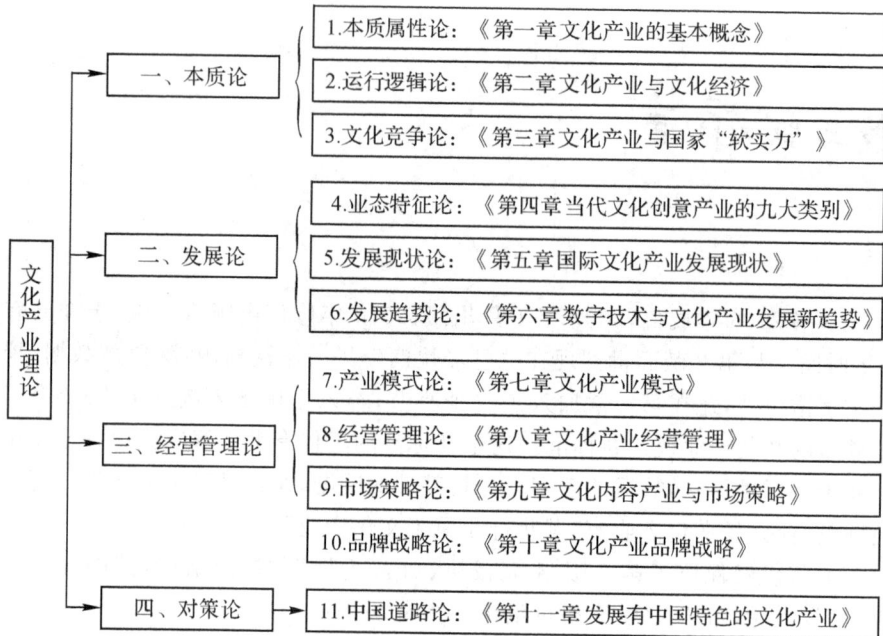

```
                              ┌─ 1.本质属性论:《第一章文化产业的基本概念》
              ┌─ 一、本质论 ──┼─ 2.运行逻辑论:《第二章文化产业与文化经济》
              │               └─ 3.文化竞争论:《第三章文化产业与国家"软实力"》
              │
              │               ┌─ 4.业态特征论:《第四章当代文化创意产业的九大类别》
              ├─ 二、发展论 ──┼─ 5.发展现状论:《第五章国际文化产业发展现状》
文  化        │               └─ 6.发展趋势论:《第六章数字技术与文化产业发展新趋势》
产  业        │
理  论        │                    ┌─ 7.产业模式论:《第七章文化产业模式》
              ├─ 三、经营管理理论 ─┼─ 8.经营管理论:《第八章文化产业经营管理》
              │                    ├─ 9.市场策略论:《第九章文化内容产业与市场策略》
              │                    └─ 10.品牌战略论:《第十章文化产业品牌战略》
              │
              └─ 四、对策论 ──────── 11.中国道路论:《第十一章发展有中国特色的文化产业》
```

在此第三版出版之际,本书作者再次向多年来使用和关心本书的师生和广大读者表示衷心的感谢:与你们的沟通给了我们丰富的灵感,你们的热情支持和宝贵意见给了我们极大的鼓励与帮助。

我们还要感谢给了我们大量帮助的中外文化产业的实践家和理论工作者:你们宝贵的实践经验和理论研究成果,是本书编撰和修订的重要基础和依据。

对我们各自所在工作单位的领导和同事,我们要致以特别的感谢:感谢浙江大学传媒与国际文化学院的师生和朋友同仁,尤其是我们亲爱的师生团队中的各位成员,这么多年来与你们一起惜缘、爱智,共同奋斗,已经成了我们生命中的最宝贵记忆;感谢浙江传媒学院的领导和同仁,是你们对人才的爱惜和珍重使李涛有机会调入浙江传媒学院,有机会与你们分享共同工作的乐趣。

第三版的修订内容仍然保留原来的分工,浙江大学传媒与国际文化学院李思屈教授负责序言和理论框架修订、《练习思考与案例》设计部分和第一章、第二章、第三章、第五章第一节、第六章、第七章、第十一章的内容。浙江传媒学院李涛教授负责第四章、第五章第二、三、四节、第八章、第九章、第十章的内容和全书文字校订。

作者,2014 年 1 月 1 日于杭州

使用说明

一、本书既可供大专院校文化产业管理、传播学、管理学、文学、艺术学等专业作为教材或教学参考书之用,也可为文化产业管理部门和企业、文化产业研究者和爱好者学习参考。本书以结合中外文化产业实际,探讨文化产业本质特征和规律为重点,而从文化批判角度出发的批判性、反思性的内容将另由"文化研究"、"媒介批评"等理论来承担。

二、本书内容包括文化产业本质论、发展论、经营管理理论和发展论四大板块的内容,四大板块的内容在不同的章节中各有侧重,同时又相互交叉,在理论深度上兼顾本科生教学和研究生教学的要求,建议教师在使用本书时根据不同的教学对象和教学要求控制各章内容的详略,适当取舍,有选择地给不同层次的学生布置不同的"练习、思考与案例"中的作业。

三、本书在教育方法上强调案例教学与师生互动。为了帮助学生和读者加深对文化产业基本概念和理论的理解,本书收录了一些文化产业的个案研究材料,放在相应章后的"练习、思考与案例"中。建议教师根据教学进度安排指导学生阅读,作为课后的延伸讨论,也可以作为特定内容的课前阅读材料,以便于课堂上展开有针对性的讨论。

四、本书作为教材,建议授课学时为54学时。

五、本书作者十分乐意与读者互动,欢迎读者为本书提供更新、更精彩的案例或线索,尤其欢迎采用本书为教材的老师和同学给我们提出批评和改进意见,使本书得到进一步修改和完善。读者的意见和建议可通过出版社转达或直接电邮给作者李思屈(李杰,lijie1959@aliyun.com)或李涛(sibi99999@126.com)。

前 言

　　文化产业理论由本质论、发展论、经营管理论和对策论四个部分组成,其基本任务,就是对文化产业的基本概念、本质特点、发展规律和经营管理规律等普遍性的问题进行探讨,对文化产业发展中出现的普遍问题提供科学的解答。而所谓文化产业概论,就是概要地讲述文化产业的理论,使我们在较短的时间内,对文化产业理论的主要内容有一个系统的理解和掌握。

　　21世纪,一轮新的国际竞争在文化产业领域内展开。文化产业的发展,已经构成了当代人生活的一个基本环境,文化产业理论素养,必将成为未来人才的一种基本素养。在当前和未来50年内,社会将需要大批文化素养高、创意能力强、经营管理能力出色的文化创意人才、文化产业经营管理人才和研究人才,以满足各个文化产业部门发展的需要。中国加入WTO以后,培养新一代能适应媒介产业化、文化大众化、传播国际化的人才,不仅是各传播机构、文化产业集团、政府文化管理机构、大专院校和科研机构的教学与研究的需要,而且也是提高民族素质,增强国民整体创新力的需要。

　　文化产业的迅猛发展需要文化产业理论的支持,国民整体文化素质和整体竞争力的提高也需要文化产业理论的支持。因此,学好文化产业理论,根据文化产业实践和现实生活发展中出现的新情况、新问题不断发展文化产业理论,是新一代知识分子的一项重要历史使命。

目 录

第一章

文化产业的基本概念

概念是人类理论思维的基本工具。任何一门学科理论都以自己特有的概念体系为基础。因此,正确地理解文化产业的基本概念,是掌握文化产业理论的基础。在本章中,我们将重点介绍文化产业理论中最重要的几个概念:文化、文化产业、创意产业、文化创意产业、文化事业等,从而掌握文化产业的基本特征,理解发展文化产业的意义和文化产业理论发展的基本概况。

第一节　文化与符号

一、什么是"文化"?

要理解文化产业,首先要理解什么是文化。广义的"文化"指人类创造的精神和物质财富的总和;狭义的"文化"指人类的知识、智力、情感、艺术、教育、科技等内容。

在西方语言中,"文化"(英文 culture,德文 kulture)一词来源于拉丁文 cultura,原义是指农耕及对植物的培育。15 世纪以后,人们把对人的品德和能力的培养也称之为文化,逐渐引申出教化、修养、文雅、智力发展和文明等诸多意义。在汉语中,"文化"的本意是"文治和教化"。"文"的本意是线条交错的图形、花纹,引申为文字、文章、文采,也用于指礼乐制度、法律条文等。"化"就是"教化"的意思。因此,"文化"就是指以礼乐制度教化百姓。汉代刘向《说苑》中有"凡武之兴,谓不服也,文化不改,然后加诛"的说法,南齐王融《曲水诗序》也有"设神理以景俗,敷文化以柔远"之句,其中"文化"均为文治教化之意。

可见,文化一词的中、西两个来源,殊途同归,都用来指称人类社会的精神现象,抑或泛指人类所创造的一切物质产品和非物质产品的总和。

广义的文化概念着眼于人类与一般动物、人类社会与自然界的本质区别,着眼于人类卓立于自然的独特的生存方式①,其涵盖面非常广泛,所以又被称为大文化。

对广义文化的分类,有"两分法"、"三分法"和"四分法"等不同的分法。"两分法"把文化分为两类,即物质文化和精神文化。"三分法"把文化分为物质、制度和精神三个层次。"四分法"则把文化分为器物、制度、风俗习惯、思想和价值四个层次。器物文化是物态化的文化,是人的物质生产活动及其产品的总和,是可感知的、具有物质实体的文化事物。制度文化层由人类在社会实践中建立的各种社会规范构成,包括社会经济制度,婚姻制度,家族制度,政治法律制度,宗教社团、教育、科技、艺术组织等制度形态。风俗习惯是人的行为文化层,表现于日常生活行为,具有民族和地域特色。思想价值层次由人的价值观念、审美情趣、思维方式等构成,具体表现于艺术、宗教、道德等形态,这是文化的核心部分。

可见,"文化"的概念涵盖了一个民族的全部生活方式,包括一个人从出生到走进坟墓、从早晨到夜晚,甚至在睡梦之中表现的各种不同内容。

因此,我们可以看到,在日常生活中,"文化"一词的使用非常频繁,但它本身的内容却变化不定,因时因地而殊。从学术研究角度对"文化"下的定义也多达百种。不过,只要我们理解了"文化"是可以分为不同层次的,就不难发现,东、西方不同时代的学者对文化的定义其实常常是从特定的学科、特定的研究立场出发,对文化的某一个或几个层次内容加以特别的强调。如果我们对这些文化定义进行归纳整理,大概可以得到如下 5 个不同的含义:

①文化即知识。在日常用语中,常常把文化知识连用,甚至直接把有知识的人称为文化人。这是一种最常见,也是最狭义的文化含义。

②文化是以知识为载体的思想、观念、精神、价值观等人文素养。有人讲我们不能"有知识没文化",就是在这种意义上使用"文化"一词的。

③文化是风俗、习惯、观念和规范形成的社会群体的生活方式或行为

---

① 生存方式:此指人类生命的存在方式,主要体现为人的实践活动,主要包括:面向自然界的实践,面向社会界的实践以及面向精神世界的实践三种类型。详见本节小贴士。

模式。

④文化是人类创造的物质财富和精神财富的总和。

⑤文化是精神文明对人本身的影响和塑造过程,即精神力量对人的教化过程。

除上述定义外,文化还有其他一些表述方式,如考古学中,文化指"同一历史时期的遗迹、遗物的综合体"。在哲学和人类学中,文化也指"民族生活方式的总和"、"思维、情感和信仰的方式"、"对反复出现的问题的标准化认识取向",等等。

小贴士

生存方式(Survival Mode)

生存方式指生命的存在方式,也就是生存的样式和活动。人的生存方式本质上是人的本质力量的现实化和对象化,它体现为人的实践活动,主要包括三种类型,即面向自然界的实践,面向社会界的实践,以及面向精神世界的实践。

人的生存方式主要有三大要素构成,即生存事实、生存实践、生存价值。其中,生存实践是人的生存方式的核心,生存实践所包含的生存背景、生存途径、生存角色是人的生活方式的具体内容,生存价值即生活的意义和生活的目标,生存价值是人的生存方式的特殊性规定,它决定了人的生存方式与其他一切生命存在的不同本质。

人的生活方式是生存方式的现实表现,依据其活动性质可分为下述内容:工作方式、婚姻方式、交往方式、闲暇方式。其中工作方式又包括社会生产和个人就业;婚姻方式又包括结婚离婚、家庭生活;交往方式又包括经济交往、政治交往、文化交往和日常生活交往;闲暇方式又包括闲暇物质消费、闲暇精神消费和休闲娱乐消费。

人的生存价值的现实表现,依据其层次的不同可分为下面两个内容:生活目标的追求和生活意义的自足。其中,前者在现实中具有四个层次:生存与温饱、舒适与安逸、功名与利禄、理想与追求;相应,后者自足标准分别为:不饥、不贫、宽裕;快乐、平安、谐和;财富、名誉、权势;成就、奉献、境界。

二、文化三要素与符号

综观文化的各种不同定义,我们可以发现,文化的含义尽管复杂,但其本质含义却是共通的,即人所特有的精神创造。人的精神创造活动千差万别,有一点却是共通的,它们都是一种符号活动。

符号是用于表达意义的记号,是能够意指其他事物的东西。精神是抽象的,文化内容是看不见,摸不着的,人之所以能够感觉和把握一定的精神文化内容,都是把它符号化的结果。抽象的爱情无法感知,我们就用玫瑰花来表达,用亲吻来体现,这就是视觉符号与行为符号的运用。德国哲学家卡西尔(Ernst Cassirer,1874—1945)说过,一切文化形式都是符号形式,因此,"我们应当把人定义为符号的动物(animal symbolicum)"①。因为,只有通过符号的创造,人类才能创造文化。我们的一切思想,都是通过语言符号来建构和传达的,我们的情感和对世界人生的感觉,只有通过音乐的声音符号、美术的视觉符号、文学的语言符号、舞蹈的形体符号等艺术符号体系能够充分地捕捉和表达,都必定体现为一定的符号;任何符号,都是一定文化的体现。一切文化,都是符号,没有符号,就没有文化。

从文化产业研究的需要而言,我们只要掌握了文化的这种符号性特征,就抓住了文化产业所有活动的要害和本质。因为符号同时体现了人类文化的三大要素,即精神要素、表达要素与规范要素。

精神要素即文化的精神内容,主要指哲学、艺术、宗教、伦理道德等思想意义层面的内容。这些抽象复杂的内容是通过符号来表达的,符号学称为符号的"所指"(significatum)。精神文化是文化要素中最有活力的部分,是人类创造活动的动力。没有精神文化,人类便无法与动物相区别。在精神内容中,体现于哲学、艺术、宗教、伦理道德中的价值观念是一个特别重要的因素。价值观念是一个社会的成员评价行为和事物以及从各种可能的目标中选择合意目标的标准。这个标准存在于人的内心,并通过态度和行为表现出来,它决定人们赞赏什么,追求什么,选择什么样的生活目标和生活方式。价值观念体现在人类创造的一切物质和非物质产品之中。产品的种类、用途和式样,无不反映着创造者的价值观念。

表达要素即文化的表现形态,是表达特定精神意义的物质形态,符号学称

---

① 恩斯特·卡西尔:《人论》,上海译文出版社1985年版,第34页。

之为"能指"(signifier),如一个民族的语言、服饰,品牌标志,国旗,音乐中的声音,绘画中的色彩和线条,影视中的镜头等。文化在人类社会中的交流、凝聚作用,都是通过符号来完成的,人类的文化创造,也是通过符号来完成的,人类文化的积淀和贮存,也是通过符号来实现的。人类只有借助符号才能沟通,只有沟通和互动才能创造文化。能够使用符号从事生产和社会活动,创造出丰富多彩的文化,是人类特有的属性。

规范要素是人们行为的准则,包括思维规范,如约定俗成的语法规则、艺术程式、风俗习惯,明文规定的法律条文、群体组织的规章制度等,符号学称为"符码"(code)。各种规范之间互相联系,互相渗透,互为补充,共同调整着人们的各种社会关系。规范规定了人们活动的方向、方法和式样,规定符号的使用方法。

文化产业本质是一种符号的商品化生产。文化创意人根据一定的符码规则创造出具有精神消费价值的符号产品,如书稿、画稿、视觉设计,企业家组织符号的规范化生产和市场销售。图书、影视等文化产业是语言符号、视觉符号的生产和销售,文化旅游、民俗观光等产业则是把特定的地点符号化,并展示有个性特色的生活方式符码来满足特定的文化需要。

三、大众文化

大众文化与精英文化相对,是文化的重要组成部分,也是文化产业存在的基础。现代文化产业就其本质上讲,就是大众文化的展开方式,是大众的文化生产、日常文化消费的方式。因此,要理解文化产业,就必须先理解大众文化。

大众文化在英文中有两种表达方式:一是 popular culture,即在大众中流行的文化,或通俗文化;二是 mass culture,即粗俗大众的文化。然而在许多场合中,popular culture 和 mass culture 两种含义实际上是合而为一的。一些人在论述 popular culture 的时候,常常是自然地包括了 mass culture 的意思。雷蒙·威廉姆斯在给大众文化做解释的时候,就明确地指出大众文化"带有两个旧有的含义:低等次的作品(如大众文学、大众出版商以区别于高品位的出版机构);和刻意炮制出来以博取欢心的作品(如有别于民主新闻的大众新闻,或大众娱乐)。它更现代的意义是为许多人所喜爱,而这一点,在许多方面,当然也是与在先的两个意义重叠的。"①从中文的实际使用来看,"大众文化"可以说同时包含了上述两种含义。

然而,作为当代文化产业基础的大众文化是一个特定范畴,它主要是指兴起于当代都市的,与现代工业和现代传媒密切相关的大众消费文化形态。当代大众文化的兴起可溯源到 18 和 19 世纪,但是有关文化研究的理论繁荣,则是 20 世纪 20 年代以后的事情。因为从这个时候起,人类社会进入了"大众社会"(mass society)的阶段。随着科学技术推动下的工业和大众传媒业的迅速发展,整个社会的工业化和都市化进程加快,传统的以等级、血统联系为特征的文化解体,个人被"原子化",人与人之间关系就像原子,意义和道德作为传统社会的凝聚力逐渐消失。大众社会中的人际关系演变为契约的、疏远的关系,大规模的、无个性的机械复制在极大提高了生产力的同时,也在相当大的程度上取代了人的个性化手工劳动及创造性。

当代大众文化从它诞生的那一天起,就是与当代大众传媒的发展同步的。大众文化的复制性,在很大程度上就来源于大众传媒的复制性。现代图书是复制,它动辄印数成千上万,印出的书相互之间没有任何区别,没有了手稿的个性和美学特征,现代图片是复制,绘画原作的审美价值在复制过程大量消失。现代的报纸、电视、广播也是复制,它们在极短的时间内复制出数以百万计的拷贝,使成千个读者、观众和听众得到完全一样的信息。学术界关于大众传媒与大众文化的一个争论的焦点,就在于大众传媒产品的大众化特征,究竟是好事还是坏事?无论从质还是从量来看,在资本主义高度发达的 20 世纪,大众传媒在文化领域里已经取得了举足轻重的主流地位。它们一方面使原子化、片断化的大众社会得以保持一种"整体"感觉,同时又快捷高效地生产和传播着文化,推动着现代文化产业的繁荣,但另一方面,大众传媒复制化、无个性化的一个直接结果,就是大众经验的"类型化",以及被统治阶级利用为政治工具的"意识形态化"。

① 雷蒙·威廉姆斯:《关键词:文化和社会词汇表》,伦敦,丰塔那出版社 1976 年版,第 199 页(Ramond Williams,Keywords:A Vocabulary of Culture and Society,London:Fontana),转见陆扬、王毅:《大众文化与传媒》,上海三联书店 2000 年版,第 12 页。

小贴士

日本漫画——一种非常重要的大众文化现象

日本漫画是一种非常重要的大众文化现象。它产生于工业社会的经济文化一体化之中,以都市众生为自己的消费人群,由于其贴近大众生活,能够满足人们对这种特定文化的渴求和对闲暇的利用,并具有通过现代传媒进行传播、深度有限、模式化、易复制、按照市场规律批量生产、广泛性和娱乐性等特点,这也使得它与生俱来就有了商业化与满足大众文化消费的天性。

日本漫画的起源,可追溯到江户时代以前,其雏形为日本浮世绘及各种形式的戏画和讽刺画。明治维新以后,随着新闻出版事业和印刷技术的发展,漫画日渐繁荣。到19世纪后半叶,日本有了现代意义上的漫画。到二战前,已经产生了具有故事情节的长篇漫画,实现了日本漫画中的一次飞跃,并为日本动漫产业的崛起奠定了基础。到二战后,著名漫画家手冢治虫的崛起,使这种以故事情节为主的日本现代漫画形式得以最终完成,从此作为日本特有的漫画形式正式诞生。

手冢治虫等一批战后漫画家的崛起,深深地影响了两代人。随着阅读漫画的两代人的成长,漫画发生了一系列的演变,派生出了许多种类的漫画形式。深受漫画文化影响的两代人成长起来以后,不再局限于对漫画的阅读,更身体力行地去创作漫画。20世纪60年代以后,漫画的读者群便从青少年扩展到中青年一代,深深地渗透并影响着日本社会文化的各个领域,其影响还波及亚洲和欧美国家。

有鉴于各国间文化相互影响和竞争的态势,日本前首相麻生太郎曾经表示,日本应该推行"动漫外交",不但可以传递日本的"酷"形象,也让其他国家可以更容易了解日本。全球很多人都体验过日本流行文化的威力,不论是动画、漫画,还是日剧及流行时尚,让众多青少年心甘情愿受日本文化的感召。对日本而言,漫画不仅是重要的大众文化,而且也成了日本参与国际竞争的重要文化资产。

由于文化产业与大众文化具有天然的联系,因此文化研究中对大众文化的争论也往往涉及对文化产业的功能和作用的争论。关于大众文化的争论,主要围绕着如下三个方面的问题：

（1）大众文化的起源和性质问题。即是什么决定着大众文化？大众文化从何而来？是来自民众自身，是他们喜怒哀乐和生活经验的表达，还是统治阶级加之于民的一种社会控制？换言之，大众文化是自下而上发端于底层社会大众，还是自上而下来自统治阶级的精英阶层，抑或是两者之间的一种相互作用？

（2）商业化和文化产业化对大众文化影响问题。即文化以产业方式生产，以商品形式出现，是否意味着利润和市场的标准先于艺术和知识内涵？或者说，大众文化市场的日益扩展，就意味它真正是大众的文化，因为它提供了人们事实需要的商品？

（3）大众文化的意识形态功能问题。即大众文化是诱使大众接受并且追随统治阶级的价值观念，以使特权阶层延续并且强化对他们的统治，还是它表征了对现存社会秩序的叛逆和反抗？

在西方的一些主流文化学者看来，大众文化并不是大众自己的文化，而是政治和商业机制自上而下强加给大众的，因此大都是些声色之娱的"快餐文化"，是"文化垃圾"。这种观点是包括西方马克思主义在内的一个传统观点。就是在罗兰·巴特（Roland Barthes）的《神话学》等著作中，也在论证大众文化并不是起源于"大众"的，而是企业家们制造出来的，其目的是为追逐最大的利润，而非为满足公众的满足。大众文化学者阿多诺对"严肃音乐"和"流行音乐"所作的区分，其实就包含了对大众文化的这种批判，"严肃音乐"是高雅艺术，精英文化的代表，被认为是表征了艺术家创造天赋的，而"流行音乐"则被认为是商品化的消费对象。

学者们对大众文化的批判，当然也包含了许多真理的成分，但却难免有方法上的片面、静止之失和立场上的精英主义之嫌。大众文化固然有其低俗、肤浅的一面，但同时又有其生动活泼、富于开创性和生命力的一面。就中国当代大众文化的兴起而言，主要表现为如下两方面的重要作用：

（1）大众文化对推动中国社会发展具有重要的意义。大众文化的兴起，实际地改变着中国当代的意识形态，在建立公共文化空间和社会生活的民主化进程中发挥了积极的作用。

新中国的大众文化的兴起，发源于1990年代的思想解放运动。这一大众文化首先表现为反对封建思想和政治迷信的世俗化运动，是中国市场经济发展和社会整体变革的一部分。正如大众文化研究学者金元浦先生所言，中国的大众文化"在建立初期所表现出来的非政治、非道德价值、非艺术、甚至非审美的某些现象特征正是它对过去时代极端的政治价值观的反拨和对先前政治一伦理一元价值结构的冲击。在变革政治一体化的阶级斗争意识形态上，它具有看似漫漶实则相当坚定的力量"，"它在某种程度上帮助开辟了当代文化与经济、政治三极并立、获得相对独立的社会与制度定位，并对当代政治、经济产生重大影响与制约的可能道路。"金元浦指出，"大众文化的形成是中国当代市场经济条件下市民（公民）社会成长的伴生物。它开辟了迥异于单位所属制的政治（档案）等级空间和家族血缘伦理关系网的另一自由交往的公共文化空间。从歌迷会、球迷会、练歌房……直到网上聊天室。它提供了文化的个人空间和个性表达方式。提供了个人在公共空间特别是媒体空间拓展想象、选择趣味、虚拟地实现个人情感生活的某种可能。"①

（2）大众文化具有在内容和形式上贴近日常生活、贴近普通大众的特征，为先进文化的发展和创新提供了生动丰富的原料。人类创造的文化本来就应该为人类大众所拥有，为人类的大多数服务，大众文化既然为广大人民群众喜闻乐见，它本身就是文化的生命力和价值的表现。历史上的无数文化经典的诞生，无不以丰富的大众文化为基础，以民族的文化创造为源泉。中国的《诗经》、《乐府》，西方的《伊利亚特》、《奥德赛》，都是大众文化成为经典的代表。中国的唐诗、宋词、元曲，俄罗斯的《天鹅湖》，都是在大众文化基础上的再创造，它们无不因为善于吸收大众的智慧和民间文化的精华而成就了自己的辉煌，同时也为大众所喜爱。历史上一些远离大众，孤芳自赏的精神文化，往往因为脱离了普通大众的生活土壤而昙花一现，成为真正的文化垃圾。离开了大众，离开了大众文化，精英文化或文化经典就会成为无根之本，无源之水。

第二节　文化产业与创意产业

一、文化产业的内涵与外延

所谓文化产业（Culture Industry），简单地讲就是生产和销售文化产品或

---

① 金元浦：《定义大众文化》，金元浦主编：《文化研究：理论与实践》，河南大学出版社
2004年版，第164～165页。

服务的产业,即以产业化/商业化的形式来进行文化的生产、交换和消费。

不过,如何准确地定义文化产业,把握其内涵与外延,也仍然存在着一些分歧。所谓文化产业的内涵与外延,通俗地讲就是:什么是文化产业(文化产业的本质)?哪些行业可以划在文化产业的范畴之内?这是我们研究文化产业首先要遇到的问题。

由于人们对文化产业的理解各有不同,学术界关于文化产业有种种不同的定义,管理部门在文化产业的统计标准上也不完全相同。这看起来只是一个概念问题,但却关系到我们是否能够深刻认识文化产业的本质特征,是否能够全面准确地描述这个产业或产业群的成长状况和发展前景。因此,关于文化产业的内涵和外延问题,既关系到一个学科的理论基础,也是一个实践性很强的问题。

目前,关于文化产业的定义有如下几种:

1.“精神产品和服务”说

“精神产品和服务”说是从产品的性质来定义文化产业,把文化产业理解为“向消费者提供精神产品或服务的行业”[①]。

“精神产品和服务”说既强调了文化产业的精神性和意识形态属性,又强调了它的经济性。就其经济过程的性质而言,文化产业可以被定义为“按照工业标准生产、再生产、储存以及分配文化产品和服务的一系列活动”,认为现代文化产业实际上是一个奠基于大规模复制技术之上的巨大产业群,履行着最广泛传播的功能,经商业动机的刺激和经济链条的中介,向传统文化艺术的“原创”和“保存”两个基本环节渗透,“将原创变成资源开发,将保存变成展示,并将整个过程奠定在现代知识产权之上”。

基于这种理解,“精神产品和服务”说把文化产业划分为三个门类,即“主体行业”、“前沿行业”和“边疆行业”。“主体行业”又叫“核心行业”,如文化娱乐业、新闻出版、广播影视、音像、网络及计算机服务、旅游、教育等;“前沿行业”,指现代文化产业竞争所争夺的“前沿”,如传统的文学、戏剧、音乐、美术、摄影、舞蹈、电影电视创作甚至工业与建筑设计,以及艺术博览场馆、图书馆等;“边疆行业”包括广告业和咨询业等正在开发的“边疆”。[②]

---

① 张晓明、胡惠林、章建刚:《迎接中国文化产业发展的新时代》,江蓝生、谢绳武主编:《2001—2002年中国文化产业蓝皮书》,社会科学文献出版社2002年版,第2页。

② 张晓明、胡惠林、章建刚:《迎接中国文化产业发展的新时代》,江蓝生、谢绳武主编:《2001—2002年中国文化产业蓝皮书》,社会科学文献出版社2002年版,第3页。

2."内容产业"说

"内容产业"说把文化产业定义为生产和销售意义内容的产业。在日本，"内容产业"一词远比"文化产业"一词更为流行，是与文化旅游产业具有同等重要性的产业。在中国等国家视为"文化产业"门类，如动漫、游戏、音乐等，在日本往往都被称作"内容产业"。

内容生产是文化生产的核心，正是由于意识到内容生产在文化产业中的重要性，有中国学者从"内容产业"角度来定义文化产业的本质特征，认为文化产业是"生产文化意义内容的商品和服务产业"。这一定义强调的基本内涵是"在社会高度工业化、技术化和商品化条件下，文化领域中出现的使文化产品具有鲜明的技术性、复制性、批量性、商品性的文化产出方式"[①]。

按照这个定义，文化产业可以分为三个层次：

一是最狭义的概念，即文化创作业，包括从文化艺术作品的创作、销售、展示到接受等各种活动，如文学艺术创作、音乐创作、摄影、舞蹈、工业设计、建筑设计以及其他各种创造性的艺术活动领域，也包括文化艺术活动的生产和销售系统，如艺术场馆、博物馆、展览馆、艺术拍卖以及各种形式的文化娱乐、演出、教育活动。

二是扩展性的概念，即文化制作与传播业，包括随着现代"记录"与"复制"技术发展起来的纸介质、磁介质、电子介质、光介质四种媒介而形成的"文化工业"生产活动，如新闻出版业、广播业、影视业、音像业、网络业等。持"意义内容"的学者还认为，如果狭义的文化产业主要是"文化内容"产业的话，那么扩展性的文化产业则主要是以"文化传播手段"为特征的。

三是最一般的概念，即以文化意义为基础的产业，包括所有具有文化标记的产品，从古老的服装业到具有现代商标的一切产品。"意义内容"说认为，"现代经济是'人文化'、'艺术化'的经济，从产品设计到生产流程设计，从企业的战略管理到品牌形象管理，从对客户需求的全面的人文化服务到对企业团队精神的全面文化建设，无不充满了现代人文精神和艺术性"[②]。

在这种极广义的文化产业概念中，现代大多数产业，不管是物质生产部门还是精神生产部门，只要它是"以提高社会效益和经济效益为最终目标，以市场为主要发展机制，从事物质和非物质文化服务和生产活动，满足人们精神和文化需求"的部门，都可以算成是文化产业。因为传统的"人文学科"已经通过

---

① 唐任伍、赵莉：《文化产业：21 世纪的潜能产业》，贵州人民出版社 2004 年版，第 7 页。

② 唐任伍、赵莉：《文化产业：21 世纪的潜能产业》，贵州人民出版社 2004 年版，第 8 页。

"人文设计"渗透到了当代经济生活的各个角落,人们甚至已经找不到没有文化标记的产品,现代经济已经开始在总体上以"文化意义"为基础了。[①]

3. "版权产业核心"说

"版权产业核心"说认为,文化产业的本质是版权产业,因为版权是精神产品和服务的核心部分。"从本质上讲,文化产业是以版权产业为核心的提供精神产品的生产和服务的产业,包括出版发行业、新闻业、广播影视业、网络服务业、广告业、计算机软件业、信息及数据服务业等,以及与以上产业类型紧密相关的艺术创作业、艺术品制作业、演出业、娱乐业、文物业、教育业、体育业、旅游业等。在知识经济时代,文化产业日益成为最重要的支柱产业之一"[②]。

版权核心说比较接近于美国学者和业界对文化产业的认识。实际上,在美国,讲"版权产业"的频率往往比讲"文化产业"的频率更高。在特定的语境下,使用"版权产业"比使用"文化产业"还有一个好处,就是既避免了西方文化理论语境中"文化产业"一词的贬义色彩,又突出了文化产业是以版权保护为核心的内容产业这一特征。

4. "工业标准"说

按照联合国教科文组织(UNESCO)的定义,文化产业是根据工业标准进行生产、再生产和组成文化产品和服务的一个过程;而所谓工业标准,则主要指标准化、规模化、专业化和连续性。联合国教科文组织则认为,创意是人类文化定位的一个重要部分,可被不同形式表现。"文化产业"适用于那些以无形、文化为本质的内容,经过创造、生产与商品化结合的产业。

5. "文化娱乐集合"说

2005 年 6 月 6 日,中国开始实施《文化及相关产业指标体系框架》。这是由中宣部协调,国家统计局牵头,文化部、广电总局、新闻出版总署和国家文物局各部门联合参与的"文化产业统计研究课题组"的第二阶段研究成果。此前发布的《文化及相关产业分类》是课题组第一阶段的研究成果,从统计学意义上对文化产业的概念和范围进行了权威界定。在《文化及相关产业分类》中,"文化产业"这一概念被界定为"为社会公众提供文化、娱乐产品和服务的活动,以及与这些活动有关联的活动的集合"。文化产业及相关产业的范围包括文化产品、文化传播服务和文化休闲娱乐活动直接关联的用品、设备的生产和销售活动以及相关文化产品的生产和销售活动,具体可划分为"核心层"、"外

[①] 唐任伍、赵莉:《文化产业:21 世纪的潜能产业》,贵州人民出版社 2004 年版,第 9 页。

[②] 周冰:《大力发展文化产业》,《光明日报》2005 年 6 月 7 日。

围层"和"相关层"(图 1.1)。

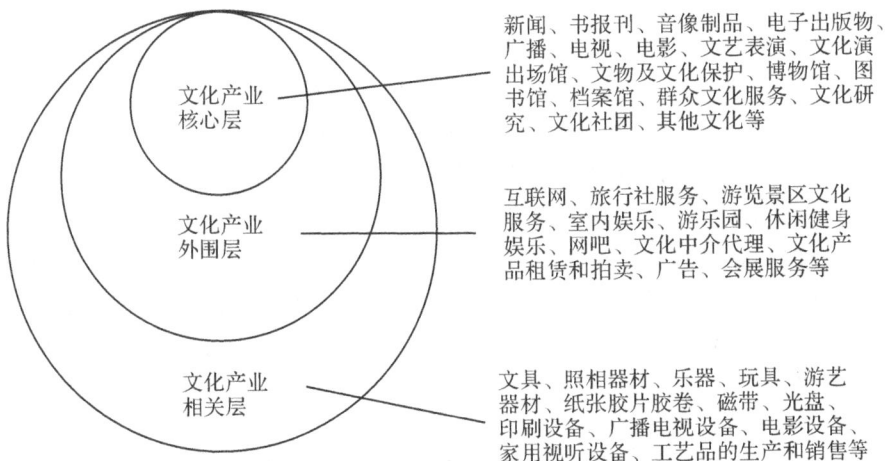

文化产业核心层 —— 新闻、书报刊、音像制品、电子出版物、广播、电视、电影、文艺表演、文化演出场馆、文物及文化保护、博物馆、图书馆、档案馆、群众文化服务、文化研究、文化社团、其他文化等

文化产业外围层 —— 互联网、旅行社服务、游览景区文化服务、室内娱乐、游乐园、休闲健身娱乐、网吧、文化中介代理、文化产品租赁和拍卖、广告、会展服务等

文化产业相关层 —— 文具、照相器材、乐器、玩具、游艺器材、纸张胶片胶卷、磁带、光盘、印刷设备、广播电视设备、电影设备、家用视听设备、工艺品的生产和销售等

图 1.1 文化产业及相关产业的范围

以上 5 种定义,分别从不同的侧重点描述了文化产业的本质及其基本特征,对于我们理解文化产业的性质有一定的启发作用。其中第五种定义,即"文化娱乐集合"说,是中国以国家统计局、中宣部、文化部、广电总局为代表的各部委正式认可的定义。

但这一定义也因为在具体的实践中遇到的一些问题而受到批评。其争议最大的问题是其分类标准以传统的文化条块管理为参照,对文化产业的发展实际照顾不充分。例如,这个定义与分类未区分公益性的"文化事业"和经营性的"文化产业",把博物馆、烈士陵园、纪念馆、图书馆、档案馆、群众文化活动、群众文化馆、社会人文科学研究等,都归入最核心的第一层"文化服务"。同时,新媒体产业在分类中得不到反映,文化教育、体育等文化特色鲜明的产业部分也没有纳入。

二、中国文化产业分类新标准

中国提出大力发展文化产业以来,各地对文化产业的分类和统计标准互有差异。2012 年 7 月,国家统计局颁布实施了文化产业新的分类统计标准,为界定我国文化及相关单位的生产活动提供依据,为建立科学可行的文化及相关产业统计制度提供了依据,为当前的社会文化建设、文化宏观管理提供参考,为文化及相关产业统计提供统一的定义和范围。

在这个新的分类标准中,"文化产业"被界定为:"为社会公众提供文化产品和文化相关产品的生产活动的集合"。

根据这一定义,中国文化及相关产业的范围包括:

(1)以文化为核心内容,为直接满足人们的精神需要而进行的创作、制造、传播、展示等文化产品(包括货物和服务)的生产活动;

(2)为实现文化产品生产所必需的辅助生产活动;

(3)作为文化产品实物载体或制作(使用、传播、展示)工具的文化用品的生产活动(包括制造和销售);

(4)为实现文化产品生产所需专用设备的生产活动(包括制造和销售)。

新的分类以《国民经济行业分类》(GB/T4754—2011)为基础,根据文化及相关单位生产活动的特点,将行业分类中相关的类别重新组合,是《国民经济行业分类》的派生分类。

根据我国文化体制改革和发展的实际,这个分类在考虑文化生产活动特点的同时,兼顾政府部门管理的需要;立足于现行的统计制度和方法,充分考虑分类的可操作性。

同时新的分类还借鉴了联合国教科文组织的《文化统计框架-2009》的分类方法,在定义和覆盖范围上可与其衔接。

依据上述分类原则,新标准将文化及相关产业分为五层,共十大类,见表1-1《文化及相关产业的类别名称和行业代码》。

表1-1　文化及相关产业的类别名称和行业代码

类别名称	国民经济行业代码
第一部分　　文化产品的生产	
一、新闻出版发行服务	
(一)新闻服务	
新闻业	8510
(二)出版服务	
图书出版	8521
报纸出版	8522
期刊出版	8523
音像制品出版	8524

类别名称	国民经济行业代码
电子出版物出版	8525
其他出版业	8529
(三)发行服务	
图书批发	5143
报刊批发	5144
音像制品及电子出版物批发	5145
图书、报刊零售	5243
音像制品及电子出版物零售	5244
二、广播电视电影服务	
(一)广播电视服务	
广播	8610
电视	8620
(二)电影和影视录音服务	
电影和影视节目制作	8630
电影和影视节目发行	8640
电影放映	8650
录音制作	8660
三、文化艺术服务	
(一)文艺创作与表演服务	
文艺创作与表演	8710
艺术表演场馆	8720
(二)图书馆与档案馆服务	
图书馆	8731
档案馆	8732

续表

类别名称	国民经济行业代码
（三）文化遗产保护服务	
文物及非物质文化遗产保护	8740
博物馆	8750
烈士陵园、纪念馆	8760
（四）群众文化服务	
群众文化活动	8770
（五）文化研究和社团服务	
社会人文科学研究	7350
专业性团体（的服务）*	9421
• 学术理论社会团体的服务	
• 文化团体的服务	
（六）文化艺术培训服务	
文化艺术培训	8293
其他未列明教育*	8299
• 美术、舞蹈、音乐辅导服务	
（七）其他文化艺术服务	
其他文化艺术业	8790
四、文化信息传输服务	
（一）互联网信息服务	
互联网信息服务	6420
（二）增值电信服务（文化部分）	
其他电信服务*	6319
• 增值电信服务（文化部分）	
（三）广播电视传输服务	

类别名称	国民经济行业代码
有线广播电视传输服务	6321
无线广播电视传输服务	6322
卫星传输服务*	6330
• 传输、覆盖与接收服务	
• 设计、安装、调试、测试、监测等服务	
五、文化创意和设计服务	
(一)广告服务	
广告业	7240
(二)文化软件服务	
软件开发*	6510
• 多媒体、动漫游戏软件开发	
数字内容服务*	6591
• 数字动漫、游戏设计制作	
(三)建筑设计服务	
工程勘察设计*	7482
• 房屋建筑工程设计服务	
• 室内装饰设计服务	
• 风景园林工程专项设计服务	
(四)专业设计服务	
专业化设计服务	7491
六、文化休闲娱乐服务	
(一)景区游览服务	
公园管理	7851
游览景区管理	7852

续表

类别名称	国民经济行业代码
野生动物保护*	7712
• 动物园和海洋馆、水族馆管理服务	
野生植物保护*	7713
• 植物园管理服务	
（二）娱乐休闲服务	
歌舞厅娱乐活动	8911
电子游艺厅娱乐活动	8912
网吧活动	8913
其他室内娱乐活动	8919
游乐园	8920
其他娱乐业	8990
（三）摄影扩印服务	
摄影扩印服务	7492
七、工艺美术品的生产	
（一）工艺美术品的制造	
雕塑工艺品制造	2431
金属工艺品制造	2432
漆器工艺品制造	2433
花画工艺品制造	2434
天然植物纤维编织工艺品制造	2435
抽纱刺绣工艺品制造	2436
地毯、挂毯制造	2437
珠宝首饰及有关物品制造	2438
其他工艺美术品制造	2439

类别名称	国民经济行业代码
(二)园林、陈设艺术及其他陶瓷制品的制造	
园林、陈设艺术及其他陶瓷制品制造*	3079
• 陈设艺术陶瓷制品制造	
(三)工艺美术品的销售	
首饰、工艺品及收藏品批发	5146
珠宝首饰零售	5245
工艺美术品及收藏品零售	5246
第二部分　文化相关产品的生产	
八、文化产品生产的辅助生产	
(一)版权服务	
知识产权服务*	7250
• 版权和文化软件服务	
(二)印刷复制服务	
书、报刊印刷	2311
本册印制	2312
包装装潢及其他印刷	2319
装订及印刷相关服务	2320
记录媒介复制	2330
(三)文化经纪代理服务	
文化娱乐经纪人	8941
其他文化艺术经纪代理	8949
(四)文化贸易代理与拍卖服务	
贸易代理*	5181
• 文化贸易代理服务	

续表

类别名称	国民经济行业代码
拍卖*	5182
• 艺(美)术品、文物、古董、字画拍卖服务	
(五)文化出租服务	
娱乐及体育设备出租*	7121
• 视频设备、照相器材和娱乐设备的出租服务	
图书出租	7122
音像制品出租	7123
(六)会展服务	
会议及展览服务	7292
(七)其他文化辅助生产	
其他未列明商务服务业*	7299
• 公司礼仪和模特服务	
• 大型活动组织服务	
• 票务服务	
九、文化用品的生产	
(一)办公用品的制造	
文具制造	2411
笔的制造	2412
墨水、墨汁制造	2414
(二)乐器的制造	
中乐器制造	2421
西乐器制造	2422
电子乐器制造	2423
其他乐器及零件制造	2429

类别名称	国民经济行业代码
(三)玩具的制造	
玩具制造	2450
(四)游艺器材及娱乐用品的制造	
露天游乐场所游乐设备制造	2461
游艺用品及室内游艺器材制造	2462
其他娱乐用品制造	2469
(五)视听设备的制造	
电视机制造	3951
音响设备制造	3952
影视录放设备制造	3953
(六)焰火、鞭炮产品的制造	
焰火、鞭炮产品制造	2672
(七)文化用纸的制造	
机制纸及纸板制造*	2221
• 文化用机制纸及纸板制造	
手工纸制造	2222
(八)文化用油墨颜料的制造	
油墨及类似产品制造	2642
颜料制造*	2643
• 文化用颜料制造	
(九)文化用化学品的制造	
信息化学品制造*	2664
• 文化用信息化学品的制造	
(十)其他文化用品的制造	

续表

类别名称	国民经济行业代码
照明灯具制造*	3872
• 装饰用灯和影视舞台灯制造	
其他电子设备制造*	3990
• 电子快译通、电子记事本、电子词典等制造	
（十一）文具乐器照相器材的销售	
文具用品批发	5141
文具用品零售	5241
乐器零售	5247
照相器材零售	5248
（十二）文化用家电的销售	
家用电器批发*	5137
• 文化用家用电器批发	
家用视听设备零售	5271
（十三）其他文化用品的销售	
其他文化用品批发	5149
其他文化用品零售	5249
十、文化专用设备的生产	
（一）印刷专用设备的制造	
印刷专用设备制造	3542
（二）广播电视电影专用设备的制造	
广播电视节目制作及发射设备制造	3931
广播电视接收设备及器材制造	3932
应用电视设备及其他广播电视设备制造	3939
电影机械制造	3471

续表

类别名称	国民经济行业代码
(三)其他文化专用设备的制造	
幻灯及投影设备制造	3472
照相机及器材制造	3473
复印和胶印设备制造	3474
(四)广播电视电影专用设备的批发	
通讯及广播电视设备批发*	5178
• 广播电视电影专用设备批发	
(五)舞台照明设备的批发	
电气设备批发*	5176
• 舞台照明设备的批发	

另外,新分类还对延伸层文化生产活动进行了规范性描述。按照这一规范性描述,根据文化与科技结合的发展趋势,软件、电信等科技创意服务也列为了文化生产活动的内容。详表1-2(对延伸层文化生产活动内容的说明):

表1-2 对延伸层文化生产活动内容的说明

序号	类别名称及代码		文化生产活动的内容
	小 类	延伸层	
1	专业性团体(的服务)(9421)	学术理论社会团体的服务	包括党的理论研究、史学研究、思想工作研究、社会人文科学研究等团体的服务。
		文化团体的服务	包括新闻、图书、报刊、音像、版权、广播、电视、电影、演员、作家、文学艺术、美术家、摄影家、文物、博物馆、图书馆、文化馆、游乐园、公园、文艺理论研究、民族文化等团体的服务。
2	其他未列明教育(8299)	美术、舞蹈、音乐辅导服务	包括美术、舞蹈和音乐等辅导服务。
3	其他电信服务(6319)	增值电信服务(文化部分)	包括手机报、个性化铃音、网络广告等业务服务。

续表

序号	类别名称及代码		文化生产活动的内容
	小　类	延伸层	
4	卫星传输服务 (6330)	传输、覆盖与接收服务	包括卫星广播电视信号的传输、覆盖与接收服务。
		设计、安装、调试、测试、监测等服务	包括卫星广播电视传输、覆盖、接收系统的设计、安装、调试、测试、监测等服务。
5	软件开发 (6510)	多媒体、动漫游戏软件开发	包括应用软件开发及经营中的多媒体软件和动漫游戏软件开发及经营活动。
6	数字内容服务 (6591)	数字动漫、游戏设计制作	包括数字动漫制作和游戏设计制作等服务。
7	工程勘察设计 (7482)	房屋建筑工程设计服务	包括房屋(住宅、商业用房、公用事业用房、其他房屋)建筑工程设计服务。
		室内装饰设计服务	包括住宅室内装饰设计服务和其他室内装饰设计服务。
		风景园林工程专项设计服务	包括各类风景园林工程专项设计服务。
8	野生动物保护 (7712)	动物园和海洋馆、水族馆管理服务	包括动物园管理服务,放养动物园管理服务,鸟类动物园管理服务,海洋馆、水族馆管理服务。
9	野生植物保护 (7713)	植物园管理服务	包括各类植物园管理服务。
10	园林、陈设艺术及其他陶瓷制品制造(3079)	陈设艺术陶瓷制品制造	包括室内陈设艺术陶瓷制品、工艺陶瓷制品、陶瓷壁画、陶瓷制塑像和其他陈设艺术陶瓷制品的制造。
11	知识产权服务 (7250)	版权和文化软件服务	版权服务包括版权代理服务,版权鉴定服务,版权咨询服务,海外作品登记服务,涉外音像合同认证服务,著作权使用报酬收转服务,版权贸易服务和其他版权服务。文化软件服务指与文化有关的软件服务,包括软件代理、软件著作权登记、软件鉴定等服务。
12	贸易代理 (5181)	文化贸易代理服务	包括文化用品、图书、音像、文化用家用电器和广播电视器材等国际国内贸易代理服务。
13	拍卖(5182)	艺(美)术品、文物、古董、字画拍卖服务	包括艺(美)术品拍卖服务,文物拍卖服务,古董、字画拍卖服务。

续表

序号	类别名称及代码 小类	延伸层	文化生产活动的内容
14	娱乐及体育设备出租(7121)	视频设备、照相器材和娱乐设备的出租服务	包括视频设备出租服务,照相器材出租服务,娱乐设备出租服务。
15	其他未列明商务服务业(7299)	公司礼仪和模特服务	公司礼仪服务包括开业典礼、庆典及其他重大活动的礼仪服务。模特服务包括服装模特、艺术模特和其他模特等服务。
		大型活动组织服务	包括文艺晚会策划组织服务,大型庆典活动策划组织服务,艺术、模特大赛策划组织服务,艺术节、电影节等策划组织服务,民间活动策划组织服务,公益演出、展览等活动的策划组织服务,其他大型活动的策划组织服务。
		票务服务	包括电影票务服务,文艺演出票务服务,展览、博览会票务服务。
16	机制纸及纸板制造(2221)	文化用机制纸及纸板制造	包括未涂布印刷书写用纸制造,涂布类印刷用纸制造,感应纸及纸板制造。
17	颜料制造(2643)	文化用颜料制造	包括水彩颜料、水粉颜料、油画颜料、国画颜料、调色料、其他艺术用颜料、美工塑型用膏等制造。
18	信息化学品制造(2664)	文化用信息化学品的制造	包括感光胶片的制造,摄影感光纸、纸板及纺织物制造,摄影用化学制剂、复印机用化学制剂制造,空白磁带、空白磁盘、空盘制造。
19	照明灯具制造(3872)	装饰用灯和影视舞台灯制造	包括装饰用灯(圣诞树用成套灯具、其他装饰用灯)和影视舞台灯的制造。
20	其他电子设备制造(3990)	电子快译通、电子记事本、电子词典等制造	包括电子快译通、电子记事本、电子词典等电子设备的制造。
21	家用电器批发(5137)	文化用家用电器批发	包括电视机、摄录像设备、便携式收录放设备、音响设备等的批发。
22	通讯及广播电视设备批发(5178)	广播电视电影专用设备批发	包括广播设备、电视设备、电影设备、广播电视卫星设备等的批发。
23	电气设备批发(5176)	舞台照明设备的批发	

25

第一章 文化产业的基本概念

三、"创意产业"与"文化创意产业"

　　随着近年来"文化产业"成为一个热点关键词,"创意产业"和"文化创意产业"这两个名词也开始流行起来。"创意产业"和"文化创意产业"成为大众传媒上高频率出现的热词,而且还成为一些重要学术会议的重要主题或关键词。中国大地还出现了众多的"创意产业园"或"文化创意产业园"。在北京、上海、杭州等地,"创意产业"或"文化创意产业"的提法直接进入了政府规划,成为重点发展的战略性产业。

　　那么,究竟什么是"创意产业"? 什么是"文化创意产业"? 它们和文化产业之间又是什么关系呢?

1. 创意产业

　　人们常说的"创意"有两种主要含义:一是指"新奇、有创造性的构思或点子",二是指创造性的行为。所谓"创意产业",就是以创意为核心,以知识产权和科技、文化为依托的产业。人们熟知的广告、建筑设计、工业设计、时尚设计、软件开发、艺术、影视等,都属于创意产业的范畴。由于文化艺术活动是人类创意行为最集中、最活跃、最自由的领域,因此文化产业在创意产业中占有特殊重要的地位。

　　"创意产业"的概念最早出现在英国,是指那些以个人创造力、技能和天分为发展动力、通过对知识产权的开发来创造财富和就业机会的产业。英国是最先认识到创意产业是后工业时代经济动力的国家。早在 1997 年 10 月,英国在首相布莱尔领导下成立了创意产业行动处(creative industries task force),隶属于英国文化传媒体育部(DCMS: Department of Culture Media & Sports),负责收集发布全面可靠的数据,审视英国国内与海外国家创意产业的表现和增长率,并拟定促进英国创意产业发展的行动。

　　在 1998 年和 2001 年的《英国创意产业路径文件》(Creative Industries Mapping Documents)中均对创意产业进行了清楚的界定,将 13 个文化产业部类确定为创意产业,这 13 个产业部类包括:广告、建筑、艺术和文物交易、工艺品、设计、时尚设计、电影、互动休闲软件、音乐、表演艺术、出版、软件及电视和广播。可以看出,这 13 类产业大体上与中国的"文化产业"范围接近。英国"创意产业"的概念得到了广泛的传播和认同,欧洲、北美、澳洲和亚洲的一些发达国家和地区均采用这一概念,只是在其中包含的具体产业类别上根据不同情况有细小的调整。

我国，较多采用"创意产业"的知名学者是厉无畏。厉无畏是中国著名的经济学家，全国政协副主席、民革中央常务副主席，兼任上海市创意产业协会会长、上海社科院创意产业研究中心主任，先后担任过上海市政协副主席、上海市人大常委会副主任；第八届全国政协委员、第九届全国政协常务委员、第十届全国人大常委会委员。他不仅编著、译著了《创意产业——城市发展的新引擎》、《创意产业导论》、《创意产业：转变经济发展方式的策动力》、《创意改变中国》等论述创意产业的专著，而且一直在全国政协会议及其他重要场合强调创意产业的重要性，并提出了"创意产业"和"将发展创意产业列入国家创新计划"、"尽快成立全国性创意产业协会"、"制定促进创意发展的政策"等建议。①

正式采用"创意产业"来指导产业规划的是上海市。上海市经委和市统计局编制出版的《上海创意产业发展重点指南》，将"十一五"规划中上海创意产业发展的重点确定为五大类：

①研发设计创意。主要指与工业生产和计算机软件领域相关的研发与设计活动，包括工业设计、工艺美术品设计、软件设计等；

②建筑设计创意。主要指与建筑、环境等有关的设计活动，包括工程勘察设计、建筑装饰、室内设计等；

③文化传媒创意。主要指在文化艺术领域中的创作和传播活动，包括文艺创作表演、广播、电视、电影制作等；

④咨询策划创意。主要指为企业和个人提供各类商务、投资、教育、生活消费及其他咨询和策划服务的活动，包括市场调研、证券咨询、会展服务等；

⑤时尚消费创意主要指在人们日常消费、生活娱乐中体现创造性及其价值的行业，包括休闲体育、休闲娱乐、婚庆策划、摄影创作旅行等。

2. 文化创意产业

文化创意产业是以创意为手段、以文化内容创作成果为核心价值，以知识产权保护为特征的产业。文化创意产业是创意产业的核心部分，这既是因为文化艺术活动是人类创造力最集中、最活跃、最自由的领域，因为人们对于文化艺术日益增长的需求在创意经济中占有重要比重，更是因为创新是文化艺术的生命。

北京市正式提出了以文化创意产业为重点发展方向，将《国民经济行业分类》中的 82 个行业小类和 6 个行业纳入北京市文化创意产业范围，并建

---

① 杨眉：《"两会"专访全国政协副主席厉无畏："创意改变中国"》，《中国经济周刊》，2009年第10期。

立了由三个层次组成的分类体系。根据文化创意活动的特点,北京市文化创意产业主要包括 9 个大类:文化艺术;新闻出版;广播、电视、电影;软件、网络及计算机服务;广告会展;艺术品交易;设计服务;旅游、休闲娱乐;其他辅助服务。

可以看出,北京市的这个"文化创意产业"与国家统计局的"文化产业"覆盖的范围大体接近,而包括的行业更多。但由于其中没有包括动漫、网游等新兴文化创意产业部门,而 IT 行业以及文化用品生产、文化设备制造和相关文化生产和销售等创意含量较少的部门又占了极大的比例,因此受到学术界的一些质疑。据统计,在北京市公布的文化创意产业年度增加值中,有超过 40% 是来自软件、网络和计算机服务等。根据这个分类标准统计出来的北京文化创意产业增加值数据会缺乏与其他地区的数值可比性。

例如,同样是文化创意产业,杭州市 2008 年发布的《杭州市文化创意产业八大重点行业统计分类》就提出了与北京市文化创意产业内涵接近,而外延和统计标准却有明确区别的分类体系。个体系共包括 8 个大类,92 个子类,分别为:信息服务业(8 个子类);动漫游戏业(3 个子类);设计服务业(11 个子类);现代传媒业(23 个子类);艺术品业(15 个子类);教育培训业(9 个子类);文化休闲旅游业(16 个子类);文化会展业(7 个子类)。

杭州市的这一文化创意产业分类体系在反映目前文化创意产业新发展方面做出了可贵的努力,如把动漫游戏业上升为大类,它的 3 个子类分别是动画和漫画业、网络游戏业、其他计算机服务(含网吧服务)。(参见《杭州市文化创意产业八大重点行业统计分类》)

3. 文化产业、创意产业和文化创意产业三者之间的联系和区别

文化产业、创意产业和文化创意产业这三个概念,其涵盖的具体产业门类相当接近,因此在许多场合下,人们不加区别地使用上述三个概念,似乎它们是三个完全相同,可以相互替换的概念。实际上,它们是在内涵上既有共同处,又有差别,既有联系,又有区别;在外延上既相互涵盖、交叉,又不完全重合的三个不同的概念。

文化产业、创意产业与文化创意产业三个概念都注重人的创造性对当代经济的重要作用,都是基础知识产权保护的产业、都是对传统产业的超越。但是,从它们三者的内涵侧重和外延覆盖来看,却是各不相同。尽管各国、各地区的具体统计标准不尽统一,但在是否包括文具、器材等与文化活动相关的非创意性质的产业、是否 IT 等科技创意的内容、是否注重对文化娱乐活动的影响程度,文化产业、创意产业和文化创意产业还是有重要区别的。

首先,英国等国家和地区的创意产业包括整个设计业,而我国的文化产业则在设计业方面只包括"工艺美术设计服务,美术图案设计服务,展台设计服务,其他与文化有关的设计服务",而不包括"工业产品设计服务,包装装潢设计服务,模型设计服务,其他专业设计服务";其次是英国等国家和地区的创意产业不包括旅游业,而我国的文化产业则在"文化休闲娱乐服务"中包括"旅游文化服务"。复次,我国文化产业的"相关文化服务"中还包括文化用品、设备及相关文化产品的生产和销售,这些内容通常既不在创意产业范围中,也很难视为文化创意产业的内容。

英国采用"创意产业"的提法,优先考虑"创意"在国民素质和国民生活品质中的重要性和对国民经济的推动作用。而按照中国对"文化产业"的官方定义,则是"为社会公众提供文化、娱乐产品和服务的活动,以及与这些活动有关联的活动的集

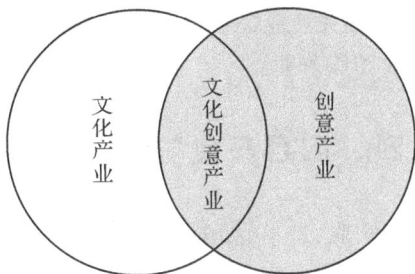

图 1.2　文化产业、创意产业、文化创意的关系

合",文化产业就一定是创意产业,它们只要与文化娱乐相关,而不一定与创意相关。如"外围层"和"相关层"在概念上占了"文化产业"的 2/3,但其中很多都没有创意性或创意特征不明显,如文化产品租赁、文具、照相器材、玩具等产品的生产和销售。因此,文化产业、创意产业和文化创意产业三者的关系就应当如图 1.2 所示。

不过,国际通行的文化产业概念往往强调的是属于文化创意的"内容产业"属性,并不涵盖非创意的工具设备生产和销售,因此"文化产业"更接近于"内容产业",而且必定属于创意产业的一部分。在英国文化传媒体育部(DC-MS)的文件中,文化产业与创意产业是从属关系,创意产业包括了文化产业,文化产业是创意产业的核心部分,如图1.3。图中示意的四个区域中,创意产

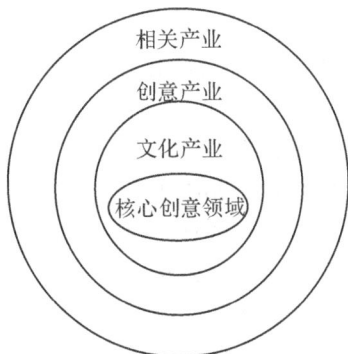

图 1.3　文化产业与创意产生关系①

———————
①　根据《英国创意产业路径文件》(Creative Industries Mapping Documents)附图译制。

业与文化产业构成了包涵与被包涵两个上下位概念。其中创意产业是上位概念，文化产业是下位概念。DCMS对四个概念的解释：

• 核心创意领域(Core creative fields)即其商品具有较高的精神内容内涵价值并依赖知识产权保护的产业。

• 文化产业(Cultural industries)即知识产权保护的、有精神内涵的大众商品生产。

• 创意产业(Creative industries and activities)即在运作中以使用精神内涵价值为重要特征的其他部门。

• 相关产业(The rest of the economy)即于创意产业创造的表现价值的制造业和服务业。

四、"内容产业"及其与文化产业的关系

在欧盟、日本、韩国等国家和地区，还常常使用另外一个与文化产业非常接近的概念"内容产业"。近年来，"内容产业"的提法也时常见诸中国内地的大众传媒和学术论文。那么，内容产业又是什么？它与文化产业之间又是什么关系呢？

1. 什么是"内容产业"

内容产业(content industry)又叫数字内容产业(digital content industry，我国台湾译为"数位内容产业")，指利用数字化手段和信息技术提供图像、文字、影像、语音等内容服务的产业，其范围包括移动内容、互联网服务、游戏、动画、影音、数字出版和数字化教育培训等多个领域。随着基于数字技术的信息内容和服务产业边界逐渐扩大，彩信、网络游戏和VOD点播、音乐下载、IM等都包括在了这一产业领域。

数字内容产业的概念出现于20世纪90年代中期。1995年西方七国信息会议首次提出"内容产业"概念(Digital Content Industry)，1996年，欧盟《信息社会2000计划》把内容产业(Content Industry)的主体定义为"那些制造、开发、包装和销售信息产品及其服务的产业"。内容产业的范围包括各种媒介上所传播的印刷品内容(报纸、书籍、杂志等)，音像电子出版物内容(联机数据库、音像制品服务、电子游戏等)、音像传播内容(电视、录像、广播和影院)、用以消费的各种软件等。这与1997年颁布的"北美产业分类标准(NAICS)"中信息产业的范围基本吻合。《2004(中国)台湾数字内容产业白皮书》中数字内容产业的定义为"将图像、文字、影像、语音等内容，运用信息技术进

行数字化并加以整合运用的产品或服务",与欧盟的定义保持了大体一致。其他关于数字内容产业、内容产业、信息内容产业、创意内容产业的各种定义,都与欧盟的定义大同小异。

2. 内容产业与文化产业的关系

内容产业与文化产业在内涵上有密切的联系,在外延上有相当多的交叉。

从内涵上看,文化产品的核心价值是其产品具有的精神内涵,即内容。内容的生产是文化产业的核心层,图书、影视、文艺作品等形式各异的文化产品都因其内容而有价值,因此也可以称之为内容产品。

从外延上看,随着数字技术和信息技术在内容产品生产、传播和消费上的应用,文化产业的核心层与数字内容产业有日益复合的趋势。数字动漫、数字影视、数字音乐、电子游戏等一大批产业门类既是文化产业的一部分,又是数字内容产业的一部分。

数字技术与信息技术运用于文化生产,这是当代文化产业发展的新趋势。它使文化产业将新奇大胆的创意和丰富的文化资源与数字技术相结合,融会重铸出新的文化生产和消费方式,催生了新的产业群落,培育出新的消费人群,并以高端技术带动传统产业实现数字化更新换代,创造出了惊人的经济社会价值,已逐步成为当代社会发展中的主流产业,赋予了文化创意产业的时代内涵。

五、文化产业与文化事业

为了更准确地把握文化产业的本质,我们还需要注意区分"文化产业"与"文化事业"这两个概念。

一个社会的文化生产,既有产业性质,又有事业性质。产业性质主要指文化产品的生产、交流和消费这些具有商品经济的一般特性,是指从事文化生产、流通的主体可以通过资本或劳动的投入获得利润。文化产业以获取经济效益为主要目的。现代文化产业以工业文明为基础,以高科技为背景,因此,在生产和流通上也就具有根据工业标准进行生产、再生产和组成文化产品和服务的特征。标准化、规模化、专业化和连续性的生产和流通,大大提高了现代文化产业的生产和流通效益,成为现代文化产业与传统文化产业的重要区分。

文化事业指的是文化服务于人类的公益性特征,文化事业的运行并不以取得参与者的经济利益为目标,而是以精神旨趣和社会效益为目标。文化事业体现了文化的超物质功利性。马克思在《剩余价值理论》中说,弥尔顿出于

"同春蚕吐丝一样的必要创作《失乐园》,那是他天性的能动表现"①,这种自由的艺术创造,其公益性的精神价值,很难用《失乐园》作者得到的 5 英镑稿费来衡量。伟大的文化产品常常产生于非功利的自由创造,是面对整个人类生存背景而说话,这些创造成果的非凡价值,是很难用市场价值来加以衡量的。因为人类文化的最高本质,与市场的交换价值没有必然的内在联系,就如《失乐园》这部诗在市场上卖 10 英镑或 5 英镑,与作为艺术家的弥尔顿无关一样。

优秀的文化产品是属于全人类的精神财富,其不朽的精神价值的受益面往往可达千秋万代,惠及不同民族,这种价值是难以用商品的等价交换来实现的。我们现在使用的文字,我们的生活方式,我们过年过节的习俗,乃至观察事物、感受生活的观点和方式,都是先人的文化的创造。千百年来我们一直受益于无数文化先驱者的创造性劳动成果,但却没有、也不能向创造者支付任何报酬。浸透于我们身心的文化精神,时时刻刻都在帮助我们立身处事,为我们的创造性劳动提供了必要的基础、动力和典范,我们作为人活在这个世上就必然会受惠于前人创造的文化成果。

优秀的文化是一种精神、一种思想、一种感受世界的方式,一种生命意义的生成,是人与人、人与自然之间一种可选择的交往方式,因此就其本性而言文化必然是为全体人民所共有,为全体人民而创造、由全体人民所受益的。文化的这种特性决定了文化必然有一部分只能属于公益性的事业,其产品是典型的公共产品,不能用产业的方式来生产,以商业的方式来交换。

文化事业与文化产业是人类文化活动既相联系,又相区别的两个方面,都是国家文化体系的重要组成部分,忽视其中任何一方,都会危及文化体系的健全完善和健康发展。在文化产业的发展中,既要解放思想,大力发展文化产业,同时又要准确地划分文化产业与文化事业,防止出现把文化事业盲目产业化的现象。一方面,文化的产业化有助于极大地提高文化的生产力,因此我们必须大力发展文化产业;另一方面,文化的事业性质又使文化活动不能简单地、一概地产业化,否则就会伤害文化本身,因此我们必须认真地区分文化活动的哪些部分是能够产业化的,属于文化产业的范畴,哪些部分是不能够产业化的,属于事业的范畴。凡是属于事业范畴的部分,其生产和传播应该由代表社会公共利益的政府、事业组织和其他非赢利性机构来承担。

由于对文化事业与文化产业两个概念及其关系的认识模糊不清,一些人

---

① 马克思:《剩余价值理论》,《马克思恩格斯全集》第 26 卷第二册,人民出版社 1972 年版,第 432 页。

将某些高雅文化遭冷遇的原因,简单归结为市场的冲击和破坏,归结为发展文化产业的结果。从文化发展的历史来看,从古典贵族文化与原生态的平民大众文化的两分格局,到文化以大众化、产业化形式所表现出来的繁荣,都是人类文化在一定历史条件下合规律的发展结果。从具有原始产业形态的近代市民文化,如在中国宋代城市兴起的茶楼、酒肆说唱艺术,法国19世纪末兴起的原始电影业等,再到当代丰富多彩的各种大众文化产业,都是同一种历史力量在文化中的反映。

工业革命以来,人类文化活动的变化是一场由市场力量和大众行为推动的文化变革。对这种文化变革,应该历史地、一分为二地进行评价,既要看到它消极的一面,更要看到它积极的一面。不能仅从少数文化精英的角度来评价,只以传统的文化艺术素质高低为标准来评价,而对广大人民的审美心理结构和文化需求采取鄙视甚至敌对的态度。例如,我们不能仅仅因为有一些大众文化产品表现出艺术和社会价值不高,就得出文化生产衰败的悲观结论。

文化生产的大众化和产业化固然有其不可避免的先天缺陷,但是我们还是应该看到,文化产业的兴起和发展也从生产和消费两方面实现了前所未有的进步。它一方面使少数精英垄断文化生产的局面被打破,众多智力劳动者进入文化生产领域,使文化生产力得到极大解放;另一方面是少数人的文化消费垄断被打破,大众进入文化消费领域,使文化成为普通大众都能享受的东西。

因此,正确的态度是顺应历史发展的潮流和规律,在大力发展文化产业的过程中去探索文化产业自身矛盾的解决方法。我们应该在充分认识市场机制对文化的负面效应的同时,大力发展文化产业,在适应客观经济规律的同时,促进文化产品质量的提高。这就需要我们深刻地认识文化产品作为一种带有意识性的特殊商品的根本属性,认识到文化产业存在着的商品性与艺术性、精神性之间的基本矛盾。仅仅依靠市场的作用来调节这一基本矛盾是不行的,因为这一矛盾的根源恰恰就在于市场本身。所以,发展文化产业还需要一些非市场因素的制约,而文化产业的发展最终也不能替代文化事业的发展。文化生产中不能实行"全盘商品化",公共文化物品需要由政府来提供。

第三节　文化产业的基本特征

文化产业作为按工业化标准进行的文化生产、流通和消费的现象,一方面具有商品生产的一般属性,同时又由于文化本身的特殊性,使文化产业具有普通产业所没有的特征。这些特征可以概括为:产品的精神性、消费的娱乐性和产业的依附性。

一、产品的精神性

文化产业的特殊性,首先表现在其产品的精神性,是人类的精神构成了产品的基本内核。尽管文化产品也有一定的物质形态,如书籍的纸张、DVD的碟片、音乐的音箱等物质形式只是一定精神文化内容的载体,精神的内容才是文化产品的本质。正如人们是"看电视",而不是"看电视机"一样,人们消费的实质并不是这些物质形式,而是由物质形式承载的精神内容。因此,精神内容的生产,即一般所谓的"内容产业",始终是文化产业的核心部分和价值源头。

由于文化产业的产品具有精神性的特征,因此它具有意识形态性。精神性的产品必然会打上精神内容生产者的主观印记,内容生产者的观念、判断和感受,因此他的政治思想、道德观念和审美情趣等主观因素,都会自觉或不自觉地物化在产品中。人们在消费文化产品的同时,也就或隐或显地受其影响。所以,文化产品在发挥自己商品功能的同时,也不可避免地发挥着意识形态的功能,如政治舆论功能,教育功能,凝聚社会精神功能,培养国民素质功能等。一个国家的文化产业不仅能带来丰厚的利润,促进国民经济的增长,同时还塑造着人们的精神面貌。一个国家在出口文化产品的同时,也在输出特定的生活方式和价值观念。文化产业的这种意识形态性,使它可以成为宣扬或抵制其他意识形态的工具。

二、消费的娱乐性

在消费形式上,文化产业提供的价值主要是大众娱乐功能,我们把文化产业的这种特性称为消费的娱乐性。人们消费文化产品的主要和直接的原因,就在于它具有娱乐功能。文化产品的精神性,使人们在文化消费的时候,能得到教育价值、认识价值和娱乐价值,但对于一般大众文化消费而言,娱乐价值是文化产品价值的主要和基础的价值,其他两种价值都是以娱乐价值为基础,并通过娱乐价值起作用的。如果没有娱乐价值,文化产品的教育意义再大,认识作用再深,也难以发挥广泛的影响。因此,人们的喜闻乐见,就成为文化产品的首要要求和价值判断的主要标准。

所谓娱乐,是指人们愉悦身心、宣泄情绪、达到心理平衡健康的过程。在汉语里,“娱”是一个形声字。从女,吴声。本义为快乐、欢娱。许慎《说文》以乐训娱,说“娱,乐也”,可见娱、乐同义。娱也有动词用法,是表示戏乐、使欢乐的意思,因此娱乐也是一种活动,也能成为一种提供快乐的产业。

在英文里,娱乐即 entertainment,本义是“款待的行为”(The act of entertaining)或“招待的艺术或范围”(The art or field of entertaining),其本意是娱乐表演余兴节目,指令人愉快,引人兴趣,使人快乐的事物,尤指演出或表演(Something that amuses, pleases, or diverts, especially a performance or show),同时也常常用来表示被娱乐的主观感受,如被娱悦的欢乐,乐趣(The pleasure afforded by being entertained; amusement)。在最宽泛的意义上,任何放松、刺激、消遣的活动都可以叫做 entertainment。这种最宽泛的娱乐,就是法语 divertissement 所表示的含义。

在这种意义上,娱乐的形式可谓数不胜数,但文化产业学所研究的“娱乐”,显然不能仅仅是各种娱乐形式上,而是各种不同的娱乐形式背后共同的东西,它能引起广泛的兴趣,有极强的吸引力,如果需要,它还可以调动你的感情和情绪。正如娱乐产业学家 Harold L. Vogel 所说,娱乐的本质是这个词的拉丁词根提示“抓取”(tenare),“它触动你的灵魂”①。好的文化产品,如优秀的文学作品、影视艺术作品或其他艺术作品,往往都是能“抓取”我们的生命中最强烈的感受,甚至成为人类超越现实世界,体验生命意义的重要手段。

“我们的生活无一例外地受到各种各样的限制束缚,我们必须承担自己的责任,而且不得不面对数不清的烦恼和失意。与此相应,我们也有许多生活的乐趣,我们往往能在我们的某些行动中得到愉悦,在某些视觉和听觉中得到巨大的享受,从而使我们得以从生活的束缚和重压中解放出来。这种娱乐的需要对于人类心理的平衡、生命的丰满和意义的充盈都是必须的。正如美学家

---

① Entertainment Industry Economics: A Guide for Financial Analysis(Fifth Edition), P. xvii, By Harold L. Vogel,清华大学出版社 2002 年 5 月影印本。

席勒所说:'只有当人是完全意义上的人,他才游戏;只有当人游戏时,他才完全是人。这个道理此刻看来也许有点似是而非,不过如果等到把它运用到义务和命运这双重的严肃上面去的时候,它就会获得巨大而深刻的意义。'"①可见,文化产业满足大众的娱乐需要,并不一定是幼稚的贪玩和放纵,而是一种植根于人类本性的基本需要,这种需要的客观存在,是大众文化和文化产业客观基础,为文化产业提供了无限的市场前景和巨大的增值空间。

从美学上看,娱乐有"娱耳悦目"的感官层面,"愉情怡志"的心理层面和"陶冶情操"的精神层面。文化产业为人们提供的产品,既可追求各层面娱乐价值的平衡,也可以侧重于其中的某一层面。由于侧重的娱乐价值的层面不同,其文化产品的文化品位也就各不相同。由于文化消费与消费者的文化水平和接受能力有关,因此往往存在着"曲高和寡"的现象,层次越高的文化产品,能欣赏的人数越少,即所谓"其曲弥高,其和弥寡";而一些提供低层次娱乐功能的文化产品,由于在一定条件下能得到的消费者人数较多,使一些文化生产者为了利润,片面追求"大数原则",降低文化品位,甚至出现个别迎合低级趣味的东西。长此以往,会产生败坏国民素质的不良影响。

如何既照顾商品经济追求利润最大化的规律,利用市场的积极力量大力推动文化产业的发展,极大地丰富大众的文化休闲生活,同时又照顾到文化产业产品精神性的原则,保证文化的健康发展,使大众的娱乐层面不断提高,这是在发展文化产业中必须处理好的一对特殊矛盾。

三、产业的依附性

产业的依附性,是指相对于其他产业而言,文化产业对物质生产力水平和政策、制度环境有更大的附属性和依赖性。

首先,文化产业的发展高度依赖于社会的物质生产力水平。文化产业的迅速发展,只有在一定的社会物质生产力发展水平的基础上才有可能。在物质生产力不发达、人民物质生活水平低下的条件下,文化消费只能是少数人的特权,不可能成为广大人民现实的社会需求。这是因为文化的需求是一种基本物质生活需要得到满足之后才会出现的高级精神需求。在物质生活水平普遍低下的历史阶段,难以形成有效的、具有可支付能力的文化消费需求,文化

---

① 李思屈:《数字娱乐产业》,四川大学出版社 2006 年版,第 26 页。席勒的话引自弗里德里希·席勒:《审美教育书简》,冯至、范大灿译,上海人民出版社 2003 年版,第 124 页。

产业的发展也就没有了市场基础。

其次，文化产业的发展高度依赖于政策制度环境。由于文化产业的精神性和意识形态功能，其发展不可避免地要与一个国家和社会的普遍意识形态状况和政治环境发生直接的联系。一台冰箱可以在不同的意识形态国家和不同的政治制度条件下使用，并不影响冰箱发挥它的冷藏功能，但一部电影却可能在意识形态不同的国家和政治制度中遭遇完全不同的反应，甚至与国家政治发生正面冲突，与民族的道德、审美观念和风俗习惯产生尖锐的矛盾。当文化产业的发展顺应了国家的政策制度环境时，就能得到快速发展；而当其与一定的政策制度环境不相适应时，发展就会减缓，甚至停滞。这一规律提示我们，如果要发展文化产业，一定要多研究国家的政策制度环境，尊重文化市场所在国家的法律、法规和风俗习惯。另外，从国家管理者的角度来考虑，则应该尽可能地创造宽松的政治环境，为发展文化产业创造良好的政策制度条件。

第四节　为什么要大力发展文化产业？

未来学家阿尔温·托夫勒在 20 年前曾经预言，"一个高技术的社会必然也是一个高文化的社会，以此来保持整体的平衡"。世界经济和文化产业的迅急发展正在印证这一预言。按照上一节我们界定的文化产业的标准来统计，几大主要的文化产业门类都创造了经济奇迹。美国人创造了电影产业的奇迹，其电影的出口额在所有出口产品中雄踞第二，仅次于航空产品，占据了世界电影市场 80% 的份额；日本人创造了动漫、唱片和出版的奇迹，几乎垄断了全球的唱片业、出版业和动漫卡通业。目前，发达国家正在不遗余力地发展文化产业。在国际舞台上，文化正在成为国与国之间竞争的利器。

在新的世界竞争中，中国尤其需要发展自己的文化产业，这是因为：发展文化产业是社会发展的必然要求，文化产业是先进文化的助推器，文化产业是国民经济的支柱产业。

一、发展文化产业是社会发展的必然要求

社会生产力的不断提高和人们精神文化需要的日益增长，也为文化产业的发展提出了客观要求。现代科技革命使人类生产力水平得到了前所未有的

提高,从而使人们的休闲时间大大增加;而休闲时间的增加,又使人们产生了更强烈的精神文化需要。

文化产业的核心是精神财富的生产,文化产业的发展意味着在高科技和市场化条件下文化生产力的极大解放。以现代生产和信息传播技术为基础,由文化创意、文化制造、文化传播、文化消费、文化服务和文化交流所构成的新兴的产业链已经形成,世界文化的现代化和工业化的生产过程已经步入了快车道。文化产业快速发展与激烈竞争,已经成为世界产业发展的一种大趋势。

1. 从经济发展的角度看

从生产的角度看,发展文化产业是当前转变经济发展方式的迫切需要。以中国为例,改革开放以来,中国所取得的巨大经济成就举世瞩目。但是这种经济增长很大程度上是依靠"高消耗、高排放、低效益"的粗放增长方式。2006年,中国是世界上产值能耗最高的国家之一,消耗了世界钢铁总产量的30%、水泥总产量的54%、煤炭总产量的15%,而按当时汇率测算,中国 GDP 总量仅占世界比重约 5.5%。党的十七大提出要转变经济发展方式,而文化产业恰恰是一种新的经济发展方式,是"资源消耗少,环境污染小,经济效益高"的无烟产业、朝阳产业。抓好文化产业,不仅可以满足人民的精神文化需求,丰富人们的精神世界,促进人的全面发展,而且可以优化产业结构,带动现代服务业,推动文化贸易,拉动经济增长,对于落实科学发展观、促进国民经济发展与社会和谐有着重要的作用。中国的历史文化源远流长,勤劳智慧的中华各族人民创造了光辉灿烂的文化遗产,形成了极其丰富的文化资源。这些资源一旦与非凡的文化创造力、先进的技术手段和市场营销意识相结合,就一定会创造出中国文化发展史上的新奇迹。

2. 从消费的角度看

从消费的角度看,文化产品的消费是正在形成的消费热点,正在为文化产业的发展提供巨大的市场基础和广阔的发展前景。

改革开放以来,中国经济持续增长,2006 年国内生产总值即达到 21.0871万亿元,增长速度为 11.1%,折合 2.65 万亿美元、人均达到 2075 美元。根据国际经验,当一个国家人均 GDP 超过 2000 美元之后,整个社会的消费结构将发生很大的变化。人们除了解决温饱问题外,可以有更多的资金用于文化消费。随着经济的发展,我国文化消费出现了许多新特点,人民精神文化需求日趋旺盛,人们思想活动的独立性、选择性、多变性、差异性明显增强。大力发展文化产业其重要意义是为了满足人民日益增长的多样性、多元化、多层次的精神文化需求。

恩格尔系数（Engel's Coefficient）

恩格尔系数，是指个人或家庭用于购买食品的支出占总消费支出的比例。恩思特·恩格尔（1821—1896），德国经济学家和统计学家，社会统计学派的主要代表人物。1857年，恩格尔揭示了一个规律：随着收入的增加，家庭或个人用于食品方面的支出比例将逐渐减小。这一规律被称为恩格尔定律，反映这一定律的系数被称为恩格尔系数。其公式表示为：恩格尔系数（％）＝食品支出总额/家庭或个人消费支出总额×100％。恩格尔定律用食品支出占消费总支出的比例来说明经济发展和收入增加对生活消费的影响程度。吃是人类生存的第一需要，在收入水平较低时，食品支出在消费支出中必然占有重要地位。随着收入的增加，在食物需求基本满足的情况下，消费的重心才会向穿、用和文化娱乐等其他方面转移。因此，一个国家或家庭生活越贫困，恩格尔系数就越大；反之，生活越富裕，恩格尔系数就越小。

根据中国商业联合会、中华全国商业信息中心2009年9月14日披露，至2008年，中国城镇和农村的恩格尔系数分别为37.9％和43.7％，比1950年分别下降19.6％和24％。

按照人类需要层次理论和恩格尔系数随着经济的发展而递减的规律，人们衣食住行问题解决了，就会追求精神的消费，提高文化消费的质量成为自然的需求。根据马斯洛①的需要层次论，人类动机的发展和需要的满足有密切的关系，需要的层次有高低的不同，低层次需要的满足或基本满足有助于高层次动机的出现。最低层的需要是生理需要，依次向上是安全需要、爱和归属的需要、尊重以及自我实现的需要。其中，爱和归属的需要、尊重以及自我实现的需要实际上都是人类基本物质生活有了保障之后出现的文化需要。

国际上常常用恩格尔系数来衡量一个国家和地区人民生活水平的状况。根据联合国粮农组织提出的标准，恩格尔系数在59％以上为贫困，50％～59％为温饱，40％～50％为小康，30％～40％为富裕，低于30％为最富裕。

---

① 马斯洛（Abraham Maslow，1908—1970），美国社会心理学家、人格理论家和比较心理学家，人本主义心理学的主要发起者和理论家。其需要层次理论又称动机理论。

1978 年，中国农村家庭的恩格尔系数为 67.7％，城市家庭为 57.5％，到 2008 年，农村居民恩格尔系数下降到 43.7，中国城镇居民恩格尔系数下降到 37.9％。[①] 当然，由于中国在社会经济制度方面有其鲜明的特点，我们不可以完全用国际标准来对中国的富裕情况进行判断，但有一点却是可以肯定的，即 20 多年来，中国广大人民的生活富裕程度在不断提高，用于文化娱乐等非生活必需品方面的支出在不断提高，而且按照一般的规律还将进一步提高，从而形成不断扩大的文化消费市场，为文化产业提供了客观的发展要求。

图 1.4　首届中国西部（昆明）
文化产业博览会现场

3. 从投资的角度看

从投资的角度看，文化产业创造附加值的能力强，属于投资回报最好的行业之一，被誉为 21 世纪的朝阳产业，是一个高盈利产业。当代社会，国民产业的利润主要是依靠自主创新的知识产权和技术进步实现的，而文化产业正是以创意内容为核心的产业，是自主创新和技术含量最高的一个部门，加上政府产业政策的大力支持和文化产业市场处于导入期和成长期，都使文化产业可能获得非常高的投资回报。

目前，文化产业已经成为吸引国内外资本的一个投资热点。随着中国文化产业政策的优化，文化产业投资准入条件的降低，国外和国内民营资本将会大量投入文化产业，为文化产业的增长提供充足动力，同时也会实现丰厚回报。

与此同时，中国政府大力推动中国文化产业的发展，推进文化体制改革，创新体制，转换机制，积极培育现代文化市场体系，制定和完善多种资本进入文化产业的优惠政策，鼓励国有资本、民营资本、股份制的资本和境外的资本积极投资兴办文化企业，调整所有制结构，逐步形成以公有制为主体、多种所

---

① 　数据来源：中国商业联合会、中华全国商业信息中心，中新社北京 9 月 14 日电．中国新闻网 http://www.chinanews.com.cn/cj/cj-gncjnews2009/09-14/1865837.shtml

有制共同发展的文化产业新格局,为文化产业的发展创造出更加良好的法制环境和市场环境。所有这些,都为文化产业的投资赢得了难得的战略机遇。

二、发展文化产业是先进文化的助推器

以高科技为背景的现代文化产业必然会成为大众文化生产和文化消费的主要方式,当代先进文化的发展离不开发达的文化产业这个强大的助推器。

文化产业作为文化建设的重要组成部分,其发展的好坏直接关系国家文化软实力的强弱。我国是一个文化资源大国,但与西方发达国家相比,在文化软实力方面特别是文化产业发展方面仍是一个弱国,这种形势对我国社会主义文化的建构和传播十分不利。据国家统计局公布,2004年美国文化产业增加值占GDP总量的5.83%,英国占7.61%,加拿大占3.8%,韩国约占6%,而2004年我国文化产业增加值仅占GDP的2.15%。2012年,中国文化产业总产值突破4万亿元,占GDP比重逐年上升。"十二五"期间,文化产业增加值占GDP5%,成为支柱型产业。

文化产业化的发展不仅不与发展先进文化的要求相冲突,而且会成为发展先进文化的助推器。文化产业追求的经济利益并不一定与文化事业追求的社会效益是冲突的,在一定条件下还是相辅相成的。一定的经济效益往往意味着广大群众的喜闻乐见,往往是较大的文化覆盖率、接受率的标志。而一定的覆盖率和接受率,也是先进的文化产品发挥作用的基本条件。如果没有广大群众的喜闻乐见,如果没有基本的覆盖率和接受率,再好的文化产品也难以发挥作用,更谈不上社会效益。

20世纪以来,人类文化在高科技、大众化背景下发生了一系列重大而深刻的变化。这些变化使当代文化的建设和国际文化竞争离不开文化产业的推动。简而言之,当代文化至少在如下三个方面发生了重大变化:[①]

1. 存在形态的变化

20世纪兴起的电子出版物,使过去的书、刊、报的界线日益模糊;而多媒体则打破了音像制品的既有概念。继录音带、录像带、微缩胶卷之后,光盘和互联网成为集视、听、看于一体的新型"书籍",使"书"的形态发生了重大改变,大大扩展了"书"的含义。

---

① 唐任伍、赵莉:《文化产业:21世纪的潜能产业》,贵州人民出版社2004年版,第6~7页。

2.文化传播方式的变化

文化的传播越来越成为一种"消费",越来越由公众的、集体的方式向家庭的、个体的方式转化。凭借电视、卫星电视、DVD等传播手段,普通家庭正在成为大众文化产生的重要场所。

3.整体格局的变化

文化形态消费方式的变化冲击着相关的文化种类。新兴的电视剧、大型电视节目、电视艺术片、音乐电视等方兴未艾,影响着传统上以"阅读"为主的文化格局。对这种整体格局的变化,曾经有一段感性的描述:

> "今天,人们对文学艺术的接受,已经很少有像他们的祖辈那样的酬唱应和、捧卷夜读,或围着火炉听一个遥远的令人感动的故事那样的情景了。
>
> 今天人们从屏幕和银幕上'看'的文学,远远多于他们从书本上'读'的文学。而即使是'读',他们读报纸或软性杂志的时间又远远多于读大部头文学名著或诗集、小说集的时间。在这样一个大众传播文化中,作家、艺术家的知名度,往往是由其在电视屏幕和报纸上的复现率来决定的。于是,一些有才气的作家十年寒窗无人问,一朝'触电'天下知,就不是偶然降临的一种幸运了,而是传播文化自身规律的一种表现。如果一个作家对已经来临的传播文化时代没有一个清醒的意识,仍然坚持过去那种必然消亡而且正在消亡的行为方式、情感方式、写作方式和文学艺术观念,那么他的作品就难以进入大众传播网络。正如在商品经济中不能进入市场的产品就是无价值产品一样,在传播文化中不能进入传播网络的精神文化产品也是没有价值的。我们这个时代的这一特征,就是本文所说的'传媒文化'的基本特征。"①

这种消费方式的变化,势必导致艺术门类的布局和比重发生重大调整。一些与新兴科技关系密切的艺术门类和模式相继出现并发展壮大,在艺术竞争中占据强势地位,一些原来居于强势的传统艺术受到冲击,陷入困境,从而导致文化整体格局的大调整。如果我们不认清新世纪文化发展的形势,跟不上文化格局调整的步伐,就无法完成创造和传播先进文化的伟大任务。

由于文化产业具有精神性的特点,有意识形态的影响,因此文化产品不同于一般的消费品,它既是消费,又是精神文化活动;既是娱乐,又是意识形态运作;既有突出的经济效益,又有广泛而深刻的社会影响。当一个社会努力开拓

---

① 李思屈:《大众传播、商业广告与审美的当代性》,人大复印资料(B7)《美学》,2000年第5期,转《西南民族学院学报》,2000年第3期。

文化市场,使文化产品的生产和消费社会化的同时,可能出现为追逐经济利益牺牲社会效益的现象。尤其是在我国加入世贸组织、融入世界文化产业体系、促进文化开放的条件下,片面的经济追求可能为外来文化冲击民族文化打开方便之门,在引进国外优秀文化精神产品的同时,可能把西方一些消极的颓废的价值观念和生活方式也带进来。

正因为如此,积极发展健康的文化产业,极大解放中国的文化生产水平,形成在数量上和质量上都具有优势地位的中华民族文化产业体系,具有现实的紧迫性和深远的历史意义。只有在先进的文化产业体系和发达的文化生产水平支持下,我们才能真正把建设先进文化的任务落实到实处,才能承担弘扬和培育民族精神的历史责任,发展先进文化,改造落后文化,坚决抵制腐朽文化。只有在先进的文化产业体系和发达的文化生产水平支持下,我们才能充分利用我国丰富的民族文化资源,积极开发优秀的民族文化产品,不断增强中国民族文化的吸引力和感召力。

三、文化产业是国民经济的支柱产业

文化产业不仅能够极大地满足人们的精神文化需求,而且还可能创造惊人的财富,拉动经济的发展。根据马斯洛人类心理需求的"五层次"说,人们在基础性安全需要和物质需要得到满足之后,就会转向自我认同、自我实现等精神文化需求。因此,随着现代社会物质生产力的不断提高和人们物质生活水平的不断改善,文化消费的比重在人们的消费支出中将占据越来越大的比重。这使得文化产业的产值不断上升,在非常短的时间内从补充性的产业一跃而成为国民经济的支柱产业。

文化的产业化实际上意味着把商品经济的机制引入文化活动,这不仅可以提高文化生产力,而且也使文化成为一种新的经济资源,得到大规模地开发利用,成为国民经济增长的动力。有经济学家指出,"商品经济机制不仅促进文化生产的发展,而且还促使文化被大规模地引入生产领域,转化为直接生产要素,成为重要的经济资源,使文化生产成为促进经济发展和财富增长的新杠杆。文化积极参与生产是商品经济条件下的新现象。商品经济与市场具有很强的渗透性,它在物质生产领域站稳阵地后,就向服务业的广大领域扩张,此后进一步向文化生产领域渗透扩展,一浪又一浪地把文化活动卷入市场交换,从而使文化产品成为商品,使作为精神活动的文化生产转化为财富生产,使文化产业成为实力强大的支柱产业。"①

从国际上看,文化产业是伴随着全球范围内的工业化和现代化而产生和发展起来的,是一个集中体现现代经济、现代社会和现代文化一体化发展的新兴产业。早在"二战"前,西方发达国家已经出现文化与经济密切结合、比较系统的文化产业体系。"二战"后的半个世纪里,文化产业得到较快的发展,从过去一个附属的产业形态,逐步发展成为人类社会不可缺少的产业部门。

近几年来,随着高新技术向文化领域的广泛渗透,文化产业作为新的经济增长点迅速崛起,占经济总量的比重越来越大。美国、日本、英国、澳大利亚等发达国家的文化产业已成为国民经济的支柱产业,从业人员也占有很高比例。从国内看,文化产业的兴起与发展也是先进生产力不断发展的结果。

┌─────────┐
│ 小贴士 │
└─────────┘

支柱产业(Pillar industries)

支柱产业是在国民经济中生产发展速度较快,对整个经济起引导和推动作用的先导性产业。支柱产业具有较强的连锁效应,能诱导新产业崛起,对相关行业和地区的经济结构和发展变化,有深刻而广泛的影响。

支柱产业的特征主要有四:首先是规模大,在国内生产总值(GDP)中占较大比重。有学者认为,产业的增加值占 GDP 百分之五以上的,可以叫支柱产业。其次是市场扩张能力强、需求弹性高,发展快于其他行业。第三是生产率持续、迅速增长,生产成本不断下降。第四是产业关联度高、长期预期效果好。

我国现阶段的支柱产业是机械电子、石油化工、汽车制造和建筑房地产业。目前,美、英、日、韩等发展国家的文化产业都已经成为支持国民经济可持续发展的支柱产业,使文化产业成为支柱产业是我国经济的一个重要发展目标。

改革开放以来,中国经济持续健康发展,综合国力大幅度跃升,产业结构重大调整,有力地启动了文化产业的发展;发展文化产业已成为转变经济增长方式,实现全面建设小康社会战略目标的一个重要选择。

近年来,文化产业的飞速发展使其已成为中国经济的新增长点,文化生产、制作、传播等新型产业链已经初步形成,文化产业已成为我国国民经济中

---

① 刘诗白:《文化与经济的互动》,《人民日报》2005 年 4 月 1 日第 9 版。

的重要产业部门,为社会产生了巨大的财富。据 2010 年 1 月 30 日全国文化产业工作会议公布的数据,2004—2007 年,中国文化产业增长速度在 17% 以上;2008—2009 年,北京、上海、广东、云南、湖南等省市文化产业增加值占 GDP 的比重已超过 5%,成为当地经济的支柱产业。"十二五"期间,中国实现主要文化产业增加值比 2007 年翻两番。①

而且,近年来我国文化产业关联效应不断增强,对相关产业的推动作用日益凸显。随着文化与技术、经济的相互交融,文化产业与信息、旅游、体育等相关产业的结合也日益紧密,产业的边界趋于模糊,以文化内容消费为核心的庞大产业链和产业集群逐渐形成,文化产业作为支柱产业的特征开始显露。以演艺行业为例,演艺业的发展,带动了旅游、商业、餐饮等产业的兴旺。2009 年,中国(天津)演艺交易博览会期间,演艺项目交易带动旅游、餐饮、住宿、零售等同比分别增长 25% 以上。网络游戏等产业迅速发展,带动了电信、出版和媒体行业的发展。2008 年,网络游戏带动相关产业收入达 478.4 亿元,是网络游戏市场实际销售收入的 2.6 倍。根据《2013 年中国游戏产业报告》数据显示,2013 年中国游戏市场实际销售收入达 831.7 亿元人民币,同比增长 38%,其中客户端游戏仍是市场主力,市场销售收入为 536.6 亿元,网页游戏、移动游戏、社交游戏和单机游戏市场销售收入分别为 127.7 亿元、112.4 亿元、54.1 亿元和 0.89 亿元。同时,2013 年整体用户规模持续扩大,达 4.9 亿人,游戏越来越成为大众生活的一部分。

在我国第一个经济特区城市深圳,文化产业已成为深圳继高新技术、金融和物流产业之后的第四大支柱产业,占全市 GDP 比重约 7%。目前,深圳文化产业已形成了以相关层为主体,核心层和外围层为新兴增长点的产业结构体系。其中,新闻服务、出版发行、广播、电影、电视服务、文化艺术服务等核心层文化产业占深圳文化产业增加值的比重约为 20%;文化产品制造和销售、出版和版权服务、文化娱乐服务等三大传统优势行业已经成为文化产业的主要支撑力量。

深圳文化产业集群发展特征日益明显,近几年投产的文化产业园区对产业发展的拉动效应逐步显现。如田面设计之都产业园、怡景动漫基地、华侨城 LOFT 创意园区、南山动漫产业园、F518 创意产业园、蛇口创意文化产业园等,充分发挥了区域文化产业增长极的带动作用。2008 年底,深圳市获得了

---

① 李舫:《"十二五"期末主要文化产业增加值可望比二〇〇七年翻两番》,《人民日报》2010 年 1 月 30 日。

联合国教科文组织授予的"设计之都"称号,成为全球第六个获此殊荣的城市。目前,深圳全市动漫游戏类企业已有337家,其中漫画经营企业81家、动画经营企业206家、游戏经营企业11家,从业人员1万多人,并建立了怡景国家动漫画基地、深圳动漫城、南山数字文化产业基地等动漫产业园区。根据《深圳市文化产业发展规划纲要(2007—2020)》,到2010年,深圳文化产业增加值占本地GDP的比重将达到8%左右;到2020年,这一数字将增加到11%。①

第五节 文化产业理论研究概况

"文化产业"(Culture Industry)概念的提出仅有半个世纪的历史,是法兰克福学派的阿多诺与霍克海默在20世纪上半叶的"大众文化"论争中提出的。在早期的大众文化研究中,一般把Culture Industry翻译为"文化工业",以揭示其反文化本质:它的产品是为大众消费而特别制作的,在很大程度上决定了消费的性质,并且是模式化地制造。阿多诺与霍克海默都认为由资本家所控制的文化产业会操纵影响工人们的情绪,是控制大众意识形态的手段。因此,最初的"文化工业"是一个贬义词,具有某种否定意义。

20世纪中叶,由于传统观念的束缚,新古典经济学与社会学、语言学等学科对文化的研究各行其是,扩大了经济与文化学科之间认识上的鸿沟,经济与文化变得各执一端,甚至成为完全风马牛不相及的领域。

从20世纪70年代中期开始,西方部分经济学家开展了跨学科的研究,对经济与文化间的关系作了较系统的探讨,阐释了"文化"成为"产业"的可能空间和发展特点,从此"文化产业"便开始走入国家经济发展的视野。

1990年,以时代华纳合并为标志,美国开始实施对各类传媒的"非管制化"政策,使得像时代华纳这样的特大型文化产业组织出现了大规模的合并趋势,进而开始全面进军国际文化市场,这使以法国为代表的一些欧洲国家在文化上受到威胁,从而提出以"大力发展文化产业"来应对挑战的国家发展战略。"文化产业"由此一跃成为西方发达国家国民经济发展中的支柱产业之一,并向世界各国展示了它光明的发展前景。

1998年4月,在由150个国家参加的国际会议上,代表们达成一致意见,

---

① 王传真:《文化产业已成为深圳第四大支柱产业》,新华网深圳3月1日电,
　　http://news.xinhuanet.com/newscenter/2009-03/01/content_10923926.htm

同意将"文化"纳入经济决策制定的范畴内加以考虑。1999 年 10 月的意大利佛罗伦萨会议上,世界银行提出:文化是经济发展的重要组成部分,文化也将是世界经济运作方式与条件的重要因素。这标志着经济与文化在不断接近以后开始走向融合甚至重合,一种新的经济类型或者经济发展模式——"文化经济"诞生了。

在世纪之交,知识经济推动的全球化发展已经进入"后工业时代",非物质的、符号的交换与消费已经成为超越民族国家的典型的增长领域,文化竞争已经成为综合国力竞争的主要领域。特别是在以美国为代表的"新经济"发展趋势的影响下,世界各国纷纷把文化发展战略变成国家发展战略。文化产业的发展迅速被人们认可和接受,尤其是在那些决心加入到世界经济体系中来的国家在发展文化产业上更是不遗余力。发展文化产业,有意识地采取相应政策,使得文化发展与国家经济建设同步,已经成为一种潮流。

一、法兰克福学派

20 世纪初,以霍克海默、阿多诺为代表的法兰克福学派,创造了"大众文化"和"文化工业"的概念,来指代大批量生产文化产品和推动文化产品生产的商业体系。

法兰克福学派开启了文化产业理论的批判先河,从工业文明的批判观念建立了该学派的文化产业理论。他们分析了工业生产时代所有的大众传播文化产品,指出工业化的文化产品与其他非文化商品一样,具有同样的特征:商品化、标准化和大众化。

阿多诺对流行音乐的分析,洛文塔尔对通俗文学和杂志的研究,赫尔佐戈对广播肥皂剧的研究,尤其是霍克海默和阿多诺对文化产业的著名研究,成为法兰克福学派最有代表性的研究案例。法兰克福学派的社会理论家们首次意识到他们称谓的"文化工业"在当前社会文化再生产环境下的重要性。

阿多诺 1975 年回忆说,"'文化工业'(Culture Industry)这个术语可能是在《启蒙的辩证法》这本书中首先使用的。霍克海默和我于 1947 年在荷兰的阿姆斯特丹出版了该书。"[1]阿多诺还特别说明:使用"文化工业"术语是为了与"大众文化"相区别,大众文化"仿佛同时从大众本身产生出来似的。"[2]

---

[1] 阿多诺:《文化工业再思考》,载于《文化研究》,天津社会科学出版社 2001 年版,第 198 页。

[2] 阿多诺:《文化工业再思考》,载于《文化研究》,天津社会科学出版社 2001 年版,第 198 页。

从"大众文化"到"文化工业"的转换,不仅仅是词语的变化,也不仅仅是概念的转变,显示了霍克海默和阿多诺诠释文化工业的批判力度。他们认为文化工业本质上是反大众的。它是一种更隐蔽、更微妙、也更具成效的统治意识形态,是一种欺骗大众的启蒙精神。以阿多诺和霍克海默为代表的法兰克福学派对文化产业基本持否定态度,他们认为,文化产业的存在和发展是资本主义社会衰退的标志,是一种严重的异化现象。

阿多诺与霍克海默对文化产业进行了否定性批判,认为:第一,金钱是文化工业运转的枢纽和动力,是它存在的目的和根源。阿多诺认为,文化工业的特征首先表现在文化产品生产的直接目的是为了追求利润的最大化。第二,文化工业消除了人的个性,使人成为"单向度的人"。文化工业产品为了满足大众的同样需求,其类型、内容和风格日趋单调和雷同。第三,文化工业已丧失了艺术的超越性精神,立足于世俗基础。阿多诺说:"艺术和所谓的古典艺术恰恰在于它的无政府主义的表现形式,它始终是人类面对飞扬跋扈的制度、宗教和其他方面的压力的一种抗议力量。"第四,就艺术技巧论,所有文化工业的作品都是以完善的技术为后盾的。与古典作家相比较,当代文化工业体系中一些创作人的作品往往十分粗糙,但借助先进的技术装备,文化工业起到了一种驯化作用。第五,由上述可见:文化工业中的创作必然走向程式化,程式化的创作又必然带来语言的限制。为了保障一种被称作是"风格"的程式,各个创作门类都积极地为自己确定了一套规定语言。第六,它首先表现在个人在大众传播媒介的包围、改造下,日益失去自己的头脑和判断能力,成为纯粹被动的文化受众和消费者。①

同为法兰克福学派代表的本雅明,却对文化产业的发展持相对乐观的态度。本雅明对由于文化产业的兴起所导致的传统经典文化向大众文化的转变,在文化理论上给予了积极认同,他认为文化产业的兴起是艺术史上的一次革命。现代科技的发展推动文化艺术载体和传播手段的进步,从而使艺术品的生产进入了"复制时代"。传统文化艺术因大量复制而消失的传统"韵味",是对原作本真性、唯一性和权威性的消解,在这种过程中一种全新的大众文化诞生了。

本雅明指出,工业文化产品"把人的创造力从(传统)艺术的垄断中解放出来,它的意义不亚于16世纪科学把自己从哲学的束缚下解放出来"。本雅明进一步解释,复制品实现了艺术的普及和大众化;所谓复制艺术中的"韵味"的

---

① 孙安民:《文化产业理论与实践》,北京出版社 2005 年版,第 79 页。

消失,正是对旧传统和商品拜物教的消解。

本雅明在《机械复制时代的艺术品》中肯定:文化工业为大众获得阶级意识提供了某种可能。法兰克福学派提出,因为"文化工业"位于娱乐活动的中心,必然会成为精英文化大众化的重要驱动力,并成为当代产业化社会经济运作的主要机制,对社会经济、政治、文化产生影响。

法兰克福学派是早期新马克思主义流派的一个分支,一直关注大众文化在消费社会的发展情况以及对工人阶级的影响,他们认为文化产业在产业化背景下能够使工人阶级融入到资本主义社会中。他们分析了文化产业和消费社会稳定当前资本主义的方式,并相应寻求新的政治改革的措施、政治变化的机制和政治解放的模式。虽然他们的观点在理论学术界产生了许多争议,但是法兰克福学派的贡献在于,最早提出了文化产业模式在当时的资本制度下对大众文化的重要社会作用。

二、英国:从文化研究学派到文化产业理论的建设

英国的文化产业研究可以分为两个阶段:一是英国文化研究学派对通俗文化的反思,二是 20 世纪 80 年代以后,英国学者对文化产业理论的正面建构。

1. 文化研究学派

英国文化研究学派对文化产业的研究缘于英国本土的现实。"二战"后,美国的流行音乐、商业电视节目、各种小说等被称之为"通俗文化"的文化产品,以文化产业的形式涌进英国,迅速占领英国的主要文化市场。当时的英国到处充斥着美国通俗文化的影子的现实,引起了伯明翰学派的代表人物的关注。

英国伯明翰大学的当时文化研究中心是英国文化学派的重镇,而来自伯明翰大学的雷蒙德·威廉姆斯(Raymond Williams)、斯图亚特·霍尔(Stuard Hall)和特里·伊格尔顿(Terry Eagleton)则是英国文化学派的主要代表人物。因为集中在伯明翰大学的英国文化研究者多为下层平民出身,因而以伯明翰学派为代表的英国文化研究在政治上与新"左派"联系密切,他们对法兰克福学派文化产业理论中的悲观主义(精英主义)倾向进行了再思考,对"文化工业"进行了重新定位,他们肯定了文化产业在社会发展中的积极作用,并对文化产业理论进行了开拓性的研究。

一方面,英国文化学派承袭了法兰克福学派对文化产业的理性思考;另一

方面,他们的观点又与法兰克福学派传统观点背道而驰,为大众文化和文化产业高声叫好。

英国文化学派重新解释了"大众"的概念,认为"大众"(mass)是现代工业社会将民众非个性化、同一化的结果,这个过程就是"大众化"的过程。他们认为大众并不是静态的、消极的和没有主体性的同质化的群体。大众的内涵和构成是相对的、动态的,同时因其阶级、性别、种族、年龄等因素的不同而存在着差别。①

出生于工人家庭的雷蒙德·威廉姆斯积极倡导尊重普通民众的文化传统和下层劳动人民的文化需求,他定义文化是"对一种特殊生活方式的描述,文化不仅指人类优秀思想和言论,而且包括其他的知识形式、制度、风俗、习惯等"②。这种定义将文化研究的方向由传统的精英文化研究转向了大众文化研究,他把艺术看作是一种普通的文化实践,一种普通的人类社会性活动。这种观点对于纠正精英主义文化理论颇有意义,同时奠定了英国文化学派文化产业理论的思想前提和理论基础。

斯图亚特·霍尔在其《电视话语的编码与解码》中,将电视和媒介的生产过程和消费过程,从"代码"(code)的角度加以解释。霍尔认为:制作文化产品的过程首先是一个"编码"的过程,而受众对文化产品进行消费,是"解码"的过程。文化产品虽然灌注了制作人的意识形态,但仍然是一个开放的、多义的话语系统,受众对一种文化产品及意义的读解存在三种不同的方式,即受众的接受模式存在着三种可能的立场:一是"支配—霸权立场",即受众按照传播者的意图来接受和理解接收到的信息内容;二是"协商代码或协商立场",即受众部分地按照传播者的意图来接受和理解信息内容;三是"对立码",即受众拒绝按照传播者的意图来接受和理解,并且以一种与传播者对立的立场来理解接收到的信息内容。

霍尔指出,大众也有自己的想法,不会完全被媒介及主流意识形态操纵。③ 由此,伯明翰学派形成了对于大众文化的乐观态度。霍尔的这一理论推进了前期的文化批判理论。

在英国文化研究学者中,特里·伊格尔顿的观点具有调和精英主义与大

---

① 孙安民:《文化产业理论与实践》,北京出版社 2005 年版,第 83 页。

② 雷蒙德·威廉姆斯:《漫长的革命》,企鹅出版社 1957 年版,第 58 页。

③ 斯图亚特·霍尔:《电视话语的编码与解码》,转引自罗钢、刘象愚主编:《文化研究读本》,中国社会科学出版社 2000 年版,第 355～358 页。

众文化矛盾的特点。特里·伊格尔顿师承雷蒙德·威廉姆斯，又深受卢卡奇和本雅明文化批评思想的影响，在英国文化批判领域独树一帜，是当代西方文化批评理论界的中坚力量。

伊格尔顿认为：文化产业既具有政治色彩，同时又在构建着经济基础。在后工业时代，文化产业是一种制造业，艺术产品作为商品，它的生产方式主要取决于特定的生产技术。在文化产业化时代，文化的概念具有两层含义：第一种是用大写字母开头的"总体性文化"（Culture）；第二种是用小写字母开头的各民族的"具体的文化"（culture）。两种文化的对立与斗争使文化概念毫无节制地扩张，已经达到令人生厌的地步。① 他既反对片面的精英主义，也反对片面的大众文化，他的理论是对精英文化和大众文化的辩证批判。

2. 文化产业理论正面建构

20世纪80年代以后，国际文化产业的发展面貌发生了重大而深刻的变化。人类文化的生产从单纯的资助、到市场化的生产，再到文化产业的迅猛发展，已经成为全球性的必然趋势：大型的专业文化产业公司不断涌现，文化产业的国际市场得到极大的拓展，与国际政治、跨文化传播和国际经济竞争相互影响，构成了文化、经济与政治的新景观。因此，突破文化研究学派的传统论题、论点和研究思路，面对事实本身进行思考，就成为新一代学者的任务。

于是，研究新技术条件下文化的生产与消费，研究各国文化政策在文化建设与文化产业竞争的作用，就成了英国学术界的热门课题。大量实证研究开始展开以代替意见之争，新的理论研究成果从德国、瑞士等国翻译介绍到英国，英国本土的正面建设的理论成果也开始涌现。目前中国内地学术界对这些新成果的介绍还不多，但我们可以借赫斯蒙德夫的研究的简略介绍，达到管窥之效。

赫斯蒙德夫（David Gesmondhalgh）是英国目前的文化产业研究重镇利兹大学（University of Lees）的教授，媒介产业研究中心（Media Indusrties Reseach Centre，MIRC）主任，长期对媒介与音乐产业的研究感兴趣。他的《文化产业》一书是在文化产业理论研究方面的代表作。

赫斯蒙德夫把导致当代文化产业的变迁的因素分为两种：一是文化公司内部动力，二是外部社会环境。公司的内部动力就是追逐利润的动力，外部社会环境主要有四大因素：政治经济变迁、商业战略变迁、社会文化变迁、技术变迁。其中，政治经济的变迁是"对经济大衰退的新自由主义的响应"，商业战略

---

① 王宁：《特里·伊格尔顿和他的马克思主义批评理论》，《南方文坛》，2001年第3期。

51

的变迁"表现为投资向服务产业、国际化和组织创新的转变"①。赫斯蒙德夫讲的"社会文化变迁"主要指人们工作时间缩短、娱乐时间增加和娱乐支出增加,"技术变迁"主要指信息技术与消费类电子产品的出现。

赫斯蒙德夫的文化产业理论研究继承了英国文化研究学派的思想成果,又不限于简单的"精英—大众"对抗模式,借鉴了政治经济学、文化社会学和传播学等学科的观点和方法,在国际文化产业从 20 世纪 80 年代以来的重大变化的历史背景下研究文化产业的本质特征与发展变化,显示了目前英国文化产业研究的进展。另外,他对"符号"创意重要性的强调,对数字娱乐技术发展的重视,都显示了一种新锐的学术思考风气。

三、美国文化产业理论

第二次世界大战期间,法兰克福学派的许多成员流亡美国,以阿多诺和霍克海默为代表的文化产业理论家们对文化产品工业化的悲观主义批判理论,在美国文化产业极度繁荣的现实语境下,显得有些苍白而缺乏现实指导意义。尽管二战结束后,美国学术界爆发了长达 15 年的大众文化论争,各种指责大众文化破坏了高雅文化的观点层出不穷,但最终本雅明的文化产业理论深刻地影响了美国文化产业理论的发展,正面的理论建树比重复地指责大众文化的意见性表达更能代表美国文化产业研究的方向。不过,美国文化产业理论也因其弱化了文化产业理论自法兰克福学派以来的批判精神而受到来自学术界的诸多批评。

美国文化产业理论批判地继承了法兰克福学派和英国文化研究学派的思想成果,又根据文化产业的现实发展进行了重要的创新,创立了费斯克的"两种经济"论、甘斯的"品味"论和詹姆逊的"差异消失"论。

1. 费斯克"两种经济"论

约翰·费斯克(John Fiske)的文化研究被学术界视为英国文化研究的批判色彩的退却,而他却以其开拓性的文化理论建树被称为美国文化产业理论的"教父"。费斯克在文化产业理论方面的代表性著作《理解大众文化》(Understanding Popular Culture)和《阅读大众文化》(Reading the Popular)被奉为美国文化产业领域的"圣经"。正是由于他,美国的文化产业理论的研究才得以在美国许多大学登堂入室。费斯克是英国文化学派孵育出来的学者,其

---

① 赫斯蒙德夫:《文化产业》,中国人民大学出版社 2007 年版,第 314 页。

学者思想深受威廉姆斯和霍尔的影响。他更加关注受众的主体地位,更加关注受众的实践性、能动性和创造性,形成了自己独特的"生产性受众观"(the productive audience)。费斯克明确指出:"大众文化是由大众而不是文化工业促成的。"①

在法兰克福学派学者的眼中,受众是被动的被操纵者。这也是阿多诺和霍克海默用"文化工业"来取代"大众文化"的一个原因。而在费斯克看来,文化产业固然受到商业利益的支配,但"大众文化又为大众所有,而大众的利益并不是产业的利益——正如数量浩繁的电影、唱片或其他产品所表明的,大众让这些产品变成昂贵的'失败'。一种商品要成为大众文化的一部分,就必须包含大众的利益。"②

在费斯克看来,文化企业并不能强迫大众消费自己的产品,文化产业提供的各种文化产品,就像一个"菜单",受众可以选择自己的意义和快乐。在市场化条件下,消费者并不是完全任人宰割的,商家如果不能满足消费者的需要,就面临着破产的可能。

约翰·费斯克最重要的理论贡献,是他提出的"两种经济"理论。他指出,在消费社会中,所有的商品既有实用价值,也有文化价值,既存在着"金融经济"现象,也存在着"文化经济"现象。文化产业跨越"金融经济"属性和"文化经济",在这两大领域之间运行。

以电视为例,电视的产品(节目)就是在金融经济与文化经济这两种平行的、半自主的经济系统中的生产和销售过程。演播室把节目卖给经销商(广播公司或有线电视网),这是金融经济的简单交换。但电视节目不同于微波炉或牛仔裤这样的商品之处就在于,其经济功能并未在它出售后就结束,因为它在被消费的时候,又在生产:它生产出一批观众,然后这批观众又被卖给了广告商。③

2. 甘斯"品味"论

赫伯特·甘斯(Herbert J. Gans)在其代表作《大众文化和高级文化》中,承认高雅文化与大众文化事实上是两种独立的现象,但他又从文化多元论的角度分析说,这两种文化都是文化,通俗文化反映并表达了人们的美学及其他需求,所以通俗文化也是一种文化而不是商业垃圾。甘斯强调说,所有人都有

① 约翰·费斯克:《理解大众文化》,王晓珏、宋伟杰译,中央编译出版社2001年版,第29页。
② 约翰·费斯克:《理解大众文化》,王晓珏、宋伟杰译,中央编译出版社2001年版,第28页。
③ 约翰·费斯克:《理解大众文化》,王晓珏、宋伟杰译,中央编译出版社2001年版,第32页。

权选择自己喜好的文化,不管它是高雅的还是通俗的。① 同时提出了"品味文化"的概念,确定了其在美国文化产业理论界的标志性地位。

甘斯认为,文化没有高低贵贱之分,只有品味的不同。精英文化的品味主要取决于生产者在创作的过程的审美观和灵感,而大众文化的品味形成主要取决于其消费者,是受众在消费的过程中获得的意义与快感。品味文化的形成与受众的社会阶层、生活环境、家庭收入、教育程度等密切相关,由此产生了不同的文化受众群。文化是平等的,任何人都有权利选择他自己喜欢的文化,文化批评不应厚此薄彼。

3. 詹姆逊"差异消失"论

弗雷德里克·詹姆逊(Fredric Jameson)是"后现代主义"概念的创立者,也是"二战"后美国著名的文化理论批评家。詹姆逊把后工业社会的大众文化特点概括为五种差异的消失,从而提出了大众文化的"差异消失"论。

詹姆逊提出的大众文化的五种差异消失分别为:①内部和外部差异的消失;②本质和形象差异的消失;③无意识和显意识差异的消失;④真实性和非真实性差异的消失;⑤能指和所指差异的消失。

詹姆斯认为,由于上述5种"差异的消失",后现代时期的大众文化呈现出"平面化"和"无深度化"现象。但是,詹姆逊并不因此而全盘否定大众文化,他认为,应该辩证地看待大众文化的消极面和积极面,给予全面公正的评价。

詹姆逊指出经济的全球化必然导致文化的全球化,明确指出了文化全球化的负面效应,即文化全球化对地域文化的消解作用。

四、中国文化产业研究

"文化产业"理论在中国的形成和发展,是与中国文化产业实践的历史进程相伴随的,它既是一个认识不断深入的过程,也是中国改革开放不断深入的结果,是中国重大政策调整过程的真实写照。根据这一实际,中国文化产业理论可以分为两个阶段来了解:一是探索与正名阶段,二是战略思维的确立阶段。

---

① 赫伯特·甘斯:《通俗文化与高雅文化》(Popular Culture and High Culture),纽约,基础书籍出版社1974年版,第7页。转见托马斯·英奇《美国通俗文化研究》(RE-SEARCH ON AMERICAN POPULAR CULTURE),《美国社会文化》1989年第3期。

1. 探索与正名阶段

探索正名阶段是对文化产业性质的认识不断深化的过程，基本完成了对文化产业的经济文化地位的肯定和正名。

中国现代文化产业的源头，可以追溯到民国时期的报刊业、电影业和演艺业。但当时并无有影响的中国的文化产业理论。1949 年新中国成立后，至 20 世纪 80 年代改革开放之初的一段时期内，文化产业都被认为是资本主义对文化的侵害。1979 年，广州东方宾馆开设了国内第一家音乐茶座。随后，营业性舞厅等经营性文化活动场所在各大城市争相开业，标志着新中国文化市场的发端。到了 1987 年 2 月，文化部、公安部和国家工商行政管理局联合发出了《关于改进营业性舞会管理的通知》，从观念上明确了举办营业性舞会的合法性质，文化经营活动第一次正式成为我国社会主义文化事业的合法组成部分，这是中国当代文化产业理论的重要思想基础。

1988 年，文化部和国家工商行政管理局又联合发布了《关于加强文化市场管理工作的通知》，不仅在政府文件中首次出现了"文化市场"的字眼，而且对文化市场的范围、管理原则和任务等做了界定，结束了文化市场管理无章可循的局面，从政策层面表达了对文化产业属性的认可。

关于文化可能具有的"产业"性质，关于"文化产业"与国民经济和社会发展的关系等问题，事实上一直是被学术界的少数先觉者暗中探索的问题，也一直受到中国政府有关部门关注。1985 年，国务院转发国家统计局《关于建立第三产业统计的报告》，把文化艺术作为第三产业的一个组成部分列入国民生产统计的项目中。这一事实表明，中国政府已确认了文化艺术可能具有的"产业"性质。1991 年，国务院批转《文化部关于文化事业若干经济政策意见的报告》，正式提出了"文化经济"的概念。1992 年，党的十四大报告中明确提出要"完善文化经济政策"。同年，《中共中央国务院关于加快发展第三产业的决定》把"文化卫生事业"当作了加快第三产业发展的重点。同年出版的国务院办公厅综合司编著的《重大战略决策——加快发展第三产业》一书，明确使用了"文化产业"的说法，这是现有资料中中国政府主管部门第一次使用"文化产业"这个概念。

1993 年 12 月 8 日，《中国文化报》以一个整版的篇幅发表了当时文化部领导的讲话，提出"在改革开放中发展文化产业"，这是中国政府文化行政部门领导人首次全面阐述对于文化产业的政策性意见。

随着国民经济"九五"计划的顺利完成，中国经济告别了"短缺时代"，进入了一个全新的发展时期，对文化产业的认识也进一步深化、明朗。1999 年，国

家发展计划委员会的《关于 1998 年国民经济和社会发展计划执行情况与
1999 年国民经济和社会发展计划草案报告》中,明确提出要"推进文化、教育、
非义务教育和基本医疗保健的产业化",文化产业第一次被正式纳入国家发展
计划的政策视野。

1999 年 1 月,"全国文化产业发展研讨会"在大连召开;同年 5 月,文化部
与亚欧基金会共同举办的"亚欧文化产业和文化发展国际会议"在北京召开,
这是中国召开的第一个关于文化产业问题的政府间国际会议。标志着"文化
产业"在中国的地位正式得到了"正名"和肯定。

2. 战略思维阶段

2000 年以后,中国的文化产业研究进入了"战略思维阶段",其中的重要
特点:一是区分了文化产业与文化事业两个概念;二是把文化产业的发展纳入
国家文化战略的总体框架。

2002 年 11 月,党的十六大在北京召开。十六大报告明确提出"积极发展
文化事业和文化产业"的基本任务,强调"发展文化产业是市场经济条件下繁
荣社会主义文化、满足人民群众精神文化需要的重要途径",从而把发展文化
产业提到了社会主义文化建设基本任务的新高度。

当时中国决策界和学术界都认识到,只有大力发展中国文化产业,赶上世
界文化产业的发展步伐,才能保证我国文化产业的社会主义特色和先进的发
展方向。这是文化产业理论"对策论"的重要发展。

与此相应,中国在文化产业基本概念方面的认识,也有了进一步的深化,
其重要的成果表现在十六大报告对"文化产业"与"文化事业"在概念上进行了
区分,明确提出要"发展各类文化事业和文化产业"。

2007 年 10 月召开的党的十七大,文化产业被提高到国家战略的重要位
置。十七大报告谈到"推动社会主义文化大发展大繁荣"时,对发展文化产业
作了着重强调。十七大报告中,8 次提到"文化产业",直接涉及的文字大约
240 字。其中对文化产业基本性质和发展目标的阐述,包括:文化产业与国家
"软实力",生态文明、文化产业体制改革、新媒体技术下文化传播等一系列问
题都得到了强调,集中了中国文化产业理论研究的新成果,表现了中国文化产
业理论研究迈进到一个新高度。

2012 年 11 月 8 日党的十八大报告对中国文化产业理论思维进一步推
进。十八大报告直接涉及"文化产业"的文字大约 410 字,其中,在国家战略发
展总体思路上,文化产业提到了要"成为国民经济支柱性产业"的高度;在文化
产业发展战术方面,提出要"促进文化和科技融合,发展新型文化业态,提高文

化产业规模化、集约化、专业化水平。构建和发展现代传播体系,提高传播能力。"

练习、思考与案例

（1）什么是文化产业？文化产业与创意产业有何联系和区别？大体包括哪些类别？

（2）为什么要大力发展文化产业？

（3）文化产业理论大体包括几大内容板块？

（4）为什么说"人是符号的动物"？文化与符号有什么关系？

（5）为什么说文化产业是符号产业？

（6）如何理解文化产业中的"消费娱乐性"？

第二章

文化产业与文化经济

　　文化产业在 21 世纪初的迅猛发展,还有一个更加广阔的历史背景和更加深刻的内在原因,即新出现的"文化经济"力量对人类经济文化政治格局的改变。

　　20 世纪末以来,文化因素越来越多地渗透进经济活动,使经济获得了新的发展形态和动力,逐渐形成了被称为"文化经济"的重要形态。文化与经济相互交融,在综合国力竞争中的地位和作用越来越突出。文化的力量,深深熔铸在民族的生命力、创造力之中。

　　从文化经济的角度研究文化产业,可以更加深刻地揭示文化产业的本质和特征,深化文化产业理论。

第一节　文化经济的兴起

一、什么是文化经济?

　　人类文明史上,不同历史时期的经济活动都具有不同的生产要素、生产模式、主导产业、基本结构、基本制度和基本观念,这就叫经济形态。人类社会的经济发展表现为经济形态的演变和交替,新的经济形态替代旧的经济形态,从而构成了经济发展史。

　　文化经济是 21 世纪文化与经济相互交融、文化资源成为生产要素和经济资源,文化在经济发展中起导向作用的一种新经济形态,是继"资源经济"和

"知识经济"两种经济形态之后的新形态。

人类社会的经济形态可以做多种划分。按照所有制基础的不同,可以分为原始社会经济、奴隶社会经济、封建社会经济、资本主义社会经济、社会主义社会经济;按照社会经济联系方式的不同,可以分为自然经济、市场经济、计划经济。而文化经济,则是按照经济发展中资源要素投入的构成特点的不同,继资源经济和知识经济之后的一种新型经济。

资源经济是指以劳动、土地等一般物质资源投入为主的经济。20世纪以前,世界经济总体上属于资源经济形态。尽管19世纪中叶出现了蒸汽技术革命,20世纪中叶出现了电力技术革命,技术投入有了较大增长,但仍没有从根本上改变物质资源投入为主的状态,所以,都属于资源经济时期。

知识经济,是指以知识为基础的科学技术特别是高新技术,在社会经济增长中占主导地位和起决定性作用的现代经济。20世纪中叶以来,航天航空技术、新材料和新能源技术、电子信息技术、生物工程技术、海洋开发技术等高新技术的发明、应用和发展,开创了知识经济发展的新时代。

文化经济是指在社会经济发展中,文化与经济相互交融,文化资源成为生产要素和经济资源,文化在经济发展中起导向作用,并成为经济发展的强大精神力量的新型经济。文化经济是对知识经济内涵的扩大和深化,文化经济的出现以科技的高度发达为前提。

文化经济与知识经济的区别在于:知识经济是以高科技为特征,文化经济以精神文化内容为特征。知识经济是建立在专业知识和信息的生产、分配和使用基础上的经济,核心是突出知识、信息和技术在经济增长中的价值,而文化经济不仅有科学、技术等智力因素,还有价值观念、艺术审美、娱乐休闲等精神因素,既包含科学精神,也包含人文精神。

二、文化经济的基本特征

为什么说人类社会在21世纪进入了文化经济时代?与过去时代的经济形态相比,文化经济有哪些不同的特征?文化与经济相互交融的产物,这一本质规定性,使它具有自己鲜明的特征,即文化的"经济化"和经济的"文化化"。

1. 文化的"经济化"

20世纪80年代以来,文化与经济的相互渗透、相互交融越来越明显,出现了越来越明显的文化的经济化和经济的文化化现象。这作为文化经济的一个重要特征,是文化经济形态已经出现的重要证据。

文化的"经济化"是指文化进入市场,形成产业,文化中渗透了越来越多的经济要素,使文化具有经济力,成为社会生产力中的一个重要组成部分。在当代文化发展中,经济成分不断增加,市场手段不断引入,文化生产、文化管理中愈来愈渗透各种经济要素,文化活动愈来愈自然地融入经济活动之中,形成了新兴经济产业——文化产业。文化产品由过去超越物质功能的"作品"转变成为"文化商品",相当一部分文化服务脱离了纯公益的文化事业,并逐渐具备了经济功能和市场效益。文化产业就是文化"经济化"最直接的表现和最重要的产物,它正在成为产业结构发展中的主导力量。

文化的"经济化"使文化的社会服务属性解放出来,按市场的供需规律进行生产,从而增加了文化的造血功能,使文化生产从无偿劳动、靠人资助的困境中解脱出来,极大地提高了文化工作者的工作条件和生产积极性,解放了文化生产力。在文化体制改革以前,我国的电影业靠国家财政拨款,结果生产力长期得不到发展,全国10多个电影厂一年只生产几部电影,许多电影厂无事可做。由于国家财政困难,许多作家、艺术家都过着清贫的生活。在传媒业改革前,电台、电视台、报刊每年巨大的开支,成为国家财政巨大的包袱,而改制后,这些行业都成财源丰富、财力雄厚的单位。在文化经济化的过程中,以电影、电视、音乐CD、MTV、奥林匹克运动会、世界拳王争霸赛、世界杯足球赛为代表的娱乐文化已成为当代世界经济中的富于活力的新兴产业。

2. 经济的"文化化"

经济的"文化化"是指经济活动在前所未有的广泛领域渗入了美学和符号属性,经济产品中的文化含量不断提高,商品消费中愈来愈多地具备了符号消费的内涵。经济"文化化"最直接地表现在产业文化的发展上,包括企业文化、品牌文化、产品文化、服务文化、人力资源等在内的产业文化是经济文化的重要标志。

随着物质生活水平的提高和精神文化需求的增长,人们越来越重视产品的文化属性和文化个性,精神消费在消费结构中的比重也越来越大。这种情况反映出文化在经济发展中的地位和作用越来越重要,以文化内容为主导的经济形态成为了经济发展的主流,人类社会发展正步入一个文化经济时代。

在当今经济发展中,人文精神、价值观念等文化要素已经成为重要的生产力要素。人文价值观逐渐渗透到经济发展领域,精神、智力因素与自然资源、经济资本一样成为生产力中的组成要素。以人为本的理念、诚实守信的道德、节能环保的经济伦理在市场竞争中的作用越来越大。企业的文化精神、企业的价值观在企业管理和决策中的效能越来越突出,产品的文化附加值成为商品价值中的重要部分,以科学文化素质和思想道德素质为核心的人力资本对经济竞争力越来越具有决定性影响。只有文化素养好,文化品位高的"儒商"才会成为当代人普遍敬重的对象,只有能担当社会责任、积极参与社区文化建设和人类公益事业的企业才能成为广大消费者支持的企业。这一系列现象,都是文化渗入经济,使经济"文化化"的重要表现。

三、文化经济学

文化经济形态出现以后,得到了学术界的高度重视。人们从不同学科、不同立场出发,对文化经济现象进行了深入的思考,初步形成了文化经济学的专门学科领域。

1. 两种"文化经济学"

谈到文化经济,人们自然就会想到专门以文化经济为研究对象的学科——文化经济学。在目前的学术研究领域中,存在着两种性质不同的文化研究学,一种是对"文化"的经济学研究,即立足于传统经济学框架,对文化产业等文化经济现象进行的研究。第二种是对"文化经济"的文化—经济学研究,即在文化学、传播学、美学、社会学的交叉学科平台上,对文化产业等文化经济进行的研究。

文化的经济学研究实际上是传统经济学在研究领域上的扩大,研究者的学术背景往往是传统的经济学或管理学,他们凭借自己经济学的良好素养和学科优势,对文化产业及其相关的文化生产、文化流通和文化消费展开了以经济学模型为工具的研究。

例如,胡惠林、李康化《文化经济学》[①]一书,就是以文化的生产、流通和消费的研究为基本框架,引用经济学的相关概念展开的。顾江《文化产业经济学》[②]一书,则以经济学的分支"产业经济学"为逻辑基础,以"文化产业组织"和"文化产业规划和政策"为主要研究内容,运用经济学的代数表达式为基本工具展开全书的研究。郭鲁芳《休闲经济学》[③]引入了"家庭生产函数"、"跨时"概念和时间变量,构建了休闲消费理论模型,具有鲜明的经济学特色。

---

① 胡惠林、李康化:《文化经济学》,上海文艺出版社 2003 年版。
② 顾江:《文化产业经济学》,南京大学出版社 2007 年版。
③ 郭鲁芳:《休闲经济学》,浙江大学出版社 2005 年版。

总之,运用经济学的基本框架和理论工具,从经济学的视角和思维出发研究文化的生产、流通、分配、消费,这是文化经济学的特点和优势。同时,这类文化经济学研究也对文化经济的"经济性"与"文化性"交融的特点给予了相当的关注。

文化—经济学研究在研究中更强调文化经济的文化本质及其给当代经济带来的新特质、新影响,在方法上则以文化学、传播学、美学、社会学与经济学的交叉为特点,虽然借助了经济学的概念和思想,但对经济学的"理性人假设"却保持相当的批判态度。文化—经济学的研究者许多人具有文化学、社会学或哲学—美学的学术背景,如《理解大众文化》的作者,提出金融经济和文化经济"两种经济"理论的约翰·费斯克,其学术背景是文化研究;创立了"文化资本"理论和"场域"理论的布尔迪厄,学术背景是社会学,因写作《创意阶级的崛起》等著作而被称为"美国创意产业之父"的约翰·弗罗里达,其硕士和博士学位都是哲学。

2. 学科视野的融合

上述两种文化经济学各有自己的学科视野,各有侧重,在研究成果的运用上也有各自不同的价值。由于长期以来各个学科领域之交流不够,这两种文化经济学之间也存在某些隔膜。经济学背景的研究者会觉得文化学背景的研究过于空洞,文化学背景的学者又觉得经济学背景的研究过于局限,对文化的内容意义生产及其相关的社会文化现象关心不够。

例如,有学者在学术著作中公开批评从经济学出发的"文化经济学"对文化产业"权力"问题的说明没有力量,对"经济组织和文本意义议题"关注不足,显示了其囿于主流经济学的局限性。[①]

赫斯蒙德夫指出,"经济学从 19 世纪发展到现代的形式后,经济学理论假设和目的一直受到新古典主义概念的支配。新古典经济学既不关心决定人类的需求和权利,也不介入社会正义问题;相反,它关注的是人类的需要如何得到最大程度的满足。虽然术语和分析过程非常专业且深奥难懂,新古典经济学却自称是一门应用性社会科学,旨在理解市场如何以及在什么条件下能够发挥最大功用。它将人们的福利等同于人们是否具有获得最大化满足的能力。它提供了如何计算满足最大的方法,因此显示出其功利主义的根源也即是一种追求幸福最大化的哲学。"这样,本来应该关注的重点,即文化产品对公共生活和日常生活产生影响的方式,及与此相关的道德和公正之类问题却被

---

① 大卫·赫斯蒙德夫:《文化产业》,中国人民大学出版社 2007 年版,第 33 页。

搁置了，"许多文化经济学家承袭自新古典经济学的这一假设，对于着手评估文化产业却显得过于贫乏了。"①

赫斯蒙德夫批评的现象虽然是西方文化经济学研究中的部分现象，但却可以提醒我们，在以经济学框架和工具来研究文化的时候，要注意突破其固有的局限性。

第二节　文化资本

文化资本理论是文化经济学的一项重要成就，它广泛地影响当代社会学、文化学、经济学和文艺学等学科领域，既是透视文化经济现象的重要工具，也是我们深入研究文化产业本质和规律的必要理论基础。

同时，是文化资源的大国，又是文化产业的发展中国家。这一局面，说明我们还未能有效地把丰富的文化资源转化为文化资本。因此，研究文化资本的特性，在文化产业发展上超越世界强国也有重要的启发作用。

一、什么是文化资本？

"文化资本"这个术语很早就有人使用，但是作为一个影响广泛的文化经济学概念，却是在法国社会学家布尔迪厄的文化资本理论生产后开始流行的。1989 年布尔迪厄在《资本的形式》(The Forms of Capital)②中提出文化资本理论以后才开始流行的。从那以后，文化资本的概念和理论在许多学科中产生了重要影响。

1. 文化资本的定义

所谓文化资本，就是能转化为经济价值的文化价值，是与经济资本、社会资本相对应的一种资本形态。传统经济学往往只关注到经济资本，以致普通大众往往以为"资本"不过是金钱的别名，就是能带来利润的"活钱"。随着知

---

① 大卫·赫斯蒙德夫：《文化产业》，中国人民大学出版社 2007 年版，第 31～32 页。

② Bourdieu, Pierre. "The Forms of Capital", in A. H. Larder, P. Brown & A. Stuart-Wells(eds.), Education: Culture, Economy and Society(pp. 46～58), New York: Oxford University Press(1989)，转见薛晓明、曹荣湘主编：《全球化与文化资本》，社会科学文献出版社 2005 年版，第 3～22 页。

识经济和文化经济现象的兴起,人们越来越清楚地看到,能带来利润的并不仅仅是金钱。

布尔迪厄指出,资本与权力是同样的东西,是可以转化的东西,学术研究的任务之一就是研究各种形式的资本及其相互转化的法则。按照布尔迪厄的划分,主要有三种资本,一是经济资本,这是人们所熟悉的资本形式;二是文化资本,就是能转化为经济价值的文化价值,包括有形和无形的文化资产和文化制度;三是社会资本,即人们的人际关系和社会地位。这三种资本相互区别,又是在一定条件下可以相互转化的。布尔迪厄说:

> "资本可以表现为三种基本的形态:(1)经济资本,这种资本可以直接转换成金钱,它是以财产权的形式被制度化的;(2)文化资本,这种资本在某些条件下能转换成经济资本,它是以教育的形式被制度化的;(3)社会资本,它是以社会义务('联系')组成的,这种资本在一定条件下可以转换成经济资本,它是以某种高贵头衔的形式被制度化的。"[1]

理解文化资本的内涵,需要掌握如下三个要点:

第一,文化资本是一种文化经济现象,它反映了文化价值与经济价值之间的关系。例如,建筑是有形的文化资本,品牌、教育素养是无形的文化资本,它们都与经济价值有密切的关系。一幢古老建筑物的经济价值很可能主要就是由文化价值赋予的,品牌好的商品更有经济价值,接受良好教育的人也更能挣钱,这些都反映了文化资本的作用。

第二,文化资本对经济的产出和国民经济的增长有重要作用。研究文化资本对经济的产出和国民经济的增长会起到多大作用,是文化经济学研究的一个重要课题。一些学者已经有初步的研究,并把文化资本对经济增长的作用用数学关系式表达出来。[2]

第三,文化资本对社会经济的可持续发展有重要作用。文化资本作为文化资源的资本形式,就像经济资本可以是自然资源(土地、矿山、河流等)的形式一样,能够支持经济的发展,但从生态系统的保护和经济的可持续发展来看,文化资本的有效利用更有可持续性。自然资源的过度开发会导致自然生

---

① 布尔迪厄:《文化资本与社会资本》,包亚明译,《布尔迪厄访谈录:文化资本与社会炼金术》,上海人民出版社 1997 年版,第 192 页。

② 如思罗斯比(David Throsby)模型,参见戴维·思罗斯比《文化资本》,薛晓明、曹荣湘主编:《全球化与文化资本》,社会科学文献出版社 2005 年版,第 557 页。

态系统的崩溃,从而导致经济体系的崩溃。

2.文化资本的形态

从存在形态上看,布尔迪厄所说的文化资本有三种存在形态:

第一种是"具体的形态",表现为精神和肉体的持久"性情",是文化知识和文化素养在人身上的具体体现,通过教育而获得,大体相当于经济学、管理学中的"人力资本"。

第二种"客观的形态",即以文化产品形式存在的状态,如图片、书籍、辞典、工具、机器等,这些产品是理论的实现或客体化。

第三种是"制度的形态",即以一种客观化的、必须另外区别对待的形式存在的状态,就如人们在学历教育和教育资质认定中所看到的那样。

文化资本的上述三种存在形态,与人力资本、文化产业和文化体制有密切的关系。因此,布尔迪厄之后的文化经济学领域形成了三个对应的重点研究方向,一是文化资本与个人发展的关系,如教育、家庭背景和个人性情对其发展前途的影响;二是文化产业与文化资本的研究,力图从文化商品(如电影、音乐、图片、广告)中发现文化对商品价值的影响;三是文化制度的研究,力图发现不同文化制度对企业、区域、国家和全球经济的影响。[①]

布尔迪厄的"文化资本"理论特别强调教育,尤其是早期教育和家庭教育。这种教育有四个重点:

第一,教养重于知识,即不仅是知识的传授,更重要的是教养、德行、人性的教育。同时,强调能力教育,而不只是技术的培训。

第二,能力重于技术。能力教育包括:认知能力、思考能力、社交能力、行为能力、创造能力、欣赏能力等的培养。

第三,学会节约时间,特别要学会合理地利用闲暇时间。因为充裕的闲暇时间是个体获得自由而全面发展的必要条件。

第四,放弃贪婪,解放身心。即学会摆脱功利主义、物质主义对个体精神的羁绊,学会放弃对物的贪婪和占有,进而投入更多的时间去欣赏生命、生活,有能力促进身心平衡。

可见,文化资本受到重视,是人类社会以商品为中心向以人为中心的价值转变,缺乏文化资本投入,社会经济的发展是不可持续的。

---

① 曹荣湘:《文化资本、文化产品与文化制度问题——布尔迪厄之后的文化资本理论》,薛晓明、曹荣湘主编:《全球化与文化资本》,社会科学文献出版社 2005 年版,第 4 页。

二、文化资本与文化产品

从文化资本的三种形态划分中，我们知道文化产品是"客观化的文化资本"。这种文化资本是通过客观的物质载体来体现的，它与"具体形态"的文化资本（教育）的最大区别是，它在物质性方面是可以传承的。文化产业所生产的文化产品，如绘画作品，可以像经济资本那样一代代传承下去，而不像人的教育和素养"虽在父兄不可以移子弟"。而且，文化资本的传承可能比经济资本的传承更有利，因为它在财产传承上更加隐秘。但是，可以传承的，只是其物质载体的所有权，而不是对这幅画的"消费"方式和精神内容。

这说明了文化产品的一个非常重要的特征，即符号与物质的两面性。布尔迪厄说：

"文化产品既可以表现出物质性的一面，也可以表现出符号性的一面。在物质性方面，文化产品预先假定了经济资本，而在符号性方面，文化产品则预先假定了文化资本。"①

由于这种两面性，文化产品具备了与普通产品不一样的特征。首先从使用方面来看，普通产品的使用只需要简单的、普通的方式即可进行使用和消费，而文化产品的消费则必须具备相应的主观能力，以其文化价值要求的特殊方式才能消费。物质上占有了一幅画，但并不等于你真正能够欣赏它。因为我们知道，对于非音乐的耳朵，最美的音乐也毫无意义。文化产品中除了存在着要服从经济的逻辑外，还存在着文化的逻辑，美学的规律。即使你收藏一幅画只是为了赚钱的商业，而不是出于美学的目的，你也不能违背文化的逻辑和美学的规律，这就要求你必须成为一个有相应素养的人，或者找有素养的人代理你的工作。

因此，文化产品的占有者"必须找到一种方法去显现具体化的、作为其拥有者得到特殊显现的前提条件的资本"。布尔迪厄说，"为了占有机器，生产手段的占有者只需经济资本，但为了显现并根据特殊的目的而使用它们（这种目的是由科学技术性质的文化资本所界定的，这种资本已被融化为机器本身），他必须亲自或找他人代理接触到具体化的文化资本。这无疑是管理层（董事

---

① 布尔迪厄：《资本的形式》，薛晓明、曹荣湘主编：《全球化与文化资本》，社会科学文献出版社 2005 年版，第 12 页。

或工程师)身份不是很明确的根本原因。"①

所谓管理层身份不明,指的是文化企业的管理者不像一般企业的管理者那样,具有明确的身份,即受资本家雇佣的职业经理人和主创人员,而可能具有资本家(文化资本家)与职业经理人双重的身份,因此文化企业的管理人和主创人员表面看来是受经济资本家雇佣的劳动者,但资本家却很难对他们随意加以支配。"假如强调管理层不是(严格经济意义上的)他们正在使用的生产工具的占有者,假如强调他们只是依靠文化资本来获取利益(因为正是他们的文化资本才使得他们有可能出售自己的产品或服务),那么应该把他们归到被统治集团一类。假如强调他们不过是从特殊形式的资本的使用中获得利益的,那么应该把他们归到统治者集团一类。这一切表明,如果资本的主导类型(经济资本)的拥有者无法使文化资本的拥有者展开竞争的话,随着融合在生产工具中的文化资本的增长(掌握显现文化的方法所必需的具体化的阶段也随着增长),文化资本援用者的集体力量也会随之增长。"②

这就给文化企业的基本性质和经营管理提出了一个非常特殊的问题:在文化企业中,究竟谁是雇佣者,谁是受雇者?通俗地讲,在文化产业经营中,经济资本拥有者与参与的文化人之间,到底是谁在为谁打工?一家演出公司投资组织一台演出,支付给明星的费用占全部费用的极大部分,很多时候都大于公司的利润。在这些情况下,到底是公司利用明星演员来赚取了利润,还是明星利用公司来赚取了利润?这很难一概而论。在布尔迪厄看来,一般来说经济资本还是占主导地位的,而经济资本要保持自己的主导地位,就应该使文化资本之间相互竞争,而这种竞争对文化资本的积累和优化是有好处的。"可以说,文化资本的拥有者更愿意依赖某些条件来展开竞争,他们正是在这些条件中受到磨炼、接受挑选,他们最愿意的,乃是通过学术逻辑来展开竞争。"③

总之,文化资本以其客观化的形式表现出一个独立的世界的所有现象,它有自己超越个体意志的法则。在文化资本的世界里,符号与物质两方面的选择性都非常活跃。目前国际国内的学术界对文化资本的研究都还刚刚开始,

---

① 布尔迪厄:《资本的形式》,薛晓明、曹荣湘主编:《全球化与文化资本》,社会科学文献出版社 2005 年版,第 12 页。
② 布尔迪厄:《资本的形式》,薛晓明、曹荣湘主编:《全球化与文化资本》,社会科学文献出版社 2005 年版,第 12 页。
③ 布尔迪厄:《资本的形式》,薛晓明、曹荣湘主编:《全球化与文化资本》,社会科学文献出版社 2005 年版,第 12 页。

很多重要问题还没有得到满意的答案。例如,文化到底是否具有经济价值?文化的价值到底如何计算?我们在计算国民生产总值(GDP)时,如何准确地计算文化的贡献?这些问题,还在进一步的争论和研究中。[①]

三、文化资本与民族盛衰

文化资本不仅关系到文化产业的发展,甚至影响到一个国家的发展和一个民族的盛衰。这是因为,文化资本除了有个人教育素养的形态和物质产品的形态存在以外,还以文化制度的形态存在,它能够对个人、企业、社区和整个社会的行为方式产生制约,从而影响到一个社会的未来收益。

在文化资本理论中,学术资格受到了特别的关注。这是因为,"学术资格和文化能力的证书的作用是很大的,它给了其拥有者一种文化的、约定俗成的、长期不变的、得到合法保障的价值。"而自学成才的人虽然也可能有一定的文化素养,但却可能因为没有文凭、职称一类的资格证明而受到怀疑,或者其价值被错误地估算,或者需要不断地去证明自身的价值。而具有学术资格的文化资本却得到了合法性的保障,是一种社会公认的资本证明。特定级别的学术资格还可以保证其经济价值,确定其文化资本与经济资本之间的转换率。[②] 我们看到,博士、硕士之间,教授、副教授和讲师、助教之间,往往存在着在一定范围内相对稳定的市场价格差异,同样,一线歌星的价格、当红导演、球星的价格,在一定范围内也是可以明码标价的。但是,对于一个没有这类资格的人来讲,其价值却是相当不确定的,而且往往是被低估的,这种情况一直要持续到他得到某种资格认定从而被制度吸纳到一定的序列为止。

更重要的是,文化制度不仅影响到不同文化资格的个人的经济收入和社会地位,而且还会对社会的政治、经济产生重要影响。很多研究经济发展的学者都曾经意识发达国家与不发达国家之间存在重大的制度和文化差异。20世纪50年代和60年代一些经济学家曾经认真地研究过文化差异导致不发达的现象,但那时人们还没有意识到文化是经济发展的一个决定性因素。有学者在分析这一原因时解释说,是由于经济学关于"效益最大化"的理性"经济

---

① 参见戴维·思罗斯比:《文化资本》,薛晓明、曹荣湘主编:《全球化与文化资本》,社会科学文献出版社 2005 年版。

② 布尔迪厄:《资本的形式》,薛晓明、曹荣湘主编:《全球化与文化资本》,社会科学文献出版社 2005 年版,第 13 页。

人"假设,束缚了经济学家的视野,同时也由于文化变量难以测量,难以用因果逻辑加以解释。①

二战以后,人们开始置疑主流的新古典经济学对不发达问题的研究。经济学家开始关注曾经被认为其他学科的研究领域,如犯罪、人口、婚姻、投票选举、法律、政治与官僚行为,以及公司和其他组织的运作。随着新制度经济学的兴起,人们开始研究经济学家的关注点从经济政策的影响转移到市场经济的制度基础。文化规范与信仰等文化因素,作为最深层面的制度得到了更多的关注。

美国耶鲁大学教授伊万·撒列尼运用制度化的文化资本概念,研究了波罗的海德语人群的兴衰史,以个案研究的方式说明文化资本对国家民族的重要性。②

沙俄帝国西北边缘的环波罗的海地区,从 1710 年被彼得大帝征服,到 19 世纪中叶,一直是独裁的沙皇帝国内的一块自治的"飞地"。这是一个广大的地区,现在包括拉脱维亚和爱沙尼亚两个共和国,当时在沙皇治下,却不是由沙皇直接任命官员,而是由人数极少的少数民族——波罗的海德语人群自治。他们在沙俄帝国是语言、宗教上的少数民族,而在这一时期中,这个少数民族却有相当数量的贵族挤上了沙皇俄国的文职高层,在很大程度上操纵了这个世界上最大的帝国。然而,其成也辉煌,其衰也迅速。1850 年以后,他们对本土的控制收缩了,在官僚体制内的绝对优先地位也受到挑战。随着 1917 年沙俄解体,以及拉脱维亚和爱沙尼亚两个独立国家的形成,他们的颓势加剧。二战爆发后,随着剩下的波罗的海德语人群被遣返纳粹德国,这个民族就从世界上消失了。

伊万·撒列尼的研究表明,波罗的海德语人群之所以辉煌一时,是因为他们特有的文化资本的先进性,即:稳健而自律的品性和作风、比俄国、德国都高的教育程度、因长期散居、四海为家而养成的世界主义的美好情怀。这使他们成为俄国职场上的抢手人群。当时的俄国政府发现,这些人群"代表了一种比他们自身还要先进的文化,这一人群发展出了一套比俄国人自身所能提供的

---

① 克利斯多夫·克拉格、索姗娜·格罗斯巴得·斯哥茨曼:《文化资本与经济发展导论》,薛晓明、曹荣湘主编:《全球化与文化资本》,社会科学文献出版社 2005 年版,第 222 页。
② 伊万·撒列尼:《文化资本的政治表现——析为沙俄效力的波罗的海德国人现象》,薛晓明、曹荣湘主编:《全球化与文化资本》,社会科学文献出版社 2005 年版,第 146~170 页。

更有效率、更有活力的法律体系和行政管理方法。"①而且,他们对西欧文化的熟悉,也使俄国人方便通过他们来办理与西欧国家事务。总之,波罗的海德语人群的精英分子拥有沙皇俄国的一种独特文化资本,是他们既能捍卫自治权,又能在沙皇政府中取得辉煌业绩的直接原因。随着俄国教育程度的普遍提高和俄国对西欧国家态度的改变,他们的这种文化资本就开始贬值而致消失,从而注定了他们消失的命运。

伊万·撒列尼认为,"波罗的海德语人群的命运提供了一个最佳的案例,来说明文化资本完全超越于其他资本之上"。他们的自治和权势,并不在于其富有(经济资本),也不在于优越的社会关系(社会资本),而在于他们的文化资本。同时,这个案例也显示了文化资本的另一个侧面,即它受到国家政治和国际形势的制约,它"只是某种政治环境的造就物",因而具有其脆弱性。②

第三节 文化经济中的城市

观察各国文化产业的发展,我们可以发现一个十分有趣的现象,即文化产业似乎具有向某些大城市集中的倾向。如纽约、洛杉矶、伦敦、巴黎和东京,还有中国的北京、上海、杭州、台北,这些经济发达的大城市,往往也是文化经济繁荣、文化产业发达的地方。

这是因为产业聚集效应在起作用,另一方面也是由于文化与地点之间具有紧密的内在联系,特定的文化总是生长于特定地点,地点的特色也常常是由其文化的特色来识别的。因此,城市就成为文化经济研究的一个重要课题。

文化经济学的城市理论主要研究的问题是:什么样的城市最合适文化经济的繁荣和文化产业的发展? 一个地区为了发展文化产业需要具备哪些必要条件?

一、创意型城市

对第一个问题的解答,即对"什么样的城市最合适文化经济的繁荣和文化

---

① 伊万·撒列尼:《文化资本的政治表现——析为沙俄效力的波罗的海德国人现象》,薛晓明、曹荣湘主编《全球化与文化资本》,社会科学文献出版社 2005 年版,第 157 页。

② 伊万·撒列尼:《文化资本的政治表现——析为沙俄效力的波罗的海德国人现象》,薛晓明、曹荣湘主编《全球化与文化资本》,社会科学文献出版社 2005 年版,第 166、167 页。

产业的发展"的思考,就形成了创意型城市的理论。人们发现,随着文化经济的发展,城市的功能正在发生一定的转型,即从制造型城市与消费型城市向创意型城市转变。在 21 世纪产业更新换代的条件下,城市要获得可持续的发展,不能再走自然资源型发展和投资拉动型发展的老路,而要依靠充满活力的文化经济转型,依靠城市的管理者和全体市民共同创造出创意型的成长范式,同时建立大众传播与人际沟通的新平台,创造创意与创意分享和产业孵化的平台,才有可能让城市脱胎换骨,成为新兴的创意型城市。

于是,揭示创意型城市的特征和规律,探讨如何运用人的想象力与才华,使城市变得更适合居住、更有财富的创造力,就成为城市建设和城市发展规划所必须考虑的问题。同时,由于创意型城市存在着更多的发展机会和更有生机的文化氛围,发现创意型城市也是新一代年轻知识分子选择从业和居住城市重要考量因素。

1. 地点与文化

在 21 世纪之前,文化曾经被理解为一定地域、一定民族的特色或个性,不同地点往往是由于不同特色的文化而相互区别。进入 21 世纪后,随着经济全球化而加速的文化全球化过程,使仅仅从地域特色来理解文化的观点受到了挑战。许多人开始担心经济全球化和世界范围内文化产业的发展是否会使不同地区的本土文化特色被消灭。但事实上有许多地方,尤其现代经济和文化产业高度发达的地区,如纽约、洛杉矶、伦敦、巴黎和东京,仍然是文化特色鲜明,富于文化创造性的,在新文化经济中发挥着堡垒的作用。这一现象提示我们:在当今世界弱势文化的生存和发展受到威胁的情况下,发展文化产业既是一种经济发展的策略,也是一种文化生存的策略。

自 20 世纪 90 年代以来,全球的城市形态和城市功能都普遍发生了戏剧性的转变。跨国企业、跨国品牌的制造网和相关供应链如触角般遍及全球。全球各大中小城市都成为世界经济网上的一个生产或消费的节点,都面临着全球化浪潮的冲击和在世界经济体系中重新定位的大调整、大改变。在中国,上海作为世界金融中心的崛起,深圳、广州、杭州、北京等城市作为文化创意型城市雏形的出现,以及与数亿农民城镇化同步的众多中小城市的扩张,都使中国成为这场全球性的城市新功能转型运动中的一道亮丽风景。

在这场全球性新功能转型运动中,无论大小城市,都需要用区域性发展、国家发展战略与全球经济文化体系的眼光,来重新评估和思考自身的发展,注重审视自己的角色、定位与发展目标。任何一个有雄心的城市,都应该追求在价值链上步步提升,发展自己的核心竞争力,争取自身的核心地位,通过吸引文化研究与知识创造中心、高新技术产业、文化创意产业等高附加值产业落户本地,而成为全球文化经济网络上的某种枢纽城市。

城市之间竞争的重要手段,是提升自身整体形象力和对人才、资源的吸引力。为此,各城市都纷纷出台税收、租金、行政管理服务等各种优惠条件,以吸引创意精英、投资人、实业家、消费者、旅游观光者、房地产开发商,使城市显得充满活力,令人向往,从而获得经济的动力、政治的生命力与文化的创造力,形成城市特有的文化经济财富。

在城市的形象力和吸引力竞争中,仅仅具备有形资产的优势,如地理位置、基础设施、优惠政策等手段,已经显得不够有力了。随着城市发展和竞争的深入,利用有形的资产和无形的文化资产相结合,将是未来城市在竞争中胜出的重要手段。于是,发挥一个地区、一个城市独特的文化特色和文化魅力,又重新回到了城市发展与文化学者们的视野中。

英国学者查尔斯·兰德利(Charles Landry)在《创意城市》一书中,研究了在全球变革的浪潮中,为什么有些城市会成功,而另一些城市却被边缘化的原因。他考察了巴塞罗那、悉尼、西雅图、温哥华、赫尔辛基、格拉斯哥、班加罗尔、艾哈迈达巴德(Ahmedabad)、库里蒂巴(Curitiba)、鹿特丹、都柏林,还有群聚在德国鲁尔埃姆舍尔河沿岸的苏黎世、卡尔斯鲁厄(Karlsruhe)、斯特拉斯堡等城市,以及其他欣欣向荣的城市。这些城市都在利用经济与社会发展机遇而获得繁荣,而其他一些城市则似乎在变革下,成了消极的受害者。兰德利认为,成功的城市有某些共同点,那就是拥有具有远见卓识的人、富于创意的组织,并拥有目标明确的政治文化。这些城市沿着一条坚定、但并非一成不变的道路前进。而领导权分散在公共、私人和义务性服务等领域。它以充满勇气的公共创举、常具风险性的商业投资,还有无论是为小利或为大我而环环相扣的系列项目来表达自己的个性。

在顺应变化的城市转型中,理解文化议题、表达价值观与认同感是一大关键。要想使城市规划发挥功效,就需要建立城市内部新的、富有成效的传播流通方式,以迅速达成各领域、机构和个人之间的共识,因为没人能凭一己之力促成城市变革。必须建立新的合作形态,不光是政府部门之间的合作,还有政府与社区、政府与市民之间的合作,以及市民之间的交流与合作,否则难以激发城市的创造潜能。

为此,兰德利还在英国创办了"传通媒体"机构(Comedia),以促进城市内的独立新媒体发展。这个机构展开调查与可行性研究,并就私营与小区电台的制作、播放和接收提供建议、出版并销售书籍;涉足电影、电视、多媒体、音乐、设计、手工艺与剧院等各行业。兰德利特别强调文化产业的价值,认为它是现代城市经济中成长最快速的产业。随着既有资源减少与制造业衰微,对欧洲许多城市,以及其他愈来愈多的地方来说,文化发展成了城市发展的重要出路。

在此情况下,地方的特色文化就成为重要的文化资源。城市文化资源包括历史、产业及艺术遗产,而代表性资产有建筑、城市景观或地标等。此外,还有公共生活、节庆、仪式,或是民间故事、特殊生活习俗与爱好等地方特色和固有传统。业余文化活动虽能单纯因乐趣而存在,但也能开发出新产品或服务,如语言、美食与烹饪、休闲活动、服饰及次文化,或是思想传统等无所不在的资源,都是容易被忽视的重要地方特色资源。

文化资源不仅体现在民族的历史、习俗与昔日的知识中,体现在传统特色建筑等有形的"物体"或符号上,也体现在特色活动、手工艺、制造与服务的地方性特色上。如意大利克雷莫纳地区(Cremona)的小提琴制造师、波兰克拉科夫(Cracow)的木雕师,或是北芬兰冰雕旅馆制作者等的精细复杂的技术。当然,文化资源也涵盖了表演与视觉艺术,还有创意产业技术的范围及质量。

创意活动的重要内容之一,就是开发利用这些资源,促进它们发展、增值。而当代城市社会经济发展的重要任务,就是负责清理、管理并利用这些资源。

2. 如何构建创意城市?

创意城市概念的提出,实际上是从城市发展角度提出一系列增强文化竞争力的新要求、新目标。美国华盛顿于 2001 年制订了"创意城市草案";日本大阪于 2005 年成立了"日本创意城市交流协会";联合国教科文组织于 2004 年成立了"创意城市交流协会",并将文学之都爱丁堡评为第一届创意城市。2010 年 2 月,上海

英文版

中文版

图 2.1 兰德利《创意城市》

正式宣布加入联合国创意城市网络,并获得了"设计之都"称号。联合国创意城市网络成立于2004年10月,致力于促进全球创意产业对经济和社会的推动作用,促进世界各城市之间在创意产业发展、专业知识培训、知识共享和建立创意产品国际销售渠道等方面的交流合作。联合国创意城市网络目前分为设计、文学、音乐、民间艺术、电影、媒体艺术、烹饪美食等7个主题。经批准加入该网络的城市被称为"创意城市",已有德国柏林、英国爱丁堡、法国里昂、日本名古屋、神户和中国深圳等20多个城市加入了该网络,上海市为第七个以设计为主题的创意城市。

创意城市的建构,一般有四个方面工作内容:

一是城市文化精神的建构和发展远景的规划。首先是要提炼、升华一个城市具有特色的文化精神,用以凝聚人心;其次是大力发展文化创意产业,用强大的文化生产力和旺盛的文化消费力来增强和促进城市综合创造力的提高和经济增长的升级换代;第三是建立健全社会事业发展和公共服务、社会保障,为良好的城市文化奠定必要的物质基础;第四是要利用各种手段提高市民文化素养,建立文明和谐的人际关系。

二是城市品牌的创建。城市品牌是一个城市形象力、吸引力的重要来源,是一个城市的文化精神、文化品质、文化自信和文化想象力的具体表现。一个城市的良好风尚、基本诚信与对人的友好热情、城市的风景名胜、历史文物、名人名家都是很好的城市品牌形象。至于城市的名牌产品、优秀的文艺、影视、出版、演出、娱乐产业,更是城市品牌的鲜明具体的体现,对于增强城市凝聚力、影响力有着十分巨大的作用。

三是市容建设与环境美化。市容与环境是城市文化精神的重要体现,城市的标志性建筑、文化设施等,既是城市生活的物质环境,也是城市生活的精神体现,反映着一个城市对自然生态、人文关怀、文化价值的独特理解,从而是城市魅力的感性显现。中国杭州为了充分发挥美丽的自然环境资源和深厚的历史人文资源的作用,防止走入千城一面的建设误区,着力引入了"城市美学"的理念以彰显城市特色,取得了显著的成效,从而成为人们乐于引用的国内城市发展成功案例。近年来,杭州在统一的"城市美学"指导下,先后实施了西湖综合保护、西溪湿地综合保护、运河综合保护等20多项重大工程,使杭州的"真山真水园中城"和国家历史文化名城的特色和个性得到了弘扬。在下一步城市建设发展中,杭州需要努力解决的课题是发现和建构一个具有21世纪时代特色、杭州地域特点、钱塘江特征,能够充分体现杭州文化精神和地理特点的当代城市美学的标志性成果。

四是生活时尚的创意和生产。城市的生活时尚,往往能使一个城市的文化以日常生活传播的方式快速地、大规模地影响周边和其他地区,是引领产品、服务、消费潮流的重要风向标,是城市影响力民间化、生活化的重要标志。一个城市生活时尚是个性鲜明型,还是数学平均型,是自创型,还是跟风型,直接反映了这座城市的创意能力和影响力水平,是这座城市经济发达、文化领先的具体体现。因此,是否重视时尚产业的发展,重视独创的时尚生产,往往能反映出城市的管理者和规划者对创意城市理念理解的深度。

资源有限,创意无限。每一个城市所拥有的自然资源和社会资源都各不相同,但在创意开发方面的空间却是无限的。任何城市所拥有的创意潜能一旦得到有效的开发利用,往往都能生产巨大的文化和经济效益。只要给普通人机会,他们就能成就非凡的事。在真正优秀的"创意城市"中,除了能发挥创意精英们的天才创意,还能充分调动普通人的创意潜能。普通的商人、员工、科学家,或是政府公务人员,只要学会和习惯于以创新方式处理问题,他们就能成为创意的来源。这种源自普通人的创意才是创意城市最巨大的财富,它一旦被激发出来,就能让一个城市活力无限、魅力无限、前景无限。

二、创意阶级的兴起与"3T 理论"

在创意型城市的研究中,有一个非常著名的理论,即理查德·弗罗里达(Richard Florida,1957—)的创意阶级理论和"3T 理论"。

前面我们曾经讲过,文化经济学的城市理论主要研究两个问题,一是"什么样的城市最合适文化经济的繁荣和文化产业的发展"? 二是"一个地区为了发展文化产业需要具备哪些必要条件?"创意阶级理论和"3T 理论"的提出,其实就是对第二个问题的解答。

弗罗里达认为,不同的地点、不同的城市在发展创意经济中具有不同的优势,这在相当大的程度上取决于创意阶级是否会在特定的城市聚集。过去的劳动力会在产业聚集的地方寻找工作,因而涌向工作机会多的城市。而创意经济的主力——创意阶级却向自己喜爱的地方聚集,从而带动他们集中地的创意经济的繁荣。这是由于交通、通讯的发达、创意经济相对不依赖大量能源和原材料,以及

图 2.2 被誉为"美国创意产业"之父的理查德·弗罗里达(Richard Florid)教授

75

创意阶级对自由、宽松的生活环境和较高生活质量的追求造成的。

弗罗里达所说的"创意阶级"（Crative Class）是指主要发挥着"创造新想法、新技术或新创意内容"的经济功能的群体，包括科学、工程、建筑、设计、教育、艺术、音乐与娱乐等领域的工作人员，以及商业、金融、法律、医疗保健等领域的创意专业人员。据弗罗里达在《创意阶级的兴起：及其对工作、休闲、社区和日常生活的改变》一书中提供的数据，这个正在兴起的创意阶级 2000 年左右在美国已经达到 3800 万人，占全美就业人口的 30％。[①]

小贴士

理查德·弗罗里达(Richard Florida)

理查德·弗罗里达（Richard Florida），美国著名城市与创意经济研究学者，1957 生于出生于美国新泽西州。弗罗里达于 1986 年在哥伦比亚大学获得博士学位，现在是美国多伦多大学罗特曼管理学院马丁繁荣研究所主任，私人顾问公司"创意阶层集团"（Creative Class Group）主管。此前，曾在佛罗里达州乔治梅森大学和卡内基梅隆大学教授，并在哈佛大学和麻省理工学院授课。同时，以专栏作家身份在《纽约时报》、《华尔街日报》、《华盛顿邮报》、《波士顿环球报》、《经济学家》和《哈佛商业评论》等刊物上发表了大量文章。许多外交官，政府领导，制片人，经济发展组织和领导财富 100 强企业都受益于他的解决方案和战略思想。

2003 年弗罗里达出版了畅销书《创意阶层的兴起：及其对工作、休闲、社区和日常生活的改变》（The Rise of the Creative Class：and how it's transforming work，leisure，community and veryday life），被译成多种文字。这本书在台湾翻译出版的中文版被译名为《创意新贵：启动新新经济的菁英势力》（宝鼎出版社 2003 年版）。2008 年出版了《创意阶层的兴起：及其对工作、休闲、社区和日常生活的改变》的姊妹篇专著《你属于哪座城？》（Who's Your City?），同样很快成为创意经济研究的畅销书。

弗罗里达从一个全新的角度考察了当今生活的持续变化。他发现，美国社会一些看似没有关联的改变，其根源都是因为经济体系中创意人的分量正

---

① 弗罗里达：《创意阶级的兴起：及其对工作、休闲、社区和日常生活的改变》前言，台湾中译版《创意新贵》，宝鼎出版社 2003 年版，第 15 页。

逐渐增加所造成的。弗罗里达描述了正被创意特质逐渐主宰的当今社会。许多人的生活与工作，开始走向艺术家与科学家似的创意型态——随之改变的是我们的价值观与品味、人际关系、居处的选择，甚至时间的感觉与运用。而领导这一变革潮流的人，就是各领域新兴的创意阶级，这些人的选择已经对经济造成很大的影响，未来更将决定工作场所的组织、公司的成败，甚至城市的兴衰。

1. 你属哪座城？

为什么创意阶级喜欢在一些城市聚集，却抛弃另外一些城市呢？理查德·弗罗里达认为，这是因为：选择居住城市是一个一生中最重要的决定，其重要性甚至超过了选择大学、选择职业和选择伴侣。因为居住地的选择将影响我们的收入、人际网络、伴侣以及子女和家庭能得到的机会，所以选择居住城市实际上决定了我们生活中的其他方面，并在很大程度上决定了我们幸福指数的高低。在弗罗里达写作《你属于哪座城？》（Who's Your City?）之前流行着一种说法，即："世界是平的"。按照这种说法，在全球化时代，人们居住在任何地方都能和外界联系并高效工作，所以家住何处也变得无关紧要了。但弗罗里达的研究却表明，全球化潮流导致的恰恰是地区差异进一步拉大，而选择不同的居住地，则意味着选择了完全不同的人生。城市如同人一样，体现出了各不相同的气质和性格。我们选择了一个城市，不仅选择了它提供的机会，也选择了它的气质和它所提供的服务；只有找到跟自己需求和气质相符的城市，我们才可能幸福。

弗罗里达在《你属于哪座城？》一书中，回答了"为什么某些人特别适合居住在某些城市"这个至关重要、却常常被忽略了的问题，呈现了财富和智慧在全球分布的脉络及规律，为人们认识世界、做出选择提供了一个新的视角，也为人们研究创意人才聚集和创意城市分布规律提供了重要线索。

1998 年，作为卡内基—梅隆大学教授的弗罗里达正在研究美国高科技产业分布规律，而还在该校撰写博士论文的盖茨（Gary Gates）先生则于忙于统计美国的同性恋人口。有一天，经系主任介绍坐到一起聊天，弗罗里达拿出一份按高科技产业发达程度排名的美国城市榜单，盖茨也拿出一份依同性恋人口密集程度排名的城市榜单。两人惊奇地发现，两份榜单中的城市高度重合！换句话说，高科技产业发达的地区，男女"同志"们相对也比较多。在科学领域，相关系数达到 0.3 已经不算低了，而弗罗里达和盖茨发现，以美国城市为研究单位，20 世纪 90 年代高科技发达程度与同性恋人口集中度的相关系数在 0.4 至 0.6 之间，这很难说是巧合。是不是同性恋者的智商高人一等，容易在科技产业中胜出？目前还找不到这类证据。弗罗里达因此猜想，高科技与同性恋之间的联系并非因果关系,而是出于某一共同因素。他认为,如果说有什么能将这两者都吸引到同一地区,那便是城市的宽容环境。

看过电影《断背山》的人大概都知道,一直到20世纪60年代民权运动爆发之前,同性恋在宗教气氛浓厚的美国一直是重要禁忌。性革命之后几十年,环境虽然比以往宽松许多,由于右翼保守主义的回潮,与同性恋有关的议题又成为社会争议的一个焦点。在纽约的曼哈顿区,你会看到美国电影《欲望都市》(Sex and City)中的场景:一对"同志"相互搂抱着招摇过市;在传统的南方城市,同性恋者则很少敢于公开自己的性取向。如果一个成年人难以找到性伙伴,或者只能担惊受怕地过日子,同性恋者自然有机会就会搬到那些乐意接受他们的城市。

图 2.3　弗罗里达《你属哪座城?》的英文版和中译版

硅谷的创意精英们也喜欢宽容无拘的气氛。天才常有异于常人的怪癖,美国人戏称硅谷的科技人才为"Nerds",意指不喜欢社交,一味钻研某种技艺的怪人。这种人或许能够创造大量财富,却不是那种讨人喜欢的好邻居。也只有在硅谷这种地方,他们才能够获得别人的赏识。既然这里的人都有些怪癖,大家彼此也就见怪不怪,习以为常了。

因此,宽容吸引人才,人才推动创意产业,生产财富。这就是弗罗里达在他的成名之作《创意阶层的兴起》一书中得出的一条重要结论。

2. "3T 理论"

宽容,加上人才与科技,就构成了弗罗里达著名的"3T 理论"(Talent,Technology, Tolerance)。弗罗里达认为,人才、科技与宽容,这三项要素是创意经济发展的重要条件,也是创意城市与普通城市的本质区别。由于创意人才的共同特征是"看重创意、独立性、差异性和价值",[①]因此,他们更倾向于选择具有更大宽容性的城市,从而在这些城市形成了人才、科技的聚集、创意产业的聚焦。

弗罗里达用美国创意人才在居住城市选择方面的数据,证明过去是公司吸引人,现在是人吸引公司,公司将会搬到高创意人群乐意居住的地方。他的研究表明,在美国创意阶级成员倾向于"3T"排名很高的城市居住。以往主流的区域经济理论强调城市企业的吸引。企业创造就业机会,寻找工作的人们跟着企业来,地区才会蓬蓬勃勃发展起来。而弗罗里达的"3T 理论"则强调吸引人才,强调在创意经济时代,城市需要致力于吸引和保留大量"创意阶级",他们富于创意,自然会想方设法兴办企业,带动就业和经济增长。

那么,又如何才能吸引到创意人才呢? 弗罗里达认为,对于创意人才来说,高工资和低物价水平并不像人们通常想象的那么重要,因为他们更看重新鲜惬意的城市体验。他们宁愿为这种生活支付高额代价,也不愿意搬到廉价而乏味的地区。因此,弗罗里达建议城市管理部门开发城市的自然和人文景观,以丰富城市的魅力;修筑自行车道和小型球场,而非大型体育场馆,因为创意阶层更喜欢参与式的体育运动,而不是坐在看台上喊"加油"。他还建议兴建咖啡馆和小型剧院等文化设施,这有助于生活在"半匿名"的创意阶级社区积累"社会资本"(social capital)。

"3T 理论"一出,就引起了国际学术界的广泛关注和讨论。一些学者在欧美各地进行了数项实证研究,都得出了类似的结论。当然也有不同观点。哈佛大学经济学系的格雷斯(Edward Glaeser)重新检验了弗氏的数据。他发现抛开旧金山和洛杉矶两个显得例外的偏值(outlier),同性恋人口和高科技产业的相关性并不那么显著。而威斯康星麦迪逊大学的派克(Jamie Peck)则不客气地批评道,弗氏的政策建议实质上代表了那些持有新自由主义价值观的科技新贵们,而不顾及城市中下阶层的需要。

---

① 弗罗里达:《创意阶级的兴起:及其对工作、休闲、社区和日常生活的改变》前言,台湾中译版《创意新贵》,宝鼎出版社 2003 年版,第 15 页。

尽管争议还在继续,但可以肯定的是,弗罗里达已经开创了一片全新的研究领域,并且预示了新经济活动范式和生活方式的到来。人类从采集狩猎社会演变为农业社会之后,安土重迁的生活一过就是几千年。以工业化和城市化为标志的现代社会转型将人类从土地的束缚中解放出来,推动了从乡村到城市的大规模移民。而以"后工业"或"创意社会"为标志的后现代社会转型,可能再一次将人类从城市的定居状态中解放出来,转向游走于都市之间的自由流动的生活。在全球化时代,可供创意人才选择居住的城市越来越多;而人们对自由的重视、个性的张扬和创意性体验的追求,也使经济收入和政治权力在生活中的权重明显下降,有志青年完全可以在科学、文艺和娱乐等诸多领域一显身手。

弗罗里达用了 6 项指标来测量城市的创新性,包括高科技指标,发明指标,波西米亚指标,人才指标,以及人种熔炉指标等。他对人口在 100 万以上的美国大城市圈按照创意力大小进行排名。旧金山、奥斯丁、波士顿位居创造性城市的前三名,纽约、洛杉矶、芝加哥分别在第 10、13 和 16 位。值得注意的是,这些创意型城市集中了一批著名的大学。例如,波士顿拥有哈佛大学和麻省理工大学,纽约拥有哥伦比亚大学和纽约大学,芝加哥拥有芝加哥大学和伊利诺伊大学,洛杉矶拥有加州大学洛杉矶分校和南加州大

英文版封面

在台湾被译为《创意新贵》

图 2.4 理查德·佛罗里达的《创意阶级的兴起》

学等等。大学的存在以及等级是城市具有人才、创意产业以及包容氛围的重要源泉。

3. 创意城市理论和"3T 理论"的启示

创意城市理论和"3T 理论"对我国创建创意型城市具有多种启发意义,其中主要是人才为本、创意社区建设和创造宽松、自由的创意环境。

首先,发展创意产业、建设创意型城市要以人才为本,以吸引创意人才为工作重心。这就需要研究创意人才对城市环境和城市设施的基本需求和偏好,有意识地加强城市便利设施的建设。在这方面,仅仅是工资、税收等优惠条件显然是不够的。弗罗里达认为,在物质生活已比较丰富的后工业社会中,人们对工资等经济条件的关注相对降低,但对城市的音乐、艺术等人文环境,对气候、湿度以及绿化等自然环境等城市便利条件的需求却越来越高。他引述雷蒙(Eric Raymond)的话说,"你无法以金钱激励优秀的人,金钱只是记录得分的一种方法,任何领域的优秀人才都是因热情而被激励。"[①]

在美国的许多创意城市,都有比较完善的健身和休闲设施,而且普遍有良好的生态环境,能够让创意一族在"紧张"与"放松"、"压力"与"兴奋"的交替中,激发最大的创造热情。此外,充实的商品市场及服务、优美的建筑和城市规划等形成的良好城市外观、较低的犯罪率,良好的学校等公共服务的完备、便捷的交通及通讯基础设施等,也是吸引创意人才居住的基本条件。有研究表明,即使房租和地价偏高,许多高学历者也希望在旧金山等便利性高的城市居住。在收入不变的情况下,房租与地价的上涨部分反映了人们对城市便利性的需求以及为此需要付出的价格。城市的各种各样的便利条件会吸引"创意阶级",而企业为了能得到这些受过高等教育的劳动力,也会跟随着"创意阶级"来到这些城市。所以,地方政府与其为了吸引企业投资而实行各种减税政策,不如投入一些资金用于城市便利性的建设,从而吸引创意阶级,因为他们才是创意经济发展的主要推动力。

其次,注重创意社区的建设,构建良好的创意氛围。创意型城市的建立,其实质就是要把城市建设成为适合创意的社区,成为科研力量和创新的集聚地,成为全球或地区创新之源,创造新产品、新技术,引领科技新潮流。创新能力成为一座城市国际地位的重要标志。统计资料表明,英国首都伦敦,聚集了英国 1/4 的教育科研机构,吸引了英国 40% 的风险投资,60% 的人从事与教育和科技相关的行业。

从建设创意社区的角度来看,"基本上,城市需要的是一种'人的气息',更甚于商业的气息"。[②] 弗罗里达指出,"城市要从各个层面支持创意,并建立能吸

---

① 弗罗里达:《创意阶级的兴起:及其对工作、休闲、社区和日常生活的改变》前言,台湾中译版《创意新贵》,宝鼎出版社 2003 年版,第 127 页。

② 弗罗里达:《创意阶级的兴起:及其对工作、休闲、社区和日常生活的改变》前言,台湾中译版《创意新贵》,宝鼎出版社 2003 年版,第 398 页。

引创意人的社区,而不只是吸引高科技公司。他引述西雅图前任市长保罗·薛尔(Baul Schell)的话说,成功的关键是"创造一个创意经验可以每期成长的地方。弗罗里达强调创意社区,"必须是开放而多元,政府的高效应该放在民众真正需要的生活选择与设施,而不是补贴企业、兴建运动与购物中心。"①

通过创意社区的建设,城市应该成为创意生活形态的场所,成为创意的中心和培植创新发明的场所。弗罗里达特别强调,大学应该成为城市的"创意中心",因为"在创意经济中,拥有大型学术研究的大学占有很大的优势。波士顿高科技奇迹主要是因为麻省理工学院、斯坦福大学一直是硅谷的创意中心,硅谷如果没有斯坦福简直不可思议。创意指数高的地方,有许多是大型学术研究大学的所在地。"②

因此,发展中国的创意型城市,需要建立有效的产、学、研联动机制,形成企业、大学与科研院所和政府之间有效互动的创新网络环境。要通过大学园区、企业园区、公共社区的三区联动,由过去的"注入式发展"(即依靠大量投资,实现外延扩张)向内涵发展转变,从而增强自主创新能力,优化创意型城市的技术环境。

第三,创造宽松、自由的创意环境,提高城市的包容性。城市的宽容环境,主要是建设能容忍多样性的价值观念、生活习俗的包容社区。在被称为"民族大熔炉"的纽约,有近 800 万人口来自世界各地 100 多个民族,其中犹太人有 200 万左右,非洲裔黑人有 200 万人左右,华人也有 60 多万。不同国家、民族、不同文化的人群人居住在一起,就形成了文化的丰富性、多样性和充分的交流,有利于丰富创意的产生。

同时,创造宽松、自由和多元化的社会文化环境,也是创意人才自由天性的需要。弗罗里达曾经指出一个意味深长的现象:在许多创意城市里,似乎集中了两种不同的人,一种是严谨而认真的科学家、工程师、设计师、建筑师等,充满了科学思维的认真精神;而另一种是地地道道的"波西米亚人",如艺术家、文化人、传媒工作者、各种自由职业者等,充满了异想天开的创造和想象。其中还包括了各种各样文化背景的移民群体,带来了形形色色的文化信息。因为恰恰是这多种人才和文化背景的整合,带来了人文与科学、严谨与浪漫、

---

① 弗罗里达:《创意阶级的兴起:及其对工作、休闲、社区和日常生活的改变》前言,台湾中译版《创意新贵》,宝鼎出版社 2003 年版,第 398 页。

② 弗罗里达:《创意阶级的兴起:及其对工作、休闲、社区和日常生活的改变》前言,台湾中译版《创意新贵》,宝鼎出版社 2003 年版,第 407 页。

理念与操作的碰撞,形成了各种各样的头脑风暴,这就需要创意城市具有更为和谐宽容的氛围。

第四节　文化产品的符号性质与审美经济①

文化创意产业作为文化与经济的一种结合,同时具有文化的属性和经济的属性,同时遵循着文化的逻辑和市场的逻辑来运行。所谓市场的逻辑,就是经济学常讲的市场价值规律、商品供求关系、投入生产关系等。所谓文化的逻辑,则包含了文化传统的理性法则和个人生命体验的情感逻辑和自由表达这两个方面。文化传统的更改法则包括了文化习俗、文化秩序、文化观念等理性传统,体现了文化的继承性,个人情感和自由表达则是人类的希望、激情、梦想和对生命意义的渴求等感性和灵性层面的内容,体现了文化的创造性。从文化创意的角度讲,情感的自由表达是文化产业的本质特征。一个民族的梦想能力的恢复和培养,不仅关系到文化创意产业的前途,也关系到一个民族的前途。

一、梦想产业与审美经济学

我们常常看到,优秀的艺术作品常常把完全虚构的故事讲得栩栩如生,真实动人,而平庸的文化产品制造者却常常把真实的故事讲得虚假不堪。看过电影《阿凡达》的人都不会忘记潘多拉星球上如梦如诗的美景,以及"Navi族"的纯洁善良。《阿凡达》这一纯属虚构的故事感动了无数明知其为虚构的观众,他们发生在虚构的遥远星球发生的故事而心驰神往,为贪婪的资本对"Navi族"家园的掠夺性开发而怒不可遏,为"Navi族"不畏强敌、为保卫自己的家园而不惜死战的场景而热血贲张,甚至为杰克·萨利(Jake Sully),萨姆·沃辛顿士等人同情"Navi族"人、背叛地球人的行为而赞叹喝彩。就生命意义的真实性和充实性而言,它超过了我们日常的平庸生活。

这说明,只是抽象地强调文化产业的"内容生产"和"独创性"还是不够的。

---

① 本节主要内容曾发表于李思屈《审美经济与文化创意产业的本质特征》一文,《西南民族大学学报》,2007年第8期。

要深入理解文化创意产业的本质,就需要进一步理解文化创意的"梦想产业"特征,进一步把文化创造具体化为生命意义的创造、把文化创意具体化为时代梦想的符号化。

图 2.5 《阿凡达》描述了一个蓝色的梦境,这个梦境中的潘多拉是对现实(地球)中的贪婪、无情的超越。它的故事是假的,而它创造的意义,却是真实的。

人类需要清醒地认识自己的环境,也需要为自己制造生命的梦想,为生活生产意义。如果说,文化批评的作用就是用理性来破除幻觉,帮助我们准确地把握现实,定位历史的话,那么文化产业的本质就是制造梦想,生产意义。人类的梦想,及与之相关的审美价值和情感体验,传统上是美学研究的课题,但随着新世纪以来文化与经济的汇流趋势日益明显,这些曾经被视为与经济不相干的超功利、无目的的审美因素,也就进入了经济学家的视野,与此同时,大众消费、日常生活和产业经济也引起了许多美学研究者的兴趣。其中特别值得一提的是"审美经济"(aesthetic economy)这一概念的提出。

"审美经济"这个概念 2001 年由德国学者格尔诺特·伯梅(Gernot Böhme)教授在《审美经济批判》①提出来的。

按照格尔诺特·柏梅的定义,审美经济是指引入了马克思的使用价值与交换价值之外的第三种价值,即"审美价值"的一种新经济。

审美价值是超越人类基本生理欲望的新型价值,因此也被称为"升级价值"(staging value),是 20 世纪 50 年代以来,资本生产的目标从满足人的需要

①　Böhme, Gernot, Zur Kriti der Ästhetischen Ökonomie, Zeitschrift für kritischen, Theorie 12, 2001

转向开发人的欲望的结果。因此,他把审美经济批评定位于霍克海默、阿多诺的文化理论、豪格的审美商品理论和鲍德里亚的消费社会理论这一传统。

格尔诺特·伯梅还用审美经济的观念来研究技术的发展,认为除存在着马克思所说对自然进行占有式开发的"功用性技术"(useful technology)外,还存在着无物质功利的"享受型技术"(enjoyable technology)。享受型技术起源于人的好奇心,发展于皇家宫庭。它不是满足生产性需求,而是为了人的精神愉悦而产生的,既不受行业的限制,也不受利润追求的约束,因此它特别富于创造性。在审美经济条件下,享受型技术获得了极大的发展,而功用性技术一度拥有的主导地位开始下降了。①

"审美经济"这一概念很快就得到了广泛的使用和不断的丰富、发展。大卫·罗伯兹(David Roberts)并不完全赞同审美价值与使用价值和交换价值不相容的观点,但他同样认为"审美经济"这一概念较为深刻地反映了18世纪以来社会经济的变化。在《只有幻象是神圣的:从文化工业到审美经济》一文中,大卫·罗伯兹考察了18世纪以来的文化审美化与商品化过程,他把这一过程描述为从阿多诺的文化工业到伯梅的审美经济的发展过程,在此过程中,创造了使用价值和交换价值之外的第三种价值,即审美价值。

当然,学者们的意思显然不是说只有审美经济时代才创造审美价值,而是把审美经济作为"现代性的完成"的伴生物来思考问题的。在审美经济时代,商家出卖的重点往往不是物质产品,而是一种情调或氛围,一种梦想。而且,这些梦想性质的东西,是与时代的科学技术联系在一起的。大卫·罗伯兹引述了海德格尔关于"世界的图像时代"的理论②,把科学、机械技术、艺术审美、文化政治与生命的去神圣化等五种现象联系起来考察,描述了从文化产业到审美经济的不同"世界图像"。③

过去的文化研究在考查文化产业的时候,着重强调了产业的经济逻辑对文化、对审美创造和消费者的决定性影响,对产业的文化逻辑则研究不多。而在审美经济时代,文化、审美的影响力已经渗透到经济生活中,产业的文化逻

---

① Technical Gadgetry: Technological Development in the Aesthetic Economy, by Gernot Böhme, Thesis Eleven, Vol. 86, No. 1, 54—66(2006)

② 参见海德格尔《世界图像的时代》中译版,《海德格尔选集》下,孙周兴译,上海三联书店1996年版,第885~923页。

③ Illusion only is sacred: from the culture industry to the aesthetic economy, by David Roberts, Thesis Eleven, Vol. 73, No. 1, 83~95(2003)

辑表现得越来越明显。在《身份与文化产业：审美经济的文化构形》一文中，基思·尼格斯（Keith Negus）转变视角，从审美经济的构形力量来研究文化产业和文化生产。他认为，各种社会文化及社会关系在以市场为导向的企业行为，包括企业的自我定位，同样有着重要的影响。"在广大复杂的企业活动中，在企业对最琐碎的日常生活行为与最受尊敬的创造活动发生影响时，不是不存在商业性的广告宣传与贪欲，但这却不是事实的全部。"尼格斯说，"企业、受众、艺术家的行为都受制于一个广大的文化语境"；文化过程构形了经济实践、信念与标准，文化语境包含的信息影响着对创意行为的认识价值评判；企业文化经营的决策也建立在特殊的、历史的文化价值、信念与前见基础上；企业的各种社会关系，包括与消费者的关系，都是企业文化生产活动的组成部分。①

在中国内地，随着企业营销界对"体验经济"（experience economy）的热衷，学术界对审美经济的理论思考也在形成热点。2005 年 5 月到 6 月之间，《光明日报》连续发表了论述审美经济和经济审美化的文章。张宇、张坤《大审美经济正悄然兴起》一文中，提出了"大审美经济"的概念，文章认为，"进入新世纪以来，一种涵盖体验经济和转型经济的大审美经济正悄然崛起。基于实用的大审美价值链的创造，正成为全球范围内一种新的经济运行的主动力。"张宇、张坤把"大审美经济"定义为"超越以产品的实用功能、物质价值和一般服务为重心的传统经济，代之以大力倡导和推动实用与审美、产品与体验、物品与人品、现实与虚拟、生活与艺术、物质性价值与精神性价值、经济提供物的多样化与个性化、一切市场参与者之间的审美互动与人格生成有机统一的经济。"②

体验经济是美国约瑟夫·派恩（B. Joseph Pine II）与詹姆斯·吉尔摩（James H. Gilmore）在其 1999 年出版的《体验经济》（The Experience Economy：Work Is Theater & Every Business a Stage）中提出的概念。所谓体验经济，是指把体验作为商品来出售的经济类型，所谓出售体验，就是企业以服务为舞台，以商品为道具，以消费者为中心，创造能够使消费者参与、值得消费者回味的活动。当有人出售有形的商品时，他从事的是商品业；当他为自己开展的活动收费，他从事的是服务业；而当他为消费者和他自己在一起的时间收

---

① Identities and Industries：the cultural formation of aesthetic economies，by Keith Negus，Cultural Economy：cultural analysis and commercial life，edited by Paul Du Gay and Michael Pryke，London，2002，p. 115～116

② 张宇、张坤：《大审美经济正悄然兴起》，《光明日报》2005 年 5 月 10 日，B2 版。

费时,就进入了体验业。在体验经济时代的消费者看来,个性化体验比简单的商业交易拥有更高的价值,他们愿意为此付出额外的金钱。而所谓转型经济,是指通过购买和消费商品而得到人格提升的经济类型。

由于这本书所论述的概念,其实是早已经存在,而又尚未被言明的东西,因此迅速得到了人们广泛的注意。著名经济学家汪丁丁为这本书的中文版作序[1],胡延平、姜奇平等经济学家也纷纷撰写文章深入阐发其理念。

审美经济现象不仅得到了经济学家们的关注,同时也得到美学家们的高度重视。2006 年 3 月,《东南大学学报》(哲学社会科学版)发表了季欣先生对凌继尧先生的访谈录,在这访谈录中,凌继尧先生正式提出了建构"审美经济学"的设想,凌先生为建构中的审美经济学下的定义是:

"审美经济学作为一门美学和经济学相交叉融合的学科,主要研究一切经济活动中的审美因素以及这些因素对经济效用、社会发展、人们的生活方式等的影响。它具体研究的问题包括:经济发展的根本目的,经济审美化的内在动因,经济审美化和国民幸福指数的关系,经济审美化对加速发展现代服务业、全面提升经济社会发展水平的作用,经济审美化与和谐社会、环境友好、可持续发展的关系,经济审美化过程中外来文化和本土文化的相互影响,经济审美化和自主创新、提升技术要素的关系,经济审美化对产品销售、市场占有率、产品附加值和利润的影响,不同行业、不同地区经济审美化的特点,经济审美化的发展趋势,等等。"[2]

凌继尧先生认为,从 20 世纪 70 年代大审美经济的萌动开始,美学与经济学的关系日益密切,审美经济学的建立可以拓宽美学研究的领域,使美学与现实的结合更加密切。

北京大学叶朗先生在谈到文化创意产业的时候,不仅使用了大审美经济的概念,阐述了大审美经济的特征,而且还直接引用了这篇凌继尧建构"审美经济学"设想的访谈录中的两段材料,[3]这表明,凌先生的这篇访谈受到了主流学术界的关注。

其实,尽管有许多人一直把经济理论与美学理论进行严格的划分,然而这些划分论在引述后现代主义和马克思主义经典作家的著作时,往往会发

---

[1] 《体验经济》一书的中译本由机械工业出版社 2002 年出版。

[2] 季欣:《关于建构审美经济学的设想:凌继尧先生访谈录》,《东南大学学报》2006 年第 2 期。

[3] 唐金楠:《文化产业必将成为支柱产业:访文化产业研究专家叶朗教授》,《学术前沿》,2006 年第 4 期。

现这些理论大师的著作里,美学与经济学常常是混合在一起的。因此,后来讲究学科区分的理论家们在引述其中的思想资源时,往往需要小心翼翼地把两者区别开来,让美学与经济学重归于鸡犬之声相闻,老死不相往来的境地。只有当体验经济实践在后现代社会中兴起的时候,人们才仿佛重新发现审美与经济原来也可以在实践中混为一体。审美的政治经济学本来是以异化的消除为旨归,而经济审美化则以复归人性导向,因此,审美的日常生活化与经济的审美化,所指向的其实是同一个目标——人的感性幸福与快乐,这种内在的统一性,使两个学科之间的某些部分发生交融、渗透,完全是顺理成章的。

在现实生活中,经济与审美融合的趋势越来越明显,越来越多的产业渗入了审美的因素,越来越多的审美活动渗入了经济的因素。西方主流经济学以工具理性作为人性基础,以"理性经纪人"的假设为学科前提,实质上是把异化当作了人性的基础。而经济审美化,则使经济学全面关注人的和谐发展与人的本质的全面占有,把人的快乐和幸福作为追求的目标。当卡尼曼(Daniel Kahneman)一反传统经济学关于"理性经纪人"的前提性假定,开始着重研究人的非理性行为,研究人的幸福感时,他在经济学界引起的震动是革命性的。他因此而获得2002年诺贝尔经济学奖,使理论界开始重视"有钱不等于快乐"的生活常识,进而明确地以人的幸福为目标,追求幸福效益的最大化,而不再单纯追求财富的最大化。这一经济学转向,对遏制各国政府片面追求 GDP 的观念具有重要作用。

二、情感逻辑与自由表达

当追求幸福效益的最大化成为新经济学的基本目标时,文化创意产业理论则更应突破传统产业理论的局限,更多地研究文化创意产业的特殊性。文化创意产业作为梦想产业具有最突出的两大特征,即情感的逻辑和自由的表达。梦想的特点就是不受逻辑规范的情感性,是内心真实的自由表达,因而情感的逻辑和自由的表达也就成为梦想产业的重要特征。

所谓情感逻辑,是指创意行为往往不受理性的制约,不以逻辑推理的方式展开,而是遵从创意者的情感体验线索展开。创意行为中的情感逻辑特点主要表现在相互联系的两个方面,一是个体情感的主观性,二是深层结构的共同性。

在理性逻辑的推导中是没有个体主观性的地位的,数字的公式和哲学的判断,不能因数学家或哲学家个人爱好而改变,个人服从公理,情感服从理性,是理性逻辑的基本特点。而情感逻辑的基本特点之一则是有非常强烈的主观性,情感是一种主观体验,它受理性逻辑制约,也不能直接传达给其他人。情感的传达只能以某种情感符号,在其他人心中唤起相应的类似感受。这就如我的牙痛感受别人是感受不到的,我无法直接传达给他们,他们只能以他们类似的经验,体会到牙痛一样。再如我们的幸福感,是非常主观的,并不存在固定的幸福条件。根据卡尼曼的研究,人的幸福感第一来源于比较,比如,你在市

图 2.6 迪斯尼借中国的"花木兰"、"龙"等符号创造了好莱坞式的《木兰》,成功之处在于这些符号的重新组织传达了人类精神,那是一种共同的深层结构。

中心买了一座别墅,你觉得很开心,这种开心,只有很少一部分是住进这个房子带来的,更多的是因为比较产生的;其次来源于变化,如果一个人一直过着优越的生活,而没有什么变化,他就不会感到比一般人幸福。也就是说,舒适的条件并不是幸福的重要因素。

个体情感的主观性在其他行业中可能是一个弱点,因为它不利于统一的行动和规模化生产,但在文化创意领域却是重要的创造动力。情感的主观性带来了创意产品的趣味性、丰富性。创造是需要情感动力的个性化劳动,任何对个体情感的压抑直接就是对创意能力的压抑。个体情感的主观性带来的是创意的丰富性,有理无情只能是制造而非创造,因此,能否充分尊重个体情感的主观性,往往是我们评估企业、城市和国家创意环境的重要指标。

既然情感是主观的、个性化的,那么文化创意产品的消费者又是如何通过消费而得到情感的满足的呢?这就与人类情感在深层结构上的共同性有关。人的情感千差万别,且不能像逻辑内容那样直接传达,但我们仍然能够实现情感的沟通,这是因为我们的情感体验尽管是主观的,但在深层心理上,人类却有相同或类似的结构。人同此心,心同此情,是人类准备情感交流的条件,也

为文化创意产品的流通提供了心理基础。准确地说,体验经济也好,审美经济也好,文化创意产业也好,任何人都不能生产和出售任何真正的"情感"体验,他们能够做的,仅仅是制造和销售情感的符号,消费者通过对符号的消费,来唤起相应的情感享受。由此思路深入探索,我们就进入了"符号经济"(symbolic economy)①的研究领域。文化消费中的情感体验,其实就是通过一定的符号(包括仪式)对自我深层结构的深入(审美)或反复(游戏),以实现精神的回归。我们有丰富的文化资源,它们是中华民族数千年创造的精神财富,我们也有符号资源,它们表现为历史流传下来的人物形象、故事、图像等。这些符号的生命力,在于它们本来就与人类心理的深层结构有深刻的关联,是人类深层结构的特定表现。当代有生命力的文化创意产品,本质上是能够以新的形式重建符号与深层结构关联的符号。迪斯尼借中国的"花木兰"、"龙"等符号创造了好莱坞式的《木兰》,成功之处在于这些符号的重新组织传达了某种美国韵味和人类精神,那是一种共同的深层结构。从符号资源的角度讲,木兰是我们自己的故事,但是我们自己却讲不精彩。那是因为我们缺乏个性情感的发挥,受制于理性逻辑而不能自由造梦,因而所有的符号都成为表层填充物,未能达致心理的深层结构之故。

从创造心理学的角度讲,只有解除压抑的因素,形成自由创造(做梦)、自由表达(说梦,将梦符号化)的宽松环境,创意的能量才能真正激发出来。在现实生活中,许多人都普通得不能再普通,而一当他们出现在博客、播客、或 BBS 上,就显现出创意的才华。原因非常简单,只因为互联网是一个相对宽松的无隐讳表达系统,压力小,更适合做梦。梦想能力的恢复和培养,不仅关系到文化创意产业的前途,也关系到一个民族的前途。因为学会了做梦,我们才能创造;正如学会了科学技术,我们才能生存和发展。

"为什么这片高原这么荒凉?因为这里的居民无力梦想。

为什么这片荒凉如此迷人?因为这里将有伟大的复兴。"②

无力梦想与精神的荒凉贫乏之间有着必然的联系,伟大的文化复兴将始于我们梦想能力的复兴。

---

① Symbolic Economies:the 'culturalization' of economic knowledge,by John Allen,Cultural Economy:cultural analysis and commercial life,edited by Paul Du Gay and Michael Pryke,London,2002,p.39~58

② 云戈《复兴之歌》,《第四种时间》,长江文艺出版社 1999 年版,第 444 页。

```
┌─────────────────────────┐
│  练习、思考与案例        │
└─────────────────────────┘
```

（1）文化经济有哪些基本特征？

（2）什么是文化资本？举例说明你自己有哪些资本形式？

（3）简要回答"3T理论"的基本内容。

（4）案例讨论：中国应该如何应对《阿凡达》冲击波？中国能否贡献出自己的卡梅隆？中国优秀导演与卡梅隆这样的导演的差距是什么？

```
┌──────────────┐
│  案　　例    │
└──────────────┘
```

《阿凡达》冲击波引发全球电影产业震荡[①]

詹姆斯·卡梅隆的科幻电影大片《阿凡达》以其高超的特技、恢宏的场面、出人意表的想象，迅速冲击了全球电影市场。北京时间3月1日消息，已经上映11周的《阿凡达》依然在创造历史，上周末该片又在北美取得了1400万美元票房，从而使其北美累计票房达到了7.069亿美元，成为历史上第一部北美票房突破7亿美元的影片。

在海外，《阿凡达》风头仍然强劲，在英国该片帮助卡梅隆从《妈妈咪呀》手中重新夺回了历史票房冠军宝座，在中国该片上映第八周依然取得3百万美元的票房，目前中国已经是《阿凡达》最大的海外市场，累计票房为1.76亿美元（约合12亿人民币）。《阿凡达》全球累计票房现在是24.81亿美元，超过卡梅隆自己预测的25亿美元不成问题。

《阿凡达》这部好莱坞电影还会产生什么样的后续影响，目前还很难预料，但《阿凡达》现象却在文化产业层面上为我们引出了诸多思考。

[①] 根据"中关村多媒体创意产业园"同名文章整理，记者王亚宏、刘华、高帆，http://www.bjmmedia.cn,2010-02-12

反叛了地球人的杰克·萨利,成为了潘多拉星球上NaVi族人的领袖。他的反叛行为也得到广大影视观众的认同。

英国:发挥本国优势应对好莱坞冲击

自 2009 年 12 月 10 日《阿凡达》在伦敦举行全球首映礼以来,詹姆斯·卡梅隆的这部大片横扫英国票房。上映第一周,该片就拿下 850 万英镑(1 英镑约合 1.6 美元)票房,并在接下来的圣诞档期遥遥领先,截至 2010 年 1 月的第一个周末,《阿凡达》在英国取得了 3280 万英镑票房收入。

实际上,《阿凡达》的热映只是英国电影市场的一个缩影,虽然整个英国经济深受金融危机影响,但一年多来电影产业却是一片繁荣。按照英国电影委员会公布的数据,继 2008 年英国电影总票房创下 8.5 亿英镑的历史性收入后,随着《贫民窟的百万富翁》《星际迷航前传》等影片的推出,2009 年上半年票房收入同比增加了一亿英镑。而下半年在《哈利·波特与混血王子》《圣诞前夜》以及《阿凡达》等众多大片和圣诞强档的带动下,2009 年英国全年票房收入会超过 2008 年,冲击 10 亿英镑大关,创出历史新高。

如何应对好莱坞大片的压倒性冲击,对全世界电影人来说都是一个令人挠头的命题,但英国电影人却好整以暇,因为英国电影在世界电影这个大舞台上从来不缺少闪光点。早期的希区柯克、卓别林、詹姆斯·威尔都曾在电影史上取得过巨大成就,现在的英国电影也以差异化路线在世界影坛牢牢占据一席之地。

伦敦电影节艺术总监桑德拉·希布伦表示,成功的英国电影都植根于英国电影的特性中。

首先,英国电影的特性体现在精良的剧本上。英国电影与传统的英国文学一样具有深厚的现实主义基础,而后者又为电影剧本提供了肥沃的土壤,这一点绝非好莱坞电影剧本的快餐文化所能比拟。很多英国电影都是名著改编而成,比如《雾都孤儿》《傲慢与偏见》等,尤其是 BBC 拍摄的电影,可以说大部分都源于名著。而近几年最卖座的电影《哈利·波特》也改编自 J.K. 罗琳的同名小说。英国文学给英国电影提供了丰富的剧本资源，好剧本又给优秀的电影打下坚实的基础，这正是英国电影显得更有深度的原因之一。

其次，英国电影拥有一支强大的电影人队伍。英国电影后期制作行业以训练有素、实力雄厚的人力资源见长，并拥有大量世界一流的公司。在电影业特殊视觉效果全球最佳提供者的名单上，英美两国的后期制作行业并列第一。

自莎士比亚以来，英国就具有悠久的戏剧传统，这使得英国成为电影业的人才源泉，从编剧到导演、演员，再到经验丰富的技术人员和剧组，一应俱全。大量训练有素的专业人才使得英国电影业涌现出许多在全球享有盛誉的重量级人物，比如肖恩·康纳利、理查德·柯蒂斯、特伦斯·戴维斯、朱边·丹奇等，这些大腕本身就是英国电影最大的特色。

制订优惠政策打造本土品牌。伦敦投资局研究表明，每向电影业投资一英镑，最多可使英国经济受益 2.5 英镑。英国电影产业仅在 2008 年一年贡献的 GDP 就超过 50 亿英镑，因此符合低碳经济之道的电影业是英国重点发展的行业之一。

为了支持本土电影业的发展，电影被划入英国重点发展的创意产业范畴，得到政府的政策性支持。按照电影减税规定，在英国本土制作的电影，制片人可以向英国政府申请资助，还可申请税收减免待遇。影片在拍摄和制作过程中，一旦获得"英国电影"的资格认证便受益良多，因此大量其他国家制作的影片，纷纷在英国进行拍摄及后期处理，努力获得"英国电影"的资质。

按照英国政府的规定，为了获得"英国电影"资格认证并享受因此而带来的税收减免待遇，影片必须通过英国文化、传媒和体育部新出台的文化测试。这项测试根据四类内容（文化内容、文化贡献、文化枢纽和文化从业人员）对测试对象进行打分。

在优惠政策带动下，2009 年上半年在英国投入的电影制作费用已达 5.35 亿英镑，创五年来新高。投入的增加带来了丰厚的产出，英国电影 2008 年全球票房收入达到 26 亿英镑，占全球票房的 1/6。据保守估计，2009 年英国电影的票房收入还会有 7% 的增幅。（记者 王亚宏）

日本：波澜不惊

电影《阿凡达》在日本公映以来，获得了较好的票房成绩，但由于本土影片在日本电影市场长期占据相对优势，并与文化产业各个领域形成良好互动，《阿凡达》在日本并未引发轰动效应。面对美国电影 3D 化趋势，IMAX 影院在日本院线中至今仍是很少，从而避免了人为扩大美国电影在本国市场的优势。

票房不错但波澜不惊。《阿凡达》自 2009 年 12 月下旬在日本公映以来，已经连续四周获得周末票房第一名。据《产经新闻》统计，其票房总额已超过 60 亿日元（约合 4.5 亿元人民币），其前四周票房增长速度已超过曾在日本进口电影中名列前茅的《哈利·波特》系列，很可能创下继 1997 年《泰坦尼克号》之后进口电影的又一个新纪录。

但是，《阿凡达》并没有在日本社会引发较大反响，成为"公众话题"。日本几大主流报纸基本没有关于《阿凡达》的报道和评论，电视上也少有介绍。记者在日常生活中接触的一些日本民众，大多数都没有看过这部影片，而且也没有要去观看的打算。

在院线方面，《阿凡达》的地位同样也并不突出。院线对《阿凡达》的场次安排反映了市场的喜好。在《阿凡达》上映期间，日本国产电影依旧占据了票房排行榜前十名中的半数，其中排名第二的日本电影《野田急之歌最终乐章前篇》仅比《阿凡达》提前一周上映，五周来取得了 32 亿日元票房，达到《阿凡达》的一半。而这部基于热门电视剧改编的电影，成本远小于商业大片。

日本"川日中友好基金"研究员玉腰晨巳长期从事中日社会比较研究。他认为，日本的文化市场和电影市场较为成熟，民众通常有各自的文化消费和电影观赏取向，且本土电影也较受欢迎，在这种情况下，一部进口电影如无特别深刻的社会文化背景或契机，很难成为公众话题。

日本本土电影产业的发达，是其与美国电影进行竞争的基础。在几乎完全开放竞争的情况下，日本电影业在国内市场仍能对美国形成一定优势，且时常涌现出著名导演、演员和精品力作。东宝、东映、松竹和角川等四大电影企业均拥有雄厚实力。根据日本电影行业组织"日本映画制作者联盟"的统计，日本全年放映影片约 800 部，其中国产电影与进口电影基本各半。2008 年，日本放映的国产电影达到 388 部。

在日本电影市场票房中，国产电影占据一定优势。"日本映画制作者联盟"的统计数据显示，2009 年，在全年 52 次周末票房排行中，日本国产影片 30 次获得第一，进口影片则为 22 次。自 2001 年以来，日本电影市场票房前 10 位的影片中，有五部是日本国产片（含一部日美合拍片），五部是美国影片；日本观众人数最多的 10 部影片中有六部为日本国产片。

俄罗斯：政府加大扶持力度

美国好莱坞科幻电影《阿凡达》目前在俄罗斯国内可谓一票难求。俄罗斯文化界人士认为，高科技与价值宣扬是《阿凡达》成功的重要原因。相比之下，在金融危机之前曾短暂复苏的俄本土电影产业正重新面临严峻形势。为此，俄政府已决定加大对本国电影文化产业的扶持力度。

电影《阿凡达》在俄罗斯掀起了一股前所未有的观影热潮，不管普通观众还是电影业内专业人士，对此片都是趋之若鹜。《阿凡达》"这把冬天里的火"在冰天雪地的俄罗斯电影市场烧得可谓红红火火。1月10日是俄罗斯新年长假的最后一天，很多俄罗斯人都赶在最后的假期前往电影院观看《阿凡达》。10日一大早，记者来到莫斯科一家拥有ＩＭＡＸ屏幕的影院，看到ＩＭＡＸ版《阿凡达》的电影票售价竟高达850卢布（约合200元人民币）。记者在询问《阿凡达》电影票销售情况时得知，所有白天场次ＩＭＡＸ版的票都只有一星期以后才能买到，3D版《阿凡达》当天尚未售出的票也只剩下几张位置不理想的。

进入《阿凡达》的世界

由于没有"抢到"ＩＭＡＸ版电影票而只好选择看3D版《阿凡达》的俄罗斯观众萨沙面对记者的采访大发感慨"新技术的效果就像传说中的一样棒，电影拍摄的真实度让我在看的时候很怕自己被箭射中，或者被子弹扫到。"而他的女友则表示，新技术固然很好，但更吸引人的是影片本身传达出的爱与希望。

俄罗斯著名影评人瓦洛伯耶夫也在其博客上撰文指出，《阿凡达》之所以能在全球取得巨大成功，最新的技术、高额的投资、精美的画面固然重要，但影片里的正义彰显、情感宣泄、让美好拯救人心等实质内容才是更吸引人的东西。好莱坞把电影推向了世界的各个角落，让所有人接受，究其原因，主要是因为好莱坞关注的问题大都是全人类所共同关注的，比如灾难、环保等。

苏联电影曾在世界舞台上辉煌一时。但随着苏联解体，俄罗斯电影业陷入空前困境，俄产电影的数量和质量均大幅下降。近年来，俄罗斯电影公司出品了一系列高票房的本土大片，俄电影业逐渐走出低谷。

2004 年，俄罗斯本土科幻恐怖电影《守夜人》在俄国内票房收入达 1600 万美元，超过了几部同年的好莱坞影片，在俄罗斯本土之外的国际市场也收获了 1500 万美元。2005 年，俄罗斯影片《第九连》仅用 900 万美元成本就创下高达 2560 万美元国内票房。

取得这些成绩的原因是俄罗斯政府近年来采取的一系列措施：

首先，提升文化产业地位并积极扶持。俄文化部长阿夫杰耶夫表示，俄罗斯正逐渐将文化提升到与经济和国防同等重要的国家战略地位上。俄政府积极扶持文化产业，如将文化预算资金首先用于建设、改建和修缮艺术教学机构、剧院、图书馆、文化古迹工程等。

其次，政府首脑亲自挂帅，推动国产电影发展。2008 年 12 月，俄罗斯成立了由总理普京亲自挂帅的国产电影发展委员会，以保证联邦各部委、文化活动家和经营实体在国产电影发展问题上有效合作。在政府支持下，俄罗斯电影业的人才得以保留，相关技术设备得以更新，国产电影票房收入在 2008 年和 2009 年都呈上升趋势。

第三，俄罗斯政府对以电影业为代表的文化产业的拨款逐年增加。2001 年，俄政府向电影业拨款 2500 万美元，2002 年猛增到 5000 万美元，2003 年比 2002 年又增加了 70%。2005 年，俄政府拨款近 10.5 亿卢布对 80% 以上的国产影片给予了不同程度的资助，到 2008 年这一资助达到 33 亿卢布。俄政府对本国电影业提供财政支持采取了公开竞标的方式，国家财政支持占俄每年电影总投资的 1/3。

2008 年，刚刚略有起色的俄罗斯电影业受到国际金融危机的严重影响。2009 年，俄电影出口量因投资不足锐减了 50%。俄政府 2009 年对本国电影产业的资助金额，也降至 31.55 亿卢布（一美元约合 29 卢布），仅能帮助那些已经开拍和处于后期制作中的电影完成相关工作，而无力再资助新电影开机。

2009 年底召开的俄罗斯国产电影发展委员会会议上，普京表示，2010 年，俄政府准备从国家预算中拨款 49 亿卢布，直接用于支持本国电影产业发展，相比 2009 年增长 55%。在 49 亿卢布中，42 亿卢布将用于支持电影拍摄制作和拷贝发行，7 亿卢布为举办各类电影节和电影展映活动的组织经费。

此外，俄还将在本国电影产业内恢复"国家订购机制"，即政府向俄罗斯电影生产商订购一些"能够充分体现俄罗斯主流价值观、社会价值和国家发展战略目标"的电影作品。业内人士透露，俄 2010 年优先发展的是动画片、原创电影和大型纪录片,而俄政府 2010 年订购"爱国主义题材电影"的财政预算将不少于 20 亿卢布。

俄电影业内人士表示,俄政府此次对本国电影业解囊,是对本国电影人的一次"拯救行动"。但也有人认为,政府加强对国产电影的直接财政支持固然是好事,但如果这些经费不能合理有效分配,只是"撒胡椒面",或者仅仅支持一些大牌导演,将无法实现刺激俄国产电影重振雄风的梦想。俄电影科学院高级研究员基里尔·拉兹洛格夫强调,俄政府必须"雪中送炭",大力帮助那些青年导演,而不是只为那些知名导演"锦上添花"。

第三章

文化产业与国家"软实力"

通过第一章的学习,我们已经知道,文化产业的产品具有精神性的特征,所以它也具有意识形态性。"一个国家的文化产业不仅能带来丰富的利润,促进国民经济的增长,同时还塑造着人们的精神,在出口文化产品的同时,也在输出特定的生活方式和价值观念。文化产业的这种意识性,使它可以成为宣扬或抵制某种意识形态的工具。"[①]在本章中,我们将从国家"软实力"的角度,展开对文化产业在综合国力竞争中的地位和作用的讨论,加深对文化建设战略意义的认识。

第一节 "文明的冲突"与"符号的战争"

一、"文明冲突论"的启示与鲍威尔主义的失败

"文明冲突论"是美国著名的国际政治专家,美国白宫智囊人物塞缪尔·亨廷顿[②]提出来的。1993 年夏季号美国《外交事务》(Foreign Affairs)发

[①] 参见本书第一章相关内容。

[②] 塞缪尔·亨廷顿(Samuel P. Huntington,1927.4.18—2008.12.24),哈佛大学魏德海纪念讲座教授(Albert J. Weatherhead III University Professor),也担任魏德海国际事务中心(Weatherhead Center for International Affairs)旗下的哈佛国际与区域研究院主席,所著《变动社会的政治秩序》(Political Order in Changing Societies)、《文明冲突与世界秩序的重建》(The Clash of Civilization and the Remarking of World Order)等书广受世界各国重视,其中《Culture Matters:How Values Shape Human Progress》也是由他主编的重要著作。波士顿大学社会学与神学讲座教授,同时担任经济文化研究中心(Institute for the Study of Economic Culture)主任。

表了塞缪尔·亨廷顿的《文明的冲突?》一文,在国际上引起了广泛的重视和热烈的争论。亨廷顿本人随后也不断发表文章和出版专著,进一步为自己的观点申辩和解释,其中包含了作者对个别观点的修改。这些观点集中在《不是文明,又是什么?》[①],《西方文明:是特有的,不是普遍的》[②],以及专著《文明冲突与世界秩序的重建》中。亨廷顿还就文明冲突问题,在不少国家、大学、学术机构作过专题演说,其基本观点仍然是他在上述学术文献中表达的思想。

亨廷顿的"文明冲突论"的核心观点有以下几点。

第一,未来世界国际冲突的根源将主要是文化的而不是意识形态的或经济的。文明的冲突将主宰今后全球政治,地缘上的断裂带将成为未来文明之间的战线。

第二,文明的冲突是未来世界和平的最大威胁,如果第三次世界大战真的会爆发的话,一定是因为"文明的冲突"。建立在文明基础上的世界秩序才是避免世界战争的最可靠的保证。

第三,全球政治格局正在以文化和文明为界限重新形成,并呈现出多种复杂趋势:在历史上第一次出现了多极的和多文明的全球政治;不同文明之间的力量对比正在发生重大转变。种族冲突会普遍存在,在文化和文明将人们分开的同时,文化的相似之处将人们聚合到

图 3.1 塞缪尔·亨廷顿(Samuel P. Huntington,1927—2008)

一起,并促进了相互间的信任和合作,这有助于削弱或消除隔阂。

第四,文化之间或文明之间的冲突,主要是目前世界 7 种文明的冲突,而伊斯兰文明和儒家文明可能会共同对西方文明进行威胁或提出挑战。

值得注意的是,亨廷顿在他的学说中,也涉及中国。按他的观点,儒家文明是未来文明冲突论中最重要的文明类型之一。他认为,未来不稳定的主要根源和战争的可能性来自伊斯兰的复兴和东亚社会尤其是中国的兴起;西方和这些挑战性文明之间的关系可能是极其困难的,其中美中关系可能是最危

①　If Not Civilization,What?《外交事务》(Foreign Affairs)1993 年冬季号。

②　The West Civilization:Unique,Not Universal,《外交事务》(Foreign Affairs)1996 年冬季号。

险的关系。①

亨廷顿的理论受到国际上广泛的重视。这个理论反映了冷战结束后国际政治关系中新出现的矛盾格局,有助于人们对这个新格局可能出现的问题和危险加以认识。冷战结束后,东西方阵营界线分明的对立突然消失,原来被遏制的其他意识形态开始抬头,其中包括被压抑的本土意识,区域文化或种族认同。民族国家概念得到强化,多民族的国家出现新的民族分裂势力。民族主义势力抬头,种族与文化冲突取代了意识形态的冲突,成为最频繁的战争源头之一。

不过,亨廷顿的理论也受到国际学术界的广泛批评。中国大多数学者在肯定亨廷顿理论独到之处的同时,也批评了其结论的偏颇。一些学者指出,未来世界的格局,将是文明的对话,而不是文明的冲突;是文明的共存,而不是文明的战争。②

尽管如此,亨廷顿的理论却仍然能够提醒我们,文明,或者说传统不同的民族文化问题,在未来国际关系中的突出地位。即使我们完全承认未来的世界格局是文明的对话,而不是文明的冲突,我们也应该有自己的卓越的文化建树,才能自立于世界民族之林。

文化之间的差异,决定了文化之间是既有对话,也有冲突的关系。尽管这种冲突不一定以传统的军事冲突的形式出现。这需要我们对未来文化之间的对话和冲突的基本样态有尽可能清醒的认识,以保持我们的国家实力,捍卫我们的国家利益和民族尊严。

二、"硬实力"与"软实力"

在美国学术界,围绕着美国在世界上的地位问题已经有深入的讨论,并出现了一些重要学派。2002 年"9·11"事件之后,有不少的专家认为一场新的冷战已经形成,其持续时间和范围是不确定的。大多数人相信这是一场"不同类型的战争",鲍威尔的"压倒性力量理论"在这个松散的、恐怖主义形成跨国网络的世界中是难以奏效的。专家们提出,在这场新型的战争中,除军队之外,还有很多战争资源可以利用。其中有外交手段、科技手段和智力资源,而

---

① 详见亨廷顿《文明冲突与重建世界秩序》,新华出版社 1998 年版。

② 参见北京大学汤一介教授在"北京论坛"上的主题发言《"文明的冲突"与"文明的共存"》,人民网北京 8 月 23 日讯

且非军事资源常常比军事资源更有效。

各种学派之争,最根本的分歧在于两种关于国家实力的基本理论:一种理论源自传统的实力主义,相信国家建立在实力战略的平衡基础上,其中军事力量居支配地位。另一种较新的理论认为国家实力主要建立在文化因素之上,而不是建立在军事力量之上。

哈佛大学政治学院院长约瑟夫·奈认为,"硬实力"与"软实力"这两个术语,可以标示出上述两种实力理论的特点。"军事力量和经济力量都是可以强迫他人改变立场的硬实力。"[①]与此相对,软实力依赖诸如价值和制度这类文化因素。

与硬实力的直接影响相反,奈提出:存在一种行使力量的"间接方式"。他说:"在国际政治中,一个国家可以通过这样的方式来获得它想要的结果:其他的国家追随它,欣赏它的价值,模仿它的榜样,热衷于它的繁荣和开放程度。从这个意义上讲,在国际政治中设置吸引其他国家的议程,其重要性并不亚于通过军事或经济力量来迫使别个改变。这种让别人想你之所想的力量,我称之为软实力,这种力量吸引人,而不压迫人。"[②]

图 3.2 约瑟夫·奈《软实力》
一书英文版

图 3.3 哈佛大学政治学院
院长约瑟夫·奈认(1937—)

① Joseph S. Nye, jr. The Paradox of American Power(New York, NY: Oxford University Press, 2002), p. 8.

② Nye, op. cit. p. 8,9.

硬实力由直接的军事和经济力量构成,而软实力是由间接的文化吸收能力构成。这种力量可延伸到其他领域,如表 3.1 所示:

表 3.1 硬实力与软实力的对比 [①]

硬实力	软实力
军事,经济力量	制度,价值,文化
产品,硬件设施	品牌,服务,软件
传统经济	新经济
工业时代	信息时代
唯实主义	理想主义
直接影响	间接影响

图 3.4 2001 年"9·11"恐怖袭击事件中,后现代的美国符号体系像纽约的双子塔一样迅速崩溃。被袭击的双子塔和五角大楼本身就是美国经济和军事等"硬实力"的符号。这一事件,被认为是新的符号战争时代的开端。

硬实力的唯实学派现在仍然有坚定的追随者,同时,当代全球文化趋势却指向软实力,从世界的硬件商品的制造转向服务性的软件、信息、类像、形象并最终变为符号的发展趋势中,我们可以看到这一潮流的变化。

奈把从硬实力转变为软实力对美国造成的挑战叫做"实力的矛盾性"。其矛盾性在于,在美国软实力增加的同时,却变得更加难以捉摸和控制。事实

---

① John Fraim, Battle of Symbols: Global Dynamics of Advertising, Entertainment And Media, p. 32. Canada 2003.

上,它属于所有的人,而不属于美国这个最大的制造者。

工业时代的实力可以被获取、定义和控制,就如我们使用自然和人力资源一样。但是,现代力量很少与现实的资源相关,而更多地与超现实的形象和感觉相关。这一矛盾性在下面的图中得到说明:[①]

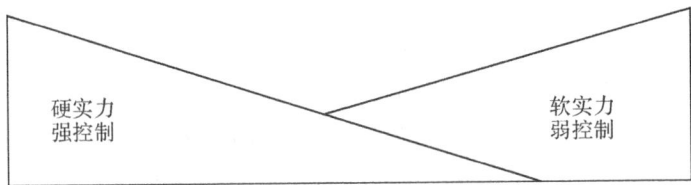

图 3.7　实力的矛盾:硬实力的衰落及软实力的上升

图 3.7 表明,在弱控制时代,一个国家不仅更难以把软实力投入战争,而且也更难以防范软实力的入侵。在电子信息时代,国家边界已经变得更容易渗透。正如奈所说,美国可能面临的入侵和挑战来自于军队大规模入侵的可能性不大,而将更多地以"踏着深夜的猫步悄悄来临"的方式出现。[②]

三、文化产业与"符号的战争"

尽管软实力的发展还是要有一定的硬实力作为基础,但是无论是从美国、法国、日本等发达国家的经验看,还是从欧洲一些中小国家和亚洲的韩国、新加坡等国的发展经验来看,软实力主要不是传统的军事力量,而主要是由文化产业创造的文化符号而构成的。符号构成了软实力的核心。因此,国外有专家把国家之间的软实力竞争称为"符号的战争"。这种"符号的战争"主要是由文化产业来进行的。美国学者弗莱姆把他的一部从符号学角度研究文化产业的专著直接命名为《符号的战争:广告、娱乐与媒介的全球态势》。

弗莱姆认为,"在当代世界向软实力世界发展的趋势中,一个正在兴起的现象,即符号的战争。这是通过大众媒介形象、大众娱乐、跨国公司和世界品牌而达成的对国家边界的入侵。符号的战争强力地影响着全球格局,但对于传统的衡量方式而言,它却相对是不可见的。不是导弹或者士兵之间的交战,

---

① John Fraim, Battle of Symbols: Global Dynamics of Advertising, Entertainment And Media, p. 33. Canada 2003.

② Joseph Nye, The New Rome Meets the New Barbarians, The Economist, March 23～29, 2002, p. 25.

胜利与失败的界线也模糊不清。"①

　　作为美国学者,弗莱姆提醒美国越早意识到这场符号战争的性质越好,越早理解符号在未来战争中的作用越好。他说:"对现代符号和符号论的理解,其重要性并不限于反恐斗争,更重要的是,它有助于理解美国在新的世界格局中的地位,在这一新的格局中,传统的国界和传统的硬实力形式正在被取代。一个战场在像阿富汗这样遥远的国家进行,而另外一系列战场却每天都围绕着我们,战争的形式是娱乐、广告和政治。"②

　　无论是国家软实力也好,符号的战争也好,都与文化及文化产业有着直接而深刻的联系。因为文化产业的产品与普通商品的一个最大区别,就是它在生产符号,它的核心部分是一种"内容产业",即信息的生产,而不是物质的生产。

　　软实力发挥作用的机制,主要依赖于文化产品负载的意识形态力量。当大众在消费某种文化产品的时候,往往会自觉或不自觉地接受其中包含的意识形态信息。如果一个国家的权力在别人看来是合法的,并被别人看来是一个值得效法的国家,这个国家无须在经济上甚至军事上耗费太多,就可达到自己的目的。西方强大的跨国传媒产业控制的全球信息传播体系和文化产品流通体制,是西方国家软实力的重要表现形态。在信息技术和网络高度发达的今天,全球传播模糊了技术、经济、政治、文化之间的界线,突破了民族国家的传统国界和主权概念。一个国家的卫星直播、互联网上的新闻、娱乐、教育和广告可以相对自由地进入另一国领土和领空,从而在世界范围内制造出类似于"好莱坞"或"麦当劳"的新殖民文化。

　　从 CNN、BBC 到麦当劳,从可口可乐、麦当娜到 NBA、MTV,从互联网电影到美国肥皂剧,这些文化产业的扩张,对其他国家和民族的文化侵略不亚于美国在越南、朝鲜、海湾或科索沃登陆。

　　软实力的威力首先表现在符号的力量上。西方发达的文化产业每天都在大规模地生产符号,这些符号通过文化产业的流通体系,如电台、电视台、电影院、超市、网吧等,构建它们自己的世界,正在成为与军事威胁、强权政治和间谍破坏同样有效、甚至更为有效的武器。通过全球一体化的流通、传播,这种

① John Fraim,Battle Of Symbols:Global Dynamics Of Advertising,Entertainment And Media,p. 34. Canada 2003.
② John Fraim,Battle Of Symbols:Global Dynamics Of Advertising,Entertainment And Media,p. 34. Canada 2003.

符号力量能够形成一个全球性的社区和全球性压力集团,如绿色和平组织、民运组织、人权组织、宗教运动、女权运动和劳工组织等。

在"越战"期间,美国进行了历史上第一场电视实况报道大战,记者可以直接到战场采访。这也是电视首次直接报道美军真实的战争画面。随着血腥的战争画面通过电视电波进入美国家庭,随着装着美军年轻士兵尸体的口袋在电视画面上出现,媒体和公众从最初支持政府的越战战争政策,转变到反战的立场上了。人们对五角大楼声称的胜利产生了怀疑,公众日益高涨的反战情绪迫使政府最后撤出越南。电视直播"越战"的效果,从美国权力部门看来是灾难性的。因此,在以后有关格林纳达、巴拿马和伊拉克战争的宣传报道时,美国政府改变了新闻政策,记者主要是通过五角大楼的吹风会获取信息。在海湾战争中,美国政府对电视画面进行了有效的管理。美国公众看到的80%画面都是支持海湾战争的。

在全球传播体系里,全世界人民在重大新闻事件上的喜怒哀乐常常取决于符号的力量。全球媒体通常主要是从西方主流权力集团、组织、个人获取信息,从经济精英那里获得商业广告。这就是软实力的合法作用。包括好莱坞电影、电视、流行音乐在内的美国大众文化,几乎传遍了世界每个角落。

四、文化产业落后也要"挨打"

中国人民曾经把100多年来的历史教训和改革开放以来的经验浓缩成一句非常有名的话,就是"落后就要挨打"。在未来的文化竞争和符号战争里,文化产业落后,同样要挨打。

WTO协议标志着包括文化产业在内的全球一体化,但全球一体化并不意味着人类进入了一个人人平等的地球村时代。这仍然是一个不平等的全球村,在这个村庄里,由于文化生产力水平的不同,村民在信息流向和流量上是不对称的。文化产业发达的国家可以单向向全球传播他们的大众文化,他们生产的画面,通过影视、广告和卫星广为传播,超越语言边疆。默多克的新闻集团、好莱坞电影和CNN有线电视冲破了那种旧有的面向国内市场的传播模式,演变成了面向全球的传播模式。好莱坞渗透了全世界的每一个电影市场,把美国的符号及其价值观念输入到世界的每一个角落。

在未来的符号战争或文化竞争里,落后也要"挨打"。我们必须充分认识当今世界"文化与经济相互交融"的历史趋势及其在综合国力竞争中的地位和作用,深刻领会认识发展文化事业和文化产业的战略意义。

第二节　文化产业与"文化安全"

　　2001 年 12 月,中国成功地加入世界贸易组织(WTO)。中国加入 WTO,为中国经济的腾飞和文化的发展提供了宝贵的机会。我们应该充分利用这个机会,为中国文化和文化产业的发展争取更大的发展空间,发挥中国人的智慧和中国文化特有的魅力,为世界文化作出贡献。与此同时,我们也要加强文化安全的建设,通过对政策的调整和资源的垄断(如对进口大片的限额进口),逐渐形成中国民族文化产业的竞争优势。

一、文化安全

　　保护本国的文化安全,是全球一体化时代的一个重要课题。为了对抗美国大众文化对法国文化的侵蚀,在法国文化精英们的支持下,法国文化部对进口外国电影制定了配额制度。法国人要保护的不仅仅是法兰西电影业,他们担心好莱坞电影是一具颠覆法国文化传统的特洛伊木马,它带来的是从快餐店、广告、时装、摇滚乐到巴黎迪斯尼乐园等一整套的美国生活方式。

　　法国文化界带头在世界上开展了反对美国文化霸权的斗争。早在 1989 年,法国政府说服欧洲共同体颁布条例,规定 40％的电视节目必须是国产的。1993 年,法国还要求世界贸易组织把音像制品从自由贸易协定中抽出。

　　文化安全的保护,国际上一般称为"文化多样性保护",主要包括传统价值观念、风俗习惯、感情方式和思维方式等方面个性的保存和发展,也包括一个民族内部多种文化的和平共存与发展。在国际文化政策网络(INCP)第七届部长级会议(2004 年 10 月 14～16 日,上海)上,由联合国教科文组织提供大会讨论的文化安全保护公约,正式名称就叫《文化多样性保护国际公约》。

　　1993 年美国国家安全局(the National Security Agency)秘密开发了一项新的加密技术,用于国家信息基础设施的安全和隐私保护。由于这项加密技术有一项允许政府窃听网络用户的功能,因此,遭到了公众的强烈反对。1994 年,全世界许多计算机安全专家写信给克林顿总统,要求他取消实施这项技术。美国公众对网上色情和暴力的关注和不满与美国宪法第一修正案发生了冲突。

　　1995 年,美国通过了《传播行为法案》,将网上传播色情定为刑事犯罪。

但是,到了 1996 年,美国法庭裁定这个法案侵害了言论自由,因而是违宪的。

以互联网为主要传播渠道的全球性传播正在成为代表各种利益集团的各种政策角逐的新的公共舞台。因此,中国的政府部门、图书出版、网络机构在制定公共信息政策时,应该注意研究世界各国在制定这类政策时遇到的类似矛盾及其解决思路,如新闻、言论和思想自由与保护国家安全之间的矛盾,保护科技、商业秘密、知识产权与知识共享和学术出版自由之间的矛盾等。

我们应该像研究军事安全一样,深入研究文化安全的内在规律,既要阻止危害国家文化安全的文化产品,又要积极鼓励文化交流与对话,防止文化政策上的闭关锁国主义复活。

中华文化数千年的发展历史表明,尊重不同文化的价值观念和特色,学习不同文化的长处,是保护文化安全、发展自己文化的最有效手段。保护文化安全的最好办法是增强自己的文化生产实力。

但是我们却不能只看到我们在产品数量上的差距,而看不到我们在产品质量上的差距。在这个信息爆炸时代,最宝贵的资源是注意力资源,我们的文化产业和传播政策的制定,应该把重点放在提高质量上,而不能仅仅着眼于数量。通过数量大、质量高的文化产品输出,建立中国良好的信誉和品牌,切实提高国家软实力,是搞好文化安全的最根本措施。

在冷战时期,以收音机、电视为主渠道的电波媒介容易控制信息的传播,那是我们称为"强控制"时期。而在以互联网和有线电视为渠道的时代,世界进入了弱控制时期。在这一阶段,依靠强力来控制信息,简单地实行信息封锁,常常会破坏信誉,损害一个国家的软实力。因此,通过提供关于自己国家的正确、全面的信息,建立文化产品和传播信誉,是提升国家软实力的重要策略。

英国的 BBC 通过经常发表批评自己国家和政府的言论,在听众中获得了难得的信誉。这种信誉是那些只会唱赞歌的媒体无法获得的。在全球传播时代,政府的文化安全战略除了要关心如何控制信息的传播而外,更重要的还要关心如何去形成良好的传播信誉,让人们更放心地去消费自己制造的符号,更容易接受自己国家的文化产品。

在全球传播的弱控制时代,维持一个信息封闭的体系将是一种代价高、风险大的短视行为。现在,信息透明度已经成了一个国家寻求商业投资的一个重要的资产,军事互信的重要战略指标。

在 20 世纪的两次世界大战中,掩藏信息的能力是制胜的重要法宝。而在全球传播新时代,对信息的过分掩藏往往会损害一个国家的声誉,从而影响其竞争力的提高。

二、后 WTO 时代中国文化安全面临的问题

成功地加入 WTO,对中国文化产业而言,意味着开始了一个充满挑战与希望的文化产业新时代。从此,中国幼稚、弱小的文化产业与成熟、强大的国际文化产业资本之间的第一次正面交锋拉开帷幕,中国本土的民族文化产业也真正迎来了一个完善自我、拼搏壮大并走向世界的一个重要契机。

同时,这也意味着外国文化产业资本的大举进入,中国的文化安全问题将要面临更为复杂的局面。对于文化产业而言,在中国加入 WTO 议定书中,中国在文化产业方面所作的开放承诺基本上是按照不开放上游内容生产领域,有条件地开放下游文化市场领域的原则进行。具体承诺包括如下内容:①

音像:自加入时起,在不损害中国审查音像制品内容的权利的情况下,允许外国服务提供者与中国合资伙伴设立合作企业(中外合作企业的合同条款必须符合中国有关法律、法规及其他规定),从事除电影外的音像制品的分销;

电影:在不损害与中国关于电影管理的法规的一致性的情况下,自加入时起,中国将允许以分账形式进口电影用于影院放映,此类进口的数量应为每年 20 部;

自加入时起,将允许外国服务提供者建设或改造电影院,外资不得超过 49%(根据国家广播电影电视总局于 2003 年颁布的《外商投资电影院暂行规定》,自 2004 年 1 月 1 日起,允许香港、澳门服务提供者在内地以合资、合作形式建设、改造及经营电影院。允许香港、澳门服务提供者拥有多数股权,但不得超过 75%);

图书:加入后 1 年内,允许外国服务提供者从事图书、报纸和杂志的零售(根据新闻出版总署和商务部于 2003 年联合颁布的《外商投资图书、报纸、期刊分销企业管理办法》,自 2003 年 5 月 1 日起,我国图书、报纸、期刊零售市场开放);加入后 3 年内,允许外国服务提供者从事图书、报纸和杂志的批发(根据上述管理办法,自 2004 年 12 月 1 日,我国图书、报

---

① 参见《中国入世法律文件中文版标准版本·附件 9:服务贸易具体承诺减让表,第 2 条最惠国待遇豁免清单》,人民网:http://www.people.com.cn/GB/jinji/20020206/664318.html

纸、期刊批发市场开放）。

加入 WTO 以来,随着整个国家对市场准入政策的调整,随着国家对外贸易和对外文化交流法规的完善,随着加入世贸组织承诺的逐步或提前兑现,西方发达国家的资本、文化产品开始以前所未有的规模和速度进入中国文化产业领域。事实上,我们的文化市场已首当其冲。从某种角度看,它远大于对中国传统的第一产业和第二产业的冲击。

概括地讲,加入 WTO 之后,外国文化产业可能在如下三个方面,对我们的文化安全提出了挑战:

①对中国社会主义价值观的挑战;

②对中国传统文化的挑战;

③对中国文化产业资本的挑战。

目前国内文化市场,在中外文化交流日益丰富的同时,也出现了外国文化产业冲击中国文化安全的迹象。当国外流行音乐、影视数码和其他流行文化制品在青年人群中日渐风行,外国网络游戏与相关文化产品不断升温的时候,外国文化产品及其负载的外国文化潮水般涌入中国内地;当日本和欧美的动漫片在中国观众中日益风行,而中国内地的国产动漫却受到冷落的时候,中国的文化和文化产业其实已经在经受着严峻的挑战。

随着好莱坞影视大片"分销"到国内城乡各电影院线,境外卫视在中国内地落脚,进口版权贸易和外版图书分销红火,难以避免地会有内容良莠不齐的符号产品进入中国。随着竞争的加剧,如果我们在法律制度建设和市场体制建设方面跟不上现实的需要,中国的文化资源将面临被无序开发的危险;异质文化对中国的传统价值观念、审美心理的改造,也将是难以避免的。

在此情况下,如果中国自己没有大量高品质的文化产品推出,以充分满足广大人民的文化娱乐需求,中国的文化安全就难以得到根本的保证。可以预见,面对挟势而来的外国文化产业资本的进攻,转轨迟钝、体制僵化的文化企事业机构和缺乏生命力、没有市场前景的文化产品,将被无情淘汰出局。中国的文化管理和运作机制正面临严峻的考验。

不过,在我们看到这个巨大挑战的同时,也应该充分意识到这也是中国文化产业发展壮大的历史机遇。"流水不腐,户枢不蠹",没有生存竞争的压力就没有生长发展的动力,不经过市场经济的生死较量,不与国外强势文化进行实质性的对话和真枪实弹的交锋,中国文化的发展和中国文化产业的繁荣就难以实现。不经过优胜劣汰的市场净化,长期以来桎梏着中国人的观念就难以改变,阻碍中国文化产业发展的深层矛盾就难以揭示并得到有效解决。中国拥有蕴含丰富文化资源和世界最大文化市场的优势,也难以实现其应有的效益。

因此,文化安全的保护,并不是回到闭关锁国的时代,而是要更加坚定地执行改革开放政策,更积极地投入到世界大潮中。出于维护文化安全的考虑,中国政府对非公有资本采取了鼓励、允许的态度,对外资则进行了不同程度的限制。这是因为,我们文化产业开放的前提,是以不丧失文化主权为限度的。

第三节　文化产业与知识产权保护

文化产业的发展,不仅与国家的文化安全有关,而且也涉及知识产权问题。而且,在加入 WTO 后,知识产仅问题与文化安全问题一样,也变得更加紧迫。

一、知识产权保护是发展文化产业的前提

知识产权又叫版权或著作权(copyright；right of author),指著作人依法对其创作的文学、艺术和科学作品享有的专有权利,一般包括使用权、受益权、署名权等。这种专有权除法律另有规定外,未经著作人许可或转让,他人不得占有和行使。

通过第一章的学习,我们已经知道,知识产权,或者说版权是文化产业的重要本质,有的学者直接从版权角度来定义文化产业的本质,认为文化产业是以版权为核心的提供精神产品的生产和服务的产业(参见第一章第一节),还有的学者认为,文化产业的核心是"版权产业"。

所谓版权产业,依照美国的划分包括四类:

第一类是核心类的版权产业。其特征是创造有版权的作品或者受版权保护的物质产品,主要指对享有版权的作品的再创作、复制、生产和传播,如报刊、书籍出版业、电台和电视台广播业、录音节目制作及影视磁带出版业、电影制作、戏剧创作演出、广告业,还有计算机软件开发和数据处理等信息产业;

第二类属于部分的版权产业。就是说有一部分物质产品是有版权的;

第三类即发行类版权产业。指对有版权的作品进行批发和零售,如书店、音像制品出租店等;

第四类是与版权有关的产业。指在生产销售过程中,要用到或部分用到与版权有关的,如计算机、收音机、电视机、录像机、录音机、音响设备等产业。

在美国,版权产业已被作为国民经济中一个单独的产业来看待。美国版权产业已成为美国国民经济中发展最快、就业人数最多、出口最多的产业,在美国国民经济中占有很重要的地位。

在目前这个知识经济时代,知识产权已经广泛渗透到社会经济的各行各业,而文化产业的发展,更是离不开知识产权的保护。所谓知识经济时代,就是"以知识(智力)资源的占有、配置、生产、分配、使用(消费)为最重要因素的经济时代",即"科学技术是第一生产力"的时代。知识经济是建立在知识和信息的生产、分配和使用基础上的经济。知识产权法律制度是发展知识经济的重要法律保障,是知识经济时代将智力资源作为第一要素进行资源配置的法律条件,是知识经济实现资产投入无形化的基础,知识产权保护的水平,是反映和衡量知识经济发展水平的重要标尺。知识产权的保护,已经成为文化产业发展的前提。

以影视产业为例,一张空白的光盘或软磁盘售价不过两元钱,而录制上影视节目后售价可达十几元、数十元,甚至上百元,其差价就是知识产权所保护的智力劳动成果——影视作品的价值,也就是该智力成果知识产权的价值。如果没有知识产权中的版权保护,就不会有好莱坞,也不会有今天影视产业的蓬勃发展。

文化产业贵在内容的创新,如果没有对知识产权的保护,任何创新成果都有可能会被别人盗用,这就会极大地损害创新者的利益,使人们丧失继续创新的积极性。一旦创新停止了,文化产业的发展也就成为一句空话。事实证明,在一个盗版严重的社会里,要想文化产业健康发展是不可能的。

现代传播技术的迅速发展,给文化产业的知识产权保护,提出了许多新的课题。例如图像、文字类作品和录音制品的数字化和网络传播,对作品的技术保密措施、版权保护、数据库的保护、网络环境中商业标记保护等,这些都是发展文化产业必须解决的问题。以美国为代表的发达国家的实践证明,文化产业能很快成为国民经济的支柱产业,是与这些国家不断地强化知识产权保护分不开的。为了强化知识产权,美国制订了一系列的法律法规,签订了一系列双边协定。这些举措,大大推动了文化产业的迅速发展。

二、知识产权问题给中国文化产业带来的影响

中国在有关双边知识产权协议中作出了开放知识产权市场的承诺。加入WTO后,这一承诺要扩大到所有WTO成员,这将会给中国的文化产业发展

带来较大影响。

在1995年2月26日草签,3月11日正式签署的"中美知识产权换函"和1996年6月17日确认的中美知识产权磋商中的"其他措施"部分,中国已经向美国政府就开放中国的版权产业市场作出以下承诺:

1.音像制品(主要指录音制品,不包括电影等影视作品)

中国确认对音像制品的进口将不实行配额、进口许可要求或其他限制,不论是正式的或非正式的。中国将允许美国个人和实体在中国与中国实体建立生产、复制音像制品的合资企业。允许这些合资企业通过与中国的出版单位订立合同在全中国发行、销售、演示和放映。

中国政府允许中国音像出版单位和美国实体或个人通过合同约定与艺术家签约,制作唱片、音带和录像。中方必须就每个合同安排向有关主管部门申请批准。经批准后,各方将签订一个合同以从事这些活动。

合作制作的音像制品的版权将由双方共同拥有,或在合同中另行约定。合作双方可以允许中方出版该音像制品或允许其他中国出版单位将其出版。

2.出版物

中国确认对出版物的进口将不实行配额、进口许可证要求或其他限制,不论是正式或非正式的。美国个人和实体将被允许与中国出版社达成独占许可安排,使用许可人的全部目录,并在该目录中放行选择的项目。

中国政府尽早向国内出版社发出公开通知,确认允许他们和美国公司达成独占许可安排,并在通过内容审查前提下,出版许可人的整个目录,并决定从该目录中发行哪些作品。这些商业活动将不受正式或非正式的数量限制。

3.计算机软件

中国允许美国个人和实体建立计算机软件的合资企业,允许该合资企业在中国生产和销售该合资企业的计算机软件和软件产品。

中美两国要求在两国各自的公共实体在其电脑系统中,不使用未经授权的计算机软件复制品,使用合法计算机软件。公共和非公共部门已被要求必须使用合法软件,中国版权局已就此发布了第30号文件,要求中国的公共和非公共的实体在复制计算机软件时必须按照《计算机软件保护条例》进行。

4.电影作品

中国将继续允许美国个人和实体与中国实体订立电影产品收入分成的安排。例如可允许的安排,将包括根据许可协议美国实体收取电影产品所带来的收入中商定的比例。在个案处理的基础上,美国电影公司可以和中国公司达成项目安排,其中包括合拍电影、电视剧和电视电影。进行这些项目的申请将被迅即得到审查和积极的考虑。中国政府已经将电影和其他音像制品的关税降至 9%～15%。

中国政府不对电影的进口保持配额。此外,中国政府将允许中影公司在商业考虑的基础上,以利润分成的方式,进口数量不限的美国电影,这些电影须经内容审查。

根据 TRIPs 第 4 条最惠国待遇的规定,中国政府向美国政府作出的上述承诺,在中国加入 WTO 以后,应立即无条件地适用于 WTO 全体成员。因此,音像制品业、出版业、计算机软件业、电影业将会直接受到上述知识产权市场开放的冲击。其中冲击较大的当属音像制品业和电影业。

此外,中国对 WTO 从服务贸易市场准入的角度作出的开放市场的承诺,也将给中国文化产业的发展带来挑战。按照 WTO 统计和信息制度局的《国际服务贸易分类表》的划分,涉及文化产业的服务项目主要有:

在商业服务中,有法律服务、软件服务、数据处理和数据库服务、广告服务、摄影服务、包装服务、印刷和出版服务。

在视听服务中,有电影和录像的制作和分销服务、电影放映服务、广播和电视服务、广播和电视传输服务、录音服务。

在娱乐、文化和体育服务(除视听服务外)中,有文娱服务、新闻社服务、图书馆、档案馆、博物馆和其他文化服务、体育和其他娱乐服务。

从 WTO 的《服务贸易协定》(GATs)所归纳的四种提供服务贸易的基本方式(跨境提供、境外消费、商业存在和自然人流动)来看,涉及文化产业的服务贸易大多属于跨境和境外消费提供的范围。

因此,我们一方面要加大知识产业保护力度,另一方面要认真研究 WTO 协议对我们文化产业发展各方面的影响,趋利避害,才能保证我国文化产业在新的国际市场环境中健康发展。

练习、思考与案例

(1)什么是"符号的战争"? 什么是国家的"硬实力"与"软实力"?

(2)强调文化安全与文化保护主义有什么本质的不同?

(3)案例分析:阅读下面两篇材料,结合"艺术授权"概念谈谈你对版权保护与文化产业发展意义的认识。并讨论:一个收藏家收购了一幅世界名画后,他可以通过出卖这幅画的复制品来获利吗? 为什么?

材料一

国际艺术授权及其发展趋势①

郭羿承

2001年9月6日,哥本哈根的商业周期分析师学会(Institute for Konjunktur Analysis)公布了一份报告说:"在等待经济成长的同时,目前没有全球性的冲突威胁到世界和平,可以这样说:和平的世界就是成长的世界。现在中国、印度、俄罗斯、埃及与世界其他一些地区的经济正在成长中……"但5天后,发生了"9·11"恐怖袭击事件。趋势专家奈斯比特(John Naisbitt)于1990年《2000年大趋势》一书中提到:"二度文艺复兴将于21世纪初来临。"2000年出版的 High Tech,High Touch 一书提到:"科技的发展若舍弃人文关怀,终将落入毁灭一途。""9·11"事件结束了冷战时期后的世界和平,也颠覆了以美国为主体的经济发展思维。在对未来充斥着不安的现在,John Naisbitt 的报告似乎更具说服力,人类的发展需要艺术的解决方案。

(一)文化产业发展的大趋势:让艺术从名词变为动词

什么是艺术?艺术永远是曲高和寡吗?对法兰克福学派理论家阿多诺(Adorno)等人而言,或许答案是肯定的。但对多数人而言,与其视艺术为一个孤独的"名词",更希望让艺术成为一个令人喜悦的"动词"。

令艺术成为动词的途径是产业化。在美国,文化产业是最大的产业之一。从1996年开始,文化产品超过其他所有传统产业,成为美国最大宗的输出品。1997年,美国生产了价值高达4140亿美元的书籍、影片、音乐、电影节目及其他的著作权产品,著作权成了全美排名第一的出口项目,超过了服饰、化学制品、汽车、计算机,以及飞机。在英国,2003年文化创意产业已经成为英国产值第二大产业,占国民生产总值的7.9%;就业人口则为全国第一。根据英国文化媒体暨体育部创意工业局局长 Michael Seeney 指出,英国共有195万人就业于文化产业,2000年为英国带来600亿英镑的收入,平均发展速度是该国经济成长速率的近两倍,其产值甚至位居金融产业以外的第二位。而加拿

---

① 选自张晓明、胡惠林、章建刚主编:《2004年:中国文化产业发展报告》,社会科学文献出版社2004年版,第290~294页。

大的文化产业规模已超过农业、交通业、通讯业及建筑业。

文化产业与其他产业最明显的差异在于，文化产业是一个"无形资产"的买卖，因此它具备了高进入障碍、低退出障碍的极佳策略地位。人文艺术与Internet 结合，解决了以传统方式无法处理的问题，艺术家们适应数字时代的创作方式，更是极大地推动了文化产业在全球的发展。

美国麻省理工学院 MIT 媒体实验室创办人尼葛洛·庞帝到各地访问都相当引人注目。世界各大企业争相在 MIT 媒体实验室投注大笔经费，做各种尖端研究，为的是能贴近未来。MIT 媒体实验室聚集了画家、音乐家、建筑师、科学家、心理学家、人文学家等各种领域人才，在这个实验室里研究色彩，研究音乐，研究情绪，研究感觉……归结起来，就是研究如何使计算机变得愈来愈像人，从而修建一条从艺术殿堂走向日常生活的桥梁。

在这样的背景下，"艺术授权产业"已经成为使艺术产业化的最为引人注目的环节。据报道，荷兰银行将梵高的画用于信用卡、礼赠品，甚至办公大楼内部陈设及外墙包装，为该银行带来媒体的注视及巨额的商机。在加入WTO 及北京申奥成功的带动下，对知识产权与文化的重视，也使中国有条件成为"东方文化产业"的输出者。在文化产业中，最能表现中国文化特色并能因复制而产生规模经济者，可说是"艺术授权产业"。

(二)艺术授权：使艺术产业化的关键环节

在现代文化产业中，艺术产业已经成为无可争议的核心产业门类，而艺术授权业又可以说是使艺术产业化的关键环节。

艺术授权业不同于我们传统所理解的艺术产业。传统艺术产业所经营的，不管一级市场画廊还是二级市场拍卖公司，都是著作物所有权。而艺术授权主要涉及的是著作权。过去很多人误认为：只要我买下一张作品，我就有权用它做月历或复制品销售。可是事实上，如果没有取得著作权所有人的书面同意，这样做是违法的。就算你花了 1000 万元买下傅抱石的画，如果没有取得著作权的话，你仍没有做相关艺术衍生品的权利。著作权分为两部分，一个是著作人格权，一个是著作财产权。著作人格权因其无法转让，所以不能用在商业上，而著作财产权可以转让、继承。各国根据著作权法不同存在差别。在中国，著作权法的保护期限是作者有生之年加上死后的 50 年。作者去世 50年之后，作品就变成公共财产，大家都可以使用；著作权可以用做商业用途，包括复制、公开展示、改作、出租等。

这里，最重要的权利是复制。艺术品著作权的复制权是艺术授权产业的基础和重点。

传统艺术产业无法形成规模经济，主要原因是因为艺术作品只有单件原作，没有量及价的分析，无法得出需求曲线。而"艺术授权产业"凭借科技的进步，大量复制已不是问题，再加上 Internet 的普及，传输的渠道更是前所未有地便捷，"艺术授权产业"是现代文化产业的契机。

特别重要的是，当复制技术建立在数位技术的基础上后，艺术授权业就使文化产业向传统产业大大延伸了。艺术产业不再只是卖与文化相关的产品，而是提升传统产业的附加值。再进一步说，传统产业不仅出售一般意义上的消费品，也是在买具有艺术品附加值的产品。这样一来，文化产业就不单独属于一个产业，而成为一个普遍化的产业发展趋势。如果说信息产业卖的并不只是电脑等信息相关产品，而是普遍地使工作效率提高的话，艺术授权业也不只是卖艺术家的作品，而是使几乎所有可能的日用品负载艺术家创造的艺术符号，成为高艺术附加值产品，在艺术产业链条大大延伸的同时，将艺术享受带入寻常百姓生活。

（三）艺术授权业的运营模式和市场分析

"艺术授权产业"的运营模式其实很简单，在一连串的授权之间，版税源源不断地产生出来，授权商通过授权得到应有的报酬，并将版税回馈给艺术家。

在这些环节之间，法律保障是其重要构成要素。1994 年，100 多个政府集会于摩洛哥，打算以世界贸易组织（WTO）取代原来的 GATT，并且签署了"贸易相关知识产权协议"（Trade Related Intellectual Property Rights，即 TRIPs）。TRIPs 协议涵盖了所有的创意产品，包括专利、著作权暨相关权利、商标和服务标识、产地标识、新植物的保护、工业设计、集成电路的布局及商业秘密等。WTO 不同于前身的是，它具有施行相关规则及引用法律制裁的权利。

对于知识产权及相关的法律来说，TRIPs 协议并不是首套通行全球的标准，而是巴黎公约和伯尔尼公约的继续，可是它却是第一个把知识产权当成主要贸易议题的协议。在签署 TRIPs 之前，有关知识产权方面的争议都是合约中的秘密事项，随着合约一起解决，要不然就是关起门来私下谈判或是走上法庭。政府的贸易机关基本上不扮演什么角色的。不过，自从签署了 TRIPs 的后，政府就可以通过 WTO 要求实施相关规定。而知识产权方面的不当行为，也可能导致其他贸易项目制裁，最后甚至会被 WTO 除名。

"艺术授权产业"与"传统艺术产业"严格来说是两个不同的市场，"传统艺术产业"包括了由专业艺术家所提供的作品，它在全球的市值约为 90 亿美元，涉及精致艺术品、珠宝、精致家具及一些古董。这个市场被纽约和伦敦所支配,次大的中心则是巴黎和日内瓦。

全世界最大的拍卖公司 Christie 在 1999 年的收入为 23 亿美元(包括所有种类的工艺品),其中美国的销售业绩有 10 亿美元,欧洲则有 11 亿美元。

根据 License Magazine's Industry Annual Report 的调查,全球的授权零售市场(包括艺术与出版授权、品牌和商标授权、人物玩偶授权、娱乐授权、流行类授权、网络和互动性授权、运动类授权 7 类)2002 年增长约 4.3%,总产值约 1728 亿美金,比 2001 年增加了约 72 亿美金。艺术与出版品授权部分增加 10 亿美金,达到约 180 亿美金的佳绩,总营业额比传统艺术市场的 90 亿美元高出了 1 倍。而艺术授权商品产业 2002 年的产值比 1998 年增长了约 50%,这是所有授权品项中,授权金营业额成长最快的一类。根据美国授权商品市场规模的分析,以艺术为标的物的授权对象,则以家用品、家居布料及五金类为主,占了约 50%。

(作者单位:artkey 艺术授权中心)

材料二

国家反网络侵权新政实施在即
——杭州音像批发大鳄却悄然谋变[①]

青年时报记者　曾建宁

最近一段时间,"海天音像"掌门人郦波沉浸于观看世界杯的狂欢中,并不热心谈论"意义不大"的"海天音像"的前尘往事。不久前,"海天音像"关掉了所有的直营店,仅保留了一些商超店。事实上,除了"海天音像"大转变外,杭州音像批发大鳄——华人传媒集团、碟海影视集团都悄悄地起变化,以"变则通"寻求企业新的发展。

关于"海天音像"

为什么要关掉全部的直营店?

"海天音像"为什么要关?

---

① 摘自《青年时报》2006 年 7 月 1 日,第 18 版

对郦波来说,回答同样的问题多次,就会觉得很无趣、很伤感。但他曾对朋友说,"不是不想开,是没法开。"

"没法开"的原因,他归结为盗版碟片的猖獗、网络免费下载以及房租的日益增高。

郦波说,连正版唱片店都靠卖盗版赢利,你说我们光卖正版还活得下去吗?现在打开互联网,无数个网站提供最新歌曲和电影的下载,又有几个做到了规范化收费?

"海天音像"的门店,选的位置大都在闹市区,随着近年来楼市的高启,房租也迅速成为"海天音像"的负担。比如,延安路的总店,从每年 12 万元一路涨到了 16 万元,而卖出唱片的数量却成反比。再开下去,已无利可图了。

"如果有微利,他(郦波)就不想关掉的,毕竟经营了那么多年!"张梅蓉以一个业内人士的身份说。海天还保有一些商超店,商超店为什么比直营店做得好,是因为超市的人流量帮它带动起来了。从费用上来说,商超还能让它有微利可赚。

那么,商超店对于音像店是一条好的出路吗?

"商超店比较正规,这个市场还可以的!"陈根国认为,但是商超店也难做,音像价位和服装不一样,利润比较低。进入超市也需要很大费用,而且年年递增。超市虽能带来一定的人流量,但微薄的利润最后也难以支撑,这并不是一条好的出路。

陈根国还说,碟海音像在超市还有 20 多家店,但最近可能也要撤一部分。

关于市场环境

谁是威胁正版音像市场的"凶手"?

"目前,不能说是正版音像行业的冬天吧,至少可以说是深秋,大家都处在一个风雨飘摇的时候。"张梅蓉用诗歌般的语句描述正版音像行业的处境。

"苦撑待变,适者生存,胜者为王",华人传媒集团总裁王渊龙,这个日本留学归来的法学博士,用了 12 个字勉励华人传媒的同仁,正版音像事业应该这样来做。

张梅蓉引用这 12 个字说:"这很能反映目前杭州整个音像市场的现状。"

那么,谁让这个市场变得这样呢?谁是威胁正版音像市场的"凶手"呢?

陈根国认为,数字电视、电脑的大量入市,"像"这块受冲击很大。正如,1994 年由录像带转为 VCD 一样,"像"基本上就这样结束掉了。"音"这块还有一定的市场,因为汽车族,CD 这一块还有一定的市场,可能也不长了。MP3、MP4 的出现,网上的免费下载,导致 CD 这块的销售下滑。也就是两、三年内,这块市场被夺去。

张梅蓉并不否认这些因素,但她却有另外的看法。光靠"发烧友"疯狂地淘碟,是不可能壮大这个市场的。音像行业要走大众化路线,就得和网络下载竞争,和盗版、压缩碟战斗。

"盗版、压缩碟,不是音像市场真正的伤。真正的伤是文化体制和机制,包括市场秩序混乱、总量过剩、结构失衡,甚至一些劣质的正版产品充斥市场。"

常常听人说,我为什么不愿意买正版? 盗版的既便宜,质量又好,干嘛要买正版啊!

张梅蓉直言一些正版音像的弊端:"有些不法的出版商、发行商,因为拿到版权,但为了追求利润,把废塑料压成碟片,结果虽然有版权,但产品是劣质的。比盗版的质量都要差。"

张梅蓉认为,政府打击盗版取得了很多成功,但正版市场并没因此繁荣起来。这为什么? 归根究底还在于文化体制和机制本身的弊端。正如一潭死水要变得干净,光杀菌没用的,得把"活水"引进来。

关于企业出路

正版音像批发大鳄纷纷谋变。

"海天音像"关掉最后一家直营店,最直接的原因就是"无钱可赚",而深层次的原因则并不那么简单。有人说,光是"海天音像"的品牌,也要值很多钱啊!

陈根国则认为,"海天音像"在杭州的确是一个品牌,但其以前走的"百家货"路线,形成不了一个固定的资源优势,并无法将这些资源转化为新的赢利模式。

而华人传媒和碟海影视则不同,音像只是其中一块经营内容。因而,最近几年的音像经营中,碟海每年砸进100多万元,虽然没有赚钱,也仍然坚持着。

陈根国说,碟海影视在音像事业方面的发展,正在改变一些思路,突破一些方式,找一些合作伙伴,往另外一个渠道去发展。刚尝试和汽车装潢店合作,为有车一族服务,提供正版歌碟。2005年以前的汽车,至少还有3~5年用光碟的空间。

"我觉得这个比较正统。"陈根国满有思考地说,当时,提供货源时都由碟海操作,让音像制品保证独特性和市场的规范性,也许能挽救一下做了这么久的正版。

除此之外,碟海影视现在还做艺人包装,开设音乐网站,做了500多分钟的动漫节目,制作了10多张自创的发烧碟。现在,已经成功转型为影视制作、动漫开发、歌手包装、音像发行、数字音乐拓展为一体的综合性现代化公司。

华人传媒集团同样酝酿着变化，只不过走的路线并不一样，要在音像行业中实现"适者生存，胜者为王"的目标。华人传媒集团有自己的定位，即浙江省乃至全国的音像连锁企业。

张梅蓉说，MP3、MP4 也会出现，更多的是服务。华人传媒集团将追求多产品化、多渠道化。苦撑待变的"变"，就需要产品的多元化，服务的多元化，以寻找新的经济增长点。

事实上，不仅仅是华人传媒集团、浙江碟海影视集团，国内如中凯文化公司等音像大鳄，都在悄悄地变化。从 2005 年开始，中凯文化尝试做网络 VOD 点播，今年又在互联网、多媒体业务方面花更多心思，继续探索更好的发展道路。

关于新政影响

国家反网络侵权新政不能救市？

百度被告了，网易被告了，GOOGLE 被告了，杭州本土的浙江在线也被告了……从 2004 年开始，各大搜索引擎网站及门户网站等，纷纷被各大唱片公司告上法院。因为他们让人从网上免费"获得"音乐成为一件极其容易的事情。

虽然法院大多判网站败诉，每首歌要赔几百元、几千元，但网络免费侵权下载，就像几年前盗版光碟一样疯狂，这里打了那里也出来了，这里罚了那里还照做。

"政府要打击音像盗版市场的话，应该转移到重点打击音乐盗版网站了。"浙江华人文化传播有限公司总经理张梅蓉直言，从网站上免费下载的音乐，比 MP3 和正版的歌曲质量没什么区别，这就导致消费者在想，我为什么要买你的碟片？

事实上，张梅蓉所期望的，政府已经"出手"了。

2006 年 5 月 29 日，国务院发布《信息网络传播权保护条例》（以下简称"新政"），并将于 7 月 1 日起正式实施。据了解，新政不仅可以保护从事正版软件下载和销售的权益，也可保护从事正版音像发行和销售等权益。

虽然总共 27 条的"新政"，只有两条有内容涉及"录音录像制品"。但有观察人士认为，这两条犹如"两把利剑"刺向侵权网站，盗版者已经嗅到侵权下载"严冬"的气息了。

目前，网上侵权主要有三类：

（1）通过互联网直接散发未得到著作权人授权的作品，比如歌曲、文章、影视作品；

（2）通过搜索链接到未经授权的音乐作品、影视作品上，主要集中在相关搜索引擎上；

（3）利用自己的技术优势将加密的作品破解。

中国保护知识产权的时间还不长，新政的及时制订和实施有着积极的意义。新政不仅保护了文字和音视频内容在网络上正常传播，而且对侵权的"上载"和"下载"内容予以禁止。虽然在司法实践中，可能让版权商得不到较高的赔偿，但从一定程度上加强了版权保护。

第四章
当代文化创意产业的九大类别

　　无论是"核心层"、"外围层"和"延伸层"三个层次的划分,还是四层次,十大类的新标准,文化产业都包括了相当庞杂的门类,涉及十分广泛的产业领域。因此,我们需要对处于核心层次、内容创意层次的文化产业类别进行产业特征的描述,以方便我们对文化产业本质和规律的深入研究。

　　从产业类别特征及其重要地位来看,我们可以把内容创意层的文化产业划分为图书出版业、报刊业、广播影视业、音像产业、网络产业、广告业、艺术产业、体育产业等九大类。这九大产业构成了当代文化创意产业的核心和支柱,构成了当代文化产业最有活力的部分。

　　在本章中,我们将分别对这九大类别的产业特征及其发展现状加以简单的描述。[①]

第一节　图书出版业

　　图书出版业,泛指从事书刊、图画等的编辑、印刷、发行等生产工作的事业。图书出版的主要领域是出版社、制作、发行渠道和零售书店等。

　　按照中国国内广义的图书出版概念和分类方法,图书出版业的产业链包括出版商、版权提供商、制作服务商、发行服务商、零售商和读者等。

---

①　参见赵小兵、周长才、魏新:《中国媒体投资:理论和案例》,复旦大学出版社 2004 年版。

一、产业描述

图书出版是一个庞大的行业,其含义非常广泛,按照普华永道(Pricewater-house Coopers)的行业分类,图书出版业主要包括消费类图书(Consumer Book)和教育及专业类图书(Educational and Professional Book)。根据普华永道的数据,消费类和教育及专业类书籍 2002—2006 年的综合增长率(CAGR)分别是 2.6% 和 4.7%,高于报刊的增长,反映出全球图书出版市场庞大的消费规模。根据中华人民共和国国家统计局公布的数据①显示,1999—2008 年中国图书的年度增长率分别是 4.5% 和 13.2%。2012 年,中国出版物发行实现营业收入 2418.7 亿元,实现利润总额 196.0 亿元,分别较 2011 年增长 11.8% 和 5.9%。②

二、图书出版业界的国内外发展状况

图书出版业是许多发达国家的支柱型文化产业。美国的图书出版业占据世界出版业举足轻重的地位,自 20 世纪 90 年代以来,美国的图书出版业稳居世界图书出版的第一。作为文化产业的美国图书大致分为 9 类:商业图书、大众市场图书、图书俱乐部版图书、邮购图书、职业图书、大学出版社图书、教材、预订和工具图书。其中,商业图书多年来的市场销售额居九大类图书发行的绝对霸主地位。形成产业的图书出版,一般以集团化方式运作市场,以期获得稳定的收益。目前世界大型图书出版集团情况如表 4.1 所示。

在中国,出版社由政府和国有企事业单位主管和主办,所有权归属国有。目前,已有业外资金进入国内图书出版业,业外资金主要是以与出版社"合作出版",从出版社换取发行许可的方式进入版权贸易和发行渠道等经营领域,但还未获准进入所有权领域。2008 年中国共有出版物发行网点 161256 处,与 2007 年相比减少 3.59%。其中,国有书店和国有发行网点 10302 处,与 2007 年相比减少 3.95%;文化、教育、广电、邮政系统发行网点 37516 处,与 2007 年相比增加 17.18%。2008 年中国出版物发行业从业人员 67.91 万人,与 2007 年相比减少 11.63%。③

---

① 数据来源:中华人民共和国国家统计局《2009 中国统计年鉴》。
② 数据来自中华人民共和国新闻出版总署官网:《2012 年新闻出版产业分析报告》。
③ 数据来源:中华人民共和国新闻出版总署官网《2008 年全国新闻出版业基本情况》。

截止 2013 年 7 月,15 家国家新闻出版产业基地(园区)共实现营业收入 777.2 亿元,拥有资产总额 793.6 亿元,实现利润总额 86.8 元。其中上海张江国家数字出版基地、广东国家数字出版基地和江苏国家数字出版产业基地营业收入超过 100 亿元。①

表 4.1　世界十大图书出版集团②

公司名称	总部所在地	代表出版社
贝塔斯曼	德国	兰登书屋
培生	英国	西蒙·舒斯特
沃尔特斯·克鲁维尔	荷兰	CCH
汤姆逊	加拿大	西方出版社
麦格劳·希尔	美国	格兰克公司
哈考特·布雷斯	美国	HRN
里德·艾尔斯维尔	英国/荷兰	鲍克图书公司
拉加德尔	法国	格罗星尔公司
时代华纳	美国	华纳图书
哈瓦斯	法国	阿尼亚集团

小贴士

贝内特·瑟夫(Bennett Cerf)

贝内特·瑟夫(1898—1971)是美国兰登书屋创始人,是美国出版界划时代的标志性人物。

1925 年,贝内特·瑟夫与唐纳德·克劳弗尔合伙收购了"现代文库"丛书,1927 年创立了兰登书屋,随后兰登书屋逐步发展成为美国最大的出版集团。贝内特·瑟夫幽默开朗、诚恳善良,他的回忆录《我与兰登书屋》回顾了少年时代的阅读生活、青年时代的创业,投身出版业四十年的人生体验,充满趣味和智慧地反映出 20 世纪美国出版业的风云变幻。作者用幽默、智慧的亲身经历展示了如何经营出版社、扩大品牌影响,如何与作者、同行、媒体打交道……全程再现了最大出版集团兰登书屋的崛起之路,曾经影响了许多出版人。

---

① 数据来自中华人民共和国新闻出版总署官网:《2012 年新闻出版产业分析报告》。

② 资料来源:http://www.publishs.org,2007 年 9 月。

　　由于中国的图书出版环节实行资源垄断,图书出版业位居中国 2003 年度的十大赢利行业的第七位[①]。2008 年全国共有出版社 579 家,其中中央级出版社 220 家,地方出版社 359 家。2013 年,全国共有出版社 580 家,其中中央级出版社 220 家,地方出版社 360 家。2012 年全国共出版图书 414005 种,折合用纸量 156.78 万吨,定价总金额 1183.37 亿元。与上年相比,图书品种增长 12.04%,总印张增长 5.12%。[②]

　　图书出版产业在国内文化产业中取得了一定的成就,但是中国的人均图书购买量与国外相比仍然存在巨大差距。虽然出版产业的市场化进程由来已久,但是出版产业高额的垄断利润使得既有的利益集团会尽力维护已有的地位和利益,并在一定程度上阻碍了出版产业的市场化进程。

图 4.1　《我与兰登书屋》封面,
人民文学出版社

图 4.2　贝内特·瑟夫(右)书籍《如何不大话滔滔》(How Not to Tell a Story)封面

为了推动文化产业的发展进程,近年来,中国实行了文化体制改革的试点工作,新闻出版系统的出版集团、发行集团和出版社都列入改革试点单位。为了进一步深化发行环节的开放,中国颁布了《外商投资图书、报纸、期刊分销企业管理办法》和《出版物市场管理规定》,以加速我国出版物发行环节的市场化程度。可以预见,随着改革试点工作的不断推进,中国出版产业的市场化进程必将进一步加速。2010 年,从全国 27 家出版集团的运营情况来看,净资产的增

[①]　我国 2003 年度的十大赢利行业分别是房地产、汽车、网络游戏、家电、手机、医药、出版、物流、零售和饮料行业。

[②]　数据来自中华人民共和国新闻出版总署官网:《2012 年全国新闻出版业基本情况》。

长快于总资产的增长,重版图书的品种量高于新出版图书的品种量,发货码洋高于造货码洋,利润率的增长大于产值率的增长,一般面向市场的图书已占主导地位,品种量超过教辅教材。这说明,新闻出版业调整结构转变发展方式已见成效。但同时也要看到,我国新闻出版业仍处于发展的初级阶段,在产业结构、供需结构、人才结构和发展方式等方面还存在一些突出问题,今后推动新闻出版业发展方式转变的任务依然很重。① 2012 年,数字出版实现营业收入1935.5 亿元,较 2011 年增加 557.6 亿元,增长 40.5%,占全行业营业收入的11.6%,较 2011 年提高 2.1 个百分点,表明在经历长期高速增长之后数字出版仍有较大的成长空间。②

第二节　报刊业

报刊业,泛指通过报纸和期刊的发行和广告业务获取利润的事业。

报纸期刊发行产业链包括内容提供商、制作服务商、发行服务商、读者,以及广告经营代理和发行广告监测等配套环节。其中,内容提供商包括报刊社;资讯/图片等内容供应商包括印刷制作商等;发行服务商包括报刊社和社会发行物流配送、发行调查服务等;广告服务包括广告代理商、媒体广告销售服务商、广告效果调查等。在整个产业链中,还包括媒体管理咨询、推广、行销和公关服务等。报纸期刊投资的领域包括了报刊产业链的各个环节。

一、产业描述

根据普华永道的统计,全球 2002—2006 年的综合增长率(CAGR)中报纸和杂志的增长率分别只有 1.8% 和 2.0%,同电视的高速发展形成了鲜明的对比。中国国家统计局的数据③显示,1999—2008 年中国报刊业的年度增长率分别是 18.5% 和 11.0%。2012 年,全国出版报纸较 2011 年降低0.5%。同时,根据标准普尔(Standard & Poor's)的数据,美国报纸和期刊收入占媒体广告总收入的比例逐年下降,两者中尤其以报纸的下降幅度最

---

① 中华人民共和国新闻出版总署官网:《柳斌杰:切实加快新闻出版业发展方式转变》。

② 数据来自中华人民共和国新闻出版总署官网:《2012 年全国新闻出版业基本情况》。

③ 数据来源中华人民共和国国家统计局。

大,而报纸和期刊行业流失的广告份额显然是让给了其他媒体产业。

报纸的收入主要来自广告和发行,主体收入来自广告,发行方面的收入只占很小份额。同报纸相比,杂志的特点是以内容见长并易于保存,所以大部分销售周期长的期刊以发行收入为主,这种杂志的商业模式是定价高于成本,生产成本低于分销价格,从大量发行的差价中寻求利润。近年来,期刊也大力开拓广告收入,其商业模式是在特定细分市场中获得足够多的市场份额,提供准确的广告行销服务。

二、报刊业界的国内外发展状况

近十年来,报刊业虽然先后承受着来自广播、电视和互联网的冲击,在世界范围内,报刊业仍然是最具活力的文化产业之一,也是各国的文化支柱产业之一。目前,世界报业的发展一般呈现两极化和民营化两大趋势。两极化,即报纸办报方针"低级小报"和"高档大报"的不同走向。第二次世界大战以后,西方国家的报刊基本成为民营体制;东欧在冷战结束后,其报刊也走向民营制,这在报刊史上称为"民报时期"。世界报业集团的另一个发展方向是,与其他媒体联手打造跨媒体的巨型航空母舰。

图 4.3 《华尔街日报》版面

按报纸发行量排名,日本居世界第一,日发行量达到 7241 万份。在发行量前五位的国家中,亚洲占了三位,显现出亚洲报业的巨大实力。据美国报业经济学家罗伯特·皮卡德的研究结果显示,报业仍然是美国最赚钱的产业之一,其经济规模相当于纺织业和木材加工业的总和,也相当于石油和煤炭工业的总和,超过了烟草行业、家具制造业以及炼油业。据美国报刊发行量审计公司 2009 年公布的美国报业最新排名,《今日美国》以 177.7 万份的日发行量位居榜首,《华尔街日报》以 15 万份之差屈居第二,《纽约时报》星期日版则拥有168.2 万份的发行量,排名第四的《洛杉矶时报》日发行量为 103.3 万份,这四家报纸的日发行量超过百万份;分列第 5～10 名的报纸是《华盛顿邮报》、《纽约每日新闻》、《芝加哥论坛报》、《新闻日报》、《休斯顿纪事》和《达拉斯晨报》,日发行量均在 50 万份以上。①

小贴士

《华尔街日报》(The Wall Street Journal)

创办于 1889 年的《华尔街日报》是美国乃至世界金融、商业领域影响力最大的日报,同时出版亚洲版、欧洲版、网络版,每天的读者大概有 2000 多万人。《华尔街日报》通过新闻舆论的尖利笔锋监督着商业市场,督使商业公司不能为所欲为。

《华尔街日报》的创始人查尔斯·道和爱德华·琼斯于 1882 年成立"道·琼斯"公司,在纽约金融区为商业客户收集、摘抄商业信息。19 世纪末,美国经济飞速发展,"道·琼斯"公司的客户量不断扩大。于是,"道·琼斯"公司的这两位所有者在 1889 年正式创办了《华尔街日报》,为蓬勃发展的商界提供日益增大的信息需求。

创办初期的《华尔街日报》发行范围非常窄,直到 1931 年,巴尼·基尔格尔担任主编,《华尔街日报》才形成"严肃报导"和"深度报导"的风格,包括:谨慎地选择题材,该报记者选题的平均周期为六个星期;在不影响表意的前提下,用平实的语言报导商业信息;对来自政府的新闻提供详细报导;避免使用艰深晦涩的商业术语和行话;报道范围不局限于经济领域,等等。《华尔街日报》随之成为全国性的主流大报,对美国和世界的商业、金融领域产生了巨大而持续的影响,并始终是美国最高端的报纸,其读者群的家庭平均年收入是 15 万美金。

美国的一些报业集团跻身企业百强排行榜。报业为美国社会提供了约

---

① 美国报刊发行量审计公司公布,时间为 2009 年 10 月 30 日。

54万个就业机会。为此,许多国家的政府大力支持报业的发展,欧洲大部分国家对报业的增值税实行免除或优惠政策;报纸的运输通讯费用优惠50%并可享受低息贷款[①]。

由于历史原因和意识形态的影响,中国报刊产业的出版环节仍然处于国有事业单位准垄断地位的状态。中国报刊的出版环节原则上仍然不允许民营资本和境外资本介入,但是报刊的经营环节,特别是报刊的广告和发行环节已经面向民营资本和境外资本实行一定程度的开放。

早在1978年底,中国财政部就批文允许《人民日报》等8家报刊进行"事业单位、企业化管理"经营方式的转变,这是中国的报刊开始走上了产业化发展轨道的标志事件。1996年1月,中国成立了第一家报业集团——广州日报报业集团。集团化经营的优势引导大量的报刊经营主体开始谋求这一符合世界文化产业潮流的发展方式。2008年全国共出版报纸1943种,总印数442.92亿份,总印张1930.55亿印张,定价总金额317.96亿元。与2007年相比,种数增长0.26%,定价总金额增长3.73%。2008年全国共出版期刊9549种,定价总金额187.42亿元。与2007年相比,种数增长0.86%,定价总金额增长9.65%。2012年,全国共出版报纸1918种,较2011年降低0.5%;总印数482.3亿份,增长3.2%;总印张2211.0亿印张,降低2.7%;定价总金额434.4亿元,增长8.5%。报纸出版实现营业收入852.3亿元,增长4.1%;增加值355.0亿元,增长10.9%;利润总额99.2亿元,增长0.6%。全国共出版期刊9867种,较2011年增长0.2%;总印数33.5亿册,增长1.9%;总印张196.0亿印张,增长1.7%;定价总金额252.7亿元,增长6.0%。期刊出版实现营业收入220.9亿元,增长35.8%;增加值155.8亿元,增长2.2%;利润总额25.3亿元,增长10.3%。[②]

第三节　广播影视业

广播影视业,指电视、电影、广播等从事音、影内容生产和传播的行业。

---

① 赵小兵、周长才、魏新:《中国媒体投资:理论和案例》,复旦大学出版社2004年版,第53页。

② 数据来自中华人民共和国新闻出版总署官网:《2012年新闻出版产业分析报告》。

一、产业描述

1. 电视产业

电视产业的产业链包括设备供应商、节目供应商、电视台、有线电视网、电视受众以及广告代理等配套环节。处于产业链最上端的是节目制作和设备供应商,担当发布和传播环节的是电视台网,产业链的下端是广告服务和电视受众。这些环节分别对应了相应的服务市场、商业和国家机构。例如电视产业链中的节目供应商,对应节目制作和节目发行交易市场。

依据电视的传输方式,电视产业可分为无线电视、有线电视和卫星电视等。衡量电视产业优劣的主要指标是收视率和市场份额,无线电视和卫星电视的衡量指标还有订户数。无线电视台的商业模式比较简单,收入主要来自电视广告,包括编组广告、贴片广告、冠名广告和电视购物等。根据标准普尔研究,无线电视的收入90%来源于广告。有线电视网和卫星电视的商业模式相对复杂,除了通过电视节目获得广告外,有线电视运营商可以向用户收取初装费和每月收视费,以收回预先铺设同轴电

图4.4 张艺谋导演的电影《英雄》宣传画面

张艺谋导演的电视《英雄》上映第一周,票房就突破了1亿元人民币。这部影片的国内总票房达2.5亿元人民币,其在东南亚市场总票房达2.8亿元人民币,在北美的票房达11亿元人民币。

缆(HFC)的投资费用并获利。根据标准普尔的数据,美国有线电视运营商的用户收视费占其总收入的65%～70%。卫星电视(Satellite TV)的商业模式在传统的广告收入之外,卫星电视营运商还向用户收取卫星加密频道收视费。与美国等电视产业发达国家相比,中国目前的卫星收费频道还处于探索阶段,卫星电视加密收视费的市场收入几乎为零。

根据普华永道的统计,全球2002—2006年的综合增长率(CAGR)中电视网增长率为8.8%,电视发行增长率为7.3%,同其他媒体相比,处于高速增长状态。2009年,中国国家广播电影电视总局所属149户国有及国有控股企业实现营业收入总计109.58亿元,较上年同期增加了10.43亿元,实现收入首

次突破百亿元。^① 而且,电视产业的市场份额占整个媒体市场广告份额的比例还在不断增加。2012 年,广电市场主体的上市步伐明显加快,新增广电上市企业 6 家。在 A 股上市的广电企业累计达 16 家,募集资金超过 250 亿元,其中国有企业 12 家,占比达到 75%,广电板块初步形成。^②

2. 电影产业

电影产业的产业链包括设备供应商、电影制作、电影放映、电影的电视播送及音像制品和延伸产品制作与销售等环节。从国内外影视产业发展的趋势看,数字技术的运用和动漫产业的发展,是当代影视产业中两大突出特点。以动漫和游戏为主的数字娱乐产业已经成为当代影视产业价值链延伸的重要方向。^③

随着文化产业体制改革的不断深化和影视产业界对当代文化市场规律认识的不断深入,目前中国的影视制作已经

图 4.5　影片《非诚勿扰》广告

该片既为电影公司创造了票房收入,又为杭州西溪湿地公园和日本北海道的影响力作出了贡献。影片上映后,杭州西溪湿地游客巨增,日本北海道的旅游业也更加兴旺。

不限于电视台或电影院市场,而把价值链延伸到在线游戏、漫画出版、手机游戏、形象经营、表演业等其他产业门类。中、日、韩三国共同开发的"七剑"项目,投入 10 亿元人民币的产业经营资金,以电影《七剑》为龙头,把价值链延伸到电影连续剧、游戏、漫画等领域。电影《无极》在公映后,也积极投入包括游戏、图书、歌舞剧、动画片、主题公园等领域延伸产品的开发。由法国育碧公司开发的游戏《无极 ONLINE》,甚至已经做好了 10 年的开发规划。^④ 电影《非诚勿扰》热播,不仅收获了 3.25 亿票房,还带动了杭州西溪湿地和日本北海

---

① 国家广播电影电视总局官网:《2009 年总局所属国有企业收入首次突破百亿元》。

② 数据来自《中国广播电影电视发展报告(2013)》,中国广播网。

③ 详见李思屈《数字娱乐产业》,四川大学出版社 2006 年版。

④ 尹鸿、詹庆生:《2005 年中国电影产业备忘》,张晓明、胡惠林、章建刚主编《2006 年:中国文化产业发展报告》,社会科学出版社 2006 年版,第 122~123 页。

道的旅游业。2013 年度电影总票房超过 215 亿,其中有 61 部电影票房过亿,创下历史新高。回顾十年来,2004 年总票房达到 15 亿、2005 年 20 亿、2006 年 26.7 亿、2007 年 33.27 亿、2008 年 43.41 亿、2009 年 62.06 亿、2010 年 101.72 亿、2011 年 131,15 亿、2012 年 170.73 亿,中国内地超越日本成为紧随北美(美国和加拿大)之后的全球第二大电影市场。另一方面,中国民营影视企业大胆开拓国际市场,成为电影产品和服务走出去的重要生力军。2012 年,万达集团并购全球排名第二的美国 AMC 影院公司,跻身全球电影院线运营商前列。

3. 广播产业

广播产业的产业链包括设备供应商、广播内容供应商、广播电台、广播节目联播网、广播受众以及诸如广告经营代理等配套经营环节。

从国内外的历史和现状来看,传统的广播产业是一个比较依赖广告收入的行业,其商业模式是以高质量的广播节目内容获得较高的收听率,从而获得相应的广告收入。广播产业和电视产业中的无线电视产业有着多点相同处:与无线电视一样,其收入的 90% 以上来自于广告;与无线电视网一样,广播传输网本身没有增值的空间。

根据标准普尔的数据,21 世纪开始,美国广播的平均年增长率只有 2.1%,整体行业收入已经呈现出衰退趋势。而中国因为汽车业的飞速发展及医药广告的兴起,带动了国内的广播业,近年来保持了较高的成长性。

二、广播电视业界的国内外发展状况

1. 电视产业

由于目前电视产业的成长势头和支柱作用,各国均将电视产业作为文化产业的重要板块,在政策、技术和市场上予以扶持。

电视产业自身的发展有两个突出特点,一是传统无线电视向有线电视转向;二是数字电视的兴起。

在美国,有线电视的收入构成主要是基本频道业务、增值频道业务、广告和数字电视等。基本频道业务即有线运营商为网络用户提供的综合性电视节目频道业务。一般说来,购买基本频道是选择其他服务的前提。美国各主要有线运营商均提供基本频道业务,其中约包含 20~30 个基本频道,如 CNN、ESPN、DISCOVERY、FOX 等,每月收费 20~30 美元;增值频道业务是根据受众的不同层次和需求开设的专门的电视节目业务,美国的这类服务主要为电影和体育频道,如 HBO、CINEMAX 等。

数字电视(DTV)是指从电视节目采集、录制、播出到发射、接收全部采用数字编码与数字传输技术的新一代电视,是运用数字电视技术将传统电视节目转换成数字信息,以数码流的形式进行传播的电视形态,数字电视技术综合了数字压缩、多路复用、纠错掩错、调制解调等多种先进技术。数字电视按照清晰度分为三个等级:普通清晰度电视(PDTV)、标准清晰度电视(SDTV)和高清晰度电视(HDTV)。目前,数字电视的业务主要包括计次收费(PPV)、视频点播(VOD)、按月收费的 COD(SVOD)和互动节目(IPG)等。通过数字电视服务,用户可以选择更多的增值服务,数字电视成为有线电视业务新的收入增长点,在世界电视产业中得到广泛推广。美国于 2006 年 12 月关闭模拟电视,从而完成全美国公共电视台的数字化改造;2004 年底,法国已有 40%的居民可以看到数字电视,2008 年覆盖用户达到 80%。法国选定了 30 个频道作为数字电视开播基础,并拟定了时间表,其中,16 个是免费频道,14 个付费频道;印度按照计划表在 2012 年完全停止模拟电视广播,其初期开通 5 个频道,覆盖 4 大城市,数字频道最终会增加到 15～20 个,目前已经正式开通数字DTT 服务;韩国已于 2001 年开播了数字电视,而且,数字电视机逐渐成为韩国出口的主要家电产品,成为韩国文化产业延伸产品的另一个利润增长点。[①]对于大众电视市场,绝大多数的消费内容仍然是线性的。2010 年,主要市场上排定电视节目平均每周消费达到 20～30 小时。与此相比,各种形式的非线性电视节目,包括 DVD 影碟、个人视频录像或视频点播,平均每周消费 1.5～2.0 小时。

中国的电视台均为政府投资并拥有,投资主体分为两类:一是各级政府,包括中央和省地(市)级政府;二是各级教育部门,包括国家教育部门和省地(市)级教育部门。中国的有线电视传输网分为中央、省、市和县四级,经国家广电总局批准,国有企事业单位和国有控股企业可以参与传输干线网建设(广电系统以外的单位不得参与宣传业务和经营管理)。广电集团可以吸收国有资本进行股份制改造,但必须自己控股 51%以上,而且,一家国有企事业单位或者国有控股及其关联企业参股省级网络公司的股权比例不得超过 25%。经过股份制改造后,经报中央宣传部和国家广电总局批准后,可在国内证券交易所上市。

---

① 赵小兵、周长才、魏新:《中国媒体投资:理论和案例》,复旦大学出版社 2004 年版,第 28～31 页。

2010 年,中国电信网、广播电视网和互联网的三网融合开始实现阶段性目标,即 2010—2012 年,重点开展广电和电信业务双向试点,探索形成保障三网整合规范有序开展的政策体系和体制机制;2013—2015 年,总结推广试点经验,全面实现三网融合发展,普及应用融合业务,基本形成适度竞争的网络产业格局。

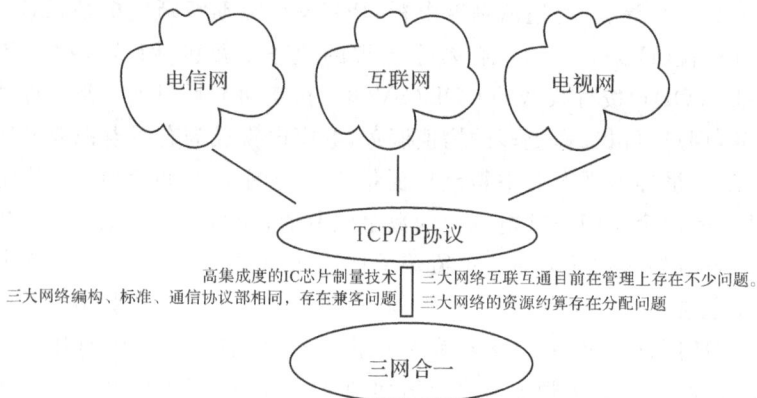

图 4.6　网络产业格局

中国有线电视产业实现网台分离后,允许拥有广电技术的外资集团(例如美国的微软公司、休斯公司等)进入电视网这一部分市场。中国卫星电视市场中,直播卫星(DBS)市场尚未开发。目前,中国对电视节目制作实行审批制,不允许设立中外合资影视制作机构,但是允许吸收境外资金和技术拍摄影视剧和建设影视制作基地,这一投资领域,也吸引了大量中国民营投资者。

在电视产业的配套服务领域已有国际大公司进入中国内地运作,例如电视收视率调查方面,尼尔森媒介研究(Nielsen Media Research)早在 20 世纪90 年代初就进入中国市场,世界著名的市场研究集团 TNS(Taylor Nelson Sofres)与中国央视市场研究股份公司 CTR 在 1997 年合作成立央视—索福瑞媒介研究有限公司 CSM(CVSC—SOFRES MEDIA)。

2. 广播产业

在中国内地,广播电台的投资主体是中央和地方政府,广播投资以广播节目联播网和广告代理为主。在世界广播产业呈现走低趋势的大环境下,近年中国广播行业一直保持较高的成长性,管理机构日益集中,频道不断增加,覆盖率持续提升。由中国广播电视学会广播受众研究会公布的"2001 年全国广播电台听众收听状况联合调查"结果显示：

（1）全国有广播听众 7.34 亿人，占全国 4 岁以上抽样人口的 61.2%。

（2）在众多媒体激烈竞争的情形下，广播媒体保持了较高的到达率。在一个月的调查期中，全国收听广播的人数是 4.9 亿人。

（3）广播是居民获取信息的重要媒体之一。我国居民平均每周收听广播时间为 2.4 小时。调查显示：全国有 7500 万人首选广播获取信息，高于杂志和互联网。

（4）在可流动获取信息方面，广播具有明显优越性。全国有 8000 万人经常在车中收听广播。

（5）在报纸、杂志、电视、广播四大传统媒体中，广播业的市场规模略大于杂志。

（数据来源：北京美兰德信息公司"2001 年全国广播电台听众收听状况联合调查"。）

广播的生存和发展，需要在形态方面持续创新，以容纳更多的资源。2009 年两类广播形式在广播界进行推广。一类是"施政类广播"，另一类是"体验式广播"。目前，国内以建立跨城市节目联播网的模式对电台进行扩张已取得成功，通过优秀的节目联播，扩大收听人群，从而取得更多的广告投放。另外，广播媒体不断开发新的利润增长点，例如在公共汽车上做固定频率的广播播放，覆盖整个城市的公交车；播放背景音乐，商场、餐厅等场所只要利用这个背景音乐，就要付费。

媒介融合是大势所趋，广播媒体继续借势新媒体，"可视化广播"成为广播媒体发展的一个亮点。广播从有线到无线，从村头"大喇叭"到车载"小视频"，广播与新媒体融合是发展的重要路径。电台网站发展视频是广播"可视化"的重要方式，例如中央人民广播电台的"新闻纵横"节目通过与网络合作推出"联动"品牌，记者在进行音频采访的同时，用摄像机记录下调查的全过程，再根据网络视频营销的规律，将这些素材进行重新"剪辑"、"组合"和"包装"，通过网络视频进行图像传播，弥补了广播不可视的短处，而且这些视频素材不同于一般网民上传的视频，它因具有专业技术与新闻内容而具有稀缺价值。

第四节　音像产业

音像产业，是指将声音信号或声像信号复制到特定的物质载体上，以商品形式进入消费领域获取利益的事业。

音像产业的产业链包括音像制品的制作、出版、复制、进口、批发、零售和出租等经营环节。其中,制作、出版和发行是产业链中的三大环节。出版环节包括出版与复制;发行环节包括进口、批发、零售和出租。

一、产业描述

音像产业的企业主体包括综合节目制作商、出版商、复制商、发行商、批发零售商等。音像产业作为一个独立的产业部门,有其独特的价值创造流程。综合考虑政府、行业协会和消费者等因素,音像产业的流程可以描述成一个包含信息价值流程和物质价值流程的循环。循环的最初动力是消费者的文化需求,节目制作商的作用是满足消费者的需求,出版商、发行商、批发商、零售商等参与者都是优先考虑消费者的需求。要保证价值创造流程持续良性循环,投资者必须有足够的资金维持运作,因此消费者成为流程中最核心的部分。

音像产业资本运作的关键是音像品牌、音像版权、音像人力和音像经营,通过音像的制作、出版、复制、发行和销售,以音像版权为基础,发展以音像、图书和数字多媒体等为载体的系列化产业链,进而实现音像向其他行业拓展的多元化产业链,以不同形式充分利用版权资源,形成互动的产品格局,打造音像产业集团①。

音像产业最重要的五项资源是节目资源、渠道资源、资金资源、人力资源、信誉资源。另外,由于产业技术更新快,音像产业的一个显著特点是商品更新换代极快,总的趋势是外形更小更美观,音质更好,电声指标更高,容量更大,品种更多。

二、音像业界的国内外发展状况

在世界范围内,音像市场都是文化产业的重要市场。目前,全球音像市场潜力巨大,其消费总量在 380 亿美元左右,但是,世界各地区音像市场所占的市场份额极不平衡。其中,美国占 61%,欧洲占 25.3%,亚洲只有 8.6%,拥有 13 亿人口的中国所占的市场份额不到 1%。

近几年来,国内音像市场持续不景气,大型电子音像出版社和公司也感到困难。主要表现为:盗版严重;销售渠道不畅,电子音像出版物的销售需要技

---

① 转引自陈阳、博修:《〈和中凯文化郭氏兄弟的讨论〉节选》。

术支持。就发行而言,电子音像出版物发行一直未形成正常的物流,购销处于两难的局面,与发行机构强大的经济实力和遍布城乡的销售网点很不相称。

然而,我国的音像市场却仍有广阔的增长空间。目前,我国音像市场已拥有收音机 1 亿多台、录像机 3000 多万台、CD 播放机上千万台、VCD 播放机3000 多万台,多媒体电脑 1000 多万台。庞大的硬件市场要求规模相当的软件市场与之匹配,这必然会带来对音像制品的旺盛需求。国际音像界普遍认同:中国音像市场现在是仅次于美国和日本的全球第三大市场,而且是潜在的最大市场①。2012 年,全国共出版音像制品 18485 种,较 2011 年降低4.8%;出版数量 3.9 亿盒(张),降低

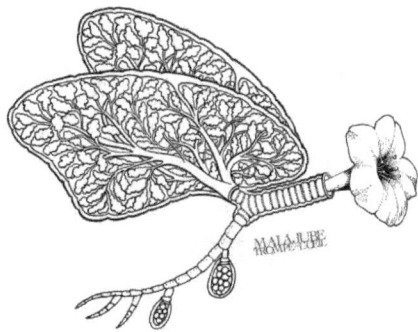

图 4.7　一幅非主流音乐海报

音乐是典型的文化创意产业,其创意不仅体现在音乐内容与形式上,也体现在营销宣传上。

15.1%;发行数量 3.5 亿盒(张),降低 10.3%;发行总金额 18.6 亿元,增长1.7%。音像制品出版实现营业收入 28.3 亿元,增长 8.8%;增加值 9.3 亿元,增长 14.2%;利润总额 3.4 亿元,增长 25.3%。②

新闻出版总署出版管理司落实《关于促进我国音像业健康有序发展的若干意见》精神,推出国家"十二五"重点音像(电子)出版规划及音像业中长期发展规划,总体思路是:进一步深化音像电子出版业改革,推动产业升级,重塑市场主体;提高音像产业集中度,建设好上海、广东和北京 3 个国家音乐出版创意产业基地(园区);创新管理手段,启动音像制品版号、电子出版物专用书号网络实名申请及复制委托书网络传输、认证的可行性研究工作;进一步加强对"低俗类"音像制品等违规出版活动的查处力度,加强对重大和敏感类音像选题的监管,改进和完善进口音像制品审查制度。③

---

①　转引自《中国音像市场仅次美国日本世界第三》,《深圳商报》,2003 年 6 月 25 日。

②　数据来自中华人民共和国新闻出版总署官网:《2012 年全国新闻出版业基本情况》。

③　新闻出版总署出版管理司副司长朱启会发言,孙海悦:《2010 音像电子出版工作重点确定 进一步深化改革》,中国新闻出版报,2009 年 12 月 22 日。

第五节　网络产业

网络产业,是指利用包括因特网、移动手机等新兴网络技术为平台传播信息和创造娱乐的事业。网络产业的产业链主要包括互联网运营商、广告服务、终端用户等环节。

一、产业描述

网络传媒的商业模式主要是通过向上网浏览或者注册的用户提供内容服务及其他服务的形式,得到点击率,从而获得广告收入,网络接入服务的收入也是主要的收入来源,其他收入还包括电子邮箱使用费、内容注册服务收入、电子游戏服务收入、短信服务收入等。目前,广告收入是网络传媒产业的主要收入。全球第一个网络广告出现于 1993 年,发布在美国连线网 www.wird.com 上;中国的第一个商业性的网络广告是由 www.Chinabyte.com 网站于1997 年 3 月发布的。2006 年,全球互联网广告收入达到 137 亿美元。2010年网络广告支出不仅绝对金额增长,而且增长速度也远高于整体广告市场,广义的网络广告全球市场份额到 2011 年底从 2009 年底的 10％左右增长到15％。实现最高增长的网络广告类别是搜索广告、点击广告、社交网络以及绩效计价(CPA)广告。[①] 视频浏览终端从 PC 端向移动端逐渐迁移,移动广告价值继续被挖掘,带动收入的增长。2014 年的投资主线是"移动视频＋智能电视"。

网络产业的投资领域主要是互联网的运营和广告服务等配套环节。中国通过《互联网信息服务管理办法》进行管理,该办法规定:对经营性互联网信息服务实行许可制度;对非经营性互联网信息服务实行备案制度;除规定必须经有关部门审核同意外,对投资主体并没有严格限制。

在网络产业的发展中,传统媒体在其中扮演的角色引人注目。目前传统媒体往往扮演了互联网内容提供商的角色,一方面,前者为后者提供内容,同时赚取后者的广告费,但是传统媒体从严格意义上不能算作网络传媒产业链中的一部分。

---

① 德勤科技发布的 2010 年传媒行业预测报告。

二、网络产业的国内外发展状况

网络在业内又被叫做"第四媒体"。1997—2000 年是全球互联网市场爆炸性的增长时期,增长率在 100%～300%之间。2001 年开始,全球新经济骤然遭到沉重打击,滑落谷底,伴随着全球经济的不景气,网络传媒产业虽然每年仍在稳步增长,但是增速明显趋缓。美国的有关广告数据及在线家庭和上网计算机的统计数字也证明了相同的趋势。2007 年,全球互联网网民突破 11.5 亿,中国网民数则达到 1.262 亿,联网设备达到 1616 万台。2010 年开始,全球互联网视频容量以年均 30%的速度高速扩张,这几乎是全球互联网带宽总容量增长的 10 倍以上。美国视频网站一个月的流量就等同于 2000 年全世界范围内互联网的所有流量。截至 2012 年 12 月底,我国手机网民规模为 4.20 亿,较上年底增加约 6440 万人,已超越使用台式电脑接入互联网的网民数量,网民中使用手机上网的用户占比由 2011 年底的 69.3%提升至 74.5%。2012 年,我国移动互联网基础建设成绩显著,3G 网络覆盖进一步扩大。据工业和信息化部数据显示,到 2013 年 1 月底,我国 3G 用户已达 2.46 亿,3G 手机用户渗透率约为 21.9%。

在互联网经济的泡沫破灭之后,网络传媒脚踏实地地摸索出了一些适合自身特色的商业模式,在网络游戏、短信无线增值服务等各方面取得了飞跃性发展。随着网络传媒产业市场竞争的激烈,大型网络传媒纷纷寻找收购对象,以期借助于并购等资本运作手段迅速增强其在某领域的经营实力,从而吸引更多的消费者,开拓出崭新的赢利渠道。

中国政府对网络传媒的发展表现出了前所未有的关注和重视,不仅将具有巨大市场潜力的网络游戏技术研发纳入了国家 863 计划,同时还出台了各项法律法规,以便于规范网络传媒领域内的各项经营活动。

目前,中国内地的网络媒体可分为以下两类:[1]

(1)网络化的传统媒体

包括:

①网上媒体完全是传统媒体的翻版。目前,国内大多数网络媒体属于此类。

---

[1]　赵小兵、周长才、魏新:《中国媒体投资:理论和案例》,复旦大学出版社 2004 年版,第 226 页。

②网上媒体不完全相同于所依托的传统媒体,其典型代表是《人民日报》的"人民网"及新华社的"新华网"。迄今为止,中国内地报业集团创办经营的网站大部分不再称自己是某报网络版或电子版,而是称为"某网"。名称的改变意味着新闻媒体网站经营理念的提升,反映出一些有实力的新闻媒体网站已将今后自身的发展定位于大型综合网站,而不仅仅是"网络版"、"电子版"的概念。

③众多新闻媒体及业外资本联合经营创建的大型新闻网站,如北京千龙网和上海东方网。以上海东方网为例,该网为上海首屈一指的大型综合网站,参与媒体包括解放日报社、文汇新民报业集团、上海人民广播电台、上海电视台、东方广播电台、东方电视台、上海有线电视台、青年报社、劳动报社及上海教育电视台等。东方网于2000年5月28日正式开通,目前与150家媒体签约合作,每天新闻更新数量达到1200~1400条。

(2)新浪、搜狐、网易等商业网站

这些网站通常采取"整合新闻"的办法。目前,商业网站与传统新闻媒体的合作已形成多种方式,如获得授权转发新闻及文章、为传统媒体网站建立镜像链接、合作开设专题网站、共同开办频道或网站等。目前,中国内地的一些主要商业网站都设有类似的新闻中心,这些都对传统媒体办的网站造成冲击。

网络产业也是"内容为王"的产业,网络传媒产业的发展极大地依赖于产业的内容提供环节。中国的网络传媒业以新闻报道、信息传播和网络娱乐等方面的特有内容优势开始引起越来越多的业界关注。在网络游戏产业领域,如何开发本土的原创游戏成为产业发展的一个瓶颈。移动互联网络的内容,尤其是娱乐短信和彩信业务的创作开发和经营模式,以及今后多媒体内容的发展机遇,逐渐成为相关企业经营与发展战略中的重要组成部分。

第六节　广告业

广告业,是指通过广告策划、设计、制作、发布、调查、效果评估等方式获取利润的产业门类。而所谓广告,是指为了商业或其他目的而作的付费信息发布。

广告产业的产业链主要包括广告主、广告代理、广告发布媒介和广告目标受众四个环节。

一、产业描述

与广告业关联的产业比较复杂。但一般来说，广告业主要包括广告公司、广播、电视、报纸、杂志、互联网等大众传播机构的广告经营部分，以及以各种公共场所、交通工具为媒介发布广告的经营机构。

现代社会被认为是广告社会，生活中与广告绝缘的人几乎没有。我们都生活在广告的包围中。美国历史学家波特（David M. Potter）在其著作《富足的人民》（*People of Plenty*）中这样叙述："广告在社会中影响之大，可以和学校和教会等传统制度相匹敌。广告具有支配媒体、创造流行的巨大力量。在这一意义上，广告是能调控社会的少数几个制度之一。"[①]

广告既影响人们的消费选择，也影响人们的思想观念，因此对广告的功能和作用向来存在争议，广告业也就成为文化产业中一个具有特殊性的行业。

1.广告业与其他产业的发展有密切的联系

支撑广告业的主体是商业广告，而商业广告的功能则是提高企业的销售额，因而有激活经济活动的功能。由于现代广告业注重整合营销传播和品牌传播，因此广告业已经深深地介入到普通行业之中。不仅新产品上市常常以广告开路，而且如城市商品房开发等领域，往往在产品和服务规划阶段，就有广告公司介入，进行全案服务。而且，随着新媒体的发展和"流媒体"在广告中的普及，以及"植入式"等广告新形式的出现，广告已经深刻地渗透到交通、影视、数字娱乐等其他文化产业门类中。

2.广告对时尚和流行文化具有推动作用

广告装饰城市的繁华街道，构成了城市的一道风景。流行从城市中产生，喜欢城市里流行气氛的人都会感受到广告带来的多姿多彩的生活。

3.广告业是现代大众传播业的主要经济基础之一

大众传播媒体正因为有了广告，才使得媒体经营稳定，人们才有了获得众多廉价媒体信息的机会。在国际上，除了少数由政府资助的公共事业性媒体，几乎全部大众媒介都依靠广告收入来维持经营。中国的电视台对广告收入的依赖度占70%，报纸对广告的依赖度占85%以上。如果没有广告，我们将不能收看免费电视，报纸订阅费也将高出现价两倍以上。

---

① John S. Wright，Willis L. Winter, Jr.，Sherilyn K. Zeigler，"Advertising," 5th ed.，McGraw-Hill，1982，p1.

二、广告业界的国内外发展现状

广告业常常被称为一个国家国民经济发展状况的"晴雨表",世界上最发达的广告业,存在于经济发达国家。第二次世界大战以后,随着日本经济的复苏和起飞,日本的广告业也称雄全球。著名的日本电通公司是世界上最大的广告公司,代理着众多的跨国品牌,每年纯广告营业量就达150亿美元以上。

在全球经济一体化进程中,跨国公司的国际品牌进入其他国家的市场,往往是由跨国广告公司充当先导。在中国加入WTO之前,就已经有外国资本进入中国的广告业,由于这些有外资背景的广告公司主要代理国际大品牌的广告,所以营业量非常大。据统计,在中国广告公司的排名中,前10名中就有8名具有外资背景。随着"后WTO时代"的到来和广告业的对外开放,中国本土广告与外国广告公司的竞争必将更加激烈。

小贴士

日本电通

日本电通是当今全球最大的独立广告公司,位居世界五大传播集团之一。

电通前身是1901年创立的"日本广告"和1907年创立的"日本电报通讯社",1936年转让新闻通讯业务后,专营广告代理至今。然而,早在20世纪70年代末期,电通就将"广告"两字从公司名称中抹去,日本电通是亚洲可以与欧美四大传播集团竞争的跨国企业。电通总部位于日本东京,在30多个国家设有子公司,50余个国家成立有合作点。

日本电通公司第四任社长吉田秀雄,1951年接任刚从战败混乱状态复苏的电通,在重振的关键时期制定了"电通十则",造就了"电通人"的特殊气质,为电通的发展提供了巨大的精神力量。

"电通十则"的具体内容为:

①要"自己创造"工作,而非受令而为。

②要积极主动地"推动"工作,而非消极地等待领导的指示。

③向大的目标挑战,小的目标只会使自己变得渺小。

④要选择困难的工作,知难而进才会有提高。

⑤工作一旦开始,绝不可轻易放弃,要有不达目的,誓不罢休的劲头。

⑥要"带动"周围的人,带动或被带动,时间一长,就会出现天壤之别。

⑦做事要有计划,它会让你产生耐心、窍门和希望。

⑧要自信,否则你的工作就会失去魄力和黏度、原度。

⑨头脑要时刻处在"完全开放"的状态,眼观六路,耳听八方。

⑩不怕摩擦,摩擦是上进之母、思想的火花,回避摩擦会使你变成迟疑不决、碌碌无为的人。

广告业的"晴雨表"也真实地反映出中国经济的发展状况。20世纪80年代以来,中国广告产业伴随中国改革开放和市场经济的进程而发展起来,中国经济的快速增长促使了中国广告产业的高速发展。20多年来,中国广告业以年均超过宏观经济增长速度的较高的速度增长。特别是进入21世纪以来,中国广告业正以一种前所未有的速度发展。

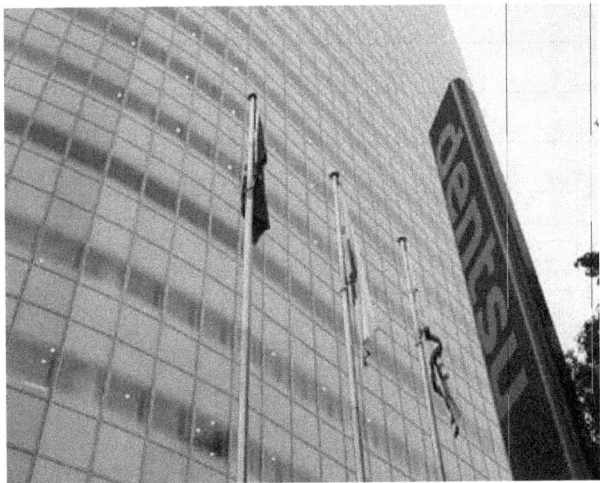

图4.8 日本电通公司东京总部大楼①

日本电通公司曾是世界广告业的第一大广告公司,代理着众多的跨国品牌。

---

① 李思屈教授在日本吉田秀雄事业财团做客座教授时拍摄的日本电通公司东京总部大楼。引自李思屈著《东方智慧与符号消费》(浙江大学出版社)。

　　2001 年中国广告营业总额为 795 亿元,2002 年达到 903 亿元,增长率为
13.62%,2003 年尽管受到"非典"等一些不利因素的影响,广告市场依然朝气
蓬勃。2003 年中国广告业的增长率高达 18%,比经济增长率高出 14 倍。广
告业营业总额在 2003 年里首次突破千亿元大关(约为 1060 亿元),这是中国
广告史上的一个里程碑。根据专家预测显示,今后 8 年内,中国内地广告业的
总营业额可能超过 2000 亿元;中国在未来 10 年左右有望成为全球最大的广
告市场之一。WPP 旗下广告公司 Group M 宣布,2009 年全球广告支出为
4450 亿美元,较 2008 年下滑 6.6%。2010 年的广告支出会略微反弹 0.8%,
达到 4480 亿美元。法国媒介代理公司 Zenith Optimedia 在纽约出席第 37 届
瑞银(UBS)全球媒体和通讯大会时发表数据显示,2010 年全球广告支出增长
0.9%,全球广告支出将在 2011—2014 年恢复至 6%～7% 的年增长水平。
DCCI 的统计数据显示:2009 年,中国网络广告营销[①]总规模为 193.3 亿元,比
2008 年该数字增长 13.8 个百分点,中国网络营销市场在搜索和展示广告双
双放缓增长速度的情况下,也停下了之前年度增速 50% 以上的脚步。2010 年
中国网络营销市场达到 22.0% 的恢复性增长,2012 年超过 400 亿,2013 上半
年中国网络广告市场规模达到 430.7 亿元。

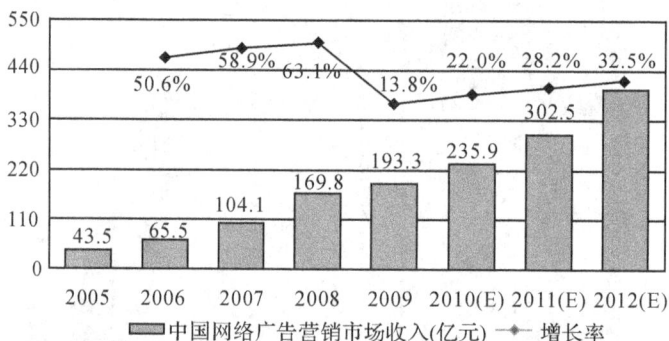

图 4.9　2005—2012 年中国网络广告营销市场规模及预测

---

①　中国网络广告营销规模指网络广告营收规模与搜索引擎营收规模之和。

第七节　旅游业

　　旅游业,是指利用名胜古迹、自然风光和人造景点等旅游资源进行产业化运作并获取利润的事业。

　　旅游业的产业链包括旅游景点投资商、旅游景点经营商、旅游经纪商、旅游产品开发商和旅游消费者等环节。旅行社、旅游饭店和旅游交通是现代旅游业的三大支柱。

　　旅游业的经济活动全过程是由社会各相关部门和行业共同完成的,这些相关部门和行业大致可分三类:直接旅游企业、辅助旅游企业和开发性组织。直接旅游企业包括旅行社以及饭店、餐馆、旅游商店、交通公司、旅游景点、娱乐场所等。辅助旅游企业包括直接旅游企业的管理公司和服务公司、影视广播、出版单位、通讯设施以及食品、卫生等生活服务部门和行业。开发性组织是指相关的政府机构、旅游院校、旅游科研机构等。

一、产业描述

　　旅游业的主体企业包括旅游宾馆、旅游餐厅和旅游监管部门等。旅游产业发展的核心是旅游资源。1999年,中国国家质量技术监督局颁布的国家标准《旅游区(点)质量等级的划分与评定》中,旅游资源被定义为,自然界和人类社会中凡能对旅游者产生吸引力,可以为旅游业开发利用,并可产生经济效益、社会效益和环境效益的各种事物和因素。

　　根据旅游资源的属性,可以将旅游资源的属性分为三大类:自然旅游资源、人文旅游资源和社会旅游资源。

　　自然旅游资源是指能够使人们产生美感并能构成景观的自然环境或物象的地域组合,突出的是物质的物理特性,特别强调人的官能感受。

　　人文旅游资源泛指人类创造和积累起来的文明成果,是物质财富和精神财富的总和,表现的是历史文化的内涵和神韵,突出一种历史特性,将动态的历史以静态的方式展现出来。

　　社会旅游资源主要指民情风俗、人际关系、传统节庆、民间生活方式、特有的民族服饰与文化艺术形式等,还可以包括现代建筑成就、新生事物等等,是以人为载体的一种社会现实,注重的是现实的人的一种心理触动①。

旅游产业的另一个核心环节是旅游经纪。旅游消费者到旅游景点的全部过程组成了旅游经纪环节,旅游经纪的质量水平直接关系到旅游产业的发展。经纪行业的特殊性使然,旅游经纪行业具有较高的市场化程度,首先表现在行业实体的多元化。在中国,旅游经纪企业包括国有独资、国有控股、国资参股、民营和中外合资等多种企业形式。各个企业不论背景,在市场中平等地展开竞争,促进了旅游经纪行业的发展,并有力地带动了整个旅游产业的提升。

二、旅游业界的国内外发展状况

居于文化产业霸主地位的美国历来重视旅游业这一"无烟工业"的价值,为了充分挖掘旅游产业的利润空间,美国将旅游产业划分为 30 个小部门,包括旅游服务的各种运输、住宿、饮食、旅行社、会议与展览、国家公园、海滩、博物馆与历史遗址等。

旅游业向来发达的欧洲,一直将旅游业视为主体行业之一。从本质上讲,旅游产业是文化产业的主体行业,是推动世界文化产业发展和引导世界文化交流的主要动力。当前,西欧旅游市场占据了全球旅游总人数的 58%,西欧的文化大国在旅游市场中更是占尽了先机。

随着旅游群体基数不断增加,欧洲的旅游产品不断细化,众多欧洲国家旅游局纷纷推出具有鲜明时代特点的旅游主题。21 世纪,德国旅游局针对传统团队,推出了"德奥山水游"、"古堡之旅"等深度旅游产品;针对高端游客,推出了德国自驾车之旅等项目。每年,全球赴法国旅游的人数超过7000 多万,使得法国旅游业赢利高达 700 多亿法郎。法国占据世界旅游市场份额的 10%,且多年荣居全球第一旅游大国的宝座。法国政府在不断兴建和开发国家旅游资源的同时,还积极鼓励私人开办和兴建文化旅游设施,以促进文化产业结构的完善,进一步增加旅游收入。地处安布瓦斯市的克鲁吕斯城堡就是一家私营博物馆,文艺复兴时期的著名画家达·芬奇在此度过了他一生中的最后三年,并在此逝世。克鲁吕斯城堡中存有达·芬奇的绘画作品和珍贵文物,每年接待游客达 25 万人,获得可观的旅游收入,并

---

① 叶朗主编:《中国文化产业 2004 年度发展报告》,湖南人民出版社 2004 年版,第 237
页。

图 4.10 部分国家旅游 logo

为安布瓦斯市创造了几十个就业机会。法国旅游发展署针对前往法国的中国游客数量增长,消费方式变化的特点,推出了在法国举行婚礼、进行葡萄及葡萄酒工艺旅游、体验高尔夫及购物之旅等项目。北欧丹麦、挪威、瑞典、奥地利等国家推出"低碳之旅"的主打品牌产品,例如,挪威的极地探险之旅,报价高达49999元人民币却市场良好;荷兰旅游局继2009年推出"海平面下的骑行"之后,2010年也推出了"低碳"旅游产品,将骑行、漫步与荷兰的自然、人文、艺术等经典元素结合,骑自行车畅游郁金香花海,在露天美术馆中欣赏世界级大师的绘画和雕塑作品。

　　亚洲的旅游资源丰富,具有巨大的市场开发潜力。中国由于"假日经济"的拉动,成功地触发了中国国内旅游经济的"井喷",使中国成为亚洲乃至世界上旅游产业颇具规模的国家。20世纪90年代,中国国内旅游人数为2.4亿人次,到2005年国内旅游的人数为12.12亿人次。全年入境旅游人数达1.2亿人次,出境旅游者达3100万人次。[①] 2008年,国内旅游的人数为17.12亿人次。全年入境旅游人数达1.3亿人次,出境旅游者达4584.44万人次。[②]

据中国旅游研究院统计,2010年春节黄金周期间,全国共接待游客1.25亿人次,比2009年春节黄金周增长14.8%;实现旅游收入646.2亿元,比2009年同期增长26.9%。据世界旅游组织预测:2020年中国将成为世界第四大旅游客源输出国和第一大旅游目的地国。届时,中国旅游的国际游客将占国际旅游人次的6.8%。同时,到世界各地旅游的中国人,将占世界总量的6.2%。近年来,中国旅游业的利润正以每年12.7%的速度增长。

图4.11　中国旅游 logo

　　目前,日本是世界上最大的国际游客输出地,调查显示,80%左右的日本人的休假方式选择旅游,雄厚的人气基础,使日本旅游产业成为日本文化产业的一大亮点。韩国目前也致力于开发本国的旅游产业,其中经营较成功的项

---

①　数据来源:国家旅游局局长邵琪伟在"2006年全国旅游工作会议"上的讲话,2006年1月10日,http://www.cnta.gov.cn

②　数据来源中华人民共和国国家统计局:《2009中国统计年鉴》。

目是三星集团开发的韩国爱宝乐园,它是集休闲、娱乐、教育、文化于一体的国际性度假胜地,吸引了大批国内外游客。

第八节　艺术产业

艺术产业主要包括艺术品经营业和演出业两大产业。艺术产业有着悠久的历史,与民族文化的艺术传统有着最直接的关系,因而也是各国政府和非营利文化组织赞助最多的一个产业。

一、艺术品经营业

艺术品经营业,泛指通过经营能满足受众审美或其他精神需求的物品而获取利润的事业。

艺术品经营业的产业链主要包括艺术品经纪商、艺术品评估商、艺术品咨询公司和艺术品消费者等。

艺术品经营业的核心要素是艺术品,因此,对艺术品进行准确的界定是讨论艺术品经营业的前提和基础。最新的《艺术品经营管理办法》中,艺术品被界定为绘画作品、书法和篆刻作品、雕塑和雕刻作品、艺术摄影作品以及上述作品的有限复制品。

而艺术品经营活动则是指针对艺术品的收购、销售和租赁等商业活动。

根据艺术品产业的价值链可以将艺术品经营划分为四大环节:艺术品设计、艺术品制作、艺术品销售和艺术品服务。

由于艺术品经营业历史长,市场成熟度相对较高。艺术品拍卖业是艺术品经营业市场化的一个重要标志。世界上最大的艺术品拍卖行集中在美国和英国,纽约艺术品拍卖销售额列全球第一位,伦敦紧随其后,居第二位。世界上艺术品拍卖和销售的中心就在伦敦市中心的邦德街,其中索思比(SOTHBY'S)和克里斯蒂(CHRISTIE'S)是最著名的拍卖行。艺术品的流通,尤其是世界性的跨国流通主要是以拍卖的形式完成。以北京的艺术品拍卖行业为例,北京艺术品拍卖产业的主体包括综合型拍卖服务、专一型拍卖服务和过渡型拍卖服务。艺术品拍卖行业要求严格的专业背景,艺术品拍卖行业实体向专业化方向发展的趋势明显,即使是所谓的综合型拍卖公司也只在特定的领域有所侧重。

```
委托意向 → 看样鉴定 → 商定底价 → 签订合同 → 制作图录
                                              ↓
                                          公告预展
                                              ↓
委托                                         拍卖
                        重订底价 ← 未成交    成交
                        退还拍品         委托款结账
```

```
了解信息 → 预展看样 → 拍卖登记 → 支付保证金
                                        ↓
                          退还保证金 ← 未成交
拍卖                                 参加拍卖
                                      成交
                                  付款提货
```

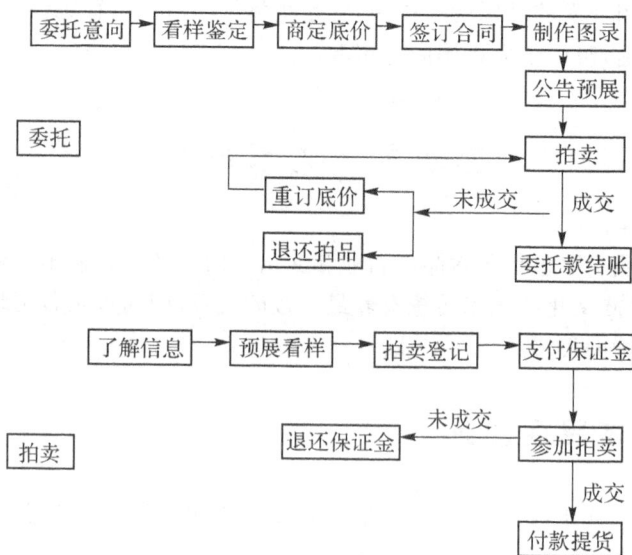

图 4.12 艺术品拍卖流程图

按照国际通行预测,人均 GDP 达到 6000 美元,艺术市场将趋向繁荣;人均 GDP 达到 10000 美元时,艺术市场将空前繁荣。专家预计,我国艺术品经营市场将重点集中在北京和上海两地。

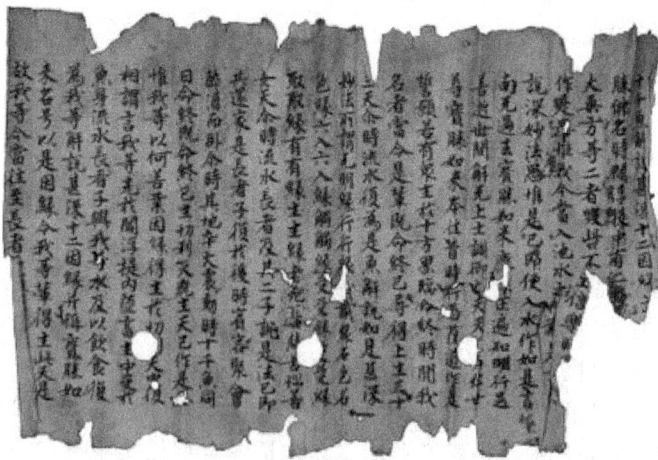

图 4.13 拍出高价的珍贵文物唐写本《唐人写经》

近年来,中国的艺术品交易市场的最大特点是大量流失海外的文物艺术品的回流现象,而且这种回流加速不仅体现在数量上,还体现在质量上。针对这一现象,国内大型拍卖公司纷纷向境外的美、日、韩、新等国征集艺术品。国内大型拍卖公司征集的拍品统计数据显示:近年来,征集的境外拍品数量占公司全年拍品总量的50％以上,甚至最高达80％,创出新纪录的精品也在其中。例如拍出高价的唐写本《唐人写经》和《东西洋考每月统计传》,即分别来自日本和英国。专家预测,北京将成为继伦敦、纽约和香港之后的文物艺术精品集散地。

二、演出业

演出业,是指将音乐、戏曲、舞蹈、曲艺、杂技等表演艺术门类运作于市场,通过观众消费实现赢利的事业。

演出业的产业链包括艺术表演者(个人或团体)、演艺经纪商、演出场所提供商和观众等。

演出行业的经营主体主要是由演出个人或团体、演出公司和演出场所三部分组成。演出行业是艺术产业的重要组成部分,也是各国文化产业的重要分支。演出业是为大众提供文化娱乐消费品的行业,产品性质的特殊性决定其根本核心是艺术创作和生产;而演出市场的核心主体是表演艺术个人或团体。现代演出行业无法脱离整体的经济环境和社会文化素养,客观决定了演出业的成败核心是表演艺术个人或团体所提供的文化娱乐消费品是否符合当下观众的审美需求。

欧洲是表演艺术产业的发达地区,尤其以英国为代表。英国政府大力支持表演艺术产业,根据英国文化部的界定,构成英国的表演艺术产业的表演艺术门类具体包括芭蕾舞、现代舞、歌剧、话剧和音乐剧;而交响乐、现场音乐会则被划归音乐产业。表演艺术业的产业结构多样化,形成了大型商业公司和小型表演团体共存的局面。英国表演艺术产业的商业活动以作品创作、节目制作、演出、巡回演出、道具的设计及生产和灯光为核心;相关产业包括电视、广播、设计、音乐、电影、出版和特技效果;相关的商业活动包括旅游和餐饮业。

作为传统的文化门类,演艺业在亚洲各国拥有广泛的观众基础和广阔的市场前景。近年来,亚洲各国成功地将现代科技和现代市场运作观念融入本

图 4.14　中国女子十二乐坊

　　女子十二乐坊由北京世纪星碟文化传播有限公司创立于 2001 年 6 月,这是一只将中国传统的乐器组合与现代流行音乐表演形式有机结合的商业性艺术团体。她以优美的音乐旋律和激情的现场表演,拓展了中国民族器乐的欣赏群体,在国内外弘扬了中国的民族音乐。近年来,女子十二乐坊成功地进入了在日本、北美的主流市场,树立了良好的中国文化艺术品牌形象。

国的演艺业,取得了令人瞩目的成就,演艺业在亚洲各国都表现出良好的发展态势。"韩流"成功登陆境外市场,是韩国演艺业立足民族文化实现市场目标的成功经营。例如,韩剧将中国传统文化融入剧情中,又将承载中国文化的韩剧成功销售到中国市场,是韩国演艺业娴熟进行产业化运作的经典之作。日本演艺业有1000 多个私人职业剧团,四季剧团、东宝剧团、松竹剧团和宝冢剧团的年收入均在 100 亿日元以上,拥有成功的产业化运作经验和资本。仅四季剧团一年的纯利润就高达 25.7 亿日元[①]。

图 4.15　明朝剧作家汤显祖

他创作的《牡丹亭》、《南柯记》、《紫钗记》、《邯郸记》四部戏剧被合称为"临川四梦"。

---

①　徐世丕:《当代全球文化产业扫描》,《中国文化报》,2003 年 9 月 13 日。

近年来,作为演艺大国的中国,尝试着将产业化运用到演艺界,取得了一定的经验和成就。中国演艺经纪人制的中介作用功不可没,演艺经纪业的产品和服务水平不断提升;在民族音乐改革中也不乏成功的例子,其中女子十二乐坊的成功在中国演艺产业化运作中具有标志性的意义。长期以来,各类艺术奖项的评选是推动中国艺术创作的指挥棒。近年来,"国家舞台艺术精品工程"的评奖,出现了注重市场的转变,这是中国演艺界产业化的又一个例证。

图 4.16　白先勇改编青春版《牡丹亭》

小贴士

青春版《牡丹亭》

2001 年,中国的传统剧种昆曲被联合国教科文组织确定为"人类口述非物质文化遗产",而作为世界文化遗产排位第一的"昆剧之母"《牡丹亭》却由于种种历史原因濒临凋谢。古版《牡丹亭》是明代南曲的代表,是明朝剧作家汤显祖所著的《牡丹亭》是得意之作,汤显祖曾说:"一生四梦,得意处唯在牡丹。"《牡丹亭》、《南柯记》、《紫钗记》、《邯郸记》并称为"临川四梦"。

《牡丹亭》是浪漫主义的杰作,描写杜丽娘和柳梦梅生死离合的爱情故事,追求个人幸福、呼唤个性解放的浪漫理想感人至深,"生者可以死,死可以生。生而不可与死,死而不可复生者,皆非情之至也。"《牡丹亭》以文词典丽著称,宾白饶有机趣,曲词兼用北曲泼辣动荡及南词宛转精丽的长处,明吕天成称之为"惊心动魄,且巧妙迭出,无境不新,真堪千古矣!"。但是,随着社会审美心理的变迁,中国80后、90后很少观赏中国戏剧,《牡丹亭》风光不再。

白先勇先生拂去《牡丹亭》的尘埃,改编的青春版昆曲《牡丹亭》中,杜丽娘与柳梦梅穿越时空的生死之恋迤逦而来,火遍了两岸、港澳和海外舞台,在内地几十所高校巡演盛况空前,一票难求,惊人的上座率与如潮好评令中国戏剧在现代社会已经死去的妄言不攻自破。白先勇改编青春版《牡丹亭》的初衷就是要创造雅俗共赏的经典,青春版《牡丹亭》全部由年轻演员出演,符合剧中人物年龄形象。在不改变汤显祖原著浪漫的前提下,白先勇将新版本的《牡丹亭》提炼得更加精简和富有趣味,符合年轻人的欣赏习惯。

《牡丹亭》青春版的满堂赞誉,揭示出中国古典戏曲表演艺术可以不必沉睡在博物馆里和历史书中,可以重焕活力,传唱下去。

第九节　体育产业

体育产业,是指将一种娱乐消遣活动或需体力、智慧与技巧的比赛或竞技,通过消费的形式推销到市场并获取利润的事业。

一、产业描述

体育产业包括体育本体产业、体育外围产业、体育中介产业和体育产业消费者等。其中,体育本体产业是整个体育产业的核心,包括体育竞技业与大众健身业;体育外围产业的产业链包括体育用品商、体育器材商、体育服装商、体育旅游业商、体育博彩商和体育建筑商等;体育中介产业的产业链包括体育广告商、体育赞助商和体育保险业等。而体育消费者是体育产业的决定力量。

美国学者莉萨·马斯特拉莱西斯的《体育管理理论与实践》书中说,"英国是现代体育和体育产业的出生地"。资料证明,拳击、橄榄球、高尔夫球、保龄球和部分水上项目都起源于英国贵族们的"户外运动"。随后,逐渐传播到美国和欧亚等国,客观上为全球体育的职业化和商业化做好了内容准备。随着社会的发展,人们对体育的需求日益增长,体育不仅不再是少数人的专利,也不再是仅仅为了身体健康需要的产品,随着体育事业的产业化日益完善,体育已经成为一种特殊的可供娱乐的消费品。为了适应人们日益增长的体育消费的需要,专门从事体育服务产品生产和经营的人也越来越多。

二、体育产业界的国内外发展状况

体育产业是名副其实的朝阳产业。世界体育产业最发达的国家是美国,20 世纪 80 年代,美国体育产业的总产值大约占其国内生产总值(GDP)的 1%,在各大行业总产值的排名中居第 22 位;20 世纪 90 年代中期,美国体育产业的总产值已经超过了 3000 亿美元。在体育产业发达的北美、西欧和日本,体育产业的年产值已经进入国内十大支柱产业之列。早在 2000 年,全球体育产业的总产值就高达 4000 亿美元,并以平均每年 20% 的速度增长着。澳大利亚、加拿大、日本、英国、德国、法国和意大利等发达国家的体育产业,总产值约占国内生产总值(GDP)的 1%~1.5%。

中国体育市场的产业化开始于 20 世纪 80 年代。20 世纪 90 年代中期,中国体育产业才具有较为完整的产业形态和较为完善的体育行业的制度,中国的体育广告业、体育建筑业、体育博彩业、体育旅游业和体育用品业等具体行业也是在这个时期得以充分发展。1994 至 1998 年,中国城市人口体育边际消费倾向是 1.5,即城市人口收入每增加 1%,体育消费就增加 1.5%,这种趋势将越来越明显。相关统计数据显示,我国已成为全球最大的体育用品制造基地。仅 2009 年 1 月至 11 月,我国体育用品制造行业规模以上企业实现主营业务收入 646 亿元,比上年同期增长了 6.29%;实现利润总额 19.75 亿元,比上年同期增长了 56.90%。

┌─────────────────┐
│ **小贴士**   │
└─────────────────┘

瑜伽成为体育产业

近年来,瑜伽在中国大、中城市悄然兴起,瑜伽馆成为许多白领女性健身的首选去处。

称为"世界的瑰宝"的瑜伽起源于印度,五千多年前古印度人修炼身心时发现:大自然中各种动物与植物,天生具有放松身体和保持清醒的方法,患病时能不经任何治疗而自然痊愈。于是,古印度瑜伽修行者观察、模仿并体验动物的姿势,逐步地感应人体内部的微妙变化,开始懂得与自己的身体对话,探索自己身体健康的维护和调理,五千年的钻研、归纳、锤炼,衍化出一套理论完整、确切实用的锻炼系统,这就是瑜伽。

现代生活节奏快,竞争激烈,压力较大。压力超过我们所能承受的限度,身体会紧张不适,自我免疫力下降,体力不支,练习瑜伽能保持活力,令思路清晰。瑜伽通过运动身体和调控呼吸,控制心智和情感,保持健康的身体,瑜伽是帮助人们充分发挥自己潜能的哲学体系和运动体系,任何人可以通过瑜伽练习法从中获益。所以,瑜伽正在逐渐成为世界流行的健身运动。

瑜伽来到中国后,开始步入体育产业化之路。例如,传统的中医文化和古老的印度瑜伽二合为一,发展出了养生瑜伽。养生瑜伽将瑜珈练习与中医养生完美结合,适应国人体质的成为中国特色的新型体育产业,瑜伽馆既收入瑜珈练习费用也出售中药。专业的瑜伽服和高、中、低档的瑜伽垫也成为体育服装商、内衣商店、运动商店和瑜伽健身房的体育服务产品生产和经营范围。

1995 年 6 月,国家体育总局出台了《1995—2010 年体育产业发展纲要》,指出中国体育产业要用 15 年时间逐步建成适合社会主义市场经济体制,符合现代体育运动规律、门类齐全、结构合理、规范发展的现代体育产业体系。2010 年国务院审批通过了《关于加快发展体育产业的意见》,作为国家层面首次出台的体育产业政策,体育赛事活动等成为政策扶持的主要内容。虽然目前中国体育产业的资产存量、人力资源状况和资本增值效率在快速增长,但不可否认的事实是中国体育行业年产值占 GDP 比重还不到 1‰,中国的体育产业尚处于发展阶段,各个环节的市场化程度还很低。学习和借鉴西方发达国家在体育产业经营方面的经验和模式,是中国体育产业快速成长的捷径。例如,一度被媒体热炒的贝克汉姆转会西班牙皇家马德里队的一系列令人眼花缭乱的商业运作,其经营手法之妙是体育产业化的经典之作。随着我国经济增长方式的转变和经济结构的大调整,再加上国家政策的重视,体育产业将有望成为后起之秀,迎来新的发展契机。

练习、思考与案例

(1)分小组调查本地文化产业有哪些门类,分析描述其特点和发展现况,并根据主客观条件选择其中一个产业门类,设计出自己的创业计划。

(2)从产业经营角度收集世界杯足球赛的资料,提出一个振兴中国足球产业的设计方案。

(3)案例分析:细读下面这个案例,谈谈它对你认识艺术品市场规律有何启发?

案 例

艺术品投资新宠①

文/刘海明

谁能想到版画会成为市场的新的宠儿?一直以来,版画因为其是复制印刷品而不被收藏市场重视,但是2004年底毕加索的铜版画《节俭的一餐》在英国伦敦佳士得拍卖行以118万美元(约970万元人民币)的价格拍卖,成为世界上拍卖成交价格最高的版画。这一现象引起了艺术品市场的震动,同时也为中国的版画投资市场带来了新的启示。

现代版画在中国市场虽然没有获得国外拍卖那样的高价,但是最近几年确是在不断地升温。现在,版画在中国的价格较之五年前上涨了十余倍,投资回报率还是相当高的,投资也更安全了。在画廊里,版画作品也因其较强的装饰性和现代感,被越来越多的家庭所瞩目。

① 引自:《中国文化产业》,2006年第三期,第78~81页。

中国版画的发展

由于版画具有很强的学术性,使得版画与普通大众的审美形成一定的差距。收藏家或投资者想收藏版画的话,需要先对版画有一个大致的了解。版画是以"版"当媒介所制作的绘画,是艺术家利用木版、金属板、石板和绢网等材质,亲自参与制"版"或在其监督之下,在制版印刷技师的协助下,将自己的意向构思转印于画面上。版画是一种结合艺术与印刷技法的产物。

中国版画的起源可追溯到殷商时期镂刻于龟甲、兽骨、铜器、陶器上的文字、模样,这些表现当时生活状况、思想与记录事迹的甲骨文字,可说是中国最早的雕刻文书。

自古以来中国就有以印章作为凭证的习惯。秦汉时期的印章,继承甲骨、玉版的镌刻传统。秦朝时,出现印和封泥的形态,皇帝的御玺也由此产生;到了汉代,无论私人或宫廷都已普遍使用印章,当时的印章雕刻,技术相当发达且雕工精美,于是逐渐进展到雕版印刷的技术。到隋唐五代时期,雕版印刷因为印章技术的演进,再加上唐朝经济繁荣、疆域辽阔、与西域来往频繁,大量的佛书、佛像便通过雕版印刷技术而广泛流传。当时印制的《金刚般若经》为现今存世最古的木刻版画。

宋元时期的佛教版画在唐、五代的基础上又有了进一步的发展,刻本章法完善,体韵遒劲。在经卷中开始出现山水景物图形,科技知识与文艺门类的书籍、图册等有了大量的雕印作品。北宋的汴京、南宋的临安、四川的成都等成为各具特色的版刻中心。此外,宋代还出现了铜版印刷,主要用来印制纸币。元代的"平话"刻本是我国连环版画的前身,尤其是文学名著的刻本插图,版本众多,流行广泛,影响深远。同一时期的辽代套色漏印彩色版《南无释迦牟尼佛像》是我国目前发现的最早的彩色套印版画,在世界文化史上有极其重要的地位。

明清时期是我国版画的高峰时期,创作出大量的优秀作品,呈现出欣欣向荣的局面,宗教版画在明代达到顶点,欣赏性的版画也在明代兴起。诸如画谱、小说、戏曲、传记、诗词等纷纷涌现。

现代版画的进一步发展是在20世纪30年代,鲁迅发起的新兴木刻版画运动使传统木刻版画焕发出了新的生命力,木刻版画选题关注社会现实问题、创作技法通俗易懂、艺术感染力着眼于广大群众。木刻版画成为抗日战争中宣传和鼓舞的强有力的工具,不论在解放区、国统区还是沦陷区,美术工作者的木刻版画在宣传和唤起民众的斗志上,都起到了十分重要的作用。出现了像古元的《减租会》和彦涵的《不让敌人抢走粮食》、《狼牙山五壮士》等重要的作品。

新中国成立后,我国的版画创作也出现过几个高峰期,颇具时代特色的作品为数不少。版画艺术在继续发扬革命传统的基础上，在艺术上更加精益求精，风格也更加多样，特别是一些大家的版画作品，艺术性与时代特色鲜明，成为艺术品市场的热门。

中国版画市场的现状

中国版画市场还处于一个逐渐的完善期，人们对版画的了解还不够，很多人对于版画的认识还是很模糊的。对于版画缺乏完整的系统的了解，对版画认识的偏差，使得很多收藏者对于版画的收藏兴趣难以调动。此外版画本身较强的学术性也影响着自身进入市场，由于中国版画所崇尚的学术味与普通大众的审美有较大的差异，而普通大众对于作品的认识也与市场相去甚远，使得版画只能是缓步的在一定的局限内发展。

其实，中国版画早已引起国外的关注。早在20世纪40年代，中国的抗战版画就受到国外人士的喜爱，当年的盟军临近回国的时候，就争相收购中国版画。据统计，可能收藏的有六百多幅，这些中国版画现已成了稀世之宝，每幅估价在10万美元以上。到了80年代后期，中国版画更被欧美和日本的藏家和投资者广泛收藏。

国际上，对中国版画的关注，首推日本。1981年，日本就邀请中国版画做了第一次《中国版画五十年大展》。1986年中国版画第一次在英国展出，获得美誉。大英博物馆自此共收藏中国版画七百余幅。澳大利亚国家画廊，以色列的博物馆和以色列的艺术代理爱瑞克都系统地收藏着中国的版画，爱瑞克还组织了《中国版画》赴美巡回展，历经美国20多个城市。英国由冯德宝先生成立了《中国版画基金会》，多次召开学术研讨会，召集众多知名学术机构，多次来中国收购版画。

国内版画情况正在升温，八年来，除了各种大小画展，部分版画由有识之士收藏，已相继成立了几家公或私的版画博物馆，嘉德、荣宝艺术拍卖行都推出了版画作品。古文先生的版画供不应求，王奇的版画价格上涨，徐冰的《天书》版画单幅成交8.5万元人民币。徐冰长卷《天书》70多万元人民币一轴。2005年中诚信拍卖公司推出了《中国当代版画》专场拍卖。版画艺术的文化市场将会有更多的好消息产生。

版画投资的方向

版画的市场热潮已经来临，想对版画进行收藏的投资者，应该对版画市场有一定的了解。版画相对于油画与国画来说，以其低廉的价格取胜，适合普通大众的收藏和投资。如果经济能力比较强的话，可以对以下一些版画热点进行投资。

①知名画家的版画。知名国画家或油画家的作品的价格已非常之高,那么他们的版画作品的价格也必将被带高。名家的版画作品日益被收藏家认同,市场价格也呈现了上升的态势。去年南方的一次春季拍卖会上,著名版画家应天齐的一套《西递村系列》(一套八张)以近97000元成交,创下该市历次版画拍卖的最高价位。像丁绍光、陈逸飞等人的版画价格已达两、三万元。

②看题材如何。目前,受市场追捧的主要为"文革"版画、"文革"前及抗战期间的版画。

抗战题材的版画在去年的风头很劲,适逢抗战胜利60周年,成为国内外收藏家争相投资的热点。抗战题材版画由于其具有主题鲜明、时代特色显著和存世量相对少的优点,一直是博物馆和美术馆的重点馆藏品种。而且抗战选题木刻版画大都创作于战争年代,除了少数作品的原版和原件流传至今被博物馆收藏之外,大都散失了。这一时期的木刻版画的文物史料价值远远高于市场价值,其增值的幅度将会很大。

"文革"版画也以其表现历史的特殊性,并且留存下来的数量少,将在一段时间内有收藏价格上扬的趋势。

③毁版版画和印刷数量少的版画。版画的可复制性,使得其收藏价值受到怀疑,同时也使其价格受到曲解。事实上,版画的复制有严格的规则,在国外,版画家每创作一幅作品,在印制上按照顺序严格编号,印到规定的数量(即印额,在画面上显示分母),要举行一个沙龙式聚会,在一些业界人士的参与下举行毁版仪式。同时,每一幅作品都有本人的亲笔签名,以及创作时间。但是在国内,一些画家一般都保留有原版,以备日后再印,使收藏者没有独享的快感。

去年在四川省,举行的一场艺术品拍卖会上,孙滋溪的孤品石版画《小八路》以及一幅同题材的水粉画,估价15万至18万元,成交价为22万元。由于原版已毁,因此《小八路》石版画的价值就大大强于后来绘制的水粉画了。

广大收藏者在收购版画的时候,要看印数多少,还要看是否有版画家的亲笔签名。只有有了版画家的亲笔签名的版画作品才是原作,否则一律视为印刷品。

版画是一种古老的画种,在现代国际艺术品市场上,版画与油画的地位可以说是相提并论的。我国的版画,从艺术角度来审视,与国外的距离正在日渐缩小。但就市场而言,却与国外的版画市场有着很大的落差。"油、版、雕"一直号称是艺术大道上的三驾马车,油画市场崛起的同时版画也是不会掉队的。实际上西方国家的艺术品市场70%是有限印刷品市场,原作市场只占到三成。终归原作的价格高不可攀,小钱买大师版画将会成为普通大众的消费新趋向。

第五章

国际文化产业发展现状

文化产业被称为 21 世纪的朝阳产业。围绕着文化产业,世界上各强国在新的世纪展开了新一轮的竞争。了解国际文化产业发展现状,不仅有利于我们在国际文化产业竞争中高瞻远瞩,把握全局,也有利于我们更深入地认识文化产业的内在规律。

第一节 文化产业形成过程与发展模式

文化产业是一个新兴产业,它在世界范围内的崛起和受到各国政府的高度关注的时间并不太长。仅仅在 20 多年前,文化是否能够以产业化的方式生产还是一个令中国困惑的问题,这个问题所包含的全部严肃内容,至今也不能说已经得到完全解决。

无论是在西方文化产业发达国家,还是在中国这样的社会主义国家,文化产业都是在人们的怀疑和批判的眼光中慢慢成长起来的。

一、文化产业的形成

人类文化发展的每一次革命,都与传播技术的革命密切相关,现代文化产业伴随着传播技术的发展而经历了萌芽期、发展期、快速增长期。

1. 萌芽期

20 世纪初,是现代文化产业的萌芽期。当时电话、收音机和留声机相继出现,电影和电视也开始出现并走向了商业普及的道路。

新媒介技术的变化带来了文化产品的变化,电子传播和复制技术使文学艺术作品出现质的变化——文化产品可以批量生产、廉价传播。

大规模的复制和传播使过去带着神圣光圈的艺术品从神坛上走下来,提供了艺术品和其他文化产品进入普通大众的生活并为大多数人所共享的可能性。这一传播技术的进步,引发了文化生产方式的革命和文化生产力的解放。

批量化、商业化和大众化成为当代社会文化生产的三大特色。

20世纪中叶,文化产业正式获得命名。1947年,当法兰克福学派的知识分子首次提出了文化产业(Culture Industry)概念的时候,赋予了这个词强烈的批判色彩和否定性意味,在他们看来,文化产业只不过是标准化和大量生产的成就,妨碍人的个性与想象力的发展。

在这样的观念影响下,文化产业成了商业社会文化堕落的代名词。

2. 发展期

从20世纪后半叶开始,全球文化产业进入发展期。

在这一时期,以美国为代表的西方发达国家以文化产业的形式大量输出文化产品,获得了丰厚的经济利润。西方文化产业的经济成就和社会影响,引起了全世界寻求经济发展和文化突围的国家的关注。

文化产业发达国家文化商品的艺术表现形式、文化企业的经营机制和文化产业的科技水平,在全球范围内得到仿效,亚洲的日本和韩国在学习西方文化产业操作模式的基础上发展了本国的文化产业,既带动了民族经济的发展,又扩大了民族文化的影响。

与此同时,文化产业得到各国政府的高度重视和大力支持,各国先后出台了各种保护本国文化的措施,出台了一系列保护知识产权、保护文化遗产、保护民族艺术的法律、法规;同时又陆续颁布了支持文化产业发展的经济政策,增加了对文化生产所需基础设施的投资,承办了各种标志性开发项目,以国家政府的形式争取举办高盈利的文化节目。

3. 快速增长期

从20世纪90年代开始,全球文化产业进入快速增长期。在西方文化产业发达国家跨国公司的带动下,在全球各国政府的共同努力下,一个全球化的文化产业市场体系逐渐形成。

1990年,以时代华纳合并为标志,美国开始实施对各类传媒的"非管制化"政策,像时代华纳这样的特大型文化组织出现了大规模的合并趋势,并以全新的姿态进军国际文化市场。

美国文化产业构成了对全球文化的重大威胁,以法国为代表的欧洲国家,提出以"大力发展文化产业"来应对挑战的口号。"文化产业"由此一跃成为西方发达国家的支柱产业,并在本国的国民经济中扮演重要角色。文化产业以其优良的产业收益和品质,向世界各国展示了其光明的发展空间。

二、文化产业的发展模式

各国文化产业的发展模式各不相同,但在总体上可以归结为两种基本模式,一是以文化产业为传统产业经济发展平台和助推器的模式,二是以文化产业本身发展为目的的模式。如果套用中国通俗的说法,前者大体相当于"文化搭台,经济唱戏"的模式,后者相当于"文化也是生产力"的模式。

1. 以文化产业为经济发展平台和助推器的模式

这一模式的特点是文化产业的发展本身并不以利润为主要目的,而是以发挥文化影响力,传承文化传统,为社会经济的发展创造良好的条件为目的。

采取这种模式的代表国家主要有法国和1980—2000年的中国。在这种发展模式中,文化进入经济领域,主要是作为传统经济的附加成分以增强企业活力和产品附加值的手段,是为了开拓传统产业或物质产品发展道路的需要,才把文化引进市场。这种模式也强调文化的产业化发展,但其主要目的并不是出于发展文化本身,而是服务于传统意义上的产业发展。

因此,文化成为经济发展的配角,文化的作用是为经济发展服务,即所谓"文化搭台,经济唱戏"。

2. 以文化产业本身的发展为目的的模式

以文化产业本身为发展目的的模式,注重的是文化内容的生产和传播本身的赢利能力,而并不特别强调文化为其他经济形式服务。

如果我们用营销术语来打一个比喻,那么第一种模式就是"以文化为包装"促进销售,第二种模式则是"直接销售文化"。

在第二种发展模式中,文化产业尽管有其特殊性,但仍然只是一种旨在带来丰厚赢利的产业。这种模式更强调文化商品的商品属性,其发展基础对应于社会的文化娱乐的消费需求。

从文化企业的角度来看,赢得更多的消费者是文化生产的目的,大众文化市场成为企业主要关注的对象。从政府管理和产业政策的角度来看,这种模式下的文化产业已经通过文化商品或提供文化服务的方式直接参与到国民经济的运行之中,成为社会经济的重要部分。

　　无论是休闲、娱乐产业或旅游业之类意识形态色彩不强的领域,还是体育产业、媒介产业、影视产业、艺术表演业等领域,都不再是为其他产业经济服务的配角,不再是为别人搭台,而开始自己唱戏了,它们直接就能获得巨大的经济利益。

　　需要说明的是,上述两种模式往往在一个国家的产业发展中是并存和互补的。尽管中国等国家的文化产业发展经历了以第一种模式为主,到全面发展第二种模式的变化,但这并不说明第一种模式就失去重要性了。

第二节　欧洲的文化产业

　　欧洲被称为创意殿堂,云集了众多文化创意产业发达的国家和著名的文化创意类企业。

　　欧洲拥有世界瞩目的丰富历史文化遗产,欧洲政府和人民认为,自己国家古老的东西都是文化,都有保留的价值,有强烈的文化遗产保护理念。保护历史文物并打造文化品牌是发展文化产业的重要途径,欧洲各国都有自己的文化遗产保护规划方案。

　　城市是国家发展现代文化产业的基本单位,城市营销成为推动国家文化产业结构更新的重要项目。欧洲各国工业发达,农业比重小,产品销售形成了国度之间、城市之间激烈的竞争,城市营销还是国家经济发展的一项重要任务。城市营销需要打造城市品牌,城市品牌的打造是一个复杂的系统工程,是展示一个国家文化内涵的重要方面。

　　在欧洲,城市的营销公司一般由政府和大型企业共同组成,政府占75%的股份,企业占25%。近年来,企业在国家文化产业发展方面的作用越来越

图 5.1　欧盟的城市营销宣传画

显著,已成为推动文化产业的重要力量,因为一方面企业在营销上更有经验,另一方面企业可以提供一些资金支持。欧洲各大城市都有专属的营销公司,负责招商引资、旅游开发、市中心商业布局、政府形象展示等任务。而作为补偿,企业可获得减免税收或者享有冠名权等各种不同的回报。

欧盟文化产业扶持政策①

欧盟努力创造一个有利于文化产业发展的环境,使文化产业受益于研究成果,容易获得资金,遵循有利的法规,享有协调的成员国之间和与第三国合作的环境。

欧盟在马斯特里赫特条约的第157条中指出:"欧盟任务之一是为共同体的产业拥有竞争性而提供必要的条件保证"。文化产业——电影、视听媒体、出版、工艺、音乐是重要的收入和工作来源,也促进了不同文化之间的交流。因此欧盟在执行马约第151条的具体行动中,把文化产业也列入考虑范围。欧盟为一些文化产业制订了扶持计划,鼓励他们形成一个结构,抓住单一市场和数字技术带来的新机遇。

欧盟扶持两类文化产业:视听电影业和多媒体。

1. 视听和电影产业

欧盟为加强视听产业,于1991年制定了"媒体计划",随后制定了"媒体计划 II"和"媒体附加计划"。媒体计划极大地刺激了欧洲各种视听产品(包括电影、动画片、纪录片等)的生产和电影的跨国销售。欧盟通过实施这些计划使视听业适应经济变化。欧盟还采取很多措施,特别是通过开放市场和传播新技术来发展该产业。

媒体包括开发、发行和推广(促销)视听产品:在开发阶段就要考虑产品在欧洲的发行问题,欧盟通过开展支持发行和推广(促销)活动,达到真正帮助视听业在欧洲和全球建立市场。

"媒体计划"不是对视听业的生产提供赞助,而是提供调节生产上下浮动的辅助措施。视听业的生产由成员国负责。

"媒体计划"的另一个目的是促进欧洲产品在生产国以外的国家进行销售,这不仅扩大了视听产品的销路,而且给欧洲人提供了欣赏欧洲多元文化的机会。媒体计划既考虑经济又考虑文化,在执行计划时,特别注意生产能力低和语言受限的国家和地区以及属遗产保护的作品。

---

① 资料来源于中华人民共和国驻欧盟使团。

在执行媒体计划时还开展了辅助的培训,培训项目是根据马约第150条规定 由欧盟国家认可的。目的是帮助专业人员适应工业的变化,帮助他们将欧洲和国际标准运用到他们的活动并增进与培训机构的联系。

2. 多媒体内容

欧盟认识到,网络和电子商业的发展是全球现象。要在经济、社会和文化中利用这些优势,欧洲必须生产、使用和传播自己的数字资源。为达此目的,欧盟于2000年12月制定了"欧洲数字内容全球网络"或称"电子内容计划"(eContent Programme)。

这个计划的目的是提高这些领域产业竞争力,这涉及信息电子通讯业内容的所有者(包括出版、旅游和语言业)、内容收集者和内容传播者。

为促进互联网在欧洲人之间的运用,这个计划鼓励数字技术运用于信息,特别是在公共领域、市场结构和市场开放、文化多样性和多种语言等领域,并建立网络。重点赞助那些能使制造商和公共机构结合到一起的项目。公共机构必须在欧洲建立使用数字信息的程序。同时要考虑语言和文化的多元性、对中小企业的培训和资金的需求,另外还要注意知识产权的法律问题。

"数字内容"是个新兴的产业。目前,欧盟的eContent的信息内容产业规模已达4330亿欧元,占GDP约5%,其战略目标是在全球网络上大力开发、利用、传播欧洲数字信息,推动网络语言和文化多元化,促进网络为所有公民服务,除使用英语外,还设法语、德语、西班牙语,因为这些语言不仅有一定的应用人群,还包含了大量的优秀历史文化精髓,它们更需要运用数字技术让其发展和继承下去。

文化产业促进了欧洲各国的巨大发展,赋予了欧洲人民经济实惠。在德国,传统文化总产值360亿欧元,超过能源的总产值,如果按照广义的文化产业统计,它的总值是580亿欧元,接近汽车产业的总产值。对一个只有7000多万人口的国家,这是一个非常重要的经济支柱。所以,欧盟国家非常重视文化产业的研究,欧盟通过举办由欧洲20多个国家参加的文化产业论坛,相互交流经验、研究现实问题、建议出台优惠政策等,具体研究文化产业的经济布局和发展方向,研究议题涉及:人口结构变化对文化产业的影响,MP3对文化产业的冲击问题,文化产品的销售,文化产业的国际化等问题。通过研究,引导文化产业发展趋势,为文化产业革新注入活力,促成欧盟各国文化产业的稳健发展。

中国研究文化产业的发展规律，需要对世界各国文化产业的发展情况有尽可能全面的深入的了解；发展中国的文化产业，也需要更好地借鉴文化产业发达国家的经验。但是中国的文化产业研究兴起较晚，对国外文化产业发展状态的系统研究还刚刚起步，因此到目前为止，研究国外文化产业的成熟成果还不多见，这种情况对于发展中国的文化产业，建设中国的文化产业理论都是很不利的。所幸的是，从 2000 年前后开始，在一些学者的努力下，介绍国外文化产业发展状况的文章和书籍开始出现。这些成果，为我们了解国外文化产业发展情况打开了窗口，为更进一步的研究和借鉴国外先进经验提供了可贵的基础。依据这些现有的研究成果[①]，我们可以把文化产业发达国家的有关情况勾勒如下。

一、英国的文化产业

在英国，文化产业常常与创意产业合称，叫做文化与创意产业（cultural & creative industry）。

英国是最早提出"创意产业"（Creative Industry）概念的国家。早在 1997 年 5 月，英国首相布莱尔为振兴英国经济，就提议并推动成立了创意产业特别工作小组。1998 年，英国创意产业特别工作组首次对创意产业下了定义，将创意产业界定为"源自个人创意、技巧及才华，通过知识产权的开发和运用，具有创造财富和就业潜力的行业"。这个定义的外延包括"广告、建筑、艺术和文物交易、工艺品、设计、时装设计、电影、互动休闲软件、音乐、表演艺术、出版、软件、电视广播等行业"。[②]

英国学者、"创意之父"霍金斯在《创意经济》书中指出，全世界创意经济每天创造 220 亿美元的产值，并以 5％的速度递增。文化产业发达的国家增长速度更快，美国达到 14％，英国达到 12％。纵观世界，一股巨大的创意经济浪潮正在形成。近年来，创意产业的观念在欧洲各国、美国、澳大利亚及其他地区的国家层面产生了广泛的影响，并在各个国家的文化产业实践中得到深化。在创意产业的概念中，隐藏着文化产业最核心的奥秘，文化创意的产业化全面

---

① 参见唐任伍、赵莉：《文化产业：21 世纪的潜能产业》，贵州人民出版社 2004 年版，第 201～241 页。

② 转见金元浦：《当代文化创意产业的勃兴》，厉无畏、王如忠主编：《创意产业——城市发展的新引擎》，上海社会科学出版社 2005 年版，第 4 页。

影响当代文化商品的供求关系及产品价格。

1. 英国文化与创意产业的由来①

19世纪的英国曾经是以制造业为主的"世界工厂";20世纪,尤其是第二次世界大战以后的英国,传统工业日趋萎缩,创新精神远不如其他西方国家,当时的英国政府没有制定完善的产业政策,不够重视科技成果的商业应用和人才培养,加之受英国国内市场规模和人口数量的制约以及外国同行的竞争影响,战后的英国长期处于高通货膨胀、高失业率、低经济增长的社会不景气状态;经济的衰退引发英国政局动荡。那个时期的英国几乎成为保守、陈旧的代名词。

英国政府从1991年开始发展创意产业。1994年新任工党领袖的布莱尔秉持"新工党 新英国"的口号拉开了"新英国运动"的序幕。1997年5月布莱尔出任英国首相,着手调整产业结构,解决失业问题,振兴低迷的英国经济,并于1997年7月成立文化媒体体育部,大力发展知识经济。1998年,文化媒体体育部组成了"创意产业工作组",布莱尔首相亲自担任主席,提出把创意产业作为英国振兴经济的聚焦点,决意推进英国创意产业的发展,提供和鼓励原创经济,以此拯救英国经济脱离困境。同年,成立创意产业输出推广顾问团,调查政府政策对创意产业产品出口效益的影响情况,为制定政策提供改善建议。在相关部门的协同下,创意产业输出推广顾问团的工作卓有成效。20世纪90年代同期,英国贸易和工业部也开始对创意产业提供服务。英国政府逐渐形成发展创意产业的系统化工作方式。

英国的文化产业概念在外延上要大于创意产业,在创意产业范围界定上,英国政府依据就业人数或参与人数众多、产值或增长潜力大、原创性或创新性高三个原则为标准,将13项产业划入创意产业的范畴,它们是广告、建筑、艺术品和古玩、手工工艺、设计、时尚设计、电影和录像、互动休闲软件、音乐、表演艺术、出版、软件与计算机游戏、广播和电视。

2. 英国文化与创意产业的管理

英国的创意产业蓬勃发展,还得益于有效的文化管理模式。从国家政策到地方管理、从项目推广到资金资助、从岗位设置到教育培训,英国形成的一套文化管理和产业促进体系,支持英国文化产业始终位居世界文化产业大国之列。英国文化与创意产业的管理主要有以下三个重要特点:

---

① 参见毕佳、龙志超编著:《英国文化产业》,外语教学与研究出版社2007年4月版,第1章。

(1)英国建立了比较完整的三级文化管理体制

英国国家一级管理机构是文化媒体体育部。文化媒体体育部是统管全国文化、媒体、体育事业和产业的政府主管部门,实行内阁大臣负责制,设 5 个部内局、两个部外署和两个直属处,主要职能是:制定宏观文化政策;负责政府对文化事业的拨款和监督拨款的使用;直接管理国家级的文化事业单位并协调与非政府公共文化机构的合作。具体地说,文化媒体体育部负责制定政府在艺术、体育、国家彩票、图书馆、博物馆、美术馆、广播、电影、新闻自由与规则、历史环境及旅游业方面的政策,并开展相关工作。

中间管理机构是地方政府和非政府公共文化执行机构(即各类艺术委员会),主要职能是负责执行文化政策和具体分配文化经费。非政府公共文化机构除主要通过文化媒体体育部的拨款取得经费外,大多数非政府公共文化机构还通过收费或从事其他商业活动获得收入来源。

基层管理机构是地方艺术董事会和各种行业联合组织,例如电影协会、旅游委员会、出版商协会和独立游戏开发商协会等。

英国的这三级文化管理机构各自独立,不构成垂直行政领导关系,只是通过制定和执行统一的文化政策,逐级分配和使用文化经费,相互紧密联系起来。例如,文化媒体体育部通过拨款控制对非政府公共文化机构在政策上加以协调,但没有行政领导关系,非政府公共文化机构依据“一臂之距”原则独立运行。

(2)英国实施“一臂之距”的文化管理原则

“一臂之距”原则[①](Arms' Length Principle)是英国首创的文化管理模式。

①“一臂之距”原则的由来。20 世纪 30、40 年代,英国政府在文化事业发展中的重要作用得到了认可,1939 年经英国议会批准和皇家特许,建立了两个半官方的文化管理机构:英国音乐和艺术促进委员会(CEMA)和国家娱乐服务联合会。其中,英国音乐和艺术促进委员会在艺术事务上既花费慈善资金,也花费公共资金,在著名经济学家凯恩斯的领导之下,该组织于 1946 年演变成世界上第一个保持“一臂之距”的分配政府资金的中介管理机构大不列颠艺术委员会。1945 年 6 月 12 日议会宣布,将英国音乐和艺术促进委员会转变为大不列颠文化理事会,这是英国实施“一臂之距”管理原则的开始。2000年成立的“国际艺术理事会和文化机构联盟”(IFACCA)在 2002 年 5 月公布

---

① 参见范中汇著:《英国文化》,文化艺术出版社 2003 版,第 94～97 页。

的文件中指出,"成立于1945年的大不列颠艺术委员会是全球第一个体现保持一臂之距原则的中介组织。"从20世纪40年代启用至今,"一臂之距"管理原则一直被奉行为英国各级政府管理文化艺术事业的准则。

②"一臂之距"原则的具体表现。在中央政府部门和接受政府拨款的文化艺术团体或企业之间,设置了一级作为中介的非政府的公共机构(non-department public bodies),这类中介机构亦称为"官歌"(Quango,准政府组织),主要负责向政府提供文化政策建议和咨询,另一方面又接受政府委托,决定对被资助文化项目的财政拨款,并对拨款使用效果进行监督评估。这类组织往往由艺术方面和文化事业方面的中立专家组成,虽然接受政府委托,但独立履行其职能,保持了文化发展的连续性,保证了文化经费分配上的客观公正。

③"一臂之距"原则的实践意义。"一臂之距"管理使英国各级文化行政主管部门避免了大量微观具体的事务性工作,可以集中精力制定全局性的宏观政策。同时,"一臂之距"管理也保证了文化团体和文化企业的独立运作、文化经费的客观分配使用和艺术的自由创作,文化事业免受行政和政治的干扰。

④"一臂之距"原则的推广。"一臂之距"(Arm's length)这种国家对文化拨款的间接管理模式,目前已经被欧洲以及其他发达国家普遍接受为对于文化事业的公共财政资助模式之一。"国际艺术理事会和文化机构联盟"的文件指出,"目前在世界各地,无论穷国还是富国,也不论英语国家还是非英语国家,都普遍建立了对文化艺术进行资助的准政府国家机构。"这项制度得到了联合国教科文组织的大力支持。相关的国际会议举行了多次,相关国际组织也发展起来。在发达国家的文化政策中,除英国外,丹麦、芬兰、加拿大、澳大利亚、奥地利、比利时、瑞典、瑞士等国明确声称采用这一文化管理原则,它也是西方发达国家在最近20年以来日益兴盛的公共管理的一个有机组成。据不完全统计,在OECD(经济合作与发展组织)国家中,非政府部门的公共管理实体在公共开支和公务员比重方面已经超过了政府部门。

(3)英国政府投资倾向于公益性文化领域

英国文化发展的资金主要来源于三方面:其一,是各级政府的文化拨款;其二,是文化基金会提供的文化投资;此外,彩票收入也是英国文化发展的重要资金来源。

英国政府管理文化产业的国家机构是文化媒体体育部,文化媒体体育部负责财政拨款,但不直接向文化单位提供资金,而是交给非政府公共文化机构承办具体事务,如英格兰艺术委员会、工艺美术委员会、博物馆和美术馆委员会等由专家组成的机构,这些委员会负责对各文化单位进行评估和拨款。

英国政府的文化投资领域非常明确,明显倾向于公益性文化,资助的重点包括三个方面:

第一,严肃艺术,如戏剧、古典音乐、歌剧、芭蕾等;

第二,国家级的重点文艺团体和事业单位,如皇家歌剧院、皇家芭蕾舞团、大英博物馆、大英图书馆、国家美术馆等;

第三,高质量的艺术节目。

3. 英国的特色文化产业①

英国文化创意产业运作机制得宜,产业结构合理,基础环境成熟。英国政府部门及英国一些重要社会团体,以及相关研究机构和商业机构,对文化与创意产业都非常重视,从各个方面推动文化与创意产业的快速发展。

(1)音乐产业

音乐产业是英国的文化支柱产业之一。英国拥有深厚的音乐传统,英国社会工作者组织公布的调查数据显示,英国大众平均每人一生与音乐相关的消费大约是 2.1 万英镑,主要用于购买乐器、播放设备和音乐会门票;而掌握了一定音乐技能的英国人平均每人一生音乐消费约为 4.4 万英镑;目前,平均每个英国家庭拥有一件乐器,这些乐器的平均价格约为 891 英镑;此外,每个英国人平均每年大约花费 346 英镑购买各种音乐 CD 唱片,平均每年人均购买 3.2 个 CD 唱片。②

从音乐产业伊始,英国就一直走在古典音乐、流行音乐和创新音乐的最前沿,英国伦敦每年出现的音乐形式成为世界音乐潮流的风向标。英国音乐领域人才辈出,拥有世界知名的交响乐团、室内乐团、歌剧团和合唱团。世界一流的交响乐团有伦敦交响乐团、爱乐乐团、伦敦爱乐乐团、皇家爱乐乐团、当代管弦乐团等;重要的交响乐团有伯明翰城市交响乐团、伯恩茅茨交响乐团、皇家利物浦交响乐团、皇家苏格兰国家乐团和北爱尔阿尔斯特乐团等;主要的合唱团有皇家合唱团、北齐合唱团、爱丁堡合唱团和贝尔法斯特交响乐团合唱团等。作为摇滚乐的发源地,英国音乐产业最明显的优势在于流行音乐。英国歌手和乐队在流行和摇滚乐坛始终保持世界领先地位。流行乐坛不断涌现新的女孩乐队、男孩乐队、朋克及家庭乐队,他们迅

---

① 数据资料来自英国文化媒体体育部官方网站。

② 参见毕佳、龙志超编著:《英国文化产业》,外语教学与研究出版社 2007 年版,第 161～169 页。

速地由区域性俱乐部登上全英排行榜,并赢得国际声誉。从 20 世纪 60 年代的甲壳虫乐队到 90 年代的"辣妹"演唱组再到"西城男孩",包括近年的古典摇滚乐团"杰叟罗图"、"破铜烂铁"乐队、立体声乐队、紧张症乐队、狂躁街布道者和超级毛绒等在内的威尔士乐队组合都风靡世界。

英国承办的名目繁多的音乐节不仅丰富了英国文化,也促进了英国文化产业的发展。每年从 1 月份格拉斯哥的凯尔特音乐节到爱丁堡的除夕夜庆典,英国几乎每个周末都举行艺术表演集会。国际性音乐赛事吸引全世界的优秀艺术家前往汇集,包括利兹国际钢琴大赛、"V"音乐节、"T"音乐节和加的夫世界歌手大赛。

近年来,英国音乐产业平均每年的国民生产值达 50 多亿英镑,其中出口值超过 13 亿英镑,有 13 万从业人员。根据国际唱片工业联合会的统计,英国是世界第三大音乐销售国,仅次于美国和日本;但就出口而言,英国音乐产业的出口地位在世界上仅次于美国,出口净收益利润大于英国的钢铁工业,美国、中国和印度是其主要出口地区。1985—1998 年,出口额增长了 3 倍,到 12 亿英镑;1997 年到 2007 年,音乐产业的资产总值增加值从 27 亿英镑增长到 40 亿英镑。2008 年,英国音乐企业已达到 31200 个。英国还是欧洲第四大音响载体销售市场,音乐制品销售连续 10 年以 10% 的速度增长,其中流行音乐占 2/3,古典音乐占 7%,外国音乐占 3.9%。历届英国政府都对音乐产业这个无烟清洁产业给予高度重视。1995 年,在保守党执政期间,特别设立了"全国音乐日",以提高全民的音乐意识;1998 年 1 月,专门成立了"音乐产业论坛"组织,邀请商界各方人士共商音乐产品的反盗版、数字化发行和音乐教育等音乐产业发展大计,大力扶持英国音乐产业的发展。英国十分重视音乐产品的促销,促销费用逐年增长。政府的税收政策给予音乐产业倾斜性支持,对音乐产业中的唱片销售增收 17.5% 的增值税,而对于音乐出版物则不收增值税。因此,音乐出版物在英国非常畅销,不仅通过大量发行获益颇丰,而且直接引导消费,左右市场。① 目前,华纳、百代、环球唱片、贝塔斯曼和索尼五大世界知名的跨国公司占据了大部分英国音乐市场,他们占据了唱片销售 75% 的全球市场份额和 79% 的欧洲市场份额。这五大公司制作的音乐统治了英国音乐,也深刻影响着全球音乐文化。

---

① 英国文化媒体体育部官方网站。

格拉斯顿伯里音乐节（Glastonbury Music Festival）[①]

英国的"格拉斯顿伯里音乐节"是世界上规模最大的音乐节之一，是世界上规模最大的露天音乐节。1970年，格拉斯顿伯里农场主迈克尔·艾维斯邀请了1500人听歌并畅饮免费牛奶，由此这个为期两天的小型活动成为了首届格拉斯顿伯里音乐节。第二年到场歌迷急剧扩张到12000人，主办者开始销售少量门票，并以手脚架搭建起标志性的"金字塔形舞台"。20世纪70年代，格拉斯顿伯里音乐节的主题以嬉皮文化为主，进入80年代后，它吸聚了更广泛的文化内涵，规模也积聚膨胀起来。格拉斯顿伯里音乐节在90年代初期经历过短暂的混乱和暴力，但是在30年的历史中，它始终呈现出一种积极、热情的状态，其独特的音乐氛围深得摇滚乐迷的喜爱。21世纪，格拉斯顿伯里音乐节举办得更加成功，每年有超过200万全世界音乐迷希望买到门票，主办方考虑到生态环境保护，每年限定出售入场券10万多张。在音乐节期间上百个来自英国本土和欧洲其他国家乐队和歌手为观众带来了丰富多彩的音乐节目，其中包括欧洲的民间音乐、爵士、布鲁斯、印地、摇滚和流行音乐。

格拉斯顿伯里音乐节是户外草地音乐节，地点位于英国阿瓦隆岛的格拉斯顿伯里镇外的一处农场，农场占地700英亩，风景秀丽。这里在史前时代原本是座被河流环抱的小岛，自古以来便为各式神秘传说围绕，相传圣约瑟曾与耶稣同游此处，而据说为了埋藏圣杯，更在这里建立了英国的第一座教堂。这块神圣城镇，1970年来了一批意外的访客，这群衣衫褴褛、数天未洗澡的人出现在保守镇民在面前，带来了帐篷、乐器与摇滚乐，造成极大的文化冲击；上帝许诺之地与撒旦的音乐在此狭路相逢，并共存至今日，演绎为数十万人参与的摇滚乐盛事。

每年炎热夏季，五颜六色的休旅车便塞满了通往农场的羊肠小道，绵延数公里之长，人们背着沉重行李走入会场，在草地上独力搭起露营用的帐篷——印第安式、蒙古包、树屋等形形色色——这是音乐迷们未来四、五天

[①] http://baike.baidu.comview1670527.html? wtp＝tt

的寓所。参会人各式奇异扮装，没有人会为之大惊小怪，这群现代的音乐游牧民族在帐篷设计、服装外形、交通工具上挖空心思地争奇斗艳，有人将荧光灯管缀在皮衣上、装扮成科技感十足的未来人、警察、飞车党、古武士与童话小矮人。演唱会不只为舞台上的表演者而存在，更是台上台下双方互动交流的一场庞大集体创作。除了知名乐团在数万观众包围的大舞台上卖力演出外，周遭亦有着数不清的小舞台，无数个叫不出名字、风格迥异的乐团在此表演着欢庆的民俗音乐，邀请路过的人一同加入舞蹈。不仅有各式音乐，还有行动剧、扮装、人偶剧、魔术戏法等各式表演艺术随时随地上演。每一个帐篷、每一个转角都有人拿起吉他与萨克斯风席地而坐，与素昧平生的陌生人即兴演奏起美妙的旋律。只要你有新奇的点子与足够行动力，就能透过彩绘与扮装将自己打造成一个活动的实验小剧场，对每位经过身边的观众展示上一段小故事；在这里你不再是被动的文化接收者，只能随他人之声起舞，更是主动出击的积极发声者。

2010 年是这个历经风雨的摇滚音乐节的 40 周年大庆，也是成千上万歌迷热切期盼的流行乐坛大事。2009 年 10 月，2010 年格拉斯顿伯里音乐节门票开始预售，将近 18 万张门票在 24 小时之内被抢购一光。尽管年年都有 U2 是否会出现在格拉斯顿伯里音乐节上的猜测，但是人们屡屡失望，2010 年爱尔兰摇滚乐队 U2 首次出现在格拉斯顿伯里音乐节上。

图 5.2 格拉斯顿伯里音乐节

2. 艺术品销售

欧洲最大的艺术中心在英国伦敦,它也是全球著名的艺术品销售市场。据统计,全世界每年前往伦敦光顾各种博物馆和画廊的人次有一亿多。作为艺术品产业集群地的伦敦,其艺术品拍卖销售额位居世界第二位(仅次于纽约),伦敦市中心的邦德街是世界上艺术品拍卖和销售最为集中的地区。拍卖成为一种独特的行业,应该是 18 世纪以后的事情。而真正意义的现代拍卖行首先在英国产生并开始在欧洲兴盛起来。18 世纪中期的英国,成为当时世界上最大的资本主义殖民国家,对外扩张和完成于 19 世纪 40 年代的英国工业革命,给英国带来了巨大财富,英国经济走向了黄金时期。21 世纪初,共有754 家拍卖行在英国注册。在众多的拍卖公司中,最负盛名的是"索思比"(SOTHBY'S)和"克里斯蒂"(CHRISTIE'S)拍卖行,这两家艺术品拍卖公司无论是资历、规模、还是影响力方面都远远超过其他同行,每年这两家拍卖行拍卖的艺术品数量占全世界总量的一半以上,几乎垄断了所有的举世瞩目的文物和艺术品的拍卖。[①]

```
┌─────────────┐
│  小贴士      │
└─────────────┘
```

索思比拍卖行

1730 年,英国伦敦的书商萨缪尔·贝克在市中心开办了一家专门拍卖古旧书籍的拍卖行,并于 1744 年 3 月 11 日举行了首次拍卖会,拍品是当时的约翰·斯坦利爵士的一批藏书。拍卖会十分成功,10 天内共售出 457 本书,拍卖金额 876 英镑。此次拍卖揭开了索思比拍卖公司的悠久历史序幕。

塞缪尔·贝克死后,其全部财产为侄儿约翰·索思比所继承,约翰则以其姓氏为拍卖行命名,即后来享誉全球的"索思比拍卖行"。

索思比拍卖行最初一直以拍卖珍贵文献为主,主要从事图书馆珍藏品如古籍图书以及手稿的拍卖,曾以拍卖法国皇帝拿破仑等一系列名人的手

---

① 曾陆红:《英国知名的艺术品拍卖行拍卖业的起源》,http://www.findart.com.cn

稿而闻名遐迩。索思比家族后继无人,故公司几度易主。1861年,索思比拍卖行接纳了另外两位出资人的股份,更名为"索思比·威尔金森·霍奇拍卖行"。1917年,索思比公司总部搬迁到伦敦的新邦德街,也就是从那时起,索思比的业务翻开了新的一页,公司拍卖的油画和工艺品在数量上大大超过了书籍和原稿,从而实现了公司拍卖的业务重点转向了文物艺术品。索思比拍卖行的总部最初在英国伦敦,1960年初,公司在美国纽约设立了第一家分公司,后来又相继在巴黎、休斯敦、日内瓦、多伦多等地建立了分号。目前,索思比在世界各地约有100多家分公司。因经营不善,1983年9月,美国房地产商阿道夫·艾尔佛雷德·陶布曼收购了索思比,房地产巨头陶布曼家族拥有了索思比公司21%股份,同时拥有了63%的投票权。成为美资公司后的索思比拍卖行有了两个总部,一个在伦敦,另一个在纽约。陶伯曼买下索思比后,对它加以改革,从以前与经纪人打交道转为与私人买方谈生意,他发展了卖方最低保证金制度,并为买方提供50%的贷款。20世纪80年代末期至90年代初期,索思比又一次迎来国际拍卖业的黄金时代。无论是拍卖数量,还是成交金额,一项项新的拍卖纪录被神话般地创造出来。索思比中国艺术品部,其筹办的中国艺术品拍卖,无论在成交额还是纪录突破方面,均在同行中首屈一指,曾保持了10项中国文物拍卖的世界纪录。索思比是最早在香港举行拍卖的国际拍卖行。1973年,在香港中环文化酒店,索思比举行了首次中国艺术品拍卖会。目前,索思比每年在香港举行春秋两季大拍,拍品主要是中国陶瓷、玉器以及近现代中国书画。索思比除了在香港开展中国文物艺术品拍卖业务外,还把业务开展到了中国内地、台湾等地。1988年底,索思比在北京劳动文化宫举办了它在中国内地的第一次艺术品拍卖会。1992年3月,索思比首次在台湾举办了中国油画、水彩、雕塑拍卖,索思比也是第一家在台湾开展艺术品拍卖活动的国际性拍卖行。进入21世纪,索思比每年在全球17个国家举行的拍卖会达500多场。

图 5.3　索思比拍卖行外景

20 世纪 80 年代末期至 90 年代初期，索思比又一次迎来国际拍卖业的黄金时代。

小贴士

克里斯蒂拍卖行

克里斯蒂拍卖行全名克里斯蒂、曼森和乌兹有限公司（Christie, Man-san & Woods Ltd. , Christie's）。1766 年由詹姆士·克里斯蒂创立，最初主要从事古籍、珍贵手稿及绘画等的拍卖活动。

1859 年，因富商威廉·曼森（1831 年）和托马斯·乌兹（1859 年）的加盟而改为现名。目前业务除书画作品、家具及装饰艺术外，还包括房产、汽车、珠宝、酒等。18 世纪，随着欧洲的旅游业兴起，英国人有一嗜好就是喜欢在欧洲大陆的旅途之中购买油画、家具、银器及艺术品带回英格兰。詹姆斯·克里斯蒂发现了其中的商机，便在伦敦创立了自己的拍卖行——克里斯蒂拍卖行，并于同年 12 月 5 日举行首拍。第一次拍卖的物品只有 89 宗，拍卖额为 176 磅 6 便士。后来，克里斯蒂成功地举办了法国国王路易十五王妃的珠宝拍卖，创下了高达 1 万英镑的成交额，这样的成交额，在当时艺术品拍卖业中，可以说是一个天文数字，詹姆斯·克里斯蒂也因此一举成名。此后，克里斯蒂拍卖行举办了一系列著名的拍卖活动，如 1794 年拍卖英国著名肖像画家雷诺兹的遗物;1795年拍卖同年被送上断头台的法国巴里夫人所拥有的珠宝;1848年拍卖白金汉公爵丰富的收藏品,用了40天时间。年轻的詹姆恩克里斯蒂凭着自己较好的口才,在激烈的竞争中取胜,成为当时最优秀的拍卖主持者。但是,到了他的第三代后,拍卖公司已没有了克里斯蒂家族的成员,经营者几经变更。但是,克里斯蒂的业务却得到了迅速的发展,在整个欧洲名声大噪。1823年,克里斯蒂拍卖行搬迁到了现在的圣詹姆斯广场,其总部设在国王大街8号,距英国女王居住的白金汉宫只有咫尺之遥。从20世纪60年代开始,克里斯蒂拍卖行积极拓展国际业务,相继在瑞士日内瓦、美国纽约、日本东京等地开设分公司,逐渐形成了全球性的艺术品拍卖服务网络。该公司出版的《克里斯蒂国际杂志》为全球收藏者提供了丰富的收藏和拍卖信息。1973年该拍卖行在伦敦证券交易所上市。20世纪80年代起,克里斯蒂的业务蒸蒸日上,服务体系也渐趋完善,多次刷新了拍卖史上保留的世界纪录,其中不乏中国艺术品的成交纪录。1987年,凡·高的作品《向日葵》以3985美元在伦敦的克里斯蒂拍卖行成交。1988年11月28日,该行拍卖了毕加索的《杂技演员与年轻丑角》,成交价为3800多美元。1998年5月法国商人弗朗索·皮诺以12亿美元的价格对克里斯蒂进行了收购,并将其私有化,从此,克里斯蒂成了法资公司。现在的克里斯蒂拍卖行已经在世界三十多个国家设有上百家分公司,拍卖中心设在伦敦和纽约,仅伦敦一处就有两个会场,星期一举行陶瓷拍卖,星期二举行绘画拍卖,星期三则是家具拍卖等。除此之外,它还在日内瓦、圣莫里兹、蒙特卡洛、罗马、格拉斯哥、墨尔本等地举办定期拍卖会,随着亚洲市场的发展壮大,克里斯蒂又先后在中国香港、中国台北、新加坡、印度孟买和韩国汉城等地分别设立了分公司。

在伦敦艺术品产业集群之外的地区,还有规模相对较小的艺术品市场,包括画廊、艺术品修复、艺术品保险、艺术品鉴定和艺术品托运等相关产业,形成完善的文化产业链条,具有专业知识从事艺术品生产和销售的人员大约有5万多名。伦敦的艺术品形成的文化产业集群效应在世界范围内所产生的整体文化影响和经济影响都超过了英国的音乐行业,由商业画廊及其相关行业在全英国形成的艺术品群聚效果和市场网络,不仅仅吸引着世界文化资本的投入,而且吸引着世界各地的文化消费者,客观上也为英国的旅游等其他文化行业带来了消费者,赚取了大笔外汇。

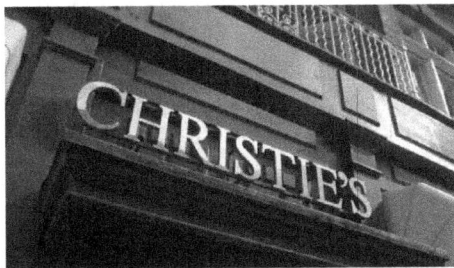

图 5.4　克里斯蒂拍卖行全名克里斯蒂、曼森和乌兹有限公司（Christie, Mansan & Woods Ltd., Christie's）。

1766 年由詹姆士·克里斯蒂创立，最初主要从事古籍、珍贵手稿及绘画等的拍卖活动。2005 年 7 月 12 日在英国伦敦克里斯蒂艺术品拍卖会上，中国元代青花大罐《鬼谷下山》以 1568.8 万英镑拍卖成交，创下了中国艺术品乃至亚洲艺术品的拍卖记录。

（3）国家彩票

英国的国家彩票发行本身是英国一项特殊的文化产业，英国彩票业由政府宏观调控，通过发行国家彩票（National Lottery），每年都能筹集到推动英国文化事业发展的巨额经费，许多国家级重大文化项目依赖彩票发行的筹措资金得到实现。1994 年 12 月英国政府开始发售彩票，原预期首期销售 3500 万英镑，实际售出 45 亿英镑，是原预计的 100 多倍，这样良好的发展势头激励英国政府高度重视国家彩票的发行。

英国彩票业的政府运作情况是这样的：

①文化媒体体育部全权负责彩票业运行，包括彩票产业管理的立法、彩票经营者的选择、彩票收入的分配和文化机构使用资金的监管等；

②政府通过招标选择合适的私营公司经营国家彩票，一般经营合同为 7 年，期满另行招标；

③彩票总收入做如下分配：50.7％作为奖金，28％用作文化公益事业，12％上缴经营税，5％作为公司利润，3.3％作为管理开支，1％为印花税及附加税（实际上彩票销售总额的 41％以不同名目成为国家财政收入，成为国家财政收入的一项重要来源）；

④彩票收入是英国文化产业发展资金的主要渠道，英国文化媒体体育部构建了一套行之有效的彩票收入拨款机制：首先文化媒体体育部按照一定的比例，将彩票收入分别划拨到全英国 11 个地区和行业的文化公益事

业主管部门,而需要彩票收入资助的机构和个人再向这 11 个部门提出申请。

(4)英国的城市文化

英国非常重视城市文化的发展。早在 21 世纪初,英国政府就发布了"创造机会——英格兰地方政府制定地方文化发展战略指南(Creating Opportunities—Guidance for Local Authorities in England in Local Cultural Strategies)"的报告,要求各个地方政府务必制定本地区的文化发展战略。

①伦敦。21 世纪初,大伦敦市政管理机构建立,新任大伦敦市市长提出"伦敦计划",计划提出了一系列政策措施,重点实施伦敦作为"文化之城"的空间发展战略,增强伦敦世界文化名城的国际吸引力。为此,大伦敦市管理机构专设文化战略小组,研究确定有关伦敦的文化发展战略。

图 5.5　2012 年伦敦奥运会宣传画

"伦敦计划"的文化政策辐射了艺术、旅游、体育运动、历史古迹、博物馆、画廊、图书馆、广播电视、电影等行业和领域。"伦敦计划"巩固了伦敦国际化大都市的地位,在吸引重要的国际活动,增进伦敦文化财富及其多样性,寻求全球性的文化伙伴,增强普通市民的文化认同感,确保在伦敦成长的年轻人有机会发展他们的创意技能和活力等诸多方面都取得重大成就。"伦敦计划"不仅促进了城市文化的多样性,也由此发展了伦敦的经济,吸引了外汇。

2012年伦敦奥运会拉开了伦敦城市新一轮发展的帷幕。伦敦是迄今为止举办夏季奥运会次数最多的城市,也是历史上首座三度举办奥运会的城市,第一次:1908年伦敦奥运会;第二次:1948年伦敦奥运会;第三次:2012年伦敦奥运会。2012年伦敦奥运会的城市建设中,300公顷荒地的伦敦东部建成主场馆,意味着总预算93亿英镑的奥运经费,20多亿英镑用于修建场馆,其余大部分投资都流入伦敦东区,东区成为伦敦崭新的居住区。英国政府还投资500万英镑筹办2012年伦敦奥运会培训技术人才,培训项目将涵盖体育业、酒店服务业、视听娱乐业和建筑业等4个领域。"学习与技能委员会"还投资100万英镑,与伦敦发展署一起推出"志愿者前期项目",鼓励无业人员重新学习公共安全、人际交往、客户服务以及志愿者相关的技巧,以增加就业机会。2012年伦敦奥运会成为伦敦发展又一契机。

②曼彻斯特。曼彻斯特(Manchester)是英国老牌的工业城市。曼彻斯特明确提出,"21世纪的成功城市将是文化城市"和"文化将帮助人们拥有机能和树立信心"的口号,并确立了城市文化发展的五大战略:"文化之都——建设、持续发展文化基础设施,保护文化投入者的利益";"文化与学习(culture and learning)——确立文化在学习、提高教育水平中的角色地位";"文化大同(Culture for All)——鼓励市民参与文化活动";"文化经济(Cultural Economy)——可持续发展的文化经济";"文化营销(Marketing Culture)——协调开展各种营销活动以提升文化形象"。

(5)英国演艺产业

英国演艺产业是英国经济发展不可忽视的力量,英国丰富多样的演出市场已有百年传统,英国的文化演出市场是全世界最繁荣的之一。

英国的剧院演出市场非常活跃,从精美高雅的古典音乐,到充满实验创新的前卫戏剧,在英国的艺术演出市场上都有自己的地位和发展机会。高水准的艺术表演也使英国的旅游业受益匪浅,调查显示,到英国旅游的主要目的是观看艺术表演的游客占到18%;英国旅游局公布的数据,每年旅游收入中有20英镑与艺术表演相关。英国演艺产业的收入一直较稳定,近十年的收入几乎都在30亿英镑左右。[①]

英国戏剧对世界的贡献是不言而喻的,戏剧始终是英国文化的重要内容,从莎士比亚、萧伯纳到王尔德,英国戏剧传统悠久,每年有相当数量的游客,到

———————————

① 英国文化媒体体育部官方网站。

图 5.6　曼彻斯特市到处都是特色鲜明的文化符号

　　为了实现曼彻斯特成为"创意之都"和"文化之都"的构想,曼彻斯特的文化战略确定了"确保城市的复兴计划得到认同和支持,使之成为一个震撼性的文化之都"和"鼓励本地市民踊跃参与文化活动"的两大目标。

英国旅游是因为仰慕英国戏剧。英国戏剧以品质和创意闻名遐迩,英国戏剧的剧目创新、演员素养和剧院水平都堪称世界一流。全英共有 541 家剧院,戏剧艺术每年至少为英国创造 26 亿英镑产值,这不包括一些流动戏剧公司和剧院之外的演出产值。这与 1.2 亿英镑的政府投入相比,戏剧为英国国民经济带来巨大回报。①

　　伦敦西区是表演艺术的国际舞台,是与纽约百老汇齐名的世界两大戏剧

---

①　毕佳、龙志超编著:《英国文化产业》,外语教学与研究出版社 2007 年版,第 153 页。

中心之一。西区剧院（West End Theatre）由伦敦剧院协会（The Society of London）会员管理、拥有或使用的 49 个剧院组成。这 49 个剧院除金融城的巴比肯中心、南岸的国家剧院和老维克剧院、摄政公园的露天剧院以及 South-wark 的莎士比亚环球剧院等少数剧院以外，大多数集中在夏夫茨伯里和黑马克两个街区，方圆不足 1 平方英里，在商业和娱乐业高度发达的市中心形成了一个剧院区，这一剧院区也称为西区（West End）。伦敦共有剧院约 100 个，剧院区就集中了 40 多个，这里当之无愧地成为英国戏剧界的核心区。在如此有限的区域内集中如此之多的剧院，在世界上只有纽约的百老汇可与之相比，而从历史传统来讲，西区要比百老汇悠久得多。作为一项文化产业，西区是一个出口创汇大户，其主要外汇收入来自海外游客和出口剧目。西区为英国创造经济效益的同时还带来了可观的就业市场。戏剧是"人的艺术"，而剧院则是"人的工业"。据统计，大约有 2.7 万人在西区剧院直接就职，如剧院演职人员、售票代理人员和道具服装制作等行业，占整个伦敦文化娱乐业从业人数的 12%；另有 1.4 万余人就职在相关行业，如戏剧出版业、唱片销售业等；更多的人则因西区的繁荣而受益，如餐饮、旅店、交通等行业。伦敦作为一个国际大都市，西区的存在给伦敦增加了更大的魅力。有 2/3 的英国国内游客将看演出列为他们来到伦敦的重要原因，有 3/4 的海外游客将看演出列为到伦敦旅游的重要项目。伦敦丰富多彩的文化生活促使更多外国公司选择伦敦作为公司新址，越来越多的国际会议也选在伦敦举办，许多在伦敦以外举办的会议甚至专门安排时间到西区观看演出。[①]

英国的许多基金会设置专门的艺术中心，为年轻剧团和先锋戏剧提供资金支持，其中最著名的就是英国的巴特海艺术中心。巴特海艺术中心是独立法人的慈善机构，在一座维多利亚风格的老式建筑中，内部包含了多间大小不一的剧场，最大的可容 1200 名观众，最小的只能容不到 10 人。10 年前开始举办巴特海艺术节，上演来自世界各地的戏剧片段，由观众打分，戏剧家评判，演出商挑选，票价只要 50 便士到 5 英镑。在巴特海艺术节上，不论演出规模，观众都会认真地填写调查表。而在爱丁堡艺术节上，许多剧目都是在演出过程中吸收观众意见，边演边改。不同口味的观众，都能在英国舞台上找到自己中意的戏剧节目。

英国的艺术表演团体还担负着向公众普及高雅艺术的责任，通过丰富多样的形式培养观众的艺术修养。其中，"舞台示范"、"教师课程"、"家庭日"、

---

① 北京国际城市发展研究院中国领导决策信息系统数据库。

"剧场行动"和"小小道具箱"等,都是较受欢迎的艺术普及形式。"舞台示范",是由导演、演员和舞台设计师等直接向观众示范走台、发声等表演技巧;而"教师课程"则专门向教师们介绍如何利用莎士比亚的课文进行表演。"家庭日"是专为 9～13 岁的小观众设计的,即让小观众在大人陪伴下登上舞台,专业演员凭借布景和音乐的烘托,身临其境地向他们讲解剧中的故事。"剧场行动"是让有志于体验表演艺术的观众,有机会参加剧团一段时期的创作,然后做一次演出。在活动中,艺术家们会向观众展示如何依靠假发、化妆、服装、小道具和特技的帮助,使莎士比亚戏剧中的不同世界神奇般地复活。"小小道具箱",先是由剧团化妆师给参观者画上烧伤、刺伤的疤痕等,然后,让他和他的家人任选一套戏剧服装,装扮成莎士比亚戏剧

图 5.7　音乐剧《猫》从 1981 年创作以来,在百老汇每天演出 20 多场。是美国百老汇和英国伦敦西区公演最长的舞台剧。

图 5.8　2009 年,音乐剧《猫》展开了在中国的第三次巡演,巡演涉及北京、上海、天津、重庆、杭州、南京 6 个城市。

中的人物,拍一张漂亮的剧照。为满足特殊观众的需要,英国的艺术家们常常带着古典戏剧,深入社区、学校、休闲中心等场所表演。在演出结束后,他们还把自制的道具和服装向公众出租。据报道,英国皇家莎士比亚剧团每年 8 月都要为业余戏剧爱好者组织夏季学校①,至今已经开办了 60 多年。

---

① 《人民日报》伦敦专电《英国:让经典为大众服务(国外文化产业面面观(6))》,2006 年 5 月 23 日。http://news.sohu.com/20060523/n243356727.shtml

伦敦西区:英国戏剧业中心[1]

西区的剧院大多建于 19 世纪末、20 世纪初,规模从 400 多观众席至 2000 多观众席不等,上演的剧目从音乐剧、话剧、歌剧、芭蕾舞和现代舞到木偶剧、儿童剧应有尽有。近 50 个剧院中以自负盈亏的商业剧院为主,只有皇家歌剧院、英格兰国家歌剧院、皇家剧场、皇家国家剧院和皇家莎士比亚剧院享受政府资助。这 5 个剧院在西区占有很大的分量。它们规模较大,在国际上有显赫的声誉,也创造更多的就业机会和经济效益。从艺术上来讲,由于它们能够获得政府资助,也有能力上演一些具有探索性、艺术价值更高的作品,而这样的作品是那些商业剧院不敢轻易尝试的。很多剧目往往是在国家资助剧院首演,取得成功后再转入商业剧院,例如音乐剧《悲惨世界》和话剧《侦探到访》就是首先由皇家莎士比亚剧院和国家剧院推出,随后转入商业的宫殿剧院和盖里克剧院。对于商业剧院来说,生存是首要问题,它们相对规模较小,多上演热门的音乐剧和话剧,有时会花重金聘请好莱坞名演员以吸引观众。近年来,许多音乐剧和话剧也有小成本制作逐渐增多的趋势。商业剧院的另一大特色是有些剧目在一些固定的剧院长年上演,如音乐剧《猫》(Cats)和《歌剧院的幽灵》(ThePhantomoftheOpera)已不间断地上演了 24 年和 19 年,话剧《捕鼠器》(TheMousetrap)、《黑衣女人》(TheWomaninBlack)和《侦探到访》(AnInspectorCalls)分别连续上演了 52 年、14 年和 10 年。这些剧目已经成为西区的经典剧目,成为西区的象征。

二、法国的文化产业[2]

法国是文化艺术的国度,是高雅艺术的典范,也是文化产业大国。

远溯到 17 世纪,法国相继出现的莫里哀、司汤达、巴尔扎克、大仲马、雨果、福楼拜、小仲马、左拉、莫泊桑、罗曼·罗兰等文学巨匠,宛如群星荟萃;《巴

---

① 北京国际城市发展研究院中国领导决策信息系统数据库,中国政务信息网。

② 参见法国文化部官方网站。

黎圣母院》、《红与黑》、《高老头》、《基督山伯爵》、《悲惨世界》和《约翰·克利斯朵夫》等世界级的文学作品是整个人类文明与人类思想的瑰宝。同是 17 世纪时期,法国的工业设计、艺术设计领域已居世界领先地位,实用美术、建筑、时装设计、工业设计等专业人才培养模式也早已闻名海外。

近现代,法国艺术从继承传统到文化创新,出现了雕塑艺术大师罗丹、印象派、野兽派绘画艺术大师莫奈和马蒂斯等代表人物。即使在今天、在此刻,仍然有来自世界各地的众多艺术爱好者云集法国艺术天堂,以塞纳河、埃菲尔铁塔、卢浮宫以及奢华的巴黎生活场景为蓝本,在街头、地铁站和宫殿创作。

艺术圣殿法国积淀的丰厚文化物资和文化遗产,成为法国文化产业发展的基石。法国文化部将 44000 座建筑物列为历史古迹保护;法国演艺业十分活跃,共有 3300 个专业演出团体,1500 个演出场所;法国葡萄酒、法国时装、法国大餐、法国香水都闻名遐迩,是法国政府财政税收和外汇储备的重要来源之一;法国国内文化消费方面,每个家庭每年用于文化休闲的费用平均为 1021.41 欧元,相当于家庭预算的 3.5%。

1. 法国文化产业政策

法国是文化大国,名胜古迹众多,文化设施齐全,文化活动活跃,文化产业发达。法国政府非常重视文化产业,制定了一系列优惠政策,使文化产业得以顺利发展。

法国政府在发展文化产业上有两个非常明确的认识,一是启动新一轮经济的发展,二是抵制美国文化的渗透。

法国政府制订文化产业政策的原则是:通过文化产业的发展创造就业机会,促进国民经济的发展。近年来,法国因为传统产业经济增长缓慢,导致失业率居高不下。为了增加就业,启动经济发展,法国政府大力增加文化产业的投资,积极发展文化产业,以便通过文化产业来增加就业,带动经济发展。法国文化部部长在一次国民议会的演讲中指出,"文化投资即是就业投资,因为,投资与就业之间的最佳途径就是文化。"法国政府制定了一系列发展文化产业非常优惠的政策和资助,使图书出版、影片生产、音像制品、报刊等行业都取得了较好的经济效益,同时又增加了政府的财政税收。

为了限制美国文化的渗透,保护和扶持民族文化的发展,法国政府还规定了电视台播放本国制作节目的比例,并资助本国影视制作业,加强同欧盟国家的文化合作。

法国政府针对文化产业出台了一系列保护性政策:①

(1)设立文化产业信贷。将本国电影产业等文化产业门类列为重要产业,增加政府贷款和拨款资助,并运用文化产业信贷方式,鼓励银行和财政机构投资。

(2)文化分权和文化外省合同制。通过经济资助形式,调动地方文化机构及文化组织的积极性,帮助其建立文化活动中心、文化发展中心等机构;对地方重点文物机构给予经常性的财力支援;通过协议和合同形式,对地方重要文化建设项目予以投资。

(3)提供固定的经济补贴和成立专门的基金会。对一些国家文化机构、团体以及与国家有合同关系的文化团体给予固定补贴;对在市场竞争中难以生存的文化团体,成立相应基金会进行财政扶持。

(4)鼓励国民参加文化活动。提供机会让所有法国人和在法国的人都有机会免费参观文化遗产,例如每年的"世界遗产日"开放平时不向公众开放的总统府、总理府、议会两院等场所。

(5)积极向外推广法国文化。在世界各地设立法国文化协会,开通法语卫星电视等。

2. 法国的文化产业设施

(1)文化产业设施的建设

法国文化产业的特色之一是文化产业设施的建设。经济发展缓慢,企业吸纳劳动力的能力有限,法国中央和地方政府不断兴建文化设施,成为带动国民经济发展和解决就业的途径之一。法国政府每年拨出几十亿法郎不断兴建图书馆、博物馆、剧场等文化设施,有些大型工程,工期延续数年。例如1989年开工、历时7年完成的新国家图书馆工程,投入建设资金80亿法郎,平均每年需投入10多亿法郎。法国政府认为,修建文化设施工程需要大量设计和施工人员,工程结束后,需要大量的管理和维护人员,这些设施周围还需要建设不少餐饮、娱乐、服务等配套附属设施,这就解决了不少人员的就业问题;同时,文化设施的修建会带动文化的普及和大众文化水平的提高,社会对文化产品的需求会不断增大,因此文化产业成为一种政府认可的活跃产业门类。近几年,法国先后兴建了一大批耗资大、施工时间长的大型文化产业工程,如巴

---

① 侯隽瑶著:《法国文化产业》,外语教学与研究出版社2007年版。

士底歌剧院、新国家图书馆、大卢浮宫扩建工程等。兴建资金先由政府拨给文化部,再由文化部分配给各施工项目,文化设施的建设是法国最重要的文化产业。

图 5.9　法国巴士底歌剧院

图 5.10　大卢浮宫扩建工程

(2)文化产业设施的管理

法国拥有众多的文化设施,除了国家级重点设施外,各省市均有数量不等的文化设施。这些设施均按企业方式进行管理,设有董事会和财务管理委员会,定期开会,讨论并决定重要问题。国家级文化设施的董事会由文化部、财政部官员和职工代表组成。省市级文化设施的董事会由地方政府官员和职工代表组成。国家级文化设施的行政负责人,如国家图书馆馆长、国家剧院院长等,由文化部长任命。省市级文化设施的行政负责人由省长或市长任命。在一般情况下,公共文化设施虽然能创造一部分经济收入,如门票费、场租费、小卖部收入等,但大部分经费仍来自政府拨款。

小贴士

法国国家图书馆 La Bibliothèque Nationale de France(BNF)

法国国家图书馆是法国最大的图书馆,也是世界屈指可数的大型图书馆之一。其历史可上溯至查理五世(1364—1380 年)为收藏历代王室藏书而建立的国王图书馆,后经弗朗索瓦一世(1515—1547 年)在枫丹白露重建,称皇家图书馆。1720 年路易十四时期该馆迁入黎塞留(因原为路易十三的宰相黎塞留的府邸而得名)街,1786 年馆藏达 15 万册。除印本图书外,还开始收集钱币、徽章、浮雕等。1789 年制宪会议颁布充公法令,将该馆收归国有,成为国家财产。1792 年更名为国家图书馆,向国民开放,藏书 30 万册。那个时期接受了大量被充公的图书,其中有当时被查封教会、流亡贵族和其他流亡国外者的图书、法国修道院和贵族图书馆的藏书等。短短几年内馆藏猛增到 60 多万册。随着政府更迭图书馆几度更名。

1981 年密特朗总统提出要建一座"世界第一图书馆"。他要求,"这座全新的图书馆将覆盖人类知识的各个学科领域,供所有的人使用,应用国际上最先进的信息传递技术,能提供远程查阅和检索服务并与欧洲其他诸国建立网络关系。"经议会通过后,1988 年 7 月 14 日法国国庆之际,密特朗总统亲自宣布建立法兰西图书馆的消息。1990 年末奠基,1995 年 3 月建成,密特朗总统参加了新馆的落成典礼。1993 年 7 月 21 日,法国部长会议决定,将原国立图书馆和新建的法兰西图书馆合并,重新命名为法国国家图书馆。位于黎塞留街的原国立图书馆的馆舍作为分馆,用于收藏国家图书馆的特殊藏品,成为国立艺术图书馆。新的法国国家图书馆在希拉克总统的主持下于 1996 年 12 月 20 日正式开馆,并被命名为密特朗图书馆。

法国国家图书馆对公众开放,年满 18 岁的法国公民均可进馆。第一次来馆的读者需持有效证件办理阅览卡。有普通读者阅览卡和研究室、博士或从事研究的读者阅览卡。研究阅览室每个座位 PC机与因特网相连接,传真复印一应俱全,取书送书优先。年阅览卡收费 3000 法郎,2 日阅览卡收费 30

图 5.11　法国国家图书馆

法郎,双周阅览卡 200 法郎。国家图书馆的藏书不外借,只供来馆者阅览。1980 年设立的国家外借中心,主要任务是开展国内和国际互借。

法国国家图书馆参加了欧洲多国合作的项目"欧洲电子图书馆图像服务 ELISE"计划,该计划受"欧洲委员会图书馆计划"资助,开发一个模型系统,使欧洲的图书馆能联机存取彩色图像库。法国国家图书馆还是 G7(西方七国集团)全球数字式图书馆集团的成员,它与日本国立国会图书馆共同牵头负责实施 G7 全球数字式图书馆项目。

3. 法国的特色文化产业

法国文化的各个门类均涉及文化产业,具有浓郁法国文化特色的文化产业主要有以下几个方面。

(1)旅游产业

法国是文化资源大国,也是文化产业大国。[①] 法国成为文化产业大国的主要原因是法国文化具有鲜明的符号特征,法国政府和人民将"文化符号"转化成"经济符号"吸引全世界前往进行体验性经济消费。

法国拥有全世界为之向往的浪漫情调和生活方式,法国人独特的生活情态成为一种行销全球的符号,通过法国的巴黎、巴黎的埃菲尔铁塔、铁塔旁出售的旅游纪念品向世界宣扬,成为法国文化的附加值。

> ### 小贴士
>
> ## 卢瓦尔河畔的古堡群
>
> 要完整领略法国风情,需要去两个地方,一是巴黎,二是卢瓦尔河谷。巴黎汇聚着法国多元文化的浪漫与前卫;卢瓦尔河谷则是法国恬静古典的后花园。巴黎的美,美在各种文化风格的撞击和矛盾之间;卢瓦尔河谷则美在她甜美纯粹的法兰西风情。
>
> 卢瓦尔河是法国第一大河,最美丽的是中游河谷。河流两岸有许多精致的小山丘,古老的城堡掩映在绿树丛中。这些古堡大都建于中世纪和文艺复兴时期,幽深的古堡宅院,青苔斑驳,为这个法兰西花园增添了几分沧桑感。英法百年战争时期,法国王室曾经逃到卢瓦尔河谷避难,因此卢瓦尔河谷也被称作"帝王谷",不少古堡都留下了皇室的奇闻轶事的传说,这使得城堡变得更加神秘起来。
>
> 香博堡(Château de Chambord)是卢瓦尔河谷城堡群中最大的一个,布局是中世纪较为典型的古堡布局,是法国君王狩猎的行宫。双舷梯是这座王宫最著名的楼梯,梯中有两组独立而又相互交错的栏杆,据说这样可以避免王后和国王的情妇相遇而发生纠纷。香博堡兴建于弗朗斯瓦一世时期。它在布局、造型、风格装饰上反映了法国传统的建筑艺术,又受到意大利文艺复兴的影响,成为法国文艺复兴时期的代表作之一。被法国人视为值得炫耀的国宝。1981年,香博堡列入了世界遗产名录。

---

① 文化资源大国不一定会成为文化产业大国,详细论述请参见本书第十章。

作为历史悠久的文明古国,法国以其灿烂的文化艺术、众多的名胜古迹和得天独厚的自然地理环境成为世界著名的旅游国家,平均每年接待外国游客 7000 多万人次,超过本国人口。法国文化遗产的数量之多令人惊叹不已,首都巴黎、地中海和大西洋沿岸及阿尔卑斯山区都是风景如画;此外,一些历史名城、卢瓦尔河畔的古堡群、布列塔尼和诺曼底的渔村、科西嘉岛等被列为世界级历史古迹建筑和遗址;另外,法国著名的博物馆中集中收藏着世界灿烂文明的稀世珍宝,是吸引全世界旅游者前往观摩和消费的独特因素;加之,蓬皮杜文化中心、新国家图书馆、大卢浮宫等许多新兴建的文化设施——悠远的名胜古迹和新兴的现代工程交相辉映,共同构建起引人入胜的旅游胜地。法国约 1200 座博物馆每年吸引着数千万参观者,仅卢浮宫、凡尔赛宫和奥尔赛博物馆每年就接待1300 万游客;此外,有 1500 多座纪念性建筑物向公众开放,每年接待 800万参观者。埃菲尔铁塔是最受游客欢迎的去处,每年接待游客 600 万人次。[1] 法国占据世界旅游市场大约10% 的份额,且多年荣居全球第一旅游大国的宝座。

图 5.12 香博堡(Château de Chambord)是卢瓦尔河谷城堡群中最大的一个,布局是中世纪较为典型的古堡布局。

---

① 侯聿瑶著:《法国文化产业》,外语教学与研究出版社 2007 年版。

（2）电影产业

法国号称"世界电影之父"。18 世纪末,原始电影魔术幻灯的灵趣就在法国风行起来,戏法越变越多,因为灯光的关系,影子可以互溶,加上一些小道具,所以刚死的可怕的政治人物投射在一片白烟中、镜子里、布或玻璃上,还会动,还有骷髅身,调整这些透镜就可以弄得满室阴气森森、鬼影崇崇。1877年,法国光学家兼画家的 E.雷诺(Emile Reynaud)根据"视觉暂留"原理制成了活动视镜,并在 1878 年的巴黎世界博览会上获奖。1895 年,他与其兄获电影放映机的专利。1895 年 12 月 28 日,法国卢米埃尔兄弟用自己的发明专利活动电影机(cinmatographe),在巴黎大咖啡馆的印度厅第一次在公众场合放映了自己拍摄的《火车进站》《海水浴》等影片。首次公映获得成功,这一天被公认是电影诞生的日子,拉开了电影艺术的序幕,将电影带入了新的纪元。1908 年,被认为是世界上第一位动画家①的法国著名动画先驱埃米尔·科尔(Emile Cohl)执导平生第一部电影——《幻影集》(Fantasmagorie)——被认为是世界第一部现代动画电影(it is recognizable as a modern cartoon)。② 1910年前, 法国电影以其创造性、艺术性和多样性而称霸世界。20 世纪 30 年代,法国电影空前活跃。电影票房飚升,30 年代后期法国占据世界电影业主导地位,法国成为世界电影产业大国。

法国本土有深厚的电影情结,法国是电影爱好者大国,4.9％的法国人一个星期至少去一次电影院,33.8％的法国人每个月至少看一部电影,法国人看电视时最常看的是电影频道。法国电影产业由电影制作、电影发行和电影放映三大环节组成,法国有近 2000 个电影制作商,共有 5000 多家电影院,每年要举办 26 个电影节,其中以戛纳国际电影节最负盛名(也是创办最早的法国国家电影节)。法国是世界上的电影生产大国之一,尤其以艺术电影享誉世界,"艺术实验电影院"大约有 1000 家,吸引了电影市场大约 25％的电影观众,与美国的好莱坞通俗电影形成对垒。

法国没有国营的电影制片厂和电影公司,电影从制作、发行到放映均为私人经营。国家通过法律、行政和财政手段对电影产业进行管理和扶持,法国政府于 1948 年颁布了政府法令,对电影产业的生产、发行和放映等各环节给予扶持性资助。1959 年,法国政府建立电影产业经济资助账户,由国家电影中

---

① Donald Crafton:Before Mickey:The Animated Film 1898—1928,the University of Chicago Press,Ltd. ,London. 1993,p. 59.
② 李涛著:《美日百年动画形象研究》,光明日报出版社 2008 年版,第 52～58 页。

心(CNC)对电影产业进行经济资助和扶持,国家电影中心由电影、视听、多媒体等10个部门组成,隶属法国文化部,是自负盈亏、具有法人资格的公共机构。在电影市场国际化的21世纪,法国政府为了提高国产电影在世界市场的竞争力,促进和保护本国文化传统和艺术特色电影的发展,加大了对电影的资金扶持力度,扶持资金均由国家电影中心管理和提供,国家电影中心还对电影业进行政策指导和法律监督。国家用于资助电影产业的资金主要来自于门票税、电视播放税、录像带税、对色情和一般暴力影片征收的特别税,以及企业和个人的赞助、保险公司赔款等其他收入。法国的高蒙电影公司、百代电影公司和万国电影联合公司以其雄厚的资金、庞大的规模,形成法国电影业的"三国鼎立"之势。

小贴士

戛纳国际电影节 Festival De Cannes

亦译作康城或坎城电影节,是世界五大电影节之一。1939年,法国为了对抗当时受意大利法西斯政权控制的威尼斯国际电影节,决定创办法国自己的国际电影节。第二次世界大战爆发致使筹备工作停顿下来。大战结束后,于1946年9月20日在法国南部旅游胜地戛纳举办了首届电影节。自创办以来,除1948年、1950年停办和1968年中途停断外,每年举行一次,为期两周左右。原来每年9月举行。1951年起,为了在时间上争取早于威尼斯国际电影节,改在5月举行。1956年最高奖为"金鸭奖",1957年起改为"金棕榈奖",分别授予最佳故事片、纪录片、科教片、美术片等。此外,历年来还先后颁发过爱情心理电影、冒险侦探电影、音乐电影、传记片、娱乐片、处女作、导演、男女演员、编剧、摄影、剪辑等奖。

戛纳电影节因大海、美女和阳光(Sea Sex Sun)而被称为3S电影节。每年盛事期间,在著名的海滨大道及附近的海滩上都会有众多美女云集,期待着影界大腕、星探们的发掘,一圆她们的明星梦。

1975年,胡金铨的《侠女》获得戛纳技术奖,成为首部折桂戛纳的华语电影。

1990年,张艺谋的《菊豆》获得路易斯—布努埃尔奖。

1993年,陈凯歌导演的《霸王别姬》获金棕榈奖,侯孝贤的《戏梦人生》获评委会大奖。

1994年,张艺谋的《活着》获得评审团大奖,葛优成为首位华人戛纳影帝。

1997年,香港导演王家卫执导的电影《春光乍泄》,入选影展竞赛单元,王家卫夺得最佳导演奖,成为首位获得此奖项的华人导演。

2000年,王家卫的《花样年华》获得最佳艺术成就奖,梁朝伟凭此片荣膺戛纳影帝,姜文的《鬼子来了》获得评委会大奖,杨德昌的《一一》获得最佳导演奖。

2002年,伍仕贤导演的电影短片《车四十四》成了入选戛纳电影节"导演双周"单元的首部华语短片。

2004年,张曼玉以法国电影《清洁》获得戛纳影后桂冠。

2005年,王小帅的《青红》获得评委会大奖。

2006年,王家卫成为第一个担任戛纳评委会主席的华人。

2007年,王家卫导演的英语新片《蓝莓之夜》获邀作为电影节开幕影片举行全球首映,这是戛纳电影节60年来第一次由华人导演的电影作为开幕影片。

2009年,《春风沉醉的晚上》编剧梅峰获得第62届戛纳电影节最佳编剧奖。

(3)出版产业

早在1469年,法国第一家印刷厂在拉丁区诞生,至今巴黎的新闻出版业仍雄踞首位。法国是图书生产、销售和出口的大国,法国每年出版新书约4.5万种,其中1/2为新书,1/2为重版书,每年营业额为24亿欧元左右。从经济方面来看,出版业属于一个小的经济行业,但它在文化行业中又数老大,超过了影视、唱片业。出版业已成为法国的"第一文化产业"。在全球图书市场中,法国图书销售额和版权贸易量占到了全世界的14.7%。

法国是出版产业大国,具有悠久的出版历史和成熟的出版产业运行机制,其出版产业的经济政策已成为世界各国研究和借鉴的范例。法国中央政府和地方政府对出版业的经济支持主要包括拨款资助、提供贷款,并通过举办和赞助各种图书和阅读活动来倡导创作和阅读。法国政府非常重视出版产业的发展,在政府中设立了专门的出版管理机构。法国管理出版企业的政府机构是文化和交流部(minisery de la culture et de la communication)下设的图书与阅览司(direction du livre et de la lecture),主管法国的商业出版社和书商以及国家的图书馆(由教育部主管的大学图书馆除外),主要任务是保护和支持创作和出版,扩大图书的出口,帮助图书和阅读活动的开展。该司掌握着一笔主要用于对整个出版产业链进行资助的资金,但它不直接对法国出版企业进行资助,而是通过国家出版中心(Le Centre national du livre)对出版产业在税收、投资、补贴等方面给予优惠政策。国家出版中心(le centre national du livre)属于政府机构,主要的资金来源是出版产业(尤其是图书)的税收收入,国家出版中心资助的主要对象是作家、出版社、期刊、书店、图书馆,文化团体和文化活动等。

法国政府非常热衷于将本国作品翻译成其他国家的文字出版。法国设有各种政府计划项目(比如,布里顿、卡特兰和考科斯等)用于支持不同文字之间的翻译,这些项目由法国图书中心统一管理。除此以外,法国政府还通过外交部的各种计划项目对图书(尤其对关注当代的图书)的翻译进行资助,如设在法国驻伦敦使馆的伯吉斯计划(Burgess Programme)。法国对将外国作品翻译成法文的资助有两种。翻译过 3 本书以上的译者可以申请 6600 欧元、13200 欧元或 26400 欧元的奖金。对于一本很难翻译的作品,译者可以申请3300 欧元的额外补助。将法文著作翻译成其他文字的译者可以每个月申请1525 欧元的补助,为期最多为 3 个月。[①]

法国出版界有自己的行业组织——全国出版协会(SYDICAT NATIONAL DE L'EDITION)。全国最主要的 290 家出版社均为全国出版协会会员。全国出版协会通过选举产生主席、常委会成员和专业委员会成员,每三年改选一次。全国出版协会主要任务是保护出版企业利益,维护出版自由、版权和统一书价,促进图书创作和阅读。

相对于英语和英美文化,法语和法国文化显然处于劣势,而法国政府给予出版业一整套保护和支持制度却使法国出版业欣欣向荣。

第三节 北美的文化产业

一、美国的文化产业

美国文化产业在全球处于主导地位,是目前世界上第一文化产业强国。

① 张书卿:《法国政府对出版产业及文化产业发展的作用与作为》,中国出版科学研究所。
http://www.lunwenshop.com/daixieshuoshilunwen/727_2.html

美国文化是开放性的,总是处于一种不断吸纳世界文化精华的演进过程之中;美国文化是包容性的,具有将各民族文化特点重新洗牌成为自身文化的有机组成部分。开放性、包容性特征使美国成为百年来世界文化舞台上生机盎然的文化力量。美国文化还具有实验性,它的不断探求和创新精神不仅是美国文化的生命线,也因此造就了美国文化产业的世界地位。

美国自 20 世纪 90 年代起,随着经济的快速发展,文化产业成为最富活力的产业之一。近年来,文化产业增加值约占美国全国 GDP 的 1/4。美国的文化产业在其国内产业结构中位居第二(首位是军事工业),在出口方面则是第一大产业,[①]美国文化产业的经营总额近几年高达数千亿美元。其中,好莱坞大片、三大电视网的娱乐节目、时代华纳等公司制作的流行音乐占据很大份额。在美国的商品出口中,视听业紧随航空业和食品业之后,每年为美国提供1700 多万个就业岗位。好莱坞作为美国文化产业的重要堡垒,发挥着经济与文化的双重作用。好莱坞大片《拯救大兵瑞恩》是一部典型的现代美国英雄神话,一部部风行世界的电影《阿凡达》、《泰坦尼克号》,赚走了各国的金钱,带去了美国的文化。美国的文化产业发展完善、模式先进、文化创意新颖,是美国经济发展的支柱产业之一。另一方面,美国文化产业急剧扩张,正以一种经济行为将其意识形态和文化价值观念推向全球,使美国文化成为当今世界的"主流文化",正在形成对世界文化市场的控制态势。

1. 美国文化产业的管理[②]

美国文化产业管理大致分为政府、准政府、非营利和营利四个形态。凡是美国政府直接管理或给予相当数额投入的部门,称为文化事业。美国联邦政府没有设立相应负责制定和实施文化政策的部门,指导文化产业发展的理念是自由市场原则,当然这并不意味着美国政府听任文化产业发展。美国政府和准政府部门在关系到国家安全、公益性强、依靠纯市场力量不能得到充分扶持和发展的文化事业方面积极作为,主要体现在:

(1)保障国家安全和国家根本利益的文化外宣项目

主要是指美国开展文化外交服务的项目和经费,美国国务院教育文化事

---

① [韩]李普京:《韩国:为什么必须发展文化产业》,人民网《青年记者》2006 年 03 月 31日,http://media.people.com.cn/GB/22114/42328/61182/4259029.html,作者为韩国文化观光部文化产业局局长

② 韩红:《美国:文化产业的管理形态与总体发展》,中国驻美国大使馆文化处,中国文化产业网。

务局和国际信息项目局负责管理文化艺术和教育经常性交流项目。为了加强管理,1997年成立了"政府主办的国际交流培训项目跨部门管理工作小组",协调涉及42个联邦政府部门机构、年度经费10亿美元以上的政府交流项目。美国广播理事会负责对外广播,下辖"自由欧洲电台/自由电台"、"美国之音"等电台,用50多种语言向世界播送节目。

小贴士

史密森学会(Smithsonian Institution)

史密森学会是唯一由美国政府资助的半官方性质的博物馆机构。由英国科学家詹姆斯·史密森尼遗赠捐款,根据美国国会法令于1846年创建于美国首都华盛顿。它是美国乃至全球最大的博物馆系统和研究联合体,它囊括了19座博物馆、美术馆、研究中心、国家动物园以及1.365亿件艺术品和标本。管理和经费来源于由美国政府拨款,其他捐助以及自身商店和杂志销售盈利等等。

史密森于1828年逝世时,将财产遗赠给美国政府,以便建立一个增进和传播人类知识的学会。美国政府于公元1838年得到了他的财产,约瑟夫·亨利于1846年任史密森学会的第一任会长。亨利指出:在美国,"虽然许多人长于把科学应用于实际生活,但很少有人为了发现和发展新的真理的必要而进行辛勤的劳动和认真的思索。"

(2)支持公益性文化设施

在旅游服务方面,美国内务部国家公园服务局,负责管理全国30多个国家公园,保护全国的自然和人文景观,向公众提供旅游服务和相关的教育项目。在文化艺术方面,支持博物馆图书馆科学学会、史密森学会、肯尼迪表演艺术中心、国家植物园、国会图书馆、历史保护顾问委员会、国家档案与记录管理局等文化机构和组织的运作。这类项目均在美国总统提交国会的年度联邦政府预算中单独立项,国会审批预算后拨款实施。

(3)普及文化艺术,维护文化多元性,保护弱势族群文化遗产

联邦政府根据1965年国会立法设立国家艺术基金和国家人文基金,这两项基金从国会获得一定数额的拨款,再以项目投标和拨款的方式,对美国全国各地特别是经济欠发达地区、弱势族群和社区文化活动以及文化艺术教育普

及活动给予政策性扶持。

美国州和地方政府一般都设有艺术理事会。各级艺术理事会作为州或地方政府的办事机构,负责审批文化拨款项目,建立健全文化资金管理程序,保证艺术家、艺术组织和公众在计划执行实施过程中的广泛参与,监督资金使用,确保公众对文化事业的参与。这些艺术理事会在美国的文化艺术领域起着领导、协调和组织的重要作用,是美国政府管理文化的另一个有效渠道和方式。

图 5.13 位于华盛顿特区的史密森学会

是用玻璃与钢铁在一座原政府大楼的天井上方加盖了一个白色网格形屋顶,远看屋顶像在风中飘动的丝织物,呈现出经纬美感。

此外,文化领域里还活跃着大量非政府文化组织和机构,特别是各行业协会,如美国电影协会,全国广播业者协会,美国唱片业协会,美国出版者协会,全美演出主办者联合会等等。各行业协会代表本行业向美国国会、联邦政府和法院进行游说,对立法、政策和法规的制定施加影响,制定行业规范,提供知识产权保护服务,推广新技术的应用,对美国文化产业的发展起着非常重要的作用。

2. 美国的特色文化产业

美国没有文化管理部门,是通过法律法规和相关政策鼓励和支持美国的文化商品占领国际市场;美国重视高新科技,几乎每项最新科技成果都会尽快同步运用于文化产业中。

组成美国文化产业比较有特点的典型行业是:影视业、艺术博物馆、表演业、媒体行业和音像唱片业。

(1)电影产业

图 5.14　电影《泰坦尼克号》

好莱坞作为美国文化产业的重要堡垒,发挥着经济与文化的双重作用。一部风行世界的电影《泰坦尼克号》,赚走了各国的金钱,带来了美国的文化。

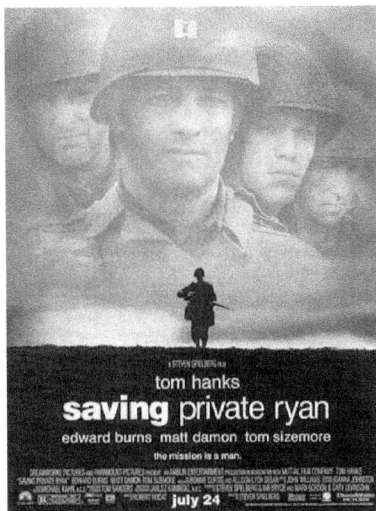

图 5.15　好莱坞大片《拯救大兵瑞恩》,一部典型的现代美国英雄神话

美国的影视产业以洛杉矶市地区为集中地,"好莱坞"已经成为美国影片及其文化的代名词。1900 年的好莱坞还只是离洛杉矶市中心十几公里的一个人口稀少的小镇。1886 年,房地产商哈维·维尔克特斯置买了这片土地,他的夫人将苏格兰运来的大批冬青树栽在这里,就有了好莱坞的名字(英语Hollywood,是冬青树林的意思)。如今,好莱坞在美国文化中已经演化成为重大的符号象征意义,包括日落大道、贝弗利山庄、圣费尔南多河毅、圣莫尼卡和马利布海滩等享有盛名的地方,也都充满了现代神话意味。可以说,好莱坞的发展历史就是美国电影的发展历史,也是美国电影产业的发展历史。"好莱坞"的七大公司迪斯尼、索尼、米高梅、派拉蒙、20 世纪福克斯、环球、华纳兄弟,共同支撑起世界上最大的电影生产基地和电影产业集群。好莱

坞以其技术先进的电影生产流水线和成熟的商业运作经验,每年生产出大量的商业娱乐影片向全球观众传播,创造了可观的商业利润。

奥斯卡金像奖

奥斯卡金像奖(Academy Award)是学院奖,由电影艺术与科学学院(Academy of Motion Picture Arts and Sciences)颁发。

1927年5月,美国电影界知名人士在好莱坞发起组织一个"非赢利组织",定名为电影艺术与科学学院(Academy of motion picture Arts and Sciences,缩写为 A. M. P. A. S.)它的宗旨是促进电影艺术和技术的进步。学院决定对优秀电影工作者的突出成就给予表彰,创立了"电影艺术与科学学院奖"(Academy Award),每年一次在美国的好莱坞举行。学院奖一直享有盛誉,它不仅反映美国电影艺术的发展进程而且对世界许多国家的电影艺术有着不可忽视的影响。1931年后"学院奖"逐渐被通俗叫法"奥斯卡金像奖"所代替。

奥斯卡奖分为三大类:成就奖、特别奖和科学技术奖。成就奖主要包括最佳影片、最佳剧本、最佳导演、最佳表演(男女主、配角)、最佳摄影、最佳美工、最佳音乐、最佳剪辑、最佳服装设计、最佳化妆、最佳短片、最佳纪录片、最佳外国语影片等。特别奖则有荣誉奖、欧文·撒尔伯格纪念奖、琼·赫肖尔特人道主义奖、科技成果奖和特别成就奖。在上述众多奖之中,最具影响的为最佳影片奖,而最佳男、女主角奖属表演奖,获奖人有"影帝"与"影后"之称,是男女演员们希冀的殊荣。

美国创意文化在影视行业的成就尤为突出,21世纪被全球评为一生不得不看的50部经典电影中,美国电影占其中的30部。美国人到影院观看电影的人次在世界上仍居首位,每人年均5场次。纵观全球文化市场,美国影视产品占据绝对优势地位。美国电影在世界150多个国家和地区放映,美国影片拿走欧洲电影票房收入的70%,在加拿大、拉丁美洲、大洋洲和亚洲,美国影片的优势地位也日趋明显。美国的电影产量仅占世界电影产量的6%,而在世界电影市场的总体占有率却达到80%。另外,美国的电视产品在世界电视文化市场的总体占有率也达到80%。全球销售的各类影视录像制品大多数都是美国公司生产的。

奥斯卡这一品牌的商业价值高达数十亿美元。1929年创立的奥斯卡奖是全球最光彩耀人、绚丽夺目的重要电影奖项，是全球众多影片制作商角逐的对象，影响着各国商业影片的发展趋向。七十多载风雨历程，奥斯卡电影节依然活力四射，这项电影活动无限的魅力来自于商业契机，奥斯卡奖不仅仅是单纯的电影评奖活动，奥斯卡奖意味着政治影响、文化感染等国家文化软实力，最后才是大幅度增加的票房收入。当然，奥斯卡评奖市场本身给美国文化产业带来的巨额利润是无可比拟的，每年能给主办地洛杉矶带来6亿多美元的直接与间接的经济效益，全美国的电影、电视、旅游、餐饮、时装等庞大产业链收益可观。

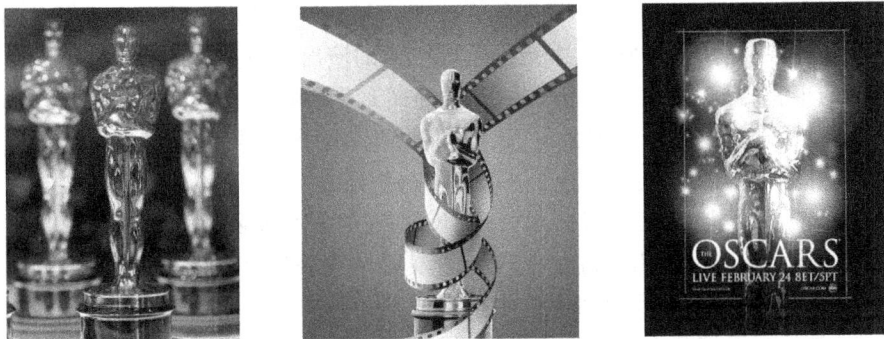

图5.16　奥斯卡小金人，是电影艺术家们获得认可的重要标志

2. 艺术产业

美国的艺术产业包括两大门类：表演艺术和视觉艺术。

(1)表演艺术产业

表演艺术业(以下简称演出业)是美国文化艺术业的主要组成部分。1801年。纽约百老汇大道就有公园剧院；19世纪末，百老汇剧院、美国剧院和奥林匹克剧院等著名剧院相继问世。20世纪，美国演出业先后受到唱片业、电影业和电视业冲击，出现重大转折。1965年美国国家艺术基金会成立，有力地扶持了美国文化艺术业的发展，演出业经济状况改善、融资手段丰富，自20世纪60年代以来逐渐走向繁荣。近10年，数字娱乐产业吸引了大量的消费群体，美国演出业再次面临萎缩，开始第二次产业运作机制调整。

娱乐经营和品牌经营是美国演出业的重要特色。以百老汇(Broadway)为例，百老汇是西方戏剧行业的一个巅峰代表，在戏剧和剧场这个行业代表着最高级别的艺术成就和商业成就，世界上还没有一条街道像百老汇大道(Broadway)那样使人充满幻想。每年，都有几百万的来自世界各地的游客到纽约欣赏百老汇的歌舞剧。19世纪初,百老汇早期的戏剧风格深受当时欧洲维多利亚风格(Victorian Style)影响。伴随着移民潮及多样文化的冲击,百老汇的剧目大量改编自各民族的文学作品。20世纪初,百老汇以丰富多彩的商业色彩和娱乐元素,即变幻莫测的制作、富丽堂皇的舞台、功力非凡的超级明星,通俗易懂的剧情,使演员和观众的交流融为一体,构筑起音乐剧长盛不衰的骨架。百老汇信奉一个准则:让观众视觉得到挑战。像《猫》、《歌剧魅影》等著名舞台剧,先是在伦敦西区原创,而后在百老汇方才走红。百老汇的制作人精细地再制作,体现求新求变的现代意识。

美国表演艺术产业的经营模式是由演出内容制作商、演出场所经营商和演出经纪商三方独立或联合经营。演出团体的最高机构是理事会,下设艺术指导和行政经理。理事会由各界著名人士组成,负责招聘剧团的艺术指导和行政经理,决定重大事宜;艺术指导负责剧团的演出和演员等一切与艺术创作有关的事宜;行政经理负责市场发展、财务等经营性业务。在美国的演出市场上,演出活动主要是由经理公司、表演团体或表演个人、剧团或演出协会三方形成的。其中,经理公司是整个演出市场的枢纽。目前,全美共有演出经理公司千余个,哥伦比亚艺术家经理公司、ICM艺术家经理公司等大公司占据了主要的演出市场。演出经理公司代表表演团体或表演个人的利益,负责向承办演出活动的各地剧场及演出协会推荐表演团体或表演个人,负责商签演出合同,并负责安排和设计演出的场次、场地、方式等,以尽可能提高表演者的知名度及身价。而演出的宣传广告、售票及剧场的安排等具体事务则由各地剧场或演出协会承办。

(2)视觉艺术产业

美国的视觉艺术产业市场需要包括欣赏与收藏两种主要的消费行为。调查显示,21%的美国人拥有至少1件原创艺术产品。美国的视觉艺术产业市场由两部分构成:非营利性机构和商业机构,其中非营利性机构占89%,商业机构占11%。非营利性机构包括博物馆、画廊和其他展览场馆,其中博物馆占63%;商业机构主要是艺术品创作和销售中的各种公司。在美国,艺术文化传播主要以非营利的博物馆为主。

美国的文化历史不长,正因如此,美国格外重视历史文物博物馆的保护和运用,运用先进技术将冷落的博物馆变为教育的生动场所。美国是计算机和信息网络技术的发源地,博物馆都有发达的信息技术,通过网站和文物藏品的电子化建设,扩大历史文化的传播。美国博物馆把"顾客是上帝"理念注入管理服务中,博物馆是每个人的"终身学校"和"生动的百科全书"。美国有1200

多家艺术博物馆,充分发掘艺术博物馆的文化产业价值成为美国文化产业的典型特征。

美国博物馆部分由政府管理,州博物馆等由教育部门负责审核、监督和服务,大多数是非营利性私营博物馆。教育部门设观众调查机构或调查员,及时了解观众特点和喜好、展览效果、教育活动评价等,还编写系列专题材料,推出"双向可视远程教育"、培训班、教师资源中心、家庭快车、学校之旅等项目和"探险宫"、"历史屋"等益智游戏。美国的博物馆一般采取馆长责任制,由馆长管理各个业务部门。以纽约大都会艺术博物馆、纽约现代艺术博物馆、华盛顿国家美术馆为代表,美国的艺术博物馆大多实行董事会制度。董事会起着监督和顾问的作用,董事由社会名流义务担任,并负责为博物馆争取赞助,很多情况下董事本人也捐赠一定数额的资金。美国的博物馆一般都设立会员组织,博物馆根据会费贡献给予其相应的特别待遇,以鼓励会员继续参与和支持博物馆的发展。美国博物馆的志愿者数量众多。事实上,美国面向社区的小型博物馆基本上依靠志愿者维持其基本运营。志愿者除承担讲解咨询等常规工作外,还参与博物馆行政事务、服务经营、藏品管理、陈列设计、业务研究、募集资金,甚至财务投资、法律规章等博物馆运营的方方面面。这些志愿者也是巩固和拓展博物馆观众群体的重要力量。博物馆运作费用除了政府资助、企业赞助、私人捐赠的收入之外,大型博物馆举办的特别展览和巡回展览成为收入的重要组成部分。美国艺术博物馆每年至少举办1200场大型展览,这些展览通常向公众展出一些平时很少有机会看到的名家作品,所以,观众对此反应十分热烈,博物馆获得的门票收入也不少。

(3)广播电视产业①

美国是世界上广播电视业最为发达的国家,也是广播电视业发展最早的国家。

20世纪20年代美国的广播媒介开始出现,40年代,美国广播电视的社会影响力开始显现。1920年11月2日在匹兹堡开播的KDKA电台因迅速及时播出哈定总统竞选而轰动一时。20世纪30、40年代是美国广播业的"黄金时代",电台节目基本包括娱乐节目、肥皂剧、探险系列剧、新闻及体育报道各方面内容,属于综合性电台。50年代早期电视台出现并挑战广播,广播在20

---

① 参见孙有中等编著:《美国文化产业》,外语教学与研究出版社2007年版,第85～116页。胡正荣:《竞争·整合·发展——当代美国广播电视市场、产业及其走向》,http://www.boke28.com/Article

年的冲击中不断调整,将综合服务转向专业化服务,向特定听众提供特色音乐和新闻。

全美现有电台 11000 家,另有 1570 多家公共或非商业电台。调频电台(FM)的听众占总听众的 70%。广播电台是美国大众传媒中最个人化的媒介,家庭、办公室等固定居所;汽车、飞机等交通场所,泳池、球场等娱乐场地,它无处不在。广播听众的家庭户为 9440 万户,全美有近 6 亿台收音机,人均拥有两台以上。

1939 年,美国第一家电视台开播。1941 年 7 月 1 日,美国联邦通信委员会正式向 18 家电视台发放许可证,标志着美国商业电视的开始。1948 年,CBS-TV 播出道格拉斯·爱德华兹新闻节目,NBC 同年播出约翰·卡麦隆·施伟兹新闻,是美国电视新闻的鼻祖。在美国,拥有一家电视台相当于"拥有了一张印刷钞票的许可证",美国商业电视台的利润非常可观。

98% 美国家庭拥有电视机,其中 65% 的家庭拥有两台及以上的电视机。拥有电视机的家庭 98% 有一台彩电,80% 的家庭有录像机,60% 家庭接入了有线电视系统。有线电视用户可以收看到 100 个左右的电视频道,其中有 10 个左右是无线电视频道,近 60 个有线电视频道,20～30 个按次付费频道(Payperview),即每收看一部影视节目要付一次收视费。据统计,一个典型的美国家庭平均每天开机 7 小时。

商业广播电视是美国广播电视产业的主体。全国广播公司(NBC)、美国广播公司(ABC)、哥伦比亚广播公司(CBS)是美国长期占据商业广播电视产业主导地位的三大广播公司,后来兴起的 FOX、UPN、WB 和有线电视的主要网络日益壮大,共同构成美国商业广播电视的主体。除外,还有部分独立的商业广播电台和电视台。所有商业广播电视的根本经济来源是广告,商业性的后果是为追求广告收入而降低文化标准。为此,美国政府出资办公共广播电视,避免民众被迫收看低文化水准的纯商业节目。1967 年,联邦通信委员会通过了《公共广播法》,1969 年成立公共电视台(PBS),1970 年成立了全国公共广播电台(NPR)。这些非赢利电台、电视台,经费来源为政府资助、各种基金会捐赠、企业资助(非广告方式)等。公共广播电视台的节目多为教育性节目,如科学、风土、文化、社会等内容的各种纪录片、严肃音乐、儿童教育节目等。除此而外,美国还有少量的发射功率较小的公共和非商业广播电台、电视台,它们一般服务于特定地区或特定受众,如宗教以及不同种族等。这些社区性质的小型电台、电视台的经费多来自各种机构的捐赠。在美国,公共及非商业广播电视业始终面临着商业广播电视业的巨大冲击,公共及非商业广播电视业在受众、市场等方面都处于劣势,而商业广播电视灵活、多变、通俗,吸引了大量的受众,占据了主要市场。

图 5.17　美国三大广播公司标志

（4）音像产业

"研究表明,这些人（'婴儿潮'出生的人）非常喜欢音乐"。[1] 美国人购买音像制品的花费高于杂志和电影的消费。

美国的音像产业能够快速发展,原因是:首先得益于消费群体的变化,即中产阶层的扩大和年轻人口的快速增加;其次得益于宣传渠道的通畅,即美国成熟的广告产业和立体的媒体网络,音像商家可以便利地进行低成本大规模的促销活动;另外得益于市场营销手段的不断更新,即邮购、音像制品俱乐部、网购技术和技巧的发展;除此还得益于超市等零售商店的音像制品专柜,有的还辅以方便顾客试听的设备和查阅店内音像制品目录的设备,这些方便设施加快了流通的速度,拉近了与消费者之间的距离。当然,尤为重要的是稳定不变的价格和音像技术的更新,极大地推动着美国音像产业的发展。

全美有 1000 多家唱片发行公司,其中以华纳兄弟公司、索尼音乐娱乐公司、BMG 娱乐公司等大公司为主要代表。美国公司生产的音乐唱片已经占据世界音乐唱片销售总量 60％的份额。唱片公司、制作人和音乐家是美国音乐唱片业的主要参与者,三方合作形式灵活,唱片公司可以直接与音乐家签订合同,由公司制作人制作,而公司制作人除工资外,提成一定比例的版税;也可以由独立音乐家与制作人合伙制作母带,卖给某个唱片公司,取得版税;如果音乐家已经签约某个公司,也可以由公司物色独立制片人,该制片人按公司的预算制作母带,获取制作费,并从唱片销售中提取版税。在美国,人们普遍认

---

[1]　Recording Industry Association of America, Rewind/Fast Forward: 45 Years and Beyond@ the Recording Association of America(1996): 28.

为其音像企业的结构能够有效地保障词作者、曲作者、出版者和表演者为创作最终产品所应得的工作报酬,成为世界很多国家发展音像产业参考的模式。

(5)版权产业

版权产业是以版权为基础的创新产业,又称知识产业。美国国际知识产权联盟将版权产业分为四类:

第一类是"核心版权产业",包括电影、电视、广播、商业和娱乐软件、书籍报刊、音乐以及广告等美国文化产业的绝大部分行业;

第二类是"部分版权产业",包括纺织、玩具、建筑等享有部分版权的产业;

第三类是"发行版权产业",包括发行版权产品的运输、批发等行业;

第四类是"关联版权产业",包括生产或销售计算机、电视机等产品的行业,因为这些产品需要完全或主要与版权产品配合才能使用。

国际知识产权联盟一份最新的研究报告证明,美国的就业、经济增长和外贸已经越来越多地依赖于版权产业。

与其他文化产业相比,版权产业更需要政策法规的支持,美国政府为推动和规范版权产业主要采取了三种方法:

①建立与完善国内知识产权法律体系。

②在世界上积极推动知识产权的国际保护。

③通过税收政策扶持版权产业的发展。

版权产业不仅可以独立创造产值,而且与其他文化产业门类紧密相关,因此,在未来,版权产业的重要性将不断提升。

二、加拿大的文化产业

加拿大是一个奉行多元文化产业政策的国家。地处北美的加拿大,作为一个移民国家,立国较晚,众多族裔带来多元民族而国家自身底蕴较浅。20世纪80年代伊始,加拿大联邦政府将制定文化政策的工作由国务部移交通讯部,同时将国家的广播、影视、表演艺术、美术、图书、出版、档案馆、博物馆等统一归入该部管理。1993年,自由党大选获胜重组内阁,通讯部改为遗产部,文化产业司应运而生,主持开发本国的文化产业产品和支持版权保护。

1. 加拿大文化产业的"多元文化政策"

加拿大文化政策发展史,历经了同化、熔炉和多元文化三个阶段。

第一阶段,推行同化政策,目的是使其他移民集团同化于不列颠文化。但是 19 世纪后期,大量移民的民族成分日趋复杂,英裔加拿大人无力"同化"众多族裔的各色民族文化,同化政策流产。

第二阶段,熔炉政策出台,希望规划一种不同族裔满意的中心文化。尽管用不少时间去颇费周折,最终未能找到一个能让盎格鲁人、法兰西人、乌克兰人、日耳曼人、华人等族裔都支持的文化熔点。

第三阶段,确立多元文化政策,繁荣文化市场。在无万全之策的情形下,政府默认多元文化并存的现实。

小贴士

"贸易之路"Trade Routes

加拿大文化遗产部"贸易之路"项目是专为加拿大艺术与文化产业出台的唯一的、全面的贸易发展项目。

"贸易之路"在加拿大贸易国家——文化产品及服务小组的领导成员们的倡议下而设立。项目为加拿大文化企业提供全方位的支持和服务。项目旨在提升加拿大文化企业和机构的出口能力以及在全球市场的销售竞争能力。项目所支持的文化产业涵盖工艺品、影视、文化遗产、新媒体、表演艺术、出版、视觉艺术等领域。"贸易之路"项目在四个领域向加拿大的艺术和文化企业提供国际商务发展服务,以帮助这些企业在全球市场中更全面地抓住机遇。"贸易之路"项目通过一系列资助计划提供资金援助,同时根据"市场调查项目"提供市场情报。

"贸易之路"目前已在加拿大以外开设了多个文化贸易办公室(包括巴黎、伦敦、纽约、洛杉矶和上海)。其中,上海办公室于 2006 年 1 月成立。

1971 年 10 月 8 日,加拿大通过议会决议确立"多元文化政策"为国家的基本国策,其核心是:承认其他族裔文化的存在及贡献;反对种族歧视;民族平等。由于该政策符合加拿大国

Canada

图 5.18　加拿大"贸易之路"项目标志

情,很快得到广大少数族裔的拥护。文化多元化策略既加强了国内各族裔的团结,又极大地繁荣了加拿大的文化市场,广播、电视、图书、出版等行业发展迅速,

比如温哥华的"国泰"多元文化台、多伦多的中文电视台等。多元文化政策为加拿大文化产业的形成打下了良好基础,成为加拿大文化产业的主要模式。

从国际社会发展的角度观察,这种多元文化政策很可能成为 21 世纪多民族国家文化政策的一个模式。

2. 文化产业发展基金

20 世纪 50 年代以前,加拿大文化市场被英、法、美等国的书籍、唱片和电影长期占据;直到 90 年代以前的几十年,美国文化产品无处不在,从图书报刊到广播影视无处不烙着美国文化的标记。

1991 年,政府筹建"文化产业发展基金",委托联邦商业开发银行监管。自"文化产业发展基金"注入加拿大本国文化市场后,加拿大文化产业充满生机。

20 世纪 90 年代,加拿大本国文化产业迅速发展,单全球娱乐业每年就盈利 1500 亿美元,并以 15% 的速度高速增长。文化产业的发展刺激了市场需求,创造了更多的就业机会,并带动了许多相关产业的发展,从此改变了加拿大人对文化产业只是赔钱买卖的传统看法。加拿大政府不失时机地采取了许多扶持政策,增加文化产业的投入、鼓励本国文化产品的出口、限制外国资本经营文化产业、规定文化产品的"加拿大内容"的比例、确立文化在国家对外政策中的支柱地位、以利税为杠杆扶持文化产业的发展、用税收方面的优惠促进国民对文化产业的需求、鼓励全社会参与文化活动等。这些措施,维护了本国文化市场,扶持了本国多元文化的发展,巩固和繁荣了加拿大文化市场,有力地保护了加拿大的文化产业。

3. 加拿大文化产业的主要行业

(1)博物馆业

加拿大的博物馆业在经营中十分重视多元化服务意识。坚持博物馆是文化服务,服务意识是博物馆生存根本的管理方针。加拿大联邦和各省议会大厦等历史建筑和一些主题博物馆都长年免费开放。加拿大的博物馆业提供的服务包括以下内容:

①会员制服务:会员可享受免费参观、优先观看展览、购物折扣等优惠及特殊服务;

②导游服务:博物馆内免费提供多语种导游服务;

③免费参观服务:加拿大的博物馆、美术馆等多为非营利性文化机构,均设免费参观日,让更多的大众有参观机会;

④接送服务:负责对本地和外地的个人或团队按约定时间、地点接送;

⑤研究服务：为本国或外国的专家学者提供免费研究的方便，有时也要求研究人员为该馆做一些义务性的工作，如讲演、导游或表演等；

⑥教学服务：学生在教师的带领下免费到博物馆、美术馆等地上课，听专家讲演，看节目或电影，进行有关历史、艺术的教学与研究；

⑦巡回展出服务：为充分利用现有资源、提高社会效益，博物馆会做不定期的巡回展出；

⑧维修服务：为社会提供古物的修复、复制，以及修理照相机、录像机；

⑨承接制作教学模型等项服务；

⑩其他服务，如出租场地，提供停车场，开办礼品店、咖啡厅、餐厅等。

（2）表演艺术业

加拿大联邦政府重组成立的遗产部，专项管理文化事务，在文化产业的组织、计划、营销、服务、复合和联合经营、人事管理和人才培训等环节加强管理。遗产部针对表演艺术业，主要从事四个方面的管理：

①生产管理。艺术生产环节是管理的关键。决定艺术生产的因素包括市场预测和信息反馈的各种参数，如票房价格涨落指数、剧场预定淡旺季幅度、流动观众走势、观众欣赏趣味趋向、本剧上演节目反映、综合经营价值评估等。

②营销管理。广告宣传的效果直接影响观众的上座率，表演艺术业的营销活动包括将演出节目输入加拿大理事会巡回演出部的信息系统，印刷和散发海报、节目单、说明书和宣传册，召开新闻记者招待会，宣布演出计划、资助单位名单，并借机宣传本团成就，利用广播、电视、报刊等新闻媒介刊登广告等。

③经营管理。加拿大艺术团体的经营方式大致分为复合经营和联合经营。加拿大艺术团体，尤其是亏损的艺术团体，为扩大收入，弥补生产资金的不足，大都兼营其他业务，被称为"复合经营"。复合经营的项目一般都与文化艺术有关，如影视、音像产品的制作和经销等，收入纳入统一财务。有的跨行业经营，收支另立账目；有的则与公司、企业结合，或依附于大公司、大企业，这种情况属于联合经营。

④大量运用现代科学技术，是加拿大艺术管理的重要特色。在加拿大的艺术团体经营中，信息论、系统论、控制论和计算机技术的广泛运用，大大提高了管理效率和水平。[①]

① 戴茸、王晓山：《加拿大的多元文化政策及文化产业管理》，江蓝生、谢绳武主编：《2001—2002年中国文化产业发展报告》，社会科学文献出版社2002年版，第258页。

第四节 亚洲的文化产业

一、日本的文化产业

文化产业是日本经济发展的重要支柱产业,发展现状及前景都比较乐观,休闲、培训、娱乐、博彩、歌咏、旅游、参观、博览会等文化项目都被纳入市场运作范畴。日本是成熟的市场经济国家,主要依靠市场经济发展文化产业,但政府也积极推动文化产业的发展。日本的文化市场规模巨大,仅次于美国居世界第二位。

日本的文化产业概念有两种,一种是把文化产业统称为娱乐观光业,主要包括广播电视产业、出版关联产业、动画片产业、音乐关联产业、游戏关联产业和电影产业等;另一种认为凡是与文化相关联的产业都属于文化产业。

1. 日本文化产业的"产官学"模式

(1)文化产业为什么需要"产官学"?

文化产业是提供精神产品的新兴产业,是要利用文化资源创造新文化,从人的根本需求中寻找消费资源、开辟市场,用人文精神去创造经济奇迹。因而,文化产业比物质产品生产更需要全新的观念和更高的智慧,"研究"、"管理"和"经营"相互配合、梯级开发尤为重要。日本经济实现高速增长,产官学相结合功不可没。

(2)日本文化产业"产官学"的内容

日本的文化产业发展,成功地借鉴了产官学模式,"产"——日本实业界通过与政府和研究机构合作,谋求文化产业发展;"官"——日本政府提供文化产业发展的法律保障和政策支持;"学"——学术和研究机构负责向政府和企业提供市场预测、发展前景等信息支持和研究报告。日本凸版印刷公司同北京故宫博物馆实施的"故宫文化资产数字化应用研究"项目,就是产、官、学相结合的实例。"产"利用的是大电子公司的技术,"官"依赖于政府的支持和政策扶持,"学"则是依靠早稻田大学和北京大学、清华大学的合作。

2. 日本文化产业的中介组织

日本的文化产业主要依靠市场机制调节,日本企业是日本文化产业发展的主体。一方面文化的产业化运作,已经为日本酝酿出一批知名文化企业,例如,演出界的四季剧团、宝歌剧团,电影界的松竹公司、东映公司、东宝公司,出版界的大日本印刷公司、凸版印刷公司,票务界的琵雅公司,广告界的电通公司,综合性的吉本兴业公司、艺神公司等文化公司,日本文化企业都有各自的发展规划、独立的市场及营销体系。另一方面,社区或公益的大型文化活动需要企业的参与和赞助,企业通过市场化运作的文化活动增加企业品牌的含金量,客观上推动日本企业文化和文化产业发展。

日本政府管理文化产业的基本态度是放手让企业通过产业运作方式发展文化产业。当然,日本政府不是被动的或放任自流的,日本政府不仅明确了"文化立国"战略和制定了文化产业管理措施,在政府部门还专设机构予以推动。为把文化立国战略落到实处,日本政府还通过设立战略会议、恳谈会、幕僚会议、审议会等形式,研究商讨具体对策,推动文化产业发展。

在文化企业和政府之间,日本的文化行业协会起着不可或缺的重要作用。在日本,几乎每个行业都有自律性的组织或机构,日本文化行业协会很多。这些行业协会都是社团法人,主要职能是制定行业规则,维护会员合法权益,负责行业统计。日本文化行业协会的作用十分突出,被看作是政府职能的延伸。同时,日本的文化企业很看重行业协会,不仅积极参加,而且遵守行规。例如,成立于1939年的日本音乐著作权协会,该协会有作曲家和作词家会员1.2万余人,是专门从事音乐著作权事务的法人团体。协会主要工作是根据《著作权中介业务法》,负责征收电视、广播、卡拉OK、CD等使用音乐的著作权使用费。

在日本,画家、电影演员、歌手等都有自己的经纪人。签约都由经纪人出面,艺术家本人基本上不露面。一旦有违约和出现问题时,都有经纪人或委托律师出面解决。在日本,经纪人的作用非常大。他们不仅起到发掘和培养画家、演员和歌手的作用,而且更重要的是,他们激活和培育了良好的文化艺术市场,使得大家都遵守游戏规则,从而更加规范地从事文化产业。[1]

3. 日本文化产业的特色行业

日本的文化产业已成为高成长产业,日本计划利用迅速扩大的世界文化市场来发展自己的文化产业。与休闲和个人爱好相关的文化市场是日本文化产业中增长速度最快、潜力最大的领域,市场规模约为1.67万亿日元,音响、电视、录像带、音乐磁带等市场规模为3.75万亿日元。电影、音乐创收、CD销售和游戏软件的生产和销售都位居世界前列。日本每年观看戏剧的观众达1130万人次,市场规模为1890亿日元;观看其他演出的观众约为590万人次,市场规模为280亿日元。日本是世界第二位的电影消费大国。

---

[1] 张爱平、何静:《日本的文化产业概况与特点》,中国社会科学院哲学研究所官网。

（1）娱乐产业

娱乐产业是日本文化产业的重要支柱，娱乐市场的变化将会直接影响日本文化市场的盛衰。2003 年，日本政府成立了"知识财富战略本部"，正式把"新文化产业"确定为国家发展战略的一项重要内容，对这一产业放宽限制，增加预算，完善相关法律。[①] 同时，日本民间也开始积极兴办相关学校，通过举办游戏大赛等各种方式，下大力培养人才，壮大游戏的创作队伍。如今，仅在东京，就有几千家动漫和游戏软件公司，这些公司制作的新产品源源不断地输往国外。

日本的娱乐市场包括游戏中心、电视游戏及游戏软件、公营博彩业、赛马、赛艇、自行车比赛、彩票和弹子游戏等。根据日本 JAMMA 协会、AOU 协会以及 NAS 游戏事业权威机构调查结果显示，其中游戏中心市场规模最大，内设大型游乐场，营业额为 30 万亿日元。日本全国约有弹子房 1.7 万家，弹子游戏机 476 万台，营业额高达 21 万亿日元。日本是卡拉 OK 的诞生国，日本全国拥有 33 万家卡拉 OK 店，市场规模约为 6000 亿日元。[②] 博彩业是日本娱乐市场中另一重要支柱，彩票的收入已经成为地方自治体的一大财源。公营博彩业规模很大，购买赛马彩票的为 1200 万人次，市场规模为 42 万亿日元，购买赛车彩票的为 140 万人次，市场规模为 1.4 万亿日元，购买赛艇彩票的为 160 万人次，市场规模为 1.5 万亿日元。彩票收入分配如下：奖金约占 46％，成本为 14％，各自治体的收益约为 40％，收益金用于公益事业。

（2）动漫产业

动漫被称为 21 世纪知识经济的核心产业，是继 IT 产业后又一个新的全球经济增长点。在日本的文化产业中，漫画和动画的制作可以说是最成功、最具代表性的产业。目前在全球播映的动画片中，65％为日本制作，日本已经成为了世界上最大的动漫生产国。欧洲上映的动画片中，日本制作占 80％，日本向美国出口的动画片金额是对美国出口钢铁总额的 3 倍。日本国内，据日本官方公布的调查数据显示，日本的电视台每周播放动漫节目 80 多集，一年播放的动漫作品节目接近 4000 集。在日本所有的出版物中，漫画读物就占了 40％，漫画杂志达 350 种，平均每天有 25 本漫画单行本问世。日本共有 235 家动画片制作公司，市场规模为 1519 亿日元，加上与卡通片相关的商品开发与销售，整个市场约为一万亿日元。

---

① 曹鹏程：《国外文化产业面面观：日本发展动漫产业》，http://arts. tom. com 200667-27017. html。

② 徐世丕：《当代全球文化产业扫描》，《中国文化报》，2003 年 9 月 27 日。

图 5.19　阿童木

"越过辽阔天空,飞向遥远群星。来吧,阿童木!爱科学的好少年!善良勇敢的,铁臂阿童木。十万马力,七大神力!无私无畏的阿童木!"20 世纪 80 年代的初期,当中国的黑白电视机刚刚开始普及的时候,这首《阿童木之歌》每个星期天的傍晚就会伴随着"日立牌是 HITACHI"的广告歌准时在里面出现电视里,把人们带入阿童木的世界。

图 5.20　阿童木玩具和挂饰

这是在阿童木诞生 50 年之际,日本推出的以阿童木为题材的玩具和各种挂件、挂饰。50 年来,阿童木已经形成了完整的动漫产业链。

日本的动画最早于 20 世纪 60 年代出口到国外。当时,欧美国家购买廉价的日本动画片,只是为了填补儿童节目的不足。然而,日本动漫的独特魅力逐渐征服了许多国家的观众,诸如铁臂阿童木、聪明的一休、花仙子等已成为中国(包括港台地区)、新加坡等国家儿童熟知并喜欢的动画形象。日本动画片《千与千寻》获奥斯卡金像奖,另两部作品《游戏王》和《口袋小鬼》在美国儿童喜欢的动画片中并列排名第一。目前,广义动漫产业已经在日本国内生产总值中占十几个百分点,成为日本第三大产业。

表 5.1　2005—2006 年中国 5 大城市动漫受众最喜爱动漫形象调查统计表

排　名	动画形象	国　籍	有效百分比/%
1	柯南	日本	11.9
2	蜡笔小新	日本	8
3	哆啦A梦	日本	8
4	樱木花道	日本	5.6
5	孙悟空(龙珠)	日本	5
6	樱桃小丸子	日本	4.7
7	加菲猫	美国	4.7
8	JERRY鼠	美国	4.6
9	星矢	日本	4.1
10	漩涡鸣人	日本	3.6

数据来源:李思屈主持浙江省重大社科研究项目<数字娱乐品牌研究>

表 5.2　2009 年—2010 年中国 8 大城市动漫受众最喜爱动漫形象调查统计表

排　名	动画形象	国　籍	有效百分比/%
1	柯南	日本	16.9
2	樱木花道	日本	16.8
3	蜡笔小新	日本	15.8
4	哆啦A梦	日本	14.8
5	犬夜叉	日本	13.4
6	漩涡鸣人	日本	12.9
7	孙悟空(龙珠)	日本	12.7
8	奥特曼	日本	11.9
9	卡卡西	日本	11.6
10	猫和老鼠	美国	11.3

数据来源:李涛主持国家社科研究项目<国家形象与动画形象>

图 5.21 宫崎骏的代表作《龙猫》和《天空之城》 充满了童心、童趣与奇异的想象,已经
成为动画产业的标志性作品。

(3)旅游业

旅游业是日本文化产业的重要支柱之一。日本早期的旅游以参神拜佛为主,具有浓厚的宗教色彩。明治维新后,日本开始出现疗养旅游。1905年滋贺县的南新助于草津车站前开设饭店的同时兼办旅游服务,开创了日本近代旅游业。日本自20世纪50年代开始发展旅游业,1963年,日本制定了《观光基本法》,到20世纪70年代,日本的旅游业快速发展,迅速成为世界著名的旅游大国。

日本国内旅游方面,日本政府2001年确立"旅游立国"政策,日本旅游业近年来发展更加迅速。在日本国内旅游的人以数亿人次计算,每年的新年、5月份的黄金周和8月份的夏季连休期间,因为旅游热潮而出现全国范围的人口移动。2008年金融危机之后,日本政府在黄金周到来之前,直接给国民发放现金补贴,刺激旅游消费。具体数额为成年人每人1.2万日元,未成年人两万日元。日本的高速公路收费平时很贵,日本政府为了鼓励国民出游,规定在黄金周期间只要是私人用车,支付1000日元可以使用全国的高速,而平时仅从东京到仙台通行费就需要4万日元。据统计,81%的日本人的休假选择旅游。

为了吸引海外游客到日本旅游观光,日本政府不断挖掘海外旅游潜力,进行有针对的开发;派遣商品计划调查团,与各国政府的旅游局、航空公司进行协作;做好宣传推介工作;针对赴日游客较多的国家和地区,根据游客的不同偏好介绍日本旅游资源,推荐最符合对象国游客口味的观光地。例如,面向中国开通公民自由行旅游通道,配备更多的中文导游,以及在公共场所设立中文标识。持续的努力,换来日本旅游业近年来的快速发展。以北海道为例,旅游已经成为北海道的支柱产业,收益占据其GDP总量的半壁江山。

（4）广告业

日本的广告业很发达，日本电通公司是世界上最大的广告公司。

19世纪末20世纪初以电通、博报堂为代表的第一批广告公司诞生，日本广告业已历经百余年。日本最初的广告从业人员地位低下，甚至于不能从客户正门进入；现今，日本年度广告费超过国内生产总值的1%，经历世纪沧桑的日本广告业在国民经济和社会生活中的地位不容忽视。

电通是年营业额超过百亿美元的大型现代化广告企业，拥有职员近6000人，电通公司的建筑甚至是日本东京的地标。电通公司除为客户提供媒体广告服务外，也举办各类文化、体育活动，如奥运会、地区运动会，电通认为文化体育活动同报纸、杂志、电视、广播一样，也是广告媒介的一种，是广告公司业务的载体之一。

日本广告业的飞速发展无疑得益于20世纪60、70年代的日本经济腾飞，而良好的管理则是日本广告业健康发展的关键。日本广告业的一个重要特点是：在国家的法律和行政规定之外，广告行业的自主规制——日本的广告主、广告公司和媒体三方协作，坚持"自省、自律、自强"原则，对内严格管理、对外努力提升行业整体形象，成为保证日本广告行业良性发展的重要因素。

（5）教育产业

日本通过推行"终身教育"培育文化教育市场，以图书馆、博物馆、公民馆等公共设施为中心，为广大国民提供了各种学习和文化活动的机会。家庭妇女或在职员工付费学习各种文化知识、发展各种业余爱好十分普遍。例如，剪裁、编织、烹饪、茶道、花道、书法、绘画等自娱产业的市场规模近两万亿日元。

在终身教育政策的推动下，日本教育产业最具代表性的主要形态有以下四种：[①]

①回归教育开发。日本产业界最早对"回归教育"产生反响。回归教育是指人的一生中工作或闲暇与受教育的时期交替进行的一种教育制度。产业界提倡回归教育，意为企业也具有支援人生自我成长的社会使命。

②"大学开放"。"大学开放"是日本终身学习的亮点。20世纪80年代以后，日本教育政策大力提倡大学教育开展以社会教化为主的成人教育，"高等教育大众化"、"大学开放"成为日本教育产业引人注目之举。

③民办教育文化产业。民办教育文化产业的主要形式是公司、个人或者法人开办的学习班、语言学校、为获取技术资格的预备学校、体育设施以及文

---

① 夏鹏翔：《日本终身教育政策实施现状分析》，《日本学刊》，2008年第2期。

化娱乐中心等。

④非营利市民团体(NPO)。非营利市民团体活动也是日本教育产业中非常引人注目的。早在 20 世纪 70 年代,民主主义运动蓬勃发展过程中,日本各地自主性团体和小组自发地参加各种社会活动。特别是 1995 年阪神大地震以后,众多志愿者、市民团体通过公益性社会活动参与教育和文化事业,为解决社会问题发挥着多样化的作用。目前,各种 NPO 组织活跃于教育、保健、福利等各个领域之中,成为日本终身学习的代表性活动之一。

二、韩国的文化产业

文化产业在韩国已经成为推动国民经济发展的重要经济增长点。实施文化产业国家发展战略后,短短时间内韩国文化产业得到跨越式发展。现在,韩国是公认的世界文化出口大国。

1992 年 12 月当选韩国历史上第一位文人民选总统的金泳三,1993 年 2 月上台后提出了"新经济五年计划(1993—1998 年)",开始行政改革、产业结构和金融体制改革。废止了文化部和体育青少年部,在文化观光部设置文化产业局,政府文化政策向产业方向转变,文化产业政策进入运作轨道。韩国文化产业政策的另一个成果是,关注文化产业新形式,将这些风险纳入文化产业,例如游戏产业、卡通形象产业、漫画产业等领域。

韩国原是农业国,20 世纪 80 年代初步完成了工业化改造,韩国的文化产业在亚洲当属后起之秀。韩国为发展文化产业,制定了《文化产业振兴法》、《文化产业发展五年计划》、《设立文化地区特别法》,设立了文化产业振兴基金,建立了尖端文化产业基地以构筑文化产业的基础设施。韩国政府致力于发展本国的文化产业,提出了"文化内容产业"的概念。韩国发展文化产业,主要是通过法律制度建设、国家及社会的认识、创造性的内容开发、专门人才的培养、搞活投资与流通体系、地区文化产业发展以及进入外国市场等手段来实现。韩国政府的政策目标不单纯是维护文化独立性和保护本国产业发展,而是明确提出要超越文化保护这一消极层次,培育在世界市场上具有竞争力的文化产业。①

---

① [韩]李普京:《韩国:为什么必须发展文化产业》,人民网《青年记者》2006 年 03 月 31 日,作者系韩国文化观光部文化产业局局长。

1. 网络游戏业

数字游戏被确定为韩国的国家战略产业,自 1998 年以来产值翻了一番。韩国游戏市场的特点之一是在线游戏压倒游戏机市场,其最突出的"天堂"网络版游戏不仅风靡亚洲,而且与微软和索尼在游戏产品市场形成犄角之势。在世界游戏市场,韩国的在线游戏比重排行第一,为 14.06 亿美元;韩国手机游戏为 1.89 亿美元,继日本和美国之后排名第三;街机游戏机游戏排名第五。[①] 韩国的电子游戏业得到了政府的支持,支持的力度为世界罕见,每年政府要投资 500 亿韩元,并且在税收等方面给予优惠,这些举措终于使电子游戏业成为韩国文化产业的重要组成部分。

1999 年底,电子竞技用语出现,之后,电子竞技与韩国游戏产业成为游戏文化的新主体。在韩国,电子竞技运动受到政府的大力扶植,WCG 就是由韩国政府直接主导推动举办的赛事,在早期的比赛中,组委会主席由韩国的总统担任,其他政府官员也会出面助阵。电子竞技运动可以锻炼参与者的思维能力、反应能力、团队精神、自制能力、协调能力以及意志品质和体育文化精神,同时培养参与者对现代信息社会的适应能力,促进德智体全面发展。从对战平台和网上获得的信息表明,电子竞技的青少年高手,大多都是学习成绩的佼佼者,独立思考能力和自立性都比较强,这说明了这项运动对培养青少年德智体全面发展的积极作用。在政府的推动和社会的努力下,WCG 在短时间内得到迅速发展,而韩国的电子产品也随着比赛、随着 WCG 渗透到参赛的各国,取得了明显的产业效益。[②]

2. 影视产业

韩国的电影、电视出口创造世界文化传播和经济增长奇迹,这一现象,被业界称为韩流。韩国电影以其整体性的高水平和民族特色在亚洲电影中脱颖而出,走的是一条典型的商业路线。例如,韩国电视连续剧《大长今》的热播,带动了韩国影视、旅游、餐饮等众多行业。

韩国电影产业迅速发展大致缘由以下几方面原因:

(1)政府政策大力扶持

韩国政府多方面的推动和支持电影产业发展。金大中总统在任时,废除了《电影审查法》,从政策上给韩国电影百花齐放以沃土。韩国政府早期鼓励

---

① 参见姜锡一(韩)赵五星编著:《韩国文化产业》,外语教学与研究出版社 2009 年版,第 181 页。

② 李思屈著:《数字娱乐产业》,四川大学出版社 2006 年版,第 288~289 页。

国内非电影产业的大企业、大集团,如现代、三星等投产电影产业;随之推出"独立制片人制度",中小型电影制作公司如雨后春笋般遍地而起。韩国政府也适时开辟了多个投资基金管理机构,比如韩国电影委员会(KOFIC)等,为林林总总投资电影的大小风险投资基金提供系统专业的指导、管理和服务。

(2)电影业界活力无限

韩国电影通过投资方、观众、制片方、发行方及院线的反复运作沟通,出产票房价值高的电影。目前韩国电影另一个特点是导演众多,更换很快,为韩国电影产业不断注入新的生机。

(3)投资融资能力增强

韩国电影产业繁荣的背后,一个重要的支撑因素就是融资渠道的多样化。韩国电影投资找到了很多新的办法,中小企业和风险资金投资踊跃,吸纳民间资金能力极大增强。统计表明,目前韩国每年出产的 60 部左右的电影,分别由当地 30 家左右的电影制作公司投产制作。这些制片人可以通过销售发行权和版权获取投资,可以向一些风险资金和大企业拉投资,或向银行贷款、抵押版权融资,甚至通过互联网募集社会资金和到证券市场融资。与此同时,韩国政府建立的投资基金管理机构,为韩国电影业发展打造了雄厚的物质基础。充沛的资金让韩国电影有能力引进好莱坞的先进制作技术,同时也大大促进了韩国国内的影院建设。

3.体育产业

在亚洲,率先将体育产业这块蛋糕做大的是韩国。韩国国民体育估算产值约为 90.4 亿美元,占韩国国内生产总值的 2.48%。1988 年汉城奥运会的成功举办,极大地推动了韩国经济的发展。韩国利用汉城奥运会的机会,不但推动了经济的快速增长,而且将韩国的整体形象推向了世界,同时也极大地增强了韩国人的民族自豪感。韩国成功运作了其足球联赛,从经济运行来讲是非常成功的。在积累了丰富体育产业经验后,又取得了 2002 年世界杯足球赛的举办权,当年便取得了 13 兆韩元(100 亿美元)的经济效益,其中纯利润约为 15 亿美元以上[①],远远高于悉尼奥运会和汉城奥运会的直接经济效益。

韩国的体育产业包括三个亚产业:体育用品业、体育场地设施业和体育服务业。韩国体育用品业中的竞技体育鞋袜和服装产值为 17.6 亿美元;全部体育场、设施产业产值约为 25.99 亿美元,是体育产业中最大的组成部分,其

---

① 花建等:《文化金矿》,海天出版社 2003 年版,转引自孙安民:《文化产业理论与实践》,北京出版社 2005 年版,第 71 页。

产值占体育产业总值的 43%;体育服务市场估算为 15.3 亿美元,占体育产业总值的 17%。体育观赏业和体育营销业等体育服务业正在逐渐成为一个新兴产业。

练习、思考与案例

(1)团队任务:以工作小组的形式,每个小组确定一个国际文化企业为研究专题,通过图书馆、互联网等手段查阅文献,提出一份《×××企业研究报告》,要求对这个企业的发展历程、经营业务、赢利模式和核心竞争力进行考察,并提出中国借鉴其发展经验的对策性建议。

(2)组织一次对本地区文化产业发展状况的考察,写出针对有代表性文化企业的考察报告。考察报告要注意反映现状,总结经验,分析问题,提出对策。

(3)案例分析:阅读下面案例,讨论中国文化产业引进国外经营模式时需要注意哪些问题。

案 例

迪斯尼——主题公园的最好阐释①

香港迪斯尼火了,火得有点让人无法接受,以至迪斯尼在 2006 年春节期间不得不三次因爆园而拒客。迪斯尼这边风景独好,中国内地的主题公园的市场前景是否也能像它一样红火起来?

主题公园是如何风靡起来的

主题公园(Theme Park)是一种以游乐为目标的拟态环境塑造,园内所有的色彩、造型、园艺等都为主题服务,成为游客易于辨认的特质和游园的线索。美国迪斯尼乐园最早开创了这种形式并带动了它在全世界的普及。

"二战"后,科技的发展和经济的繁荣使传统游乐园出现了危机。随着生活方式日趋多样化,人们的游憩偏好也发生了改变,一部分人开始厌倦传统的机械游乐方式。私家车拥有量的增多使人们可以到离家更远的地方去娱乐度

---

① 摘自:《中国文化产业》2006 年第 1~2 期,第 81~83 页,原署名为"佚名"

假。至 20 世纪 50 年代中期,美国只剩下极少数的游乐园还在惨淡经营。

然而游乐园的衰落并不意味着人们对娱乐需求的放弃,他们不过是需要一种全新的、与时代相符的娱乐形态。电影动画大师沃尔特·迪斯尼(Walt Disney)顺应时代潮流,1955 年在加利福尼亚州成功地建成了世界上第一个主题公园——迪斯尼乐园。迪斯尼乐园开幕后引起了巨大的轰动,主题公园这种形式很快风靡美国各地。

图 5.22　2005 年 9 月 12 日,香港迪斯尼乐园开园,米老鼠迎客

主题公园不是人人都能吃到的蛋糕

香港迪斯尼 2005 年 9 月 12 日开业,截至目前,入园人数已经接近 150 万。预计未来 40 年可为香港带来近 190 亿美元的效益。香港迪斯尼将以港、澳、珠三角和相邻的亚洲区域为核心市场,预计年客流量达 560 万,第一年将达到了 700 多万,这意味着迪斯尼每年可能会从内地旅游市场卷走 40 多亿元。而它又投入了多少钱呢? 由于看重迪斯尼乐园提供的大量就业机会和无数的游客,香港政府不仅同意拿出 29 亿美元投资乐园,还提供免费土地、建造专门的配套公路和地铁,换来 57% 的股份。而迪斯尼仅仅投资 3 亿美元就获得了 43% 的股份。

与此产生鲜明对比的是,深圳明思克航母公园的破产。作为深圳东部知名的旅游景点,明思克军事主题公园概念曾经红极一时。原本在规划中,明思克航母计划用 3～5 年的时间,投资 5 亿元,对现有的主题公园进行深度开发。但现在一切都是未知数了。

"忽如一夜春风来,千树万树梨花开",用这两句来形容当下各地蜂拥而上,兴建大型文化主题游乐园的现象,并不为过。中国有大大小小主题公园近 2500 个,沉淀了约 1500 亿元投资,其中 70% 处于亏损状态,20% 持平,只有 10% 左右盈利。尽管香港迪斯尼的火爆让人看到主题公园的无限商机,但这块大蛋糕不是谁都能吃得到的。

看迪斯尼应该看什么

市场的培育:

没有市场一切都是空,但是,找到属于自己的市场不是容易的事情。以迪斯尼为例,事实上迪斯尼乐园为进入中国市场已铺垫了近20年。1986年迪斯尼和中央电视台签署了一份授权协议,可以在每周日的晚上播放迪斯尼的动画片。大耳朵米奇带着女友米妮进入中国家庭。到了20世纪90年代,ES-PN电视节目开始在国内播放,迪斯尼的观众达3亿~3.6亿人次。

可以说,迪斯尼公司以近20年的精心栽培,才在2005年等到了它在中国的收获期。

经营手段:

迪斯尼之所以在整个世界风靡,与其创新的经营理念是分不开的。

招数一:800幻想工程师打造梦幻王国

香港迪斯尼拥有800个幻想工程师。乐园的设计,在1997年协议刚刚签署后就进入到这些工程师的视野。为了达到更好的效果,他们几乎走遍世界,还曾专门到深圳华侨城考察。在香港迪斯尼乐园的设计上,他们不仅借鉴了中国园林的移步换景手法,还坚持让米老鼠穿唐装。

招数二:兴奋体验带动消费品热销

除了推出一系列限量版纪念商品外,无论是米奇3D动画剧场还是巴斯光年游乐场,每一个主要游乐设施的出口都连接着游客"趁热打铁"购买的消费品。

招数三:服务细节成就完美快乐体验

婴儿室是全球迪斯尼乐园的一大特色。据介绍,每一个走丢的小朋友一旦被工作人员发现,将会立即被送到婴儿室。在这里,走失的小朋友会得到专人照顾。而遗失孩子的父母均可在有关地点登记。一旦发现走失的孩子在婴儿室里,保安会带父母前来认领。

诸如此类的贴心细节举不胜举,人性化的服务让人不得不叹服。让人花钱花得心甘情愿也是一种境界。同时,迪斯尼在产品价值开发和推动的创造力上,一点都不逊色于他们的梦想文化。在动画热播的同时,各种图书、音像制品同步推出,从有可爱的米老鼠标志的产品一路延伸到主题乐园、家具、日用品、服装、玩具、纪念品,并且一路畅销,其知识产权等无形资产的深度开发和利用也不断为迪斯尼带来滚滚财源。

迪斯尼为所有的主题公园提供了一种模式,一种文化参照,但不等于主题公园学了一些迪斯尼的皮毛,就可以得到理想的收获。即便引入这样的主题公园模式,也需有一个本土化的过程。

主题公园,这块美味诱人的蛋糕,还需成熟的市场运作和创新的经营手段精心烘焙。

第六章 数字技术与文化产业发展新趋势

在当前新技术革命的经济环境中，文化发展、数字传播技术与市场化发展机制的紧密结合，是文化产业发展的重要特点。建设与新的经济形态和技术形态相协调的新型文化产业形态，是各大世界强国新经济发展的重要战略目标之一。

文化产业需要高新技术，高新技术也需要文化产业提供内容的支撑。当代信息产业已经不再是单纯的信息技术产业，而是信息技术与文化内容的交融汇合。以制造和经营一定文化内容为主的文化产业（内容产业），也不再仅仅局限在原先的电影、电视、报业等领域，而是早已渗透到通讯、网络、娱乐、媒体及传统文化艺术的各个行业，数字电影、数字电视、数字报纸、数字刊物、数字艺术和电子游戏等一大批"数字化内容产业"展示着强大的生命力，代表着文化产业发展的一种新方向。

数字内容产业是运用数字化技术手段对图像、文字、影像和语音等内容进行整合和传播的产品或服务。既包括游戏、电脑动画、数字音乐、数字影视、手机短信和铃声下载等数字娱乐产业，也包括数字化的新闻出版业、网络远程教育、教育软件及各种课程服务等数字学习产业。

数字内容产业是文化创意产业的新内涵。文化创意产业本质上是以创意和知识为核心的产业。除了因高新技术而诞生的新兴产业外，创意产业中的大多数产业早已有之，只是在新的历史背景下，这些产业所共同拥有的特性得到政府和企业、社会的格外关注。

在此，我们将从数字动画、电子游戏、数字影视、数字音乐与手机文化四个方面来对数字技术与文化产业发展新趋势展开讨论。

第一节 数字动画

数字动画是数字科技与艺术创作的结合。所有的动画都是利用人的视觉残留特性使连续播放的静态画面相互衔接而形成的动态效果。与普通的电影一样,当动画的连续画面以每秒钟帧的速度变化的时候,人眼看到的即是连续的画面效果。数字动画采用图形与图像的处理技术,借助于编程或动画制作软件生成系列画面,其中当前帧是前一帧的部分修改,从而产生动画效果。传统动画是通过手工绘画和逐格拍摄的方法来产生连续画面的,而数字动画则是通过计算机,利用专门的制作软件来完成大部分工作的,因此又被称为电脑动画、CG 动画(computer graphics)等。

与传统的卡通动画相比,数字动画有许多优越性。数字动画技术使用计算机进行角色设计、背景绘制、描线上色等常规工作,具有操作方便、颜色一致和动作准确等特点,绝对不用担心颜料变质等问题。其绘图界线明确,不需晾干,不会串色,改色方便,更不会因层数增多而影响下层的颜色。

在传统卡通动画的制作过程中,导演首先要将剧本分成一个个分镜头,然后由动画设计师确定各分镜头的角色造型,并绘制出一些关键时刻各角色的造型。最后,由助理动画师根据这些关键形状绘制出从一个关键形状到下一个关键形状的自然过渡,并完成填色及合成工作。最后,再一帧一帧地拍摄这些画面,得到了一段动画片。

在以上制作过程中,由于大量枯燥的工作集中在助理动画师身上,因而一个自然的想法就是借助计算机来减轻助理动画师的工作,从而提高卡通动画的制作效率。1964 年,贝尔实验室的 K. Knowlton 首次尝试采用计算机技术来解决上述问题,从而宣告了计算机辅助动画制作时代的开始。

数字动画具有检查方便、简化管理、提高生产效率和缩短制作周期等优点。现在很多重复劳动可以借助计算机来完成,比如计算机生成的图像可以复制、粘贴、翻转、放大、缩小、任意移位以及自动计算背景移动等,还可以使用计算机对关键帧之间进行中间帧的计算。由于计算机的参与,工艺环节明显减少,不需通过胶片拍摄和冲印就能演示结果,随时修改,既方便又节省时间,大大降低了制作成本。

另外,由于动画软件提供了大量的图库,它们是绘制画面的好帮手。用户可将创建的造型、图画保存在图库中,以便今后重复利用。数字动画技术不仅应用在动画艺术作品的制作中,而且还在游戏开发、影视特技、广告制作、教学演示、训练模拟、实验模拟、产品和工程设计等方面有十分广泛的应用。同时,为了使电脑程序更加生动,更富于多媒体的感官效果也会应用到数字动画技术。

一、二维动画和三维动画

一般来说,数字动画可分为二维动画(即所谓 2D,2 Dimensions)与三维动画(即所谓 3D,3 Dimensions)两类。

所谓二维动画,就是指以二维平面形象和场景为特征的动画。在二维动画中,任何事物都是以平面形式出现的,从而呈现出为人们所习惯的三维立体世界的一种简化的审美乐趣。当然,绘画技术的发展,也给了二维动画表现立体的一些技术手段和艺术技巧,从而在平面中实现画面的立体感,但在二维空间上模拟真实的三维空间效果并不是二维动画的主流。

制作二维动画的软件现在有很多,常用二维动画软件如 Animator Studio,这是基于 Windows 系统下的一种二维动画制作软件,集动画制作,图像处理,音乐编辑和音乐合成等多种功能为一体。另外,人们也常常提到日本生产的 Retas 和法国生产的 Pegs,还有现在使用越来越广泛的 Flash 软件。

图 6.1　二维动画电影《狮子王》

二维动画电影《狮子王》(The Lion King)是一部充满冒险和传奇色彩的动画片,是迪斯尼的影片制作者们用他们的智慧和创造力,经过四年精雕细琢所创造的奇迹。

Flash 不仅支持动画、声音及交互功能,其强大的多媒体编辑能力还可以直接生成主页代码。由于 Flash 使用矢量图形和流媒体播放技术,克服了目前网络传输速度慢的缺点,因而被广泛采用。Flash 提供的透明技术和物体变形技术使创建复杂的动画更加容易,为 Web 动画设计者提供了丰富的想象空间。虽然 Flash 本身不具备三维建模功能,但使用者可以在 Adobe Dimensions 3.0 中创建三维动画,然后将其导入 Flash 中合成。

小贴士

20 世纪 90 年代二维动画电影的巅峰之作——《狮子王》

片名:《狮子王》(The Lion King)

出品:1994 美国沃尔特·迪斯尼影片公司

导演:罗杰·阿勒斯/罗伯·明科夫

获奖:1995 年第六十七届奥斯卡金像奖:最佳原创电影音乐(汉斯·季默)、最佳原创歌曲(获奖作品:"Can You Feel the Love Tonight",获奖者:埃尔顿·约翰 Elton John[作曲]、蒂姆·莱斯 Tim Rice[作词])等 2 项奖。1994 年 6 月 24 日在美国上映,以其活泼可爱的卡通形象、震撼人心的壮丽场景、感人至深的优美音乐,以及其所描述的爱情与责任的故事内容,深深地打动了许多人。《狮子王》不仅创造了票房上的巨大成功,也刷新了二动画电影的艺术高度和思想深度。

《狮子王》这股热浪随后席卷世界各地。此片配置了 27 中不同语言,在 46 个国家和地区都受到观众的热烈欢迎。在欧洲、拉美和非洲的 20 多个国家,该片成为历史上最受欢迎的英语影片,在很长一段时间内,它都是电影史上唯一进入票房排名前 10 名的卡通片,成为迪斯尼历史上最成功的动画电影。

剧情是电影的基础。迪斯尼公司制作《狮子王》请了许多专业人士为其编写剧本。《狮子王》的背景取材于莎士比亚的著名作品《哈姆雷特》(王子复仇记),整个剧情跌宕起伏,富有文学色彩,被影评家誉为"动物界中的《哈姆雷特》,一部探究生命中爱、责任与学习的温馨作品"。影片描述的是非洲大草原的动物王国的生活,实际上它的主题超越任何文化和国界,具有深刻的内涵——生命的轮回、万物的盛衰,一切都必须依照自然规律。

它的电影音乐洋溢着浓厚的世界乐风,成功地营造出了片中非洲大地自然友邻浑厚的生命气势。进入《狮子王》里,它向我们展示了一个新生的壮阔世界,让我们体验到爱与冒险的生命感动。

所谓三维动画,就是以人们习以为真的三维视点为特征的动画,其中的物体有正面、侧面和反面,有逼真的视觉效果。三维动画是更完全的"计算机动画",因为它是根据数据在计算机内部生成的,而不是简单的外部输入。

制作三维动画首先要创建物体模型,然后让这些物体在空间动起来,如移动、旋转、变形、变色。再通过光影透视等技术生成栩栩如生的画面。早期的动画制作系统主要以二维卡通动画设计为主,其出发点是利用形状插值和区域自动填色来完成全部或部分助理动画师的工作,从而提高卡通动画制作的效率。

从本质上讲,三维动画是由计算机给出的一个虚拟的三维空间,通过建造物体模型,把模型放在这个三维空间的舞台上,从不同的角度用灯光照射,然后赋予每个部分动感和强烈的质感得到效果。三维动画的制作首先需要创建物体和背景的三维模型,然后让这些物体在三维空间里动起来,再通过三维软件内的"摄影机"去拍摄物体的运动过程,并打上灯光,最后才能生成栩栩如生的三维画面。

一般来说,制作一个专业级的作品至少要经过造型、动画和绘图三个步骤。造型就是利用三维动画软件在电脑上创造三维形体。动画则是使各种造型运动起来,也就是定义关键帧,而中间帧则交给计算机去完成。绘图包括贴图和光线控制等,一秒钟的动画为 24 帧,合成一帧可能用几秒时间,也可能要几十分钟,这要视

图 6.2 三维动画人物效果(《功夫熊猫》)

图像的复杂程度和电脑的整体性而定。由于制作三维动画需要大量时间,因此通常将一个项目分为几个部分,分工协助完成。

1995 年,世界上第一部完全用计算机制作的数字动画电影《玩具总动员》上映,这部迪斯尼与"皮克斯工作室"(PIXAR Animation Studios)合作制作的动画大片不仅获得了破纪录的票房收入,而且给电影制作开辟了一条新路。1998 年放映的电影《泰坦尼克》中,船翻沉时乘客的落水镜头有许多是采用计算机合成的,从而避免了实物拍摄中的高难度、高危险动作。在 2010 年放映的《阿凡达》中,动画特效构成了整部电影,使 3D 动画技术在电影中的运用达到一个新阶段。

二、网络动漫和手机动漫

网络动漫和手机动漫是数字技术条件下动漫制作和传播的重要形式。网络动漫和手机动漫的出现,突破了动漫只能在电影院或电视机上传播和消费的限制,为动漫产业的发展提供了新的产业形态和新的商机。

1. 网络动漫

网络动漫是以动漫网站为载体,通过互联网制作和传播动漫作品与信息以及以动漫形态提供各种增值应用服务的动漫形态。

网络动漫 ONA,全称"Original Net Anime",直译为"原创网络动漫",又简称为"网络动漫"(web 动漫),指的是以通过互联网作为最初或主要发行渠道的动漫作品。随着 20 世纪末至 21 世纪初互联网多媒体技术的不断发展,ONA 作为一种娱乐需求开始在互联网崭露头角。相比起传统的电视动画和 OVA(原创动漫录像带),ONA 通常具有成本低廉、收看免费、带有实验性质等特点。

早期的原创网络动漫由于受到平均网速和各种硬件设备的限制,多以线条简单,色彩简洁的 FLASH 动画为主,由于 FLASH 矢量动画的特性,只需很小的体积即可储存大量信息,便于传播,很快开始在互联网流行起来。这一时期,网络动漫的作者多以个人为主,内容则多为小品动画或 MV 作品。

随着网络硬件设备的提高,以及大量的 web 2.0 视频网站的出现,类似传统动画风格的高质量独立制作作品开始涌现,这一时期的网络动漫虽然仍然主要以个人电脑制作为主,作品细致程度却往往超过以往的 FLASH 作品,作品中往往使用大量的 2D 或 3DCG 技术,虽然仍然以个人独立制作为主,但也有专门制作网络的动画的小型团体,有些动漫甚至有专业的配音演员加入。现今,ONA 的流行程度使其越来越受到社会和主流媒体的关注,一些商业动漫也开始通过与大型视频网站合作的方式专门制作一些用于网络发布的动漫。

从相关机构对中国网络动漫用户的研究来看,目前的网络动漫用户群体大都为年轻人,他们通常具有以下特征:年龄偏小、女性居多、低忠诚度等特征。

从年龄来看,网络动漫用户的年龄特征有别于整体网民的年龄特征,绝大多数的网络动漫用户年龄在 20 岁以下。这一年龄段大多为青少年学生等低(无)收入的非职业人员。

从性别来看,网络动漫女性用户显著多于男性用户,约占70%以上。

从低忠诚度来看,由于多数动漫网站的内容都是转载、抄袭而来,不同动漫网站上相同的内容太多,并且动漫网站缺少关系型社区,对用户的联系不够。这便造成网络动漫用户对动漫网站的忠诚度非常有限,用户习惯于在各个动漫网站中浏览。[①]

2. 手机动漫

手机动漫是以手机媒体为播放、运营载体的动漫类产品的通称,其中包括漫画、动画、游戏三大类。手机动漫最大的特点就是便携性,随时随地可观看。

目前,中国移动的手机动漫提供以下五大类服务:

①个性动画屏保:专门提供各种以FLASH方式制作的动漫屏保(包括来电和待机状态)的子栏目。

②原创与经典:专门提供各种以FLASH方式制作的原创动漫作品或日韩欧美经典动漫作品,可以是成系列的,也可以单幅的。

③SHOW闪客杂志:主要以FLASH的形式向用户提供各类资讯信息,内容包括但不限于保健、美容、饮食、学习生活、文化等各方面,打造以FLASH传递资讯的全新方式。

④FLASH音乐:主要向用户提供以FLASH形式制作的音乐产品,包括卡拉OK和MV;

⑤FLASH游戏:主要向用户提供以FLASH形式制作的游戏产品,分类不限,包括但不限于角色扮演类、益智休闲类、过关晋级类等等。

在中国内地,经营手机动漫的商家还不多,只有少数SP推广手机漫画彩信,许多SP对手机动漫业务不熟悉,而一些动漫企业对手机增值业务也缺乏了解,这造成了中国手机动漫发展的相对滞后。

多媒体性和娱乐性都是手机动画业务的突出特性,在日本等国家已经成为重要的动漫产业形态,在中国也不断被一些动漫企业的实践证明为一个新的重要价值来源,已经有动漫收入的25%来源于手机动漫。在中国电视媒体管制较严格的情况下,手机动漫业务的发展将更有前景。

三、动画是一种视觉艺术和形象产业

2006年,由环球数码公司推出的《魔比斯环》,是中国首部三维动画电影。

---

① 根据艾瑞咨询公司《中国新媒体动漫研究报告2007年简版》整理。

这部影片投资过亿,在三维动画技术上达到了较高的水准,是中国数字动画片生产的一个里程碑。美中不足的是,这部影片在技术上精益求精地追求,在艺术上却对中国动画受众的审美接受心理了解不多,对动画市场及其符号消费的特殊规律研究不够,因而受到市场的冷遇和许多专家的批评。

要把握动画受众的审美心理和动画市场的特殊规律,首先要把握动画的本质,即它作为一种视觉艺术和形象产业的特点。数字动画虽然是当代技术值得骄傲的成就,但技术只是手段,不是目的。动画是一种视觉的艺术,它是为人们视觉审美服务的,这就要求我们尊重它的审美规律,要求我们对动画受众的审美需求及其变化有深刻的了解。

动画是一种形象产业,数字动画是当代娱乐产业链的重要组成部分,这就要求我们从整个数字娱乐产业链上去把握它的生产和销售的市场规律,而不能盲目地比胆量,拼投资。

在数字娱乐产业中,动画、漫画和游戏三大主体产业相互之间形成了大体对等的纵向逻辑关系,它们共同构成了所谓的 ACG 产业(ANIMATION、COMIC、GAME)。在 ACG 产业发达的国家,这三大产业总是并重发展又相互依托的。在市场上,受欢迎的漫画作品往往会转化成动画和游戏,一部成功的原创动画也会衍生出漫画和游戏,而一部流行的游戏被制作成为动画、漫画的情况也不少见。出于爱屋及乌的心理,动漫爱好者喜爱与漫画或动画相关的游戏,而游戏玩家也会对游戏的动画、漫画版本充满期待。

在动画、漫画和游戏这三大数字娱乐主体产业之间,存在着一个内在的联系,就是形象的制造和加工。数字娱乐提供的是视听享受,而由于人类视觉在感知与思维方面的优先地位,因此在娱乐活动中,在视、听享受并重的前提下,往往是视觉消费占优势的现象。无论从产业逻辑来看,还是从产业的发展历史来看,漫画都具有优先地位。不论一个企业的价值链是处于动画、漫画还是衍生产品环节,尊重漫画的优先地位都是十分重要的。因为漫画代表了动画、漫画和游戏这三大数字娱乐主体产业的本质:形象的制造和加工。

从漫画到动画,从动画到电子游戏,贯穿一致的,是形象的娱乐价值的开发。同一形象产品在不同领域之间的加工和形象转换,就是数字娱乐产业价值链延伸的一大奥秘。

从审美特征上讲,动画其实就是动起来的漫画。不论是二维动画还是三维动画,都以漫画的审美特质为基础。我们现在一些国产动漫作品缺乏竞争力,其重要原因之一,就是在漫画环节上还不过关,其中的动画形象不具备优秀漫画的品质。缺乏吸引力的形象,即使动起来,也难以掩盖其视觉审美苍白。

　　人们常常把动画与漫画合起来讲,构成一个"动漫产业"的说法,这是有道理的。"动画"的英文词是 animation,其词根 anima 来源于拉丁语,意思是"灵魂"。其动词形式 animate 的意思是"使有生命","使充满生命力"。因此,就其本义而言,"动画"的意思不仅是活动起来的画面,而且是为形象赋予生命,使形象有生命、有活力的艺术。在英文中,animation 常常用来指动画片的摄制制作艺术或过程(The art or process of preparing animated cartoons),同时也指动画片。而动画片更为清楚的表达则是 An animated cartoon(被赋予了生命的卡通),所以动画片也常常被称为卡通片。

　　漫画在英文中也叫 Comic,在日本叫 Manga,是人类古老的艺术形式之一,常常以夸张、变形的手段来抒情达意,在反映客观世界的过程中带有很强的自由想象和个性表达的成分,幽默、滑稽和夸张是其与生俱来的审美要素,因而有很大的娱乐性质。动漫产业其实就是对漫画形象中的娱乐资源进行深度开发。动漫市场的消费热情,基本上属于形象消费,依赖于人们对漫画的热爱,以及与之相伴随的幽默乐观的天性。

　　漫画是用夸张、变形、暗示、省略手法传达严肃意义的一门艺术,它具有把复杂的内容简易化、把信息以快捷的方式传递给读者的功能。漫画以其特有的想象和理解方式,带给孩子们以梦想和希望,也把成人引领到童心世界。而希望、梦想和童心,正是人类世界取之不尽、用之不竭的娱乐资源。

　　中国动画片的最大缺失之一,恰恰是缺乏幽默,板起面孔说教多,与受众心心相印,让大家会心一笑的领悟少。《魔比斯环》之不足,其实是整个中国动画业的一种通病。

四、视觉消费的特征[①]

　　据心理学家介绍,人类接收的信息,有 80% 来源于视知觉。自然进化和文化的熏陶,使人的眼睛不仅成了敏锐的视觉信息接收器官,而且也成了情感感受和表达的器官,成了发达的娱乐器官。就是说,人类不仅能看到一定的色彩、线条和形状,而且也能感受到这种色彩、线条和形状所传达的情感意义,从而享受到不同的快感或痛感。

　　在产业化和商品交换的社会条件下,人类视觉的这种功能体现为视觉的

① 参见李思屈《数字娱乐产业》第五章第二节,四川大学出版社 2006 年版。

消费需求。而作为视觉产业的动漫,则是开发视觉形象的娱乐价值,以满足人们的视觉消费需求而发展起来的产业。

充分开发视觉的娱乐价值,制造出能满足消费者审美需要的视觉形象,是动漫等形象产业的根本特征。

消费者的视觉消费大体包含如下两个方面的内容:

1. 视觉符号的解码

动画片是一种视觉艺术,动画欣赏是一种形象消费。消费者的重要乐趣之一,就是对绘画的视觉符号进行解码,从具有鲜明绘画特征的完美构图与造型中,体验到独特的快感。

视觉符号的解码活动普遍存在于人们的日常生活中,也存在于其他视觉艺术的欣赏中。但为什么这种视觉符号解码能够带来独特的快感呢?这首先是因为动漫的视觉符号解码具有超越现实的特征,因此能够最大限度地表达人类的情感、理想和愿望。

绘画本来是人类动态意象的静态化,人类通过静态的绘画形象来把握变化不居的世界,并把自己自由的想象和情感贯注其中。在电影这类可以逼真地反映客观世界的艺术形式出现以后,绘画的价值不仅没有消失,反而因解除了客观反映现实的重负,可以更自由地表现自己的大胆想象和内在的情感了,更自觉地追求自己独特的艺术价值和视觉娱乐因素了。

当人们以逐格拍摄的方式让绘画动起来的时候,人们并不希望从中看到电影式的再现现实的逼真效果,而要让绘画独特的娱乐价值更充分地展现出来。即使是三维动画具有的逼真效果,其实也不是简单地还原视觉真实,而是一种超越现实的视觉经验创造。

由于动画片受众对动画片视觉符号的解码,具有超越现实的特征,因此能带来自由的舒畅的快感。动画片比起一般的影视片有更强烈的时空假定性,观众的视觉符号解码可以最大限度地超越现实时空的限制,得到纯粹的视觉享受。动画片既不是照相,也不是写生,观众的视觉符号解码完全可以兼容最大胆的变形和夸张,从而使动画艺术家完全可以根据消费者的审美标准对人、物形象进行大胆的改造,以满足其内心深处最真实的欲求。

2. 时空重组的快感

动画的审美愉悦在很大程度上来源于时空重组的快感。

无论是动画还是漫画,都是包含了时间因素的空间艺术。漫画把一定的人物动作和姿态凝固在一定的画面中,就是把现实的流动的时间静态化了,这是对现实时空的一种打破和重组;动画把静态的画面以逐格拍摄的方式动态化,这是对现实时空的又一次重组。这种时空组合的游戏,让现实中处处受到时空限制的人类感受到自由创造的快感,在通常情况下难以发现和表达的情感、愿望,都可以在这种自由创造的时空中抒发出来。

为了增加视觉的冲击力以增强娱乐性,当代动画作品常用"划"的方式,把不同的角色、甚至动静不同的对象放在同一个镜头中,以强化矛盾和冲突。这一手法的运用,突破了影视艺术与平面艺术之间的传统樊篱,使漫画中的画格布局在动画的镜头出现,充分显示了动漫的视觉消费所具有的时空重组的游戏特征。

图 6.3　日本动画片如《灌篮高手》

　　一般来说,少年与青年相对而言思维更为活跃,想象更为自由,更能够接受新奇刺激的信息,因此,少年儿童与青年人往往更容易成为动漫的受众。现代的许多动画设计常常根据配音的节奏绘画,镜头长度只在 2 秒左右,组成的影像具有强烈的视觉冲击力。为了增加视觉的冲击力以增强娱乐性,一些优秀的动画作品大量运用特写和近景镜头,甚至以特殊的"划"的方式,把不同的角色、甚至动静不同的对象放在同一个镜头中,以强化矛盾和冲突。这一手法的运用,突破了影视艺术与平面艺术之间的传统樊篱,使漫画中的画格布局在动画的镜头出现,充分显示了动漫的视觉消费所具有的时空重组的游戏特征。

　　动漫消费的心理活动是一个十分复杂的过程,在一些研究动漫的文献里,还会谈到动漫消费的替代性满足心理,寻求紧张刺激心理等心理活动。这些都是动漫消费中的重要心理内容。但是,视觉符号的解码和时空重组的快感是动漫的视觉消费所特有的心理活动,而替代满足、寻求紧张刺激等则是许多艺术欣赏所共有的心理活动。研究视觉符号的解码和时空重组的快感,将为深入探讨动漫审美心理规律,揭示动漫产业的内在奥秘提供重要的切入点。根据这两条审美规律,动画艺术就应该以增加自己视觉符号娱乐价值为目标。其中常见手法有:

(1)化动为静,突出形象个性,强化精彩瞬间

动作的精彩,是动画片娱乐价值的一个关键。美国动画片往往投资大,动作制作精细。为了节约成本,也为了突出动画片的漫画审美风格,日本动画片发展出了一套独特的"化动为静"的动作的处理方式。

由于动画片不像一般影视剧那样实演实拍,因此一般影视剧强化动作欣赏价值的办法,如仰机位、广角镜、多机拍摄等,会使制作成本大大提升。为了加强动作的视觉冲击,日本动画片大胆借用漫画的手法,对动作进行静态处理:化动为静,突出形象个性,强化精彩瞬间。这在二维动画中往往能造成独特的审美效果。

图 6.4 《灌篮高手》中处理投篮动作

常常把稍纵即逝的投篮姿态凝固为一个静态的画面。

如《灌篮高手》中处理投篮动作,常常把稍纵即逝的投篮姿态凝固为一个静态的画面。在激烈的比赛中,人物的内心活动也是通过静态画面来表现。在一些日本动画片中,打斗的双方常常会以慢动作冲向对方,观众可以从容地看清双方的决斗状态。在千钧一发之际,双方身形凝成固定的姿势,构成精彩的画面,加以最美的色彩、线条、构图和音效烘托气氛。气氛烘托完毕再切回现场,这时胜负已决,双方对峙而立。这种手法不仅可以节约制作成本,又充分发挥漫画虚实相生的特点,以精彩的凝固瞬间来调动观众的想象,从容地进行气氛的渲染。

(2)使用象征和隐喻符号

动画中的视觉形象不同于现实中的形象,而有极高的艺

图 6.5 《狮子王》中那块巨大的石头"国王崖"

雄居万物之上,俯瞰世界,是至高无上的王权的象征符号。这块象征地位和权力的石头,高高在上地显示出巨大的视觉张力。

术价值和娱乐价值,因为它是符号化的形象,是一定意义的体现,是一定情感和情绪的寄托。

美国动画片《狮子王》中那块巨大的石头,雄居万物之上,俯瞰世界,给观众留下了深刻的印象。因为它是"国王崖",是至高无上的王权的象征符号,狮子在生存竞争中占据了食物链的顶端,而狮子王的地位则是这个顶端的最高点。一块象征地位和权力的石头,高高在上地显示出巨大的视觉张力,通过动物大规模的群体朝拜场面的渲染,通过多次惨烈厮杀场面的渲染,这种张力不断得到强化,视觉符号的内涵也越来越丰富。在日本动画片《名侦探柯南》中,柯南那幅有名的黑眼镜也是一个符号化的道具:它是智慧的标记符号,代表了柯南的聪明才智。

美国动画片《花木兰》中的"木须龙",在角色定位上就是一个典型的象征符号。作为木兰的守护神,它不仅在情节的推进中起到了关键的作用,而且极大地增加了影片的趣味性。"龙"是中国文化的象征符号,这部关于中国民间传说的美国影片,需要有中国文化符号来加以丰富其视

图 6.6 《花木兰》中的"木须龙"

在角色定位上就是一个典型的象征符号。作为木兰的守护神,它不仅在情节的推进中起到了关键的作用,而且极大地增加了影片的趣味性。

觉,需要有中国的龙或神仙或者有魔力的小动物的形象出现。因此迪斯尼公司的创作者们凭空创造了可爱风趣的木须龙形象,取得了很好的美国式喜剧效果,丰富了剧情,增加了影片的娱乐价值。

(3)变形处理为了突出强烈的感情,烘托喜剧气氛

动画作品常常对人物的形象和表情等做夸张处理,以大幅度的变形取得夸张的效果。日本动漫常见的 Q 版变形,即是其中一种较为成功的变形模式。

Q 版指上半身、下半身一样大小的人物变形形象。Q 版人物通常变形得可爱,具有强烈的喜剧因素。有人认为,Q 版变形的字母 Q 源自英文 cute(可爱)的发音。在网络语言影响下的青年流行语中,Q 或者 QQ,确实有"可爱、另类"这一类意思。

变形不仅极大地方便了思想感情这类相对抽象内容可以直观表现,而且增加了喜剧性。比如,如果要表现一个人"怒火中烧",在Q版就可以将它处理成真的是眼睛里喷出的燃烧的火焰,使抽象的形容词有了形象的体现。人物生气时,可能会头上冒出的白

图 6.7 《网球王子》Q版形象

烟;害羞时则脸上落下的一堆斜线;表现决心已定,则在眼角闪过一些星光;为了体现角色的巨大力量,当他喊叫时,观众可以看见空气的震荡波。这种变形使不可见的心理过程也视觉符号化了,增加了作品的亲和力。

需要指出的是,上面谈到的这些规律和手法,都只是一种初步的理论探索和对前人经验的简单总结,它们并不能代替我们在中国动画发展中的创造性发挥,不能代替我们以中国市场和以中国审美文化为基础,对人类一般审美规律和动画产业规律的研究和创造发展。

目前,中国动画的主要问题是对审美心理和市场规律研究不够,重视不够,想当然地进行创作和生产,把自己的主观想象当成了市场需要。一些企业虽然也做市场调研,但没有严格地遵循市场调研和形象开发的科学程序,因此调查往往成为主观设想的一种印证。比如,许多生产者以为,动漫受众喜欢的形象一定是完美无缺的人物,因此尽管他们生产的是卡通形象,实际操作中仍然在追求高、大、全。结果表明,这样的形象很少具有娱乐价值。从浙江大学传播研究所对动画审美心理的调查数据来看,人们喜欢的动漫形象主要偏重于娱乐性,如幽默搞笑,机智聪明等。他们心中的"活泼可爱",也是和"傻傻的"这个关键词联系在一起的,而大不同于传统的"乖娃娃"形象或少年英雄形象。①

---

① 详见李思屈《数字娱乐产业》第五章第三节、第四节,四川大学出版社2006年版。

第二节　电子游戏

这里所谓的电子游戏,是指基于数字技术的游戏门类。近年来,电子游戏产业作为文化产业中的核心产业发展十分迅速,并正以持续高涨的成长率和附加值引领其他文化产业的发展。

目前,世界各国都向电子游戏产业投入大量资源,以用于网络技术开发、产品内容的多样化、服务质量的竞争及平台性能的提高,而且不惜投入大量资金开发"大制作"游戏。

一、电子游戏产业与游戏文化

对电子游戏产业,一直存在着巨大的争议,因为它在带来巨大的经济效益的同时,也给青少年身心健康带来一些问题。其中,主要有两大问题,一是游戏容易上瘾,二是游戏中有大量的色情和暴力内容。由于事关青少年身心健康,究竟应该如何认识这两个问题,已经不只是教育界和家长的事情,关系到游戏产业的性质及其发展方向。因此,我们有必要首先对游戏与身心健康的问题进行一个简单的讨论。

1. 网瘾与游戏

《中国青少年网瘾数据报告(2005)》显示,中国青少年网瘾比例已经达到13.2%。其中,初中生、失业或无固定职业者和职业高中生等群体比例较高,初中生的网瘾比例达到了百分之 23.2%。在各年龄阶段的网瘾比例中,13 到17 岁的青少年人群,网瘾比例达到了 17.1%。随着年龄的增长,上网上瘾的比例逐渐降低。调查还表明,网瘾群体上网的目的以玩网络游戏为主。[①]。这使社会舆论对游戏产业的怀疑和批评忽然升温,相关的讨论也相应热烈起来了。

中国青少年网络协会于 2008 年 1 月发布的《中国青少年网瘾数据报告(2007)》显示,在所有被调查青少年网民中,均存在一定人际关系不和谐的情况,但是,网瘾青少年在"家庭关系"、"师生关系"和"同学关系"中不和谐的比例均超过 20%,比非网瘾青少年高近 10 个百分点。

---

① 腾讯教育网:http://edu.qq.com/a/20060120/000122.htm,2006 年 1 月 20 日。

调查结果还显示,在上网目的方面,网瘾青少年和非网瘾青少年存在一定差别。网瘾青少年较倾向于娱乐性目的,包括"玩网络游戏"和"聊天或交友";而非网瘾青少年则较倾向于实用性目的,包括"获取信息"、"学习或工作"和"通讯或联络"。

调查结果显示,网瘾青少年和非网瘾青少年对"娱乐休闲类"游戏均有较高的偏好。有超过60%的非网瘾青少年对"娱乐休闲类"游戏有较高的偏好,而网瘾青少年则对"角色扮演类"和"比赛竞技类"游戏有较高的偏好。

调查结果显示,网瘾青少年比非网瘾青少年拥有更多经常通过网络成功获取学习、求职、创业等社会机会的经历,有更多使用网络购物等社会服务的经历,也有更多利用网络论坛、博客等表达自己思想与观点的经历,而对于参加或组建网络群落、团队等活动,网瘾青少年和非网瘾青少年的比例相差无几。

在所有被调查青少年网民中,有近70%的被调查者认为,今后在促进互联网发展最需要加强的是"净化网络空间,过滤不良信息";也有近60%的被调查者认为需要"加大开发远程教育系统,丰富网络教学内容"。①

"网瘾"即所谓"网络成瘾"(internet addiction,简称 IA)、"网络成瘾症"(internet addiction disorder,简称 IAD)或"病态网络使用"(pathological internet use,简称 PIU),这个概念指在无成瘾物质作用下的上网行为冲动失控,表现为由于过度使用互联网而导致个体明显的社会、心理功能损害。

研究者认为,网络成瘾者主要有以下特征:

①耐受性增强,即上瘾者要不断增加上网的时间才能获得和以往一样的满足;

②出现戒断症状,如果一段时间不上网,就会变得焦躁不安,不可抑制地想上网,担心自己错过什么;

③上网频率总是比事先计划的要高,上网时间总是比事先计划的要长;

④企图缩短上网时间的努力总是以失败而告终;

⑤花费大量时间在与互联网有关的活动上,比如安装新软件、整理和编辑下载大量的文件等;

⑥上网使其社交、学习、工作等社会功能受到严重影响;

---

① 中国青少年网络协会《中国青少年网瘾数据报告(2007)》,中国青少年网络协会,http://www.zqwx.youth.cn/web/zuizhong.jsp?id=67

⑦虽然能意识到上网带来的严重问题,仍然继续花大量时间上网。①

因此,我们可以简单地讲,网瘾就是给青少年的学习、工作或现实人际交往带来不良影响的病态上网冲动。

中国青少年网络协会《中国青少年网瘾数据报告(2005)》的调查结果显示,网民上网的目的有实用目的、娱乐目的、网络技术使用和信息寻求4种。其中,上网玩游戏的超过了半数,高达62%,然后才是上聊天室聊天(54.4%)和使用电子邮件(48.6%)。报告还显示,上网对学生的学习成绩影响具有两极化特征:一是成绩非常优异,二是成绩非常差。其中,62.9%的中学生出现了个性化情绪;20%的中学生有情绪低落和孤独感;12%的中学生与家人、朋友疏远;5.1%的中学生身体健康状况下降。此外,中学生"网恋"现象也较突出,一名18岁的高中女生,在两个月里,竟悄悄约见了5个"网上情人"。这些数据,似乎都与平时人们对游戏的指责相一致。

对游戏的热爱甚至沉迷,并不是中国特有现象,其影响和作用不能简单地一概而论。全世界有数以亿计的人热衷于电子游戏等数字娱乐活动。游戏这个虚拟空间满足了男孩和女孩们的幻想。在游戏中,玩家可以领导他或她喜爱的运动队夺取胜利,可以自己成为詹姆斯·邦德式的人物,去执行特殊的使命;他甚至可以建立一个国家,领导这个国家历经数千年的战争,走向和平。玩家们还可以通过玩电子游戏来提高他们传统游戏的技巧,如在网上打扑克、下棋、打麻将,从而提高他们的牌艺和棋艺。有的游戏同时在线人数能高达几十万人,这意味着,你可以调动千军万马,驰骋沙场做英雄。成功的人,走在哪里都备受尊崇,还有很多女孩争着"嫁"给你。

与传统游戏不同的是,在电子游戏中,他们可以非常自由地选择游戏时间,而不需要顾及他们的情绪和影响,可以最大限度地利用时间,见缝插针,提高他们的思维能力和反应能力。这不仅意味着当他们回到现实的牌桌或棋枰上时,人们会惊讶地发现,他们突然玩得更为专业了,而且也意味着他们可以通过游戏,在不经意间提高自己的思维素质,外语词汇量或其他有用的技巧。

因此,对于游戏要正确地加以评价,要从建设健康的游戏文化的高度来认识青年人正当的游戏爱好,要注意把"网游"与"网瘾"区别开来,以兴利避害。

2. 游戏是一种文化

保障未成年人身心的健康成长,是一个社会应尽的义务。如何保护青少

---

① 中国青少年网络协会《中国青少年网瘾数据报告(2005)》,http://edu.qq.com/a/20060120/000122.htm,2006年1月20日。

年不要过早地受到成年世界的侵害,尽量能够在正常的环境中成长,这是任何一个社会都必须考虑的问题。

但是,我们必须看到,游戏是一种文化,正如任何一种新兴文化都可能带来复杂的影响,都会让人有最初的不适应一样,电子游戏的影响也需要认真分析。就在许多人担心青年人沉迷于电子游戏,担心在电子游戏中大量存在的性和暴力内容会伤害青少年的身心健康的时候,现在国外一些发达国家的青年人却在大学里学习电子游戏。在美国洛杉矶,南加尼弗尼亚大学(University of Southern California),学生们在学习游戏设计,另外一些学生则把电子游戏知识作为现代文化素养来学习。

其实,喜欢玩电子游戏的并不仅仅是孩子们。据美国娱乐软件协会(The Entertainment Software Association)的报告说,在年龄超过 50 岁的美国人中,大约有 1/5 的人会玩电子游戏。这就是说,事实上游戏玩家的平均年龄在 30 岁左右。而购买游戏产品数量最多的人群,其平均年龄是 37 岁。还有报告说,玩家中 43% 的人是女性。

随着电子游戏爱好者的增多和游戏对抗性的增强,游戏也可以像体育运动一样,进行对抗比赛。

在新加坡定期举行的"世界电子竞技大赛"上,通常有 700 多名来自世界各国的选手参加决赛。而且,许多游戏就是以体育运动为内容的。有一款非常流行的"Madden 系列"游戏,就是以著名的足球评论员 John Madden 命名的。还有一些玩家喜欢用类似于詹姆斯·邦德的间谍片改编的游戏来消遣,往往一玩就是 6、7 个小时。

然而,电子游戏文化远比体育文化复杂的地方就在于,它不仅仅带给人们快感也不仅仅是单纯的竞技性,以色情和恐怖作为刺激因素的游戏也非常普遍。对于这样一些游戏的影响,包括:它们为什么能够引起人们的强烈兴趣、如何理解喜欢这类游戏的人们的深层心理、一个健康的社会究竟该如何积极面对这类深层心理、如何疏导而不是简单地回避和打压……

这些问题都有待于进一步研究。要发展一个强大的、有前景的产业,就必须建立对社会负责任的企业文化。只有我们对这些问题有深入的研究和了解之后,游戏产业才能作为阳光产业真正发达起来,游戏企业也才能有真正的光明前途。游戏到底会对青少年造成什么样的不良影响,我们急需做全面深入的分析,而不能加以轻率的论断。

我们看到,逃学、暴力犯罪的青少年人群中,确实有沉迷于游戏的人,有的犯罪行为甚至是直接因游戏而起的。但是,到目前为止,我们还无法证实在游戏与犯罪或逃学之间存在因果联系。在游戏出现之前，青少年的逃学和犯罪也同样存在。

目前青少年犯罪率的攀升，原因非常复杂，可能是玩游戏所致，可能是家庭或学校的原因，也可能是社会上的一些其他因素所致。暴力性的游戏到底是强化了还是宣泄了游戏者的暴力倾向，这需要科学的实证，而不能凭主观印象下判断。

人类将不可避免地走向数字时代，数字化生存是未来人类社会的一大特征。而我们的老师、我们的家长，我们的社会却还没有为此做好必要的准备。

我们对网络世界的了解非常有限，对游戏的理解也非常有限。电子游戏在今天已经远远超出了传统的"玩具"概念，而成为虚拟世界体验的一种来源，数字化生存的一种预演。而学会数字化生存，增加生命体验，就像小鸟学习飞行一样，对于我们的后代是极其重要的。

在我们对游戏不甚了解的情况下，对游戏加以简单否定，是极其粗暴的，也是非常危险的。有证据表明，一些沉迷电子游戏的青少年人，其网瘾与其说来自电子游戏，不如说是因为与家长缺乏有效的沟通。是因为缺乏沟通才导致了网瘾和其他种种不良倾向。

仔细研究媒体的报道，我们发现，青少年罪犯人群中不少都来自于单亲家庭，或者是父母工作繁忙无暇顾及的家庭。因此，缺乏必要的家庭教育，或教育方式的简单粗暴，才更可能是他们走上犯罪道路的外在因素，电子游戏不过是他们在苦闷时寻找乐趣的方式，其本身的作用还未可知。

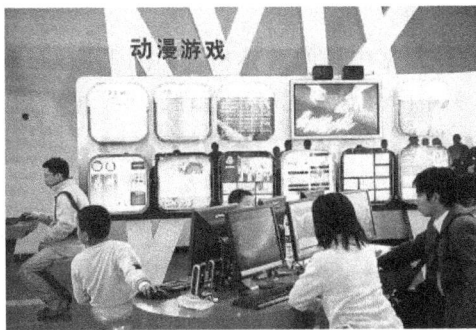

图 6.8　动漫游戏

游戏是一种娱乐文化，电子游戏正以一种新型娱乐文化的身份成为我们生活的一部分。正确的态度是了解它，思考它。

游戏是一种娱乐文化，电子游戏就如同以前曾经被视为洪水猛兽的摇滚乐、武侠小说一样，正以一种新型娱乐文化的身份成为我们生活的一部分。正确的态度是了解它，思考它，正如我们也需要了解社会、反思社会一样。我们应该鼓励商家开发更多的有教育意义的优秀游戏，寓教于乐。

成功的游戏首先应该是游戏。在科学的结论出现以前，不要对游戏的教育意义抱太高的希望,正如我们不能对游戏的负面作用做过高的估计一样。

3. 建设健康的游戏文化

建设健康的游戏文化,应当以正面引导为主,从制度、管理层面和游戏精神的培养这两个方面着手。

在制度和管理层面,正面引导就是要根据各种不同的消费层次和年龄特征,按照数字娱乐市场细分的规律,有区别地加以对待。既要有效地防止未成年人沉迷于游戏,又要保护成年人合理的娱乐消费权益。

建设健康的游戏文化,首先需要从观念上解决问题,不要把游戏只看成消极现象,或只看成是孩子的事。人类都有游戏的需要,游戏是丰富生活,完善人格,促进智慧的一种有效手段。在健康的游戏文化中,从孩子到老人的各个年龄层次和文化群体,都应该有适合自己特点和需要的游戏方式,都有机会从各自喜好的游戏类型中找到乐趣。因此,最好的办法不是简单禁止,而是积极引导。

从国外的经验来看,建立游戏分级制度是比较合理的一种办法。通过游戏的分级,政府管理部门可以有效地实施对不同层级的游戏内容和游戏时间的监管,保证不同游戏可以流向合适的人群,同时又保护了商家和消费者的合法权益。

根据中国的具体情况,中国文化部和信息产业部于 2005 年 8 月下发了《关于网络游戏发展和管理的若干意见》,提出了规范网络游戏市场秩序的五大措施:[①]

一、严格审批网络游戏等互联网文化经营单位,提高市场准入门槛,申请新设立从事网络游戏经营活动的互联网文化经营单位除符合有关规定外,还应当具备 1000 万元以上的注册资金。严禁含有淫秽、色情、赌博、暴力、迷信、非法交易敛财以及危害国家安全等内容的网络游戏产品在国内的生产和传播。对含有违法违规内容的网络游戏产品,应按照相关规定予以处罚;情节严重,移交公安机关依法查处;构成犯罪的,依法追究刑事责任。

二、严格实行进口网络游戏产品内容审查制度。进口业务由文化部批准的经营性互联网文化单位经营,进口网络游戏产品应当报文化部进行内容审查。

---

① 新华网北京 8 月 3 日专电:《文化部等出台〈意见〉规范网络游戏市场秩序》(记者 周玮)http://news3.xinhuanet.com/zhengfu/2005-08/03/content_3303348.htm.

三、经营"私服"和"外挂"属于未经许可擅自利用互联网从事网络游戏经营活动的违法行为,要依照无照经营查处取缔办法予以取缔。

四、切实加强对网吧的管理,严厉查处网吧接纳未成年人进入的行为,认真落实网吧经营管理技术措施。

五、加强行业自律和社会监督。网络游戏企业应当依法经营,按照国家有关标准,开发网络游戏产品身份认证和识别系统软件,对未成年人上网游戏和游戏时间加以限制,对可能诱发网络游戏成瘾症的游戏规则进行技术改造,其中 PK 类练级游戏(依靠 PK 来提高级别)应当通过身份证登录,实行实名游戏制度,拒绝未成年人登录进入。

建设健康的游戏文化,除了从制度、管理上着手外,从正面培养良好的游戏精神也非常重要。具体方法可以是举办游戏艺术节,游戏艺术大奖赛等形式,树立正确的游戏观念,宣传正确的游戏标准,宣传良好的游戏风气。

二、电子游戏的发展与种类

广义的电子游戏其实已经包括了网络游戏在内,因为网络游戏同样离不开计算机。不过,由于网络游戏在互动性、突破时空限制方面具有突出的特点,因此人们也常常在狭义地使用"电子游戏"这个词。狭义的电子游戏是指依托游戏机、个人电脑等工具,而不需要上网使用的各类电子游戏。

1. 电子游戏的起源和发展

世界上第一台电子游戏机诞生于 1971 年的美国,由麻省理工学院在校学生诺兰·布什内尔(Nolan Bushnell)设计,这台最早的游戏街机的名字叫"电脑空间"(Computer Space)。"电脑空间"的玩法是两个玩家各自控制一艘太空飞船,用导弹互相攻击。战舰在战斗的同时,还必须注意克服来自星球的巨大引力,无论是被对方的导弹击中还是没有成功摆脱引力,飞船都会坠毁。据说这台游戏机的显示屏是用一台黑白电视机做成的,有一个控制手柄,在一家弹子房里供玩家使用。[①]

1972 年,诺兰·布什内尔和他的朋友泰·达内(Ted Dabney)用 500 美金注册成立了一家电子游戏公司"雅达利"(Atari),这也许是世界上最早的专业电子游戏公司。他们仍然以街机的形式,成功地推出了以乒乓球为内

---

① 参见赢政天下收集整理的《电子游戏历史考》,http://news.winzheng.com/knowledge/135312893.html,2006 年 4 月 7 日。

容的游戏 Pong。这标志着电子游戏开始作为一种娱乐手段,被大众认可并接受。

1972 年,威尔·克罗特(Will Crowther)用当时流行的 DEC 的 PDP-10 主机编写了一段 FORTRAN 程序。在这个程序里,克罗特设计了一张地图,地图上不规则的分布着陷阱,游戏者必须寻找路径避开陷阱。这就是最早的电脑游戏程序。1976 年,斯坦福人工智能实验室的唐·沃茨(Don Woods)用自己实验室的施乐主机编写了一个类似的程序,并加入了幻想成分和谜题。这个程序被传播到各处,也启发了其他人的思维,此后各式各样的游戏程序被设计出来。不过,当时的电脑游戏还非常简陋,而且是少数电脑精英才能接触到的高雅娱乐,与现在大众化的游戏产业相比还有很大的距离。

1989 年,Broderbund 公司的乔丹·麦克纳(Jordan Mechner)根据阿拉伯的古老传说《一千零一夜》,在苹果机上制作了一部兼有动作与冒险情节的电脑游戏《波斯王子》,很快就受到普遍欢迎,这个游戏在全球共卖出了 200 万份,至今还有玩家记得这款游戏给人们带来的乐趣。

电子游戏诞生于美国,却繁荣在日本。1983 年,日本的任天堂(NINTENDO)和世嘉(SEGA)分别推出了自己的家用游戏主机,任天堂推出的主机名字是——Family Computer(FC),世嘉推出的两台游戏主机名字叫做 SG 1000、FC,当时的售价是 14800 日元(折合人民币 1300 元左右),采用 6502 芯片作为主 CPU,还有一块专门处理图像的 PPU,这在当时已经是非常高配置了。加上非常重视软件开发,不断推出有趣的软件吸引玩家。1983 年底,FC 售出 44 万台,1984 年底 FC 总销售量达到 150 万台。

1985 年 9 月,任天堂公司发售了一款名叫"超级马里奥"(Super Mario)的游戏,这个游戏以一个意大利管子工打败魔王,拯救世界,迎娶公主的故事为背景。任天堂凭借自己的精彩游戏和出色的游戏主机,确立了自己在游戏界霸主的地位。1988 年,光荣(KOEI)公司推出了第一版《三国志》。当年这个游戏分别推出了 FC 版和 PC 版。当年的《三国志Ⅰ》是英文版的,画面自然还很简陋,但它为后来流行的《三国志Ⅳ》和现在的《三国志Ⅵ》打下了基础。

20 世纪 90 年代是电脑游戏快速发展的时期,也是游戏产业形成世界规模的时期。电脑硬件在这一时期不断升级,使个人电脑的功能呈几何级数地提高,为运行更大型、更复杂、制作更精美的游戏提供了广阔的空间。而众多游戏制作公司的涌现,众多富于创意的天才进入游戏界,壮大了游戏设计队伍,更大、更精、更震撼的游戏巨作也不断推向市场,带动了整个游戏产业链的形成,标志着全球范围内游戏产业的成熟。

中国台湾的游戏产业一方面汲取中国文化资源,充分开发有中国文化魅力的游戏产品,如取材于中国武侠题材的《侠客英雄传》、《轩辕剑》、《仙剑奇侠传》等,都是较为有名的产品。同时台湾也注重国外优秀游戏产品的汉化开发,引进了《魔法门》、《鬼屋魔影》、《黑暗之蛊》有国际影响的游戏。

在中国内地,一些优秀的游戏公司克服了市场不规范、没有开发经验等困难,在开发原创性游戏方面也有突出成果。中国内地较早的原创游戏有金盘公司制作的《神鹰突击队》和《历史大登陆》等军事题材的游戏。前导公司的《官渡》,被认为是第一个国内原创的三国题材的游戏,不但在内陆和台湾市场获得了很大成功,而且还远销日本。《官渡》之后,前导公司又制作了《水浒传》、《西游记》和《赤壁》等以中国古典名著为题材改变的作品,表现了这个公司在产品开发上坚持中国作风和中国精神的不懈努力。

2.电子游戏的分类

为了方便从整体上把握电子游戏,又充分照顾到游戏产业发展的客观实际,我们可以考虑从游戏机(硬件)分类和从游戏内容(软件)分类两个标准来为电子游戏进行分类。游戏机是电子游戏的硬件部分。电子游戏机的发展,为不同的电子游戏方式提供了可能性,以满足不同场合的娱乐需要。从游戏机的角度,我们大致可以把电子游戏分为街机游戏、掌上游戏(含手机游戏)、电视游戏和电脑(PC机)游戏四种。其中电脑游戏又分为单机游戏和网络游戏两大类,如图所示:

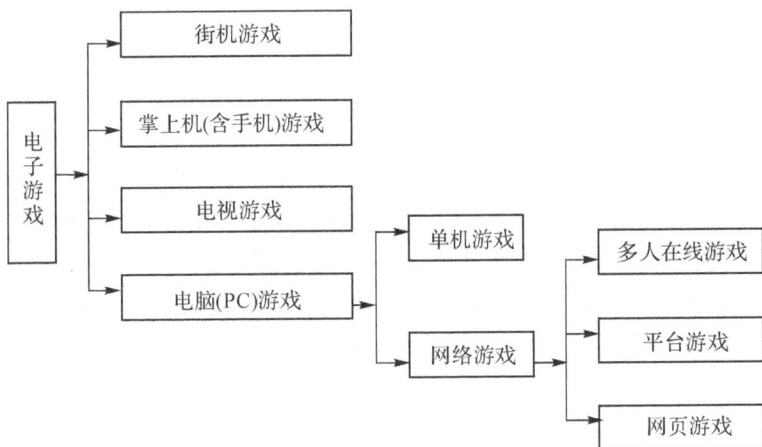

图 6.9　基于硬件(游戏机)的电子游戏分类

245

从游戏内容来看,可以把游戏分为如下三大类:①

(1)运动类游戏

运动类游戏指以运动为主要特征的游戏,包括体育、舞蹈、赛车等动作性较强的游戏,也包括需要心、手配合的益智运动,如"俄罗斯方块"、"扫雷"等游戏。

这类游戏的代表类别有:

SPG(Sports Games,体育运动类游戏)

STG(Shoot Game,射击类游戏)

RAC(Race,赛车类游戏)

DAN(Dance,跳舞类游戏,包括跳舞机、吉他机、打鼓机等)

SLG(Simulation Game,模拟类游戏,如模拟飞行)

FTG(Fighting Game,格斗类游戏)

(2)角色扮演类游戏

角色扮演类游戏指玩家在游戏设定的情景中充当一个角色,并按角色规定进行游戏的类别。

角色扮演类游戏主要包括:

ARPG(Action Role Play Games,动作角色扮演游戏)

SRPG(Strategies Role Play Games,战略角色扮演游戏)

RPG(Role Play Games,角色扮演游戏)

RTS(Real Time Strategies,实时战略)

(3)棋牌类游戏

棋牌类游戏 TAB(Table Chess)是以传统棋牌娱乐形式为基础的游戏,如各种棋类、扑克、当空接龙、麻将等。

另外,还有一些分类法把"冒险类游戏"也归为一个大类。所谓"冒险类游戏"即 AVG(Adventure Game),是指以经历危险而实现游戏目标的游戏。但考虑到冒险因素是游戏的一个基本因素,它在运动类、角色扮演类也存在。因而一般所谓的冒险类游戏,其实也可以分类到这两类游戏中。从逻辑上的严密和分类上的简明上讲,我们不主张把它单独划为一类。

---

① 详见李思屈《数字娱乐产业》第六章第二节,四川大学出版社 2006 年版。

三、电子游戏的开发

电子游戏的开发可以分为策划期、生产期和营销传播期三个阶段。

1. 策划期

策划期的工作包括前期策划、流程计划两个部分。

前期策划通过市场研究，对游戏进行初步设计和大体安排。在策划期间，还要完成对创意方案的可行性和风险论证，以确保公司做到"以销定产"，生产出适销对路的游戏产品。策划方案确定后，才能下达具体的游戏生产任务，从而进入流程计划期。

在流程计划期，公司正式下达生产一款游戏的任务之后，设计者需要把已经确定实施的创意具体化，以创意文案的形式，设定竞赛项目、情节、人物和层级。而生产者则根据这个文案制作一个任务清单，明确生产过程中的个人任务和团体任务。

2. 生产期

生产期本身可分为模型制作期和全面生产期两个阶段。

在模型制作期，EA(Electronic Art)艺术家和软件工程师把文案中的创意转化成游戏模型。软件工程师会制作一个系统，使艺术家方便地察看、调整和插入动画或特效。艺术家制作 3D 和 2D 模型，并加上材质、地图和动画。软件工程师对游戏的结构、故事进行编码。

在这种过程中，还需要有专门的流程总监来协调安排任务，保证整个工程按计划完成。

在基本框架完成后，游戏就投入全面生产。在完成最后成品之前，生产需要经过初试(alpha)和二试(beta)两个检测阶段。每一种视觉符号要素、动画要素、工程要素和设计要素都要在细节上到位。不同的语言版本制作也要从这个阶段开始。

3. 营销传播期

在产品开发过程中，游戏要通过三个版本：初试版、二试版和成品版。在初试版和二试版阶段，营销与传播工作就应该开始进行，如准备产品包装，游戏指南的设计和印制，有计划地发布消息或广告，进行市场造势，营销推广等。

游戏开发的上述三个阶段，都是一种创造性非常强的劳动，需要一个人数众多、富有创意，同时具有强烈个性的组成团队来完成。当团队合作良好时，可以使每个人都能创造出比个人独自工作时好得多的东西。

（1）　　　　　　　　　　　（2）

（3）　　　　　　　　　　　（4）

图 6.10　韩国游戏形象

　　创造性劳动与普通劳动相比，本来就有其不同的规律，两者之间在劳动效益的发挥、创造潜能的调动等方面存在着重要的区别。根据国际游戏开发管理的成功经验，我们可以把游戏开发中的创意管理要领概括为如下五个方面，即：分工明确、尊重个性、达成共识、优势互补和科学的流程。①

————————————

①　参见 Noah Falstein and David Fox《谈游戏设计中的合作》，elven 译，《视觉中国》，2004年 6 月 4 日。

(1)分工明确

明确的分工,是团队良好配合的首要前提。团队中的每个成员,都必须对自己在项目中的角色有明确的认识。

角色和责任的混淆常常会在项目经理(制作人)和总设计师(总企划)之间产生。程序员、项目经理或者设计师之间也会在实现一定的设计思想时产生分歧。

项目经理和设计师本来是一定设计思想的把关人,而实现这些思想却需要程序员的工作,如果配合不好,项目经理和设计师都有被程序员牵着鼻子走的危险。

事先明确设计决定权,才能使项目组成员在发生争吵时知道该找谁拍板。否则,就会导致美术人员和程序员可能会从不同的人那里收到截然不同的指示。这不仅会影响工作进度,也会影响团队士气。

在通常情况下,有最终决定权的是项目经理,而设计师只对设计业务负责。但当设计师就某个设计细节上的变化向项目经理做报告时,项目经理可能会由于相对缺乏专业知识,而又要对项目作全面的控制,从而产生一定的矛盾。项目经理可能同意在不影响预算和进度的情况下采取设计师的方案,但他同时也拥有最终否决权。有时项目经理也是总设计师,这就简化了决策流程。

(2)尊重个性

项目需要创造人员之间相互尊重才能进行良好。尤其要尊重不同创意人员的思维个性。如果是一个编剧和一位著名游戏设计师合作,编剧应该尊重设计师游戏方面的知识,而设计师则应该尊重编剧的写作方面的个性和特殊规律。

相互尊重彼此的个性,是良好沟通的基础,因而也是成功合作的基础。如果两个合作者不能彼此尊重,他们就无法很好的告诉对方自己的想法,也不能有效地理解对方的想法。

在创意团队的管理中,安排好有规律的沟通是非常重要的,具体的方式有提案、创意会议、一对一讨论、电话会议或者电子邮件等。

(3)达成共识

思想上的一致是协同工作的关键。项目组成员必须对从事的项目在游戏的基本风格、主要玩法等各重要方面达成共识。

对一个小的项目来说,这种共识可能仅仅是一种感觉,但对于大型项目,就需要用长达数十页的文件来详细描述,使项目组成员在反复交流、讨论的基础上达成共识。

（4）优势互补

优秀的团队不仅是成员都很全面，更是充分实现优势互补的团队。相似的专业背景能使沟通更容易，但是如果团队成员同时还具有各自擅长的领域，就会增强彼此之间的互相尊重，从而促进更好的合作。

几种来自同样背景创新性的理念碰在一起，往往是很危险的。这时，创意管理的艺术，就是在团队达成基本共识后，尽量让不同的人分头负责他们自己最擅长的工作，以释放他们各自的创造力量。

例如，在编剧和设计师达成共识后，编剧主要负责故事架构和角色刻画，同时设计师集中精力于互动非线性的结构和游戏的玩法。

往往专长不同，却同样富于创造力的合作者之间，更可能因为他们有相互补充的风格而彼此尊重。一个循规蹈矩的人与一个不停地冒出创新的主意的家伙组成的团队，就很可能是好的团队。

（5）科学的流程

科学的工作流程可以使工作变得高效而且充满乐趣。工作流程的制定需要流程总监来牵头制定，项目主要成员共同讨论完成。然后由流程总监来按流程监管。

在制定工作流程的时候，需要排出工作进程总表，详细规定每一个工作任务的起止时间，主要负责人和验收人、验收标准。

四、电子竞技

电子竞技是网络游戏的体育化，即利用信息技术为核心的软硬件设备作为比赛器械，在体育规则下实现的人与人之间的智力对抗运动。

网络游戏是一种纯粹的娱乐活动，它虽然可以锻炼人的思维和反映能力，但其胜负受到较多的偶然因素的干扰，如网速、游戏者对游戏的理解、不同游戏者的参与程度等方面的不同，都会使网络游戏的比赛结果不一定准确反映出参与者的实力和水平。因此，普通的网络游戏在严格意义上对抗性并不太强。而电子竞技则通过一定的体育规则，在保留网络游戏的竞争性和趣味性前提下，使之上升为一种新的竞技运动。

1. 常见电子竞技项目

目前，最常见的电子竞技项目有如下三种：

（1）第一人称射击类

第一人称射击类项目是以模拟亲临战场的枪战场景为背景，参与者组成不同的战斗小组进行对射竞赛。代表项目是《反恐精英》（Counter-Strike，简称 CS）。

反恐精英选手在比赛中需要同时完成环境监控、与队友配合并保持自己团队的优势到下一局。每一名队员都必须对环境加以警觉，包括声音、地图穿（射）点等，以防止对手的突袭和埋伏。同时，还要用耳机、话筒提醒与队友保持联系，配合默契，应付随时可能发生的事件。

在整个比赛中，队长要负责整个团队在每一局中战术的运用，包括队员的调配，补位等，例如由谁来拉枪线，谁来狙击。在必要时刻，队长还要负责是否放弃当局比赛来保存实力，或者是决定战场上的最后一名队员，在面对几名对手时是选择搏斗，还是选择保存手中的枪械资源而隐蔽起来，直到下一局战斗重新开始。

反恐精英带给观众和选手的，不仅仅是表面的观赏性，而且能培养人们的集体意识。在游戏中，每一个队员都要了解自己在团队中的位置，应付随时可能发生的突发性事件，服从领导和加强团队意识，这些对他们在社会中有所作为打下良好基础。

图 6.11　《反恐精英》（Counter-Strike, CS）界面　　图 6.12　IEM4 世界总决赛反恐精英最终比赛

（2）即时战略类

即时战略类竞赛是指参赛者模拟战略指挥的竞赛。在即时战略类竞赛中，选手的角色作为一个战略指挥家面对瞬息万变的战场，做出各种战略战术决策。

即时战略类比赛的代表性项目是《魔兽争霸》（War Craft）和《星际争霸》（Star Craft）。

　　《魔兽争霸》（War Craft）和《星际争霸》（Star Craft）都是参赛者根据比赛设定，以族群首领的身份，调动族群的全部资源，指挥族群各个兵种，展开对它族群的攻防战斗。选手的能力主要不是像第一人称游戏那样，表现为亲自参加战斗，而是统筹全局的应变指挥能力，和巧妙的战略战术思想。这类竞赛项目需要选手

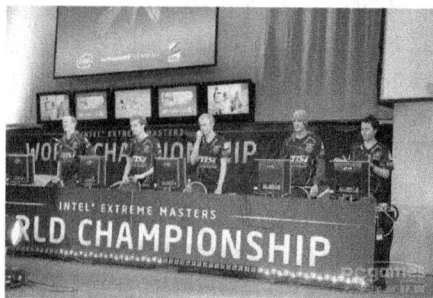

图 6.13　IEM4 世界总决赛反恐精英最终比赛

具有良好的全局战略观念和应对突出情况的能力，选手需要根据面对不同的局面，及时做出决策，分析游戏中资源的调配比例，对游戏中资源的掌控和分配直接影响到各方的兵力和战略布局。选手的任务是研究局部的战斗处理和战术策略，贯彻整体战略布局，决定什么时候需要强硬，什么时候走为上策，逐

图 6.14　《魔兽争霸》（War Craft）界面

一积累小规模优势使胜利天平向己方倾斜。

因此,选手可以在对战过程中,得到智力、身心协调等诸多方面的素质训练。对战中的个人魅力得以最大体现,在增强玩家的自信的同时,使其切身体验到永不言败和逆境中求生存的宝贵精神。

(3)实况体育类

实况体育类比赛项目是指通过电脑程序模拟体育实况比赛的电子竞技项目。现在比较常见的实况体育类项目是《实况足球》系列,以及以《极品飞车:地下狂飙 2》(Need For Speed TM:Under\ground 2)为代表的赛车类比赛。

以《实况足球》为代表的实况体育类竞技项目,大多是以模拟真实比赛为特点的电子竞技。程序制作水平的不断升级,使实况体育类电子竞技选手可以更快地进攻,动作的流畅度也增加了,在技术动作上,更多地享受到类似于真实体育比赛和体育明星的成就感。

但电子竞技无论如何只是体育实况的一种模拟,其本质仍然是一种益智类运动,而不是真实的体育比赛,因此尽管需要选手运用键盘和鼠标操控足球技术动作,但比赛的要点仍然离不开战术要素,如阵形的设定和战术的运用等,所以机敏的反应和默契的配合和战术意识,是竞赛的关键。

2. 重要电子竞技赛事

目前,在世界上影响较大,品牌较为成熟的电子竞技赛事主要有四个,即 CPL(电子竞技职业联盟)、WCG(世界电子竞技大赛)、ESWC 和 WEG。在中国内地,最高级别的官方赛事是"全国电子竞技运动会"(CEG)。现分别介绍如下:

(1)CPL(电子竞技职业联盟)

CPL 的全称为 Cyberathlete Professional League(电子竞技职业联盟),创建于 1997 年 6 月 26 日,是世界上第一个把计算机游戏竞赛作为一种

图 6.15　历年 WCG 海报

游戏比赛运动的组织。创办人是美国投资银行家安格尔·穆诺（Angel Munoz）。CPL 主要以组织大型现场游戏比赛为特点，而比 CPL 稍晚一些成立的 PGL(Professional Gamers League，职业玩家联盟)则更倾向于组织线上比赛，尽管其总决赛仍然放在现场进行。

（2）WCG（世界电子竞技大赛）

WCG 的全称是 World Cyber Games(世界电子竞技大赛)，是全球范围内第一个最具规模的电子竞技赛事。从 2001 年开始每年举办一次，至今 WCG 大赛已成为有世界影响力的重大赛事，号称"电子竞技世界的奥运会"。

WCG 的组办方将其定位在全球性的电子竞技奥运盛会，是一个以奥林匹克运动会形式筹办的电子运动会。WCG 是全球范围内第一个最具规模的游戏文化节，大赛一直以"beyond the game"为口号，以推动电子竞技的全球发展为目标，旨在促进人们在网络时代的沟通、互动和交流，促进人类生活的和谐与愉快。

WCG 的主办方将其定位在全球性的电子竞技奥运盛会，是一个以奥林匹克运动会形式筹办的电子运动会，承担着沟通全球顶尖电子竞技运动选手，进行国际交流的责任，成为新体育形式的开创者。WCG 大赛在中国已经成功举办 3 届，已经在中国得到众多肯定与支持。

图 6.16　WCG2009 中国区外卡赛海报

2004 年，第二届 WCG 在中国吸引了 4200 多名选手参加了全国的地区选拔赛，官方网站在短短的时间内访问量就超过了 1000 万人次。

（3）WEG（世界电子竞技联赛）

WEG 的全称是 World E-sports Games（世界电子竞技联赛），是韩国 2005 年推出的一项世界联赛。其主办方是韩国主流游戏电视媒体 Ongamenet，比赛全程由 Ongamenet 独家转播。WEG 努力打造全球最正规的职业化电子竞技联赛,希望以巨额的奖金吸引全世界顶尖战队和选手的参与。其比赛形式是一年分为四个赛季,最终将每个赛季的冠军集合起来进行World Championship(世界锦标赛)。现在,WEG 已经成为传统三大赛事(CPL、ESWC、WCG)之外最有影响力的品牌赛事。

图 6.17　WCG2007 世界总决赛开幕式

(4)ESWC(电子竞技世界杯)

ESWC 全称是 Electronic Sports World Cup(电子竞技世界杯),2002 年在法国创立,已经成为世界最具影响力的前三大电子竞技品牌之一。每年夏季都有 70 多个国家的数十万爱好者前往法国,参加为期一周的比赛。

(5)CEG(中华全国电子竞技运动会)

CEG 即中华全国电子竞技运动会(China Esport Games)的英文缩写,是中国国家级别的一项全国电子竞技运动会。由中华全国体育总会主办,北京华奥星空科技发展有限公司承办,领导单位是国家体育总局。

CEG 的宣传口号是:"办最有价值的电子竞技联赛中国人也可以!"CEG希望把赛事办成全国电子竞技运动走上正轨的分水岭,在全国电子竞技产业中将发挥重要的榜样作用。

CEG 联赛每年将有接近 300 场的比赛,约有 5000 万人"间接参加"、200万人次"直接参加"。其影响力渗透到中国内地电信业、IT 业、网吧业、金融业、体育、媒体,以及每一个参与电子竞技运动的普通家庭中。

电子竞技运动在世界上拥有广泛的群众基础,受到了大众的广泛喜爱。

在许多国家和地区，电子竞技已成为最有成长性的项目之一。以韩国、美国和法国为代表举办的世界三大赛事已经越来越受到全世界各国的关注。有的比赛，参赛国家和地区已经达到近百个之多。电子竞技运动产业在韩国、日本、美国、法国已经形成了巨大的产业规模，并且在国家经济中占有重要的地位。在韩国，电子竞技运动受到政府的大力扶植，WCG 就是由韩国政府直接主导推动举办的赛事，在早期的比赛中，组委会主席由韩国的总统担任，其他政府官员也会出面助阵。在政府的推动和社会的努力下，WCG 在短时间内得到迅速发展，而韩国的电子产品也随着比赛、随着 WCG 渗透到参赛的各国，取得了明显的产业效益。

电子竞技运动在中国起步相对较晚，但增长的速度却很快。与电子竞技运动发达国家相比，中国的电子竞技运动的竞赛市场处于一种自发的无序状态。不同部门、不同地区都有各种各样以"中国"或地区名称命名的电子竞技运动会。赛事组织者对电子竞技运动会的概念、赛事设置理解不尽一致，因而出现了各自为政，缺乏统一管理的局面。在相当一段时间不仅没有出现权威的品牌赛事，而且连比赛的赛程、规则、标准等等也不统一，难以形成特有的商业模式和足够的产业规模。即使是代表中国参加世界大赛，也是各自为政，处于无序的状态，缺乏来自国家和大众的广泛、有力的支持和后盾，所以选手的运动成绩也参差不齐、大起大落，不能真正代表国家水平。

2003 年 11 月 18 日，中国国家体育总局宣布，把电子竞技列为中国正式发展的第 99 个体育项目，纳入管理轨道，这对于电子竞技这个新兴体育运动项目和体育产业健康有序的发展，是一个大好的机遇。它有利于在规范管理的条件下，举办更多有规模、有品牌影响的赛事，使这项运动得到更好的普及与提高，同时培育和壮大电子竞技产业市场。

世界电子竞技发达国家和地区的成功经验表明，开展电子竞技运动，发展电子竞技运动产业，对繁荣经济也有积极的作用。电子竞技运动可以锻炼参与者的思维能力、反应能力、团队精神、自制能力、协调能力以及意志品质和体育文化精神，同时培养参与者对现代信息社会的适应能力，促进德智体全面发展。

人类已经进入 21 世纪，青少年的教育应该从小开始培养，以适应信息时代需要的技能。通过参加电子竞技运动培养的信息技术和技能，是和广大青少年的兴趣相一致的，充分体现了寓教于乐的教育理念。从对战平台和网上获得的信息表明，电子竞技的青少年高手，大多都是学习成绩的佼佼者，独立思考能力和自立性都比较强，这说明了这项运动对培养青少年德智体全面发展的积极作用。

同时,通过公开、公正、公平的选拔,代表中国参加世界大赛,能培养青少年为国争光的荣誉感和责任感。

中国的体育健儿已经在传统的体育赛事中取得了优异的成绩,为国争了光;我们相信,在电子竞技运动世界大赛中,中国选手也一样可以为国争光。发展中国的电子竞技运动,一定要坚持社会化与产业化并重,普及与提高相结合的道路。应该立足于长远发展的战略,以产业化为手段,以市场为基础,充分调动社会的积极性,打造中国的电子竞技运动的品牌赛事。因此,探索有中国特色的产业化发展模式,是中国电子竞技运动健康发展的必由之路。

电子竞技运动产业市场潜力巨大,发展空间广阔,有志于在新兴的电子竞技产业中求发展的企业和机构,应该积极研究,在这个新兴的产业链中找到自己的生态位,与相关各方携手合作,共同培育市场,从而获得共赢局面。

第三节　数字影视

数字影视是传统影视数字化的结果。当好莱坞大片《黑客帝国》在世界各大影院轮番上映的时候,全世界的观众无论是理解还是不理解其内容的,都为其中的电脑特技而震撼。这部电影从头到尾都在讲述我们生活的这个世界的不真实,以及互联网虚拟世界的真实性。

为了把这一互联网时代的哲学思考,以影像的方式表现出来,《黑客帝国》利用当时最先进的电脑技术开创了大量全新的镜头运动手法和难以想象的视觉效果,把影像时代的深刻哲学转化为数字技术的强烈视觉冲击力。数字技术为导演的影像创造带来了无限的可能性。凭着数字技术,斯皮尔伯格的《侏罗纪公园》系列电影让我们回到了史前时代,所有恐龙的造型和动作都栩栩如生。

凭着数字技术,张艺谋的《英雄》可以制造出万箭齐发的逼真场面,让中国传统的武术想象达到了空前的艺术境界。数字电影的出现,将彻底改变传统的电影发行流程。数字技术将使传统的电影胶片从产业中消失。与传统的胶片电影相比,数字电影再也不需要胶片的拷贝和发行,也不需要跑片员忙碌于各影院跑片。数字电影的发行商只需要通过网络,或者通过硬盘传送数字电影的拷贝就行了,这种方式极大降低了拷贝的复制费用,而且还原效果更好,也不担心胶片的磨损。

影视制作方式的变化仅仅是数字技术带来的变化的一个方面,影视产业的数字革命也包括播放方式的变化。数字技术现在已经不只是影视制作者制造影像的工具了,它正在成为影视观众高质、便捷的观看工具——数字电影和数字电视。

由于电视观众的数量和电视观看的频次都远远高于电影,因此,数字电视带来的影响,在直接性和广泛性上都更大。在未来数年中,全世界主要国家的电视观众看电视的方式都将发生革命性的变化。如今,网上影院的流行,不仅再次打击了已经走向末路的电影院,而且也使刚刚兴旺不久的 DVD 等光盘租售业务受到沉重打击。

现在,影视爱好者已经不需要去购买或者租赁影视片的光盘了,他们只需要在家里点击鼠标,就能看到全世界不同互联网站上的影片或电视节目。人们通过网友上传、BT 等方式免费共享影视内容,不仅省钱省时,而且还不需要每天在电视机前等着看漫长的电视连续剧,免受电视广告的骚扰。

现在,DVD 的网络视频点播已经成为业界的一个备受关注的敏感话题,它关系到内容生产商、运营商和互联网等整个产业利益格局的重新洗牌。

一、数字电视

电视即所谓 DTV(Digital Television),是用数字信号来制作和传播图像和声音内容的电视系统。与传统的模拟电视系统不同的是,数字电视从拍摄、编辑、制作、传输、播出、接收电视信号的全过程都采用数字技术的电视系统。

数字电视的接收器按清晰度等级从上至下可分为 HDTV(数字高清电视)、EDTV(增强型数字电视)、SDTV(标准清晰数字电视)和 PDTV(普及型数字电视)四种,它们之间的区别主要在于图像质量和信道传输所占带宽的不同。

目前,国际上数字电视的发展非常快,电信、有线电视和互联网"三网合一"已经成为一个大趋势。"三网合一"或"三网融合",是指电信网、广播电视网和计算机通信网的相互渗透、互相兼容,并逐步整合成为统一的信息通信网络。"三网合一"后,电话是可视的,电视是互动的,人与家用电器是可以交流的。

中国国务院前总理温家宝 2010 年 1 月 13 日主持召开国务院常务会议,决定加快推进电信网、广播电视网和互联网三网融合。3 月 12 日下午,工业和信息化部部长李毅中在接受记者采访时表示,已经出台一个文件,2010 年到 2012 年试点,2013 年到 2015 年推广。①李毅中确切地告诉媒体,2013 年"三网合一"要推广,也就是说中国在 2016 年进入到一个新的信息时代。

不过,在一个完全有技术条件和经济条件实现上述目标的新信息时代,实现起来的阻力却远比想象中大。2010 年两会上,与三网融合关系最为密切的工信部正副两位部长面对媒体的发言将信心和困难都摆了出来,中国目前"三网融合"最大的问题就是部门之间的管理界限,即所谓的体制性障碍。所谓的部门管理界限,实际上就是垄断部门的垄断利益划分的界限。目前三网或独立,或电视与计算机网络融合、或电话与计算机网络融合,各自抱守巨大的经济利益——垄断利润不放手,严重阻碍了三网融合的推进。很显然,历史趋势不会为所谓的垄断利益让路的。只有看清未来趋势,才能够获得更多、更长远的利益。"三网合一"的潮流是不可逆转的。

从用户的角度来讲,数字电视节目画面更加清晰、完美,声音效果也更加保真,而不再像模拟电视节目那样经常出雪花点、斜纹、或闪动;而且,数字电视系统也使电视节目的可选择内容更丰富多彩,它可以让用户自主地选择频道、点播自己喜欢的节目内容,回放电视台已经播放过的内容,查看天气情况或其他实用信息等。

尤其重要的是,它可以根据用户的口味,只看电视剧或电视新闻等内容,而不一定非要像现在一样被广告所打断。高清视频源和高保真的音频源的采集、传输,由制作公司和电视台完成。在这方面,中国的绝大部分公司和电视台已经在多年前就实现了数字化的处理。

但是,由于过去普通家庭用来接收信号的电视机都是传统的模拟信号接收机,因此对普通大众来说,并没有享受到多少数字电视所带来的好处。由于我国的数字电视的技术标准尚未确立,所以在试验阶段,电视厂家也不会在他们生产的电视机中加装数字信号解码设备。

现在用户要接收到数字电视信号,只能根据不同的地方标准配备一个临时的数字解码器,即通常所谓的"机顶盒",才能使电视信号在自己的电视机上还原为图像和声音。

发展中国的数字电视产业,除了技术标准这一难题,有效的商业模式也是一个关键性的问题。如果没有有效的商业营运模式,投入数字电视运营的厂商找不到合适的盈利点,就无法获取正常的利益,从而无法解决数字电视发展

① 3 月 13 日中国经济网

所需要的巨额资金,发展数字电视也就会成为无本之木,无源之水。

现在中国正在试验的是利用有线网络传输数字电视的商业模式。较为成功的模式有青岛模式、杭州模式、佛山模式和太原模式四大模式。

青岛是中国较早探索有线数字电视商业模式的城市。青岛模式的特点是:

①以小区为单位,免费赠送机顶盒;

②在推行数字节目的同时完全停止输送模拟信号;

③频道数量由 28 套增加到 50 套,加了 17 个广播频道以及影视剧、纪录片两个 NVOD 频道;

④同时每月向用户加收有线电视费 10 元钱,每月共 22 元。

⑤增设电视信息平台与商务平台,提供电子政务信息,包括航班服务、天气预报、便民服务等,以此来解决数字电视的内容空白问题。

杭州模式也像青岛模式一样,免费向用户赠送机顶盒,也提供电子政务和其他社区实用信息。杭州的每个数字电视用户可以免费得到一台价值 850 元的基本型交互式机顶盒,而每月的收视费仍然不变,只要按现有有线电视每月 14 元的标准付费就可以看到 60 多套数字电视节目。这一措施是为了减少数字电视推广期的阻力,使习惯于免费收看电视的观众高兴地接受数字电视。杭州模式的最大特点是增加了新型的交互方式,在接入有线数字电视网的同时,也接入网通公司的以太网,从而增加了 8 万多小时的交互式点播节目资源。

因此,杭州模式是一种"广播"与"交互"并行的内容提供方式,把电视的公共服务与商业服务分开,公众服务继续采用一般收费方法,而交互模式则采用市场定价,从而较好地解决了电视的公共服务性与产业化运作之间的矛盾,减少了数字电视产业化的阻力。

不过,杭州模式仍然面临着投资大、价格高和内容相对匮乏的困难。而且,杭州的交互式机顶盒生产也受到芯片供应的制约。再加上我国机顶盒市场的内部标准受制于不同地区有线网络运营商,无法发挥市场竞争的作用,这也限制了生产厂家的壮大。

佛山模式的启动资金借助了外来投资,实行一机一卡、按卡收费。用户收看电视的基本费用由每月的 14 元上涨到 17 元,同时按卡收费。这样就可以直接管理到电视机和节目,从而具备了开播付费节目的条件。佛山模式在极短时间内就实现了数万有线电视用户的数字化整体平移。

太原模式是一种运营商自掏腰包的解决方式。整体平移需要的免费机顶盒资金一部分来自当地市政府的支持,另一部分来自于太原广电自身的资金积累,初期共投入资金两亿元人民币。

2005年3月20日,太原有线数字电视整体转换工程的第一个示范小区正式开工。太原数字电视播出的内容包括数字电视节目、数字音频广播节目和增值业务三个部分。在新的资费标准出台前,有线数字电视仍维持原来的收费标准。

除上述四大模式外,上海模式也比较有特点。在上海模式中,用户只要和东方有线签订两年合同,就可以免费领取机顶盒,两年之后,这个机顶盒就归用户所有。目前在上海经营数字电视业务的主要有上海文广集团和中央电视台两家。上海文广集团在全国市场拥有200万数字电视用户,目前在上海市提供的个人数字电视节目内容产品分为两块:37元/月基本包,内有24个频道及20套音频节目;20元/月可选包,内有6个频道。中央电视台是最早的全国性数字电视内容集成运营商,目前在上海市提供的个人数字电视节目内容产品有48元/月基本包,内有8个频道。

目前,几大模式都还属于试验期。由于中国地区差距较大,这些模式即使有所成功,也未必可以为其他城市照搬。其中,四大模式的共同问题是机顶盒价格高和投资回收期长。据测算,以数字机顶盒方式推广经营数字电视业务,一个网络上约有8万~10万个的交费用户,收支才可以基本平衡,而且要至少3~4年的运营时间才能收回投资成本。然而,机顶盒这种形式本身是否长久,它什么时候会被内置于数字电视机内的数字解码器所取代,只要这些关键问题没有明确的答案之前,机顶盒的巨大投入风险与效益都是无法确定的。

四大模式所遇到的另一大共同问题是数字电视节目的"内容短版"问题。数字电视开通以后,最主要的问题是节目内容的短缺。数字电视解决了频道的容量问题,可以同时开通数百个频道。但无论你开通多少个频道,如果这些频道的内容都是千篇一律,或大同小异,频道再多也是没有价值的。而且数字电视的优势是受众可以主动选择,但是如果数字电视的用户发现,他们在付出了数字电视费用以后,并没有什么可以选择的节目,就会有上当受骗的感觉。

二、网络视频(IPTV)

网络视频即一般所谓的IPTV,是一种利用宽带有线电视网,集互联网、多媒体、通讯等多种技术于一体,为用户提供多种互动多媒体服务的宽带业务。

IP 是 Internet Protocol(网际协议)的缩写,常用于指互联网通讯技术。有人参照"IP 电话"的翻译方式,把 IPTV 翻译成"IP 电视"。实质上,IPTV 就是一种基于 IP 宽带网络,通过聚合各种视频内容和增值应用的视频服务。

IPTV 的重要特色是利用了互联网的功能,因此实现了电视服务和娱乐的交互性。IPTV 用户可以有两种方式享受服务:①计算机,②网络机顶盒+普通电视机。

IPTV 既不同于传统的模拟有线电视,也有别于正在兴起的有线数字电视(Cable DTV)。IPTV 是以 IP 机顶盒或个人电脑为终端,以电视机为主要显示设备,以宽带网络为主要传输媒介,提供多媒体信息服务。IPTV 业务的重点是为用户提供音、视频点播、广播、信息服务、音乐/卡拉 OK、互动游戏、通信服务、互动广告、远程教育等服务的整体解决方案。

由于 IPTV 服务能够向用户提供更个性化的娱乐体验,因此它对内容提供商、广告主、消费者都会有很大的吸引力。在世界范围内,电信运营商通过 IP 宽带网络提供的 IPTV 业务发展迅速。

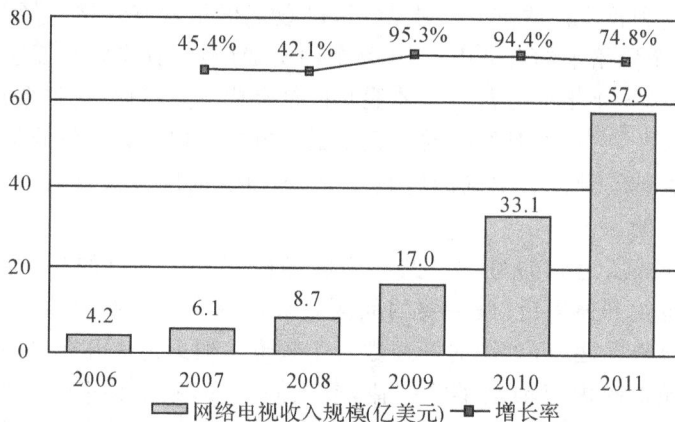

图 6.18　2006—2011 年全球网络电视收入规模及增长情况

早在 1999 年,微软便推出了著名的"维纳斯计划",试图将中国庞大的电视机资源与互联网接轨,这就是 IPTV 的早期版本。这一计划虽然没有成功,但却为我们展示了一个 IPTV 的美妙蓝图。IPTV 将电视和互联网的优势最大限度地结合在了一起,人们的生活方式也将随之发生改变。

从 2004 年开始,IPTV 这个概念开始在中国受到广泛的关注,有关报道和分析在大众传媒上骤然增加。但对多数中国人来讲，IPTV 还只是一个概念，因为 IPTV 在中国的发展面临着重重障碍，技术标准、产业政策、用户习惯等，都是影响 IPTV 发展的重要因素。如何追踪国际 IPTV 动向，把握发展机会，是摆在业界、学术界和政府管理部门的一个重要课题。

根据 CNNIC 在 2010 年 1 月发布的数据显示，截止到 2009 年 12 月 31 日，我国的网民总人数为 3.84 亿人，较 2008 年增长 28.9%。如图 6.19 所示：

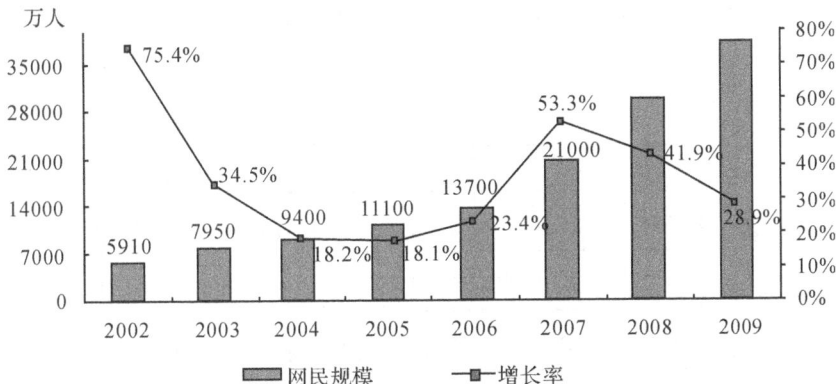

图 6.19　中国网民规模与增长率变化图[①]

这种互联网普及率稳步上升的趋势，是中国 IPTV 产业发展的基础，也预示了 IPTV 产业的前景。

到 2009 年底，中国的网络视频用户规模达到 2.4 亿，较 2008 年底增长 3844 万，使用率为 62.6%，下降了 5.1 个百分点。[②] 专家认为，在中国，网络视频作为越来越被认可的媒体表现形式，但其市场价值、广告价值和受众规模仍将持续提升。出于提升自身品牌价值、规避内容侵权风险等众多因素的考虑，2009 年视频网站对内容体系进行了大规模调整，将内容重点更多放在了影视剧和专业机构制作的内容上。

从行业角度来看，网络视频媒体与传统影视媒体之间逐渐由竞争走向合作，网络作为实现影视节目二次传播的新渠道，在新的媒体格局中占据重要位置。同时，传统新闻媒体、电视台和影视媒体纷纷拓展网络视频传播渠

① 中国互联网络信息中心（CNNIC）《中国互联网络发展状况统计报告（2010/1）》，ht-tp://www.cnnic.net.cn/uploadfiles/pdf - 1/15/101600.pdfht

② 中国互联网络信息中心（CNNIC）《中国互联网络发展状况统计报告（2010/1）》，ht-tp://www.cnnic.net.cn/uploadfiles/pdf - 1/15/101600.pdfht

道,直接助推和带动了网络视频产业的规范化发展。国家网络电视台的加入,将促进网络视频产业进一步规范化、有序化发展。随着国家对网络视频行业发展的市场规范逐步建立、监管力度的不断加强,市场环境将得到进一步优化。

艾瑞(iResearch)市场调查数据表明,在 IPTV 提供的点播类节目中,电影类是最受中国消费者欢迎的,其选择比例高达 75.3%;电影之后依次是综艺类节目、知识类节目和新闻类节目,分别占到 51.6%、50.2%、47.7%,如图 6.20 所示。

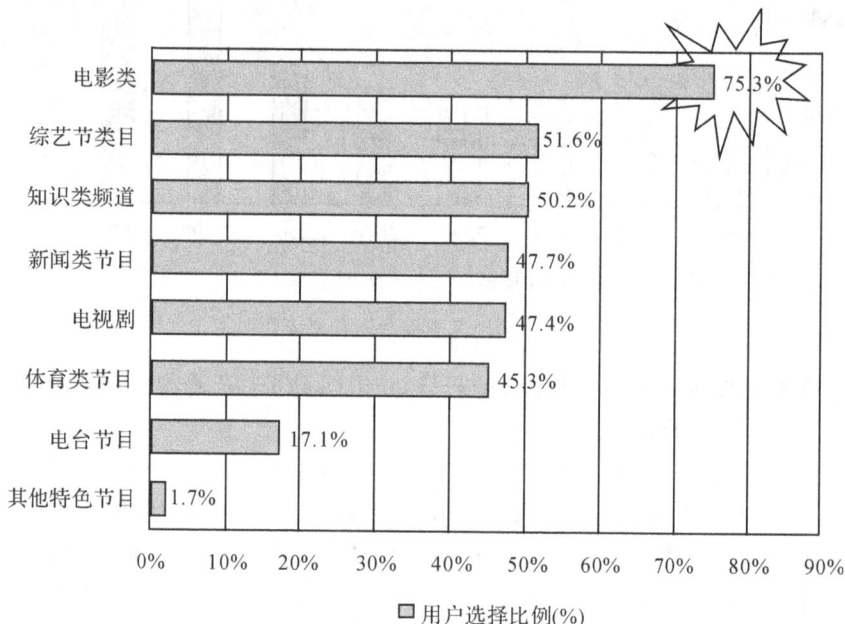

图 6.20　用户希望 IPTV 能够提供的点播节目

从图 6.20 中,我们可以发现,在普通电视节目中一直最受欢迎,收视率长期居高不下的电视剧和体育节目,在 IPTV 用户的选择中相对靠后,这表明了 IPTV 作为一种互动性的个性化服务,与作为大众化传播媒介的普通电视在满足需求上的明显不同。IPTV 作为一种“分众传播”和“小众传播”产业,与作为大众传播的电视产业各有其不尽相同的规律。这就提示我们,在发展 IPTV 等数字化视频服务的时候,不要随意照搬电视产业的经验。运用分众传播理论和小众传播理论对 IPTV 的消费规律进行研究,是未来理论界和实践界需要解决的一个重大课题。

网络音乐、网络视频和网络游戏是互联网用户人群经常使用的功能,其中经常使用网络视频的占 67.7%,经常使用网络游戏的 62.8%。尤其值得注意的是,网络文学的使用也呈现快速增加的态势,达到 1.6 亿人的规模,使用率达到 42.3%。[①] 在这些数据后面作支撑的,是中国互联网在影视服务的发展、消费习惯的养成、审美偏好的显现和消费市场的逐渐成熟。

表 6.1　2008—2009 年网络娱乐类应用用户对比

	2008 年		2009 年		年变化	
	使用率（%）	网民规模（万人）	使用率（%）	网民规模（万人）	增长量（万人）	增长率（%）
网络游戏	62.8	18,700	68.9	26,454	7,754	41.5
网络视频	67.7	20,200	62.6	24,044	3,844	19.0
网络音乐	83.7	24,900	83.5	32,074	7,174	28.8
网络文学	—	—	42.3	16,261	—	—

来源:中国互联网络信息中心(CNNIC)《中国互联网络发展状况统计报告(2010/1)》

从 2002 年 5 月开始,中国电信"互联星空"就在广东试点在线影视服务,后来试点范围扩大到上海、浙江、福建、江苏、湖南,2003 年 9 月在南方 16 省市开通。2003 年"互联星空"的加入用户超过 100 万。2003 年 8 月 9 日,21CN 在北京召开新闻发布会,宣称要做中国第一宽带娱乐门户网站。2003 年 11 月 27 日,星美传媒也以"公益"的名义开始了其在线影视服务的推广。同年,中国网通联合推出"九州在线"和"天天在线",在线影视趋于活跃。在此期间,中广网(www. CATV. net)经过努力建设,已成为广播电视系统最主要的宽带视频网站,自制及整合了 5 万小时的视频节目,开设了 11 个频道 31 个栏目,每日更新节目量可达 12 小时。

香港凤凰卫视也从 2003 年开始主推宽带内容,中国内地的网民只要注册成为"凤凰宽频"的用户,交纳 20 元的包月费,就可以收看凤凰卫视的主要节目。就是说,在中国其实已经有很多人在享受类似于以电视机为终端的 IPTV 服务,已经积累了一定的互动式个性化服务的消费经验。通过对这些消费经验和消费行为进行研究,可以为未来 IPTV 的营运决策提供宝贵的借鉴和参考。

---

① 中国互联网络信息中心(CNNIC)《中国互联网络发展状况统计报告(2010/1)》,http://www.cnnic.net.cn/uploadfiles/pdf - 1/15/101600.pdfht

三、移动电视

移动电视是指利用数字技术实现在移动条件下观看电视内容的服务。目前的移动电视一般通过地面或卫星电视信号广播、地面设备接收的方式播放和接收电视节目,通过手机、多媒体播放器、车载、USB接收器等终端设备实现电视信号接收。移动电视的目标,是使电视观众在离开家庭、办公室等固定场所时,仍然能够看到电视节目或电视广告。

由于目前中国的电信和广电系统在技术路线、政策导向上还存有较大分歧,手机电视目前面临着"手机电视"和"电视手机"两个不同的发展方向。

"手机电视"是由电信运营商主导移动技术,其优点是网络体系健全,但是技术还不适宜大规模商用;"电视手机"是由广电部门主导的电视传输,在移动服务上不如电信系统有深厚的基础,但却表现出良好的发展速度和后劲。从发展上看,如果广电和电信两家实行合作,以广播技术模式的手机电视为基础,结合电信的网络通道,应该是比较好的产业发展之路。

移动电视的媒体广告优势迅速被企业和广告代理商认同,广告刊例价格不断上涨,市场前景一片看好。移动电视可以分为两种,一种是"机动人不动",另一种是"人动机不动"。"机动人不动"主要包括公交、轨道交通、出租车等移动平台的电视机,"人动机不动"包括车船码头、商务楼宇、文化旅游集散地等固定场所的电视机。综合考察这两类移动电视的发展,人们会发现,目前中国的移动电视已经发展成了重要的新兴户外电视媒体。

在上海,目前移动电视的内容主要有3种,即置换节目、企业形象以及商品信息。目前的转换节目共10档直播新闻节目,主要以中央电视台、上海文广系统的媒体、东方卫视等节目为节目源。据介绍,上海东方明珠移动电视自制的节目占节目总数的23%,以5分钟的服务和资讯类节目为主,新闻资讯类重点发布整点新闻和半点新闻。

城市交通移动数字电视是一种新兴媒体,国际上称之为"第五媒体",它的出现引起社会极大关注,被誉为最具发展前景的传播媒体。移动电视是通过无数数字信号发射、地面数字设备接收的方式进行电视节目的播放和接收,是一种新型的时尚的可安装于公共交通工具上的高科技电视产品。在传输电视信号上具有高画质、高音质、高性能等独特优势,其最大的特点是在处于移动状态、时速不超过200公里的交通工具上能稳定、清晰地接收电视节目信号。上海、重庆、广州、辽宁、南京、长沙、西安、青岛等城市的移动电视也有良好的发展。重庆主城区 28 条公交线路的 860 多辆公交车上，以及 200 多辆公务、私家车上都安装了移动电视。从"人动机不动"的情况来看，中国的楼宇电视是发展最快的。从 2002 年底至 2003 年初，上海、北京高档写字楼的电梯等候厅或电梯间，都出现了许多时尚液晶电视。此后，楼宇电视迅速普及到国内各大城市，楼宇电视作为一种新兴媒体，在短短几年内就成为一支媒介新军。中国的楼宇电视经营有非常突出的垄断性。最初是由聚众传媒公司和分众传媒两家垄断，2006 年这两家公司合并后，新的分众传媒公司就成了中国楼宇电视不可动摇的霸主。从传播的到达率和成本来看，楼宇电视广告有明显的优势。

有人计算，上海楼宇电视广告的千人成本不足上海电视广告的 1/2，而且其目标消费者将更加精确。当前户外电视传媒需要有更多有知识性、趣味性、新颖性、贴近性等特点的节目内容。同时，移动电视的发展也需要更系统的理论指导，建立适合分众传媒的效果监测体系，以使这个产业尽快成熟起来。

第四节　数字音乐与手机文化

数字音乐是指在音乐的制作、储存、传播与使用过程中利用了数字化技术的音乐生产和消费形式。

音乐是一种艺术，而手机则起源于一种无线通讯工具，两者之间本来没有任何关系，然而数字的发展却使它们很好地结合在一起了。

根据音乐传播与使用方式的不同，我们可以把数字音乐分为在线音乐与移动音乐两大类。所谓在线音乐，就是通过互联网传播的数字音乐。在线音乐的使用方式可以是直接在线欣赏，也可以下载到 MP3 等其他播放器上欣赏。所谓移动音乐，是指通过移动增值服务提供的数字音乐，包括下载的手机铃声、彩铃、IVR① 业务中的音乐收听以及整曲下载到手机中的音乐。通过移动增值服务，手机成为数字音乐的重要载体，而数字音乐也因此获得了新的发展空间。

————————————

① 　IVR(Interactive Voice Response)，即互动式语音应答，是基于手机的无线语音增值业务的统称。手机用户只要拨打指定号码，就可根据操作提示收听、点播所需的音乐、语音信息或者参与聊天、交友等互动式服务。

当然,手机的增值远远不止听音乐。数字技术的发展使手机从最初的通讯工具一跃变成了重要的传播媒体,并集文本、视听、游戏于一身,推动了人类传播模式和视听方式的革命变化。尤其是在 3G 手机普及以后,手机已经超越了单纯的通讯工具概念,正在成为当代人文化娱乐的重要工具,形成新型的手机文化。当前,手机的功能定位和角色演化过程才刚刚开始,手机作为流动性传播媒介的一种终端,其文化和产业意义,应该引起理论界和产业界的关注。

一、在线音乐

在线音乐也叫网络音乐,是利用互联网传播的数字音乐形式。

为了便于在互联网上传播,数字音乐经常使用 MP3 或 WMA 技术对音乐文件进行压缩。互联网用户可以通过 MP3、iPod 等手持数字音乐播放器,以随身听等方式欣赏。

在线音乐的使用越来越普遍,从互联网上下载音乐已经成为重要的音乐消费方式。据报道,华友世纪(NASDAQ:HRAY)与雅虎搜索合作的数字音乐项目——供网民下载的张靓颖单曲《光芒》,仅在两周内的下载量就达到 20 万人次。[①]

然而,作为刚出现不久的新兴市场,在线音乐也面临着许多问题。其中最大的问题是音乐版权问题。免费下载,是现在数字音乐网站受到普遍欢迎的重要原因,但这涉及音乐版权所有人的利益保护问题。音乐作品的版权保护,本来就是一个在理论上和执行上都比较复杂的问题,即使没有互联网,音乐市场上的盗版和音乐版权得不到应有的尊重和有效保护的现象已经比较严重,不断地损害原创音乐投资者的利益,影响了音乐内容产业的发展。

随着互联网上在线音乐的出现和普及,音乐的版权保护问题更加尖锐。这个问题的尖锐性集中表现在流行音乐市场上。目前在线音乐提供的曲目主要是流行歌曲,这些近乎海量的音乐内容可以免费下载,而且方便程度如举手之劳,远胜于花时间花精力到 CD 店购买。

同时,一些著名网站还以"试听"的形式定期推出最新的流行歌,使歌曲更新并紧贴时尚,更新速度远远快于 CD 零售店。因此,原来经常光顾 CD 店的大量流行音乐爱好者,现在都转向了互联网,其消费行为已经从听 CD、随身听

---

① 杨阳:《数字音乐走俏 SP 与 VC 争相圈地》,《经济观察报》,2006 年 02 月 11 日。

改为网上试听或使用 MP3 从网上免费下载。这样，无形中损害了音乐内容生产商的利益，打击了他们的投资积极性，也不利于数字音乐产业的持续发展。

互联网上的音乐版权保护是一个比一般音乐版权保护更复杂的问题。从本质上讲，互联网的生命力就在于资源共享，在保护商业利益与保护大众信息交流与资源共享权益之间，需要找到一个平衡点。这是现有的相关法律法规遇到的新问题。其次，一定的法律法规是否能够得到有效执行，也与数字音乐的加密技术和互联网的结算技术相关。如果没有完善的加密技术，非法复制就难以避免；如果没有完善的结算技术，音乐版权的权益也得不到有效的保护。现在的加密技术虽然也有所发展，一些新推出的音频格式也注重了加密功能，但数字技术本身的发展性和普及性，往往使这些加密技术效果受到限制。音乐的使用者并不需要懂得太多的数字技术，就可以实现不同文件格式之间的转换，以先用加密程度不高的格式下载，再转成自己需要的格式，容易实现下载、复制及网友之间、同人之间的交流。

因此，一些互联网搜索引擎公司在介入在线音乐时，也在积极探索适合于互联网的数字音乐新商业模式。其中，利用自己的搜索平台与版权所有者合作，共同开发在线音乐的模式，应该说是体现搜索公司特长的一种有益尝试。

在线音乐的下载和使用，需要一定的软硬件支持。受不同软件支持的手持数字音乐播放器，就是重要的在线音乐硬件。手持数字音乐播放器是在线音乐产业的重要组成部分。有了手持数字音乐播放器，消费者就不用守在固定的电脑旁听数字音乐了，而可以大量下载互联网上的音乐，随心所欲地编辑自己喜爱的曲集，随时随地欣赏音乐。

现在市场上比较常见的手持数字音乐播放器有 MP3、MP4 和 iPod。MP3 的本来含义是一种音频文件格式，其全称为 MPEG Audio Layer3，所以人们把它简称为 MP3。MPEG 是运动图像专家组（Moving Picture Experts Group）的英文缩写，代表 MPEG 运动图像压缩标准。而数字音乐的播放只涉及 MPEG 标准中的音频部分，即 MPEG 音频层（MPEG Audio Layer）。由于 MP3 播放器体积小，音质高，因而深受广大流行音乐爱好者的欢迎。每分钟音乐的 MP3 格式只有 1MB 左右大小，这样每首歌的大小只有 3—4 兆字节。使用 MP3 播放器对 MP3 文件进行实时的解压缩（解码），这样，高品质的 MP3 音乐就播放出来了。

MP4 也是一种音乐压缩格式，是 MPEG4 的简称，是由 Global Music Outlet 公司设计的一种格式。MP4 在一定程度上是一种与 MP3 错位的竞争产品。MP3 压缩率高，保真度也高，因此很受数字音乐爱好者的欢迎。但

MP3 没有版权保护功能,为盗版开启了方便之门。MP4 的出现,就是数字娱乐公司研究有效保护版权的新的音乐压缩格式的成果。MP4 不仅有更高的压缩率和保真度,而且 MP4 文件是可执行文件,内部嵌入了播放器,并保存有原始版权拥有者的 web 地址和版权声明。除此之外,MP4 还使用了一种特殊的数字水印技术,即使通过 FM/AM 广播播放 MP4 音乐,也能够检测出音乐的来源。MP3 播放器最大的不足,就是不能看视频图像,虽然也有大容量的彩屏 MP3,但一般都只能看图片,而无法欣赏视频文件。而 MP4 则能听能看,娱乐功能更为丰富。

如果说,MP4 由于其版权保护功能受到音乐生产厂商的欢迎的话,那么,它的视频功能则会受到消费者的看重。iPod 是苹果公司推出的一款大容量便携式的数码音乐播放器,能播放 MP3 等多种音频文件。iPod 采用东芝 1.8 英寸硬盘作为存储介质,具有高达 10～40GB 的容量,可存放 2500～10000 首 CD 质量的 MP3 音乐。此外,iPod 还有比较完善的管理程序和创新的操作方式,外观也独具创意,是苹果公司生产出的少数能横跨个人电脑(PC 机)和苹果商用电脑(Mac)的产品之一。除了 MP3 播放功能,iPod 还可以作为高速移动硬盘使用,可以显示联系人、日历和任务,以及阅读纯文本电子书和听阅有声电子书。PDA 是人们对各种掌上电脑的统称,其本义是"个人数字助理"(Personal Digital Assistant)。PDA 即是 Personal Digital Assistant 的缩写。

作为一种辅助个人工作的数字工具,早期的 PDA 主要提供记事、通讯录、名片交换及行程安排等功能。随着技术的进步,数字录音、数字音乐等众多的新功能陆续被加入,使新一代 PDA 成为一种类似于微型电脑的产品了。

二、移动音乐

移动音乐是移动增值服务提供的数字音乐,其传播方式主要是手机下载。广义的移动音乐业务包括手机铃声、彩铃的下载,IVR 业务中的音乐收听以及整曲下载到手机中的音乐。

与在线音乐市场相比,移动音乐业务容易解决收费服务的技术问题,同时音乐版权也能得到很好的解决,所以移动产业链上的许多公司已经从移动音乐市场上赚取了大量的利润。移动音乐近几年发展很快,在移动增值业务发展中表现突出。尤其是彩铃下载业务,得到广大手机用户的普遍认同,使用量持续上升,被业界誉为手机短信市场之后的又一座"金矿"。

中国的移动音乐市场起步于 2002 年,至 2008 年以后逐渐趋于成熟,形成

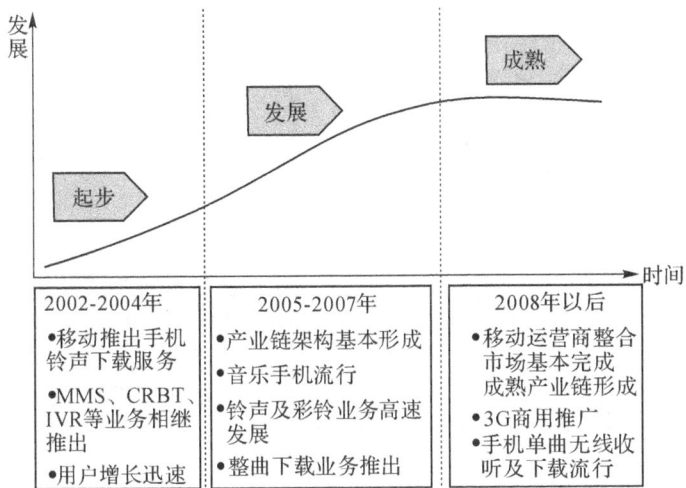

图 6.21　中国移动音乐产业发展阶段

（来源：艾瑞市场咨询有限公司《中国移动音乐研究报告 2007 年简版》）

了起步期、发展期、成熟期三个阶段。[①]

起步期：2002 年，中国移动推出手机铃声下载服务，中国的移动音乐市场步入起步阶段。2003 年推出彩铃业务，使用手机铃声、彩铃、语音点播等移动音乐服务的用户数快速增长。

发展期：2005 年音乐手机成为主流，手机下载 MP3 逐渐流行；彩铃等业务飞速发展；整曲下载业务也率先由联通开通。此外，移动音乐产业链基本形成，CP、SP 和运营商之间的合作框架形成，并开始深入整合。

成熟期：2008 年以后，随着 3G 商用推广及音乐手机的普及，基于 3G 网络的单曲下载及收听开始流行。在移动运营商的深入整合下，移动音乐市场正在形成协作型产业价值链，产业链各方专注和发挥各自的优势能力，以消费者需求为导向，搭建多方共赢的紧密协作系统。

用手机下载和欣赏音乐，需要有必要的移动网络服务和相应功能的手机。目前开始普及的 3G 技术和音乐手机，能够为移动音乐的发展提供必要的物质基础。

3G 即"第三代移动通信系统"（Third Generation）。按照国际电联的定

---

① 艾瑞市场咨询有限公司《中国移动音乐研究报告 2007 年简版》，http：//www.ire-search.com.cn/Report/1073.html

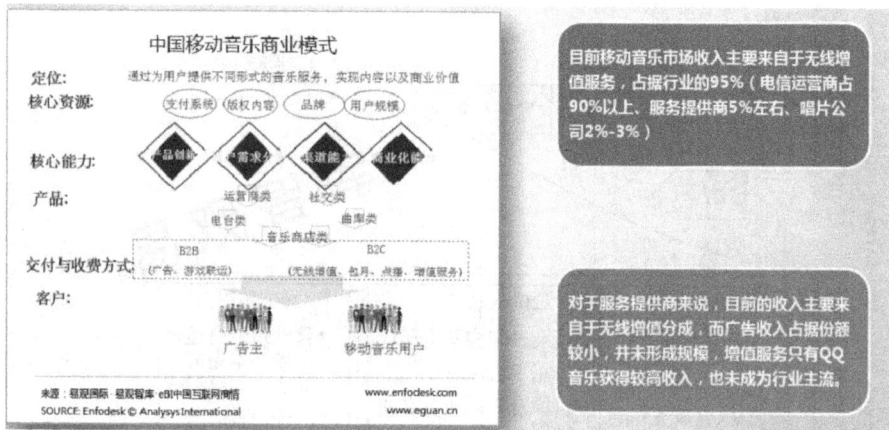

图 6.22　中国移动音乐商业模式

义,第三代移动通信系统要能兼容第二代移动通信系统,同时要提高系统容量,提供对多媒体服务的支持以及高速数据传输服务。3G 的数据传输速率要在高速移动环境中支持 144kbps,步行慢速移动环境中支持 384kbps,静止状态下支持 2Mb/s。与前两代系统相比,第三代移动通信系统的主要特征是可提供丰富多彩的移动多媒体业务。3G 网络速度快,歌曲价格低,是移动音乐业务的最大卖点。

3G 网络可以提供具备 CD 音质的 MP3 或其他压缩格式的音乐,可以分乐句下载或整首下载。在手机市场不断推出新款音乐手机,手机的音乐播放功能日趋强大的条件下,3G 与音乐手机将联手创出移动音乐市场的光辉前景。

所谓音乐手机,就是具有手持音乐播放器功能的手机。音乐手机既有传统的手机功能,又可以当一个 MP3 来使用。一款好的音乐手机应该具有电池连续使用时间长、支持多种音频文件格式、耳机接口兼容性强和内存容量大的特点,使用户可以方便地下载、存储、编辑和欣赏音乐。

从 2002 年开始,和弦音手机、彩屏手机、拍照手机相继成为引领市场的主流产品。此后,手机厂商和手机设计公司一直在寻找手机的下一轮爆发性增长的创新功能。业内人士预测,音乐手机、智能手机和电视手机都有望成为下一轮创新功能的焦点。由于智能手机和电视手机在生产成本、产品种类、零售价格、使用范围和业务应用等方面都存在限制,所以在短期内,这两类产品成为市场主流产品的可能性非常小。相对而言,音乐手机无论是生产成本还是在业务应用方面都不存在大的问题,具有 MP3、FM 调频、立体音效的音乐手机最有希望成为中国手机市场下一轮的创新功能产品。

在中国目前的移动音乐业务中,手机彩铃是最具活力的业务之一。手机彩铃是把手机在等待接听时的回铃声改为用户喜爱的音乐或其他音频效果的服务。彩铃业务是由韩国 SK 电讯于 2002 年 3 月最早推出的。这种业务一推出,便在短时间内风靡全韩。上海移动是在中国率先推出彩铃业务的服务商。从 2003 年 5 月 17 日开始免费试用,从 2003 年 10 月 1 日开始收费。这项业务开始后,用户以每天数以千计的速度增长。每天申请彩铃的用户十分踊跃,以至于公司不得不在试验期采取了限制每天新申请用户数量的措施。从而在一些限制名额的地区,出现了用户抢注彩铃的现象。此后,彩铃在北京、广东、浙江等省份的推广,同样收到了热烈的市场反响,成为短信业务之后的又一个市场热点。中国联通也推出了类似的炫铃业务,首先在其高端用户占主流的 CDMA 网中开展。商用之后进一步扩大炫铃的用户容量,以便使联通 130/131 号段的 GSM 网用户也可以和 CDMA 用户一样使用炫铃服务。

三、"第六媒体"与手机文化

传播学者麦克卢汉有两个著名的观点,一个是"媒介即信息",另一个是"媒介是人的延伸"。麦克卢汉认为,"在任何媒介(即人的任何延伸)对个人和社会的影响,都是由于新的尺度产生的;我们的任何一种延伸(或曰任何一种新的技术),都要在我们的事务中引进一种新尺度。"[①]因此,真正有意义、有价值的"信息",不是各个时代的传播内容,而是这个时代所使用的传播工具的性质、它所开创的可能性以及带来的社会变革。根据这种理论,仅仅是因为媒介本身的变革,就能造成社会的转变,因为新的传播媒介的出现,会给人类社会带来不同的信息,引起社会的改变。

当手机作为通讯工具出现时,它只是一种通话的工具,是固定电话的一种补充,因此它又被称为移动电话。那时,人们很难想到手机在通话之外,还会有这么多的"增值业务":短信、彩信、彩铃(炫铃)、手机广播、手机报纸、手机电视等。各种手机新功能的横空出世,为人们带来了过去人们意想不到的新信息形式,俨然开创了手机媒体新时代。从此,手机便从一种方便的通话工具,一跃而成为集个性化和互动化于一身的便携式传播媒介。

---

① 马歇尔·麦克卢汉:《理解媒介》,何道宽译,商务印书馆,2000 年版,第 33 页。

随着手机与互联网在"三网合一"进程中的融合,手机可以作为互联网的移动终端来使用,手机的功能得到更广泛的开发。同时,在"网民"群体之内,又出现了新的"手机网民"群体,即通过手机接入并使用互联网的人群。为此,中国互联网络信息中心(CNNIC)第 25 次中国互联网络发展状况统计研究,还设了一项专门针对手机网民的统计。根据统计的得到的数据,中国目前有77.8%的用户使用手机在线聊天服务,这依然是手机上网的首要应用。第二位是手机阅读,用户的比例占到总体手机网民的 75.4%。手机新闻网站、手机小说、手机报等业务已经成为影响手机网民的最重要应用之一。手机搜索、手机音乐是目前手机上网应用的第二梯队,其中手机搜索用户比例较年中调查的比例增长了近一倍,市场前景不容忽视。[①] 如下图所示:

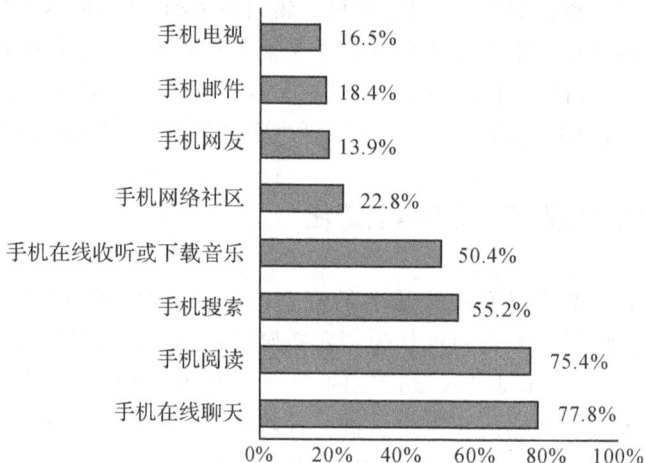

图 6.23　手机网民网络应用

来源:中国互联网络信息中心(CNNIC)《中国互联网络发展状况统计报告(2010/1)》

当代的手机以其便携性、即时性和兼具人际传播和大众传播特征的特点,成为报纸、杂志、电视、广播和互联网等五大媒体之外的"第六媒体"。

在技术发展和人们交流、娱乐需要的双重推动下,手机已经从一种通话工具演变成了一种实用与娱乐合一的个人信息终端,一种新型的手机文化。

现在,手机既是通讯工具,同时也是娱乐工具。手机除了发挥着如上所述的数字音乐的功能外,还具有电视功能和游戏功能,从而成为一种信息与娱乐

---

① 中国互联网络信息中心(CNNIC)《中国互联网络发展状况统计报告(2010/1)》,http://www.cnnic.net.cn/uploadfiles/pdf - 1/15/101600.pdfht

合一的个人信息终端。

　　手机有了电视功能,使手机第六大媒体的功能发挥到一个空前的高度。2004 年,NEC 在通信展上展出了中国第一款可以直接收看电视节目的手机。2004 年 2 月 1 日,中国手机娱乐门户"空中网"手机直播第 76 届奥斯卡颁奖典礼,这是国内第一次手机直播。2005 年 9 月 8 日,手机直播第 23 届亚洲男篮锦标赛。另外电影《无极》和《七剑》也以图文、视频相结合的形式登陆手机,让客户用手机预热,欣赏电影精彩片段,实现了手机看电影。

　　上海文广新闻传媒集团已与中国移动联手在全国率先推出了手机电视业务,中国联通的"视讯新干线"用户用支持流媒体的手机下载一个流媒体播放软件,设立一个缓冲区就能在线看电视。中国移动的手机电视业务是基于其GPRS 网络,中国联通则是依靠其 CDMA1X 网络。手机流媒体主要提供信息、娱乐、通信、监控和定位五大项服务内容,还可以实现手机直播。

　　手机电视也正面临着用户是否愿意付费购买这项服务和愿意支出多少钱来购买这项服务的问题,服务商们也不清晰手机电视的盈利模式应该如何建立,而且目前的手机电视标准也复杂而混乱。手机电视产业链的建构和完善,有待于这一系列问题的逐步解决。

　　不过,从已经面市的手机电视和电视手机新产品来看,相关厂商还是对电视手机的发展充满了信心。在 2006 年的 3GSM 展会上,诺基亚(Nokia)、摩托罗拉(Motorola)和三星(Samsung)等公司都推出了自己成熟的手机电视产品。一些电视手机生产商认为,如果消费者在追捧 MP4 的时候能够充分意识到,在解决存储容量问题之后,他们手中的手机其实就可以是一台无所不能的掌上影院的时候,电视手机的市场前景就会表现出来。

　　手机游戏是可以在手机上进行的游戏。现在任何一款简单的手机,往往都带有游戏功能。不过,随着科技的发展和手机功能的增多增强,手机游戏已经从初期的"俄罗斯方块"和"贪吃蛇"这一类简单的游戏发展为具有无线网络联机功能的网络游戏。手机游戏的娱乐性和交互性大大增加。由于不受时间和地点的限制,手机游戏完全适应游戏者随时消磨时间,解除压力的特点,具有很大的潜力,正在给游戏市场带来了新的活力,也给文化事业和文化产业的发展提供了新的机遇。

练习、思考与案例

（1）什么是二维动画？什么是三维动画？请举例说明。

（2）团队任务：以小组为单位，调查一下同学或学校周围对网络动画和手机动画的知晓情况和使用情况。要求统计出受调查者知道网络动画、手机动画的百分比和使用网络动画、手机动画的百分比。根据调查统计的情况，研究目前动画发展的趋势，提出对策性建议。

第七章

文化产业模式

在第一章中,我们在讲述文化产生的本质和特征时,谈到了文化产业的精神性、娱乐性和依附性,由于这三大特性,文化产业具有与其他产业不同的特点。本章将从生产模式的角度,进一步深入研究文化产业的特征。

文化产业作为一种精神的生产,它高度依赖于个性化的精神创造性劳动,这使文化产业在生产模式上也有了自己鲜明的特征。尽管现代知识密集型的产业都离不开创意行为,如制药业与电脑芯片制造业出于不断推出新产品的需要,食品加工业因为市场细分和品牌建设的需要,都离不开创意行为,但它们的创意往往都集中在产品或品牌设计的特定阶段,并不影响到其产业模式的标准化、程序化。而文化产业的运行,自始至终都与创意行为密切相关。不仅在产品和品牌设计阶段创意因素占有核心位置,而且文化产业在整个生产流程,甚至沟通过程中,都离不开创意因素。

文化产业中生产者之间的关系,如艺术家与艺术辅助人员之间的关系,画家与画评家之间的关系,导演、演员、编剧、摄像、制片人、化妆、舞台美术、道具之间的关系,大型交响乐团乐手与乐手之间的关系,还有艺术家与代理公司、艺术经纪人之间的关系等,处处离不开创意行为的支持。这与一般产业中工作人员之间的合作关系有很大的区别,从而决定了文化产业的生产模式有自己特殊的规律。如果不掌握这些规律,文化企业就很难发展,国家的文化产业就很难繁荣。

第一节　简单文化产业模式

我们所讲的产业模式,是指一定的生产要素组合的方式及其与市场的关系。为了研究文化产业的产业模式,我们需要本着由简单到复杂的原则,先从分析简单文化产业模式开始。简单文化产业模式主要适用于简单文化产品的生产和流通,如绘画、个人演唱等以个体劳动为主的文化生产。简单文化产业模式由生产者、经纪人、意义解说者和消费者四个要素构成,参见图 7.1。

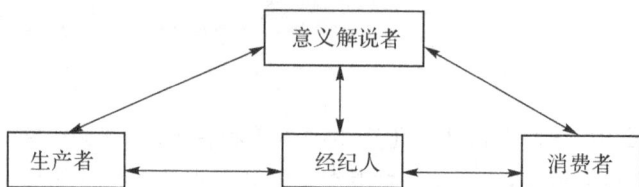

图 7.1　简单文化产业模式

一、生产者与经纪人

1. 生产者

在简单文化产业模式中,生产者就是集创意和制作于一身的单个的人,如画家、音乐人、表演家,工艺家等。由于文化生产的过程属于经济学中所称的"复杂劳动",因此不能通过一般的职业培训来完成生产者的培养。文化产业是具有精神性的产业,文化生产创造的是精神性价值,如艺术价值和娱乐价值,因而其生产者的基本素养要求也不同于一般的技术人员或技术工人。普通产业的生产者只需要一定的技术技能培训和经验积累,就能够成为熟练工人。正常智力的普通人都可以通过一定的基本知识培训或专业系统教育,成为高级技术人才,如技术员或工程师。但是,文化产业却对生产者有更为特殊的要求。如果没有一定的艺术天赋和特殊的敏感,即使一个人完成了全部职业技能培训,成为熟练的工匠,但也未必一定能成为真正的画家、音乐人、表演家或工艺家,从而成为合格的文化产业生产者。

相对于普通生产者来说,一个人除了必要的专业知识和专业技能培训外,还需要具备如下条件,才能成为合格的文化产业的生产者:

（1）艺术天赋

文化产业首先在人才选拔的条件方面，就比一般产业更为苛刻。一般来说，只有那些具有相应的艺术感受性和创造性天赋的人，才适合选拔为相关文化艺术专业的学生进行培养，从而保证其职业前途。在视觉艺术中，艺术家们以线条、色彩和形状来感受生活，思考问题，解决问题，从而完成自己的产品，这就要求美术专业的学生有超出一般人的色彩、线条敏感性和视觉造型能力天赋。这种敏感和能力当然也可以通过训练获得，但从培养成本和投资风险的角度来看，往往具有一定天赋的人具有更好的培养前途。经验观察也表明，优秀的艺术家常常是与艺术天赋相联系的。

（2）独创能力

一般产业的生产者只需要按照固定的操作规程，按部就班地进行操作，就能完成生产任务。对操作规程愈熟练，就愈能高水平地生产。但就文化产业而言，高水平的生产能力，却与独特的创意之间有着内在的联系。生产者必须对自己的产品有特殊的理解和个性的创造，才能保证其产品的价值。

当然，在我们这个创意时代，创意对很多产业都是非常重要的。但是，在文化产业中，创意却是核心和生命所在。而且，文化产业的创意还要求创意的独特性，因为独特性本身，在文化产业中就是一种被人们消费的价值。因此，文化产业的生产者不仅要掌握本行业的知识和技能，更需要不断增强自己的文化底蕴，扩展自己的知识面，从而获得独创能力。

一项针对芝加哥艺术学校学生的研究表明，艺术学院的学生在很多方面的表现都不同于其他学科的学生：

> "他们工作态度严谨，具有悟性，但在社会中沉默寡言，不屑于公认的道德规范。他们想象力丰富，装束奇特，具有极度的主观性，并且高度自负。年轻人提出要投身于于艺术就会遭到父母的冷落、同伴的疏远，所以自己的信念和对于自己遇到问题的考虑就成为一个问题。"①

一般人会有这样的误解，以为艺术学院的学生喜欢摆架子，自以为是，故意显得与众不同。其实，在一般情况下，他们的与众不同正是形成他们独特的创造能力的重要手段。在文化产业中，原创性是企业保持其产品竞争优势的根本，一味地模仿的产品是很难有市场生命力的。

因此，对创造能力的培养，是文化产业的生产者的重要环节。而创造能力的培养则常常需要通过各种教育手段，养成学生特立独行的人格，丰富生动的

---

① ［美］理查德·E·凯夫斯：《创意产业经济学》，孙菲等译，新华出版社 2004 年版，第 22 页。

想象能力及超越常规的思想习惯。这些品质,在一些工业化的大生产中常常是不必要的,有时甚至是有害的。因为这些品质不利于机械化的大生产和严格的工厂式管理。然而在艺术生产中,它们却是不可或缺的。

(3)独创性价值向市场价值的转换能力

对于纯粹的艺术生产来说,独创性本身就是其重要的价值,而且艺术的创造性价值是不以市场一时的接受与否为转移的。

伟大的艺术家本不以取悦大众为最终目的,而以"究天人之际,通古今之变",探索人生价值之谜为目的,因此常常有伟大的艺术品却不被社会理解的现象出现,而志存高远的艺术家也可以将自己的作品"藏之名山,传诸后世,以待来者",这不过是艺术价值超时代性的体现。然而,文化产业却必须以市场为导向,根据消费需要来生产,从而实现自己的市场利润。无论是从生产的目的来看,还是从现代文化产业巨额的生产成本来看,文化产业都不可能单纯地为艺术而生产,而一定是为市场而生产;即使文化产业的生产者追求艺术性,也以实现利润为最终目的,这是文化产业的生产与纯艺术生产的本质区别。弥尔顿可以不关心自己的诗集在市场上卖 3 英镑还是 5 英镑,但出版弥尔顿诗集的出版商却不能不关心其售价和在市场上的盈利能力。

文化产品的独创性价值并非市场上的交换价值,因此,对纯粹的艺术生产者来说,生产出独创性价值就是生产过程的完成,而对于文化产业的生产者来说,其生产出的独创性价值只有成功地转化为市场价值之后,才算生产过程的真正完成。这就需要文化产业的生产者除具备独创能力而外,还需要具备把独创性价值转换成为市场价值的能力。

2. 意义解说者

意义的解说者,即文化产品的评论人,是构成文化产业社会生产的重要一环。

独创性价值转换成为市场价值的关键,是要获得社会公众对独创性价值的理解和接受。这种理解和接受的过程,就是一般的所谓"营销传播"(marketing communication)的过程。一般的物质生产则常常可以先生产出一定的物质产品,再由一定的营销传播,如广告等来赋予这一物质产品以意义。由于文化产业出产的是"意义"性的产品,而意义是需要解释的东西,这决定了文化产品在生产之初,传播和理解就是其必不可少的重要组成部分。

这就决定了在文化产业的生产者构成中,不仅需要有原创性的生产者,而且意义的解论者也是必不可少的。没有原创性的生产者,如电影产业中的编剧、导演和演员,绘画产业中的画家,就没有电影、绘画这些产品;而如果没有影评家、画评家对一定的电影和绘画作品进行意义的解释和传播,电影和绘画作品的原创性价值就难以转换成市场价值,从而获得应有的市场收益。

文化产业中的意义解说者并不是只是一般的生产合作者,因为他们的解说本身也是一种在原作基础上的再创造,他们的解说往往也是个性化的意义生成过程,他们的解说所生产的意义也是文化产品本身价值的重要组成部分。如果没有解说者的意义生产,文化产品的价值往往是不完整的,是难以为市场所接受的。没有解说者的文化产品就如同一个没有导游和旅游解说词的旅游景点,有山有水,但却因为没有能实现独特价值向市场价值的转换,因此未必有真正的市场。

导游及其解说就是使景区风景成为消费者可理解和接受的市场价值的中介转换器,是旅游产品不可或缺的重要组成部分。通过解说者的创造性解说,其意义成为社会可以理解和接受的东西,而且变得更加丰富。因此,解说者也是生产者,是文化生产队伍中的一个特殊工种。只有意识到这一点,文化产业的市场开发才能真正展开,文化企业才能真正进行市场化的生产。

文化产品的生产者和意义的解说者是文化产业的两个轮子,如果缺一则文化产业之车就难以行进。解说作为一种意义生产,是让特定文化产品流行起来的重要环节,正如没有时装类杂志和 T 型台上的时装秀就没有时装产业一样,没有解说者的文化产业也是难以发展兴旺的。

3. 经纪人

文化产业的经纪人是指通过合法受托形式代理文化生产者商业活动与利益、为文化生产者提供业务安排、合同签订、财务收支等服务的个人或机构,如画商、音乐经纪人公司、娱乐投资公司等。经纪人是文化产业链中必不可少的环节,经纪人制度的出现,对于推动文化生产的职业化、市场化具有十分重要的意义。

正如普通产业的主体常常由生产厂家、经营商家和消费者所组成,文化产业则是由生产者、经纪人和消费者所组成。面对市场,经纪人的功能类似于独家经销商,是享有独家经营生产者全部产品的特权商业中介;而面对生产者,经纪人又类似于风险投资商和市场策划人,他需要投入一定的生产成本、经营成本,甚至是一部分生产者成名前的培养成本,并负责对生产者的生产和发展方向进行规划,对其市场形象进行包装。

当然,也有大量不承担生产投资和生产者培养、包装风险的画商和文化娱乐经营机构,他们只是单纯的中间商和中介机构。这类经营者的行为特征与一般的商业机构无异，只是文化产业的一种分销渠道，他们购买文化商品，再将其出售以赚取差价。他们的购买意向随着市场的变化而变化，只承担商业风险而并不承担生产风险，对生产行为也没有深入的参与。

在这种情况下，一个画商与一个绘画收藏家的行为模式没有本质的差别，都是为了增值而购买。为了让问题变得更为简单易解，我们可以把这类经营者视为广义消费者的一部分，而不把他们归入经纪人要素。

事实上，有些画商在购买了某些作品后，也会收藏很多年再考虑在市场上出售。这里既有等待其增值的商业动机，也可能会有不忍割爱的艺术欣赏动机和收藏愿望。在简单文化产业模式中，生产者与经纪人构成了利益共同体：成功的生产者往往意味着找到了成功的经纪人，而经纪人的成功则以成功地发现和造就了成功的生产者（即所谓"明星"）为标志。

简单文化产业模式的高风险和高回报，往往都体现在这个利益共同体上。由于文化市场对应的消费需求是趣味性的，可替代性非常强，而且复杂多变，适销对路的产品可能获得惊人的暴利，而不能跟上市场趣味变化的产品则常常血本无归。

在一个明星产生之前，需要大量的培养成本、生产成本和市场推广成本。想成为明星的文化生产者的数量一定会大大地超过实际上能够成为明星的人数，这意味着大多数人的生产回报与他们的生产投入都注定是不对称的。选择了成为职业画家、音乐人等文化生产者就意味着选择了巨大的人生风险，对于没有才能或没有机遇的从业者来说，他们为此付出的代价可能是终生难以挽回的。经纪人的介入可以在相当程度上降低文化生产者在择业上的风险。

经纪人是文化市场营销方面的专家，凭借自己对市场的研究和理解选拔人才，培养未来的明星，并为其投入包装和推广费用，从而形成风险共担的模式。经纪人往往从有潜力的青年群体中选择培养对象，并投入费用帮助他们成名，这既有利于经纪人自己减少成本，降低风险，也有利于大量希望从事于文化产业而成名的青年人比较早地确认自己的天赋与潜力，减少自己在时间和精力上的盲目投入，没有被经纪人公司选中的人可以重新定位自己的职业前景。

例如，画商往往会选择一些未成名的青年画家群体，甚至是美术学院学生为合作对象，免费为他们举办画展，帮助他们成长、成名。有些画商还会收购他们认为有发展前途的青年人的画作，等待其市场价值的上升。这对画商而言，是降低成本的好办法，对青年画家而言，则是进入市场、获得社会知名度的重要渠道。一旦其中的某些画家成为明星，画作价值大幅上升，经纪人也可以从中获得利益。

中国湖南卫视的选秀节目"超级女声"，是经纪人选拔明星的另一种模式。"超级女声"的经纪人是"天娱公司"，而全国的流行歌曲爱好者都是其挑选未来明星的基本对象。所不同的是，天娱公司的挑选和培养过程都是通过电视台的选秀节目来实现的，在"超级女声"获胜的前提，是广大歌迷认可和追捧。参赛者人气越旺、受到的追捧越多，其名次就越靠前。这样，短短的"超级女声"选拔赛实际上就成为一个快速的造星运动。最后成为天娱公司签约歌手的人，都是拥有大量歌迷追捧的"明星"。

通过这种模式，天娱公司避免了经纪人常常面临的选择失误的风险，而歌手则得到了快速成名的机会。在生产者与经纪人这个利益共同体中，也存在着利益的冲突因素。画商靠推销画家的作品获得利润，天娱公司靠"超女"们的市场收入而获得利润，这从市场经济规律来看是完全合理的，因为文化产品的市场价值本来就是经纪人与生产者合作创造的，没有经纪人的资本投入和策划、推销，文化产品就不能实现其市场价值。但是出于追求自己价值最大化的本能，人们总是会希望自己能分得更多的利益，因此常常会感觉到自己的价值没有得到充分的体现。这一点，人们可以从时常见诸报端的天娱公司与"超女"之间的签约纠纷中窥见一斑。

天娱公司的做法是要求"超女"们在进入决赛前与公司签约，使之成为公司的签约歌手。因为如果不这样做，一夜走红成为明星的"超女"完全可能成为其他公司所猎取的对象，从而导致公司整个前期投入的失败。而"超女"们又觉得自己是被逼签订城下之盟，是成名的前夜以一纸"卖身契"把自己卖给了天娱公司。

其实，歌星的才华并不等于歌星的市场价值。歌星的才华是自己的，而歌星的市场价值却是歌星与经纪人共有的。歌星可以认为大量热心的歌迷才是自己的市场资源，但她们必须意识到，歌迷其实是她们与天娱公司共同创造的。歌星与经纪人建立长期契约关系，有利于双方共同开发这一市场资源，增长双方共同抵抗市场风险的能力。在这一点上，歌星与经纪人的利益其实就是一种共谋关系，很难与"卖身契"沾得上边。

一个比较长的签约，如8年或10年，对于已经成名的歌星来说，似乎限制了其追求最大利益的想象空间，但与此同时她们也获得了一种安全保障，有利于自己有计划地稳定发展。从经纪人公司来看，他们固然获得了相对稳定的创利点，但仍然不能排除市场风险，如出现自己花巨资培养包装的歌星由于市场兴趣的变化不再当红,失去创利能力的情况。

由于不同文化产业门类各有特点,生产者与经纪人之间的利益共同体并不一定都以合同的形式来确定。在绘画市场上,画商和画家是一个利益共同体,他们利润等于化作销售所得的收入减去画家和画商的成本投入。由于在总成本中包含大量的间接成本,如画家的天才因素和受教育成本,画商的商业智慧和间接资源的利用等,因此在实际操作中,收入减去成本这一理想公式往往很难完全实现。简单的做法是画家提供作品,画商负责推销,收入实行五五分成。但这样的后果可以是双方都不愿增加自己的成本投入,因为这种增加虽然会带来总收入的增加,为对方增长利润,却可能因此降低自己的利润。

假定10元钱的投入会带来10元钱的利润,在五五分成的情况下,这10元的利润却为双方共同享有,投入方只能得到5元利润,这是边际效益为负的情况,因此没有人愿意做额外的投入。但是,如果双方的投入达不到一定的水平,就可能出现画作质量下降或推销不力的情况,从而使双方都蒙受损失。而简单地使用签订契约的方式,并不能保证双方都作了全力投入,因为画家的创作投入是内在的、精神性的,因而也是难以客观衡量的;而画商的投入虽然可以表现为一定的金钱,但他的推广力度是否足够,他给博物馆或其他买家的联系是否到位,他是否应该打某个电话,出某一趟差,或者进行某项市场调查和展览,如此等等,仍然是难以客观度量的。

从画商的风险来看,画商的画展或其他推销的工作,其效果是难以完全量化的。他的推广工作可能使别人到他的画展或到他的画廊购买作品,也可能使一些收藏家受到他的影响而直接到画家本人那里选购作品。在此情况下,画家于情于理都不会把这笔收入拿出来与画商分享的。这是画家利益最大化的情况,因此画家是乐于直接向买家出售作品的。

从画家的风险来看,画商们隐瞒货款、拖延向画家付款的时间,也是绘画市场上难以避免和监督的。即使合同有明确规定的付款时间和方式,除非美术馆或画廊近在咫尺,否则画家一般是难以实施监督的。一旦因为画商经营不善而破产,画家们是否能够完整收回自己的作品也会成为问题。所有这些不确定性,都使画家与画商之间难以用正式合同的方式确定代理关系。

因为在这种特殊的合作关系中,呆板的合同规定并没有太大的作用。所以,在画家与画商之间,个人的信用往往更加重要。在信用保证的前提下,画商与画家之间通常以口头承诺的方式,由画商负责推广画家的作品,定期举办画展,同时获得该画家作品独家代理的权力和销售分成。而且,为了避免在成本核算方面难以弄清的细节,画商的分成往往不是按利润来计算,而直接根据销售总额提取一定的佣金。佣金的比例可以由双方根据行情约定,从 33.3%到 40%或 50%不等。在美国一些服务全面的高规格美术馆,佣金的比例还要高一些。而且,一些推销费用,如宣传手册、装帧等费用,也要另外按比例向画家收取。①

4.消费者

高雅艺术往往对其欣赏者提出要求,能够欣赏一定的艺术作品往往是欣赏者个人素养的一种检验方式。马克思说过,"对于非音乐的耳朵来说,最美的音乐也毫无意义"。② 如果你不能欣赏美的音乐,那并不能证明我的音乐不好,只证明你的无能,证明你的耳朵是"非音乐"的,是需要受教育的,你需要在美的音乐的熏陶下,通过一定的审美教育,才能具有音乐的耳朵。

而文化产业则以大众消费者为服务对象,能否赢得一定数量的消费群体,是文化产生成功的一个标志。因此,在文化产业中,文化的权力和文化产品的质量的检验标准发生了根本的转移,大众成为举足轻重的力量,文化精英的趣味不再成为唯一标准,而大众的喜爱才是最为重要的。

在此情况下,"对于非音乐的耳朵来说,最美的音乐也毫无意义"这句话,就可以解读为如果大众不喜欢你的音乐,那你的音乐就毫无(商业)价值可言。从某种程度上讲,文化产业的经纪人的价值,就在于文化产业需要了解大众需求,把握市场规律的专家。因此,经纪人的重要性表明了市场的重要性和大众的重要性。

现代西方人对文化消费的重视可以追到马克思的有关论述,甚至更早。但文化消费者研究成为一个学术热点,则始于 20 世纪 60、70 年代的法兰克福学派时期。当时,西方的文化产业已经按照工业化的规模生产原则和市场细分原则来对文化消费者进行分类研究了,我们可以从法兰克福学派的描述中感受到当时人们研究文化消费者的深入程度和规模:

　　"消费者常常在研究机构的图表中以统计的方式呈现出来,并依据收入状况被分成不同的群体,分成红色、绿色和蓝色区域;这样,技术就被用

---

① [美]理查德·E·凯夫斯:《创意产业经济学》,孙菲等译,新华出版社 2004 年版,第 39 页。
② 马克思《1844 年经济学哲学手稿》,《马克思恩格斯全集》第 42 卷,人民出版社 1979 年版,第 125～126 页。

于各种类型的宣传了。"①

不过,讲这段话的阿多诺和霍克海默却是不屑于这种经验性和技术性的消费者研究的。他们认为,这种实证性研究本身,就是资本主义技术理性的表现,是为资本及其利润服务的。他们从批判资本主义文化产业的立场出发,对大众的文化消费趣味表现出十分不信任的态度,认为他们都不过是资本控制下的芸芸众生,他们的文化消费是受资本家所控制的。他们并不重视大众在文化消费中的选择行为,也"不开展经验性的研究,无意于调查真实生活中的受众。他们将实证主义科学(甚至其易于理解的语言)看作资本主义技术理性(technological rationality)的深层症候"。②

在大力发展文化产业的今天,对消费者的实证性研究得到了空前的重视。因为消费者研究是文化企业了解市场、按需生产的必要前提。研究者们通常采用市场调查、消费者行为研究和消费者洞察等方法来研究消费需要,预测文化消费的变化规律。

与此同时,对消费行为进行反思性的研究也获得了明显的进步。通过以斯图亚特·霍尔(Stuart Hall)和约翰·费斯克(John Fiske)为代表的一大批学者的努力,现在人们已经明白了法兰克福学派所担心的"文化霸权"的作用显然是被片面地夸大了。在统治阶级和资本不断控制大众的努力对面,还有大众自身的自主选择的积极努力。

文化消费是一种意义的消费,而意义是一种生成性的东西。文化消费与物质消费的重要程度不同,就在于它在消费的同时也在生产。因此,与物质消费是对消费对象的耗损不同,文化消费却是对消费对象的一种创造。这是文化经济与一般的金融经济最大的不同。

费斯克对电视消费的研究表明,电视的观众是电视产业的消费者,同时也是电视产业中"文化经济"的生产者,观众在消费电视节目的同时,也在创造着电视节目的意义。费斯克指出,电视产业中其实存在着两种不同的经济,一是金融经济,一是文化经济。金融经济的生产者是演播室中的人员,而文化经济的生产者却是电视观众,参见下表。

---

① 西奥多·W·阿多诺和马克斯·霍克海默:《文化工业:欺骗大众的启蒙》,奥利弗·博伊德—巴雷特、克里斯·纽博尔德编:《媒介研究的进路》,汪凯、刘晓红译,新华出版社2004年版,第95～96页。

② 奥利弗·博伊德—巴雷特:《媒介研究的早期理论》,奥利弗·博伊德—巴雷特、克里斯·纽博尔德编:《媒介研究的进路》,汪凯、刘晓红译,新华出版社2004年版,第85页。

表 7.1　电视产业中的两种经济①

	金融经济		文化经济
	金融经济 I	金融经济 II	
生产者	演播室	节目	观众
商品	节目	观众	意义/快感
消费者	经销商	广告商	观众自己

商品之为商品的基础之一是其使用价值。普通商品的使用价值由商品生产者提供,而文化商品的使用价值却是意义和快感,这是需要消费者配合才能生产的东西。节目生产者可以生产节目的娱乐元素,却不可以生产电视观众具体的快感。因此,在费斯克看来,电视节目所提供的,只是观众生产自己快感的一种文化资源。费斯克说:

"在文化经济中,流通过程并非货币的周转,而是意义和快感的传播。于是此处的观众,乃从一种商品转变成现在的生产者,即意义和快感的生产者。在这种文化经济中,原来的商品(无论是电视节目还是牛仔裤)变成了一个文本,一种具有潜在意义和快感的话语结构,这一话语结构形成了大众文化的重要资源。这在种文化经济里,没有消费者,而只有意义的流通者,因为意义是整个过程的唯一要素,它既不能被商品化,也无法消费;换言之,只有在我们称之为文化的那一持续的过程中,意义才被生产、再生产和流通。"②

你可以给我制造一定的故事、一定的音乐,却不能给我制造听故事的快感或我对音乐的理解和感动,这些需要我自己的创造。在费斯克看来,意义才是文化的本质,它的生产和流通与普通商品有根本的区别:它不能由商品生产者提供,只能由消费者自己创造。

费斯克的研究是为了证明一种与法兰克福学派相反的观点,即:大众文化是大众创造的,而不是强加在大众身上的,它生产于大众内部,来自社会底层,

① 李思屈根据费斯克《理解大众文化》第 32 页内容制表,王晓珏、宋伟杰译,北京:中央编译出版社 2001 年。

② [美]约翰·费斯克《理解大众文化》,王晓珏、宋伟杰译,中央编译出版社 2001 年版,第 33 页。

而不是来自上方。① 他完全同意斯图亚特·霍尔关于大众文化产生于"遏制与对抗的双向运动",是大众与权力集团对抗的产物的观点。

费斯克认为,一方面,"所有的文化商品,多多少少都具有我们可以称之为中心化的、规训性的、霸权式的、一体化的、商品化的(这类形容词几乎可以无限繁衍)力量";另一方面,"与这些力量对抗的,乃是大众的文化需要","这些大众的力量将文化商品转变成一种文化资源,还使文化商品提供的意义和快感多元化,它也规避或抵抗文化商品的规训努力,裂解文化商品的同质性和一致性,袭击或偷猎文化商品的地盘"。②

这些文化消费特征和规律的研究,对于我们正确处理文化产业与文化事业之间的关系,全面理解文化产业的功能,深入研究文化消费行为和文化商品实现价值的规律,都具有重要的启发意义。

二、艺术经营机构的出现

艺术经营机构是文化产业经纪人的固定化、专业化和法人化。专业艺术经营机构的出现,是艺术生产力水平发展到相当水平的体现,也是文化市场体系发育完善的表现,因此它也是简单文化产业模式成熟的一个标志。

在专业艺术经营机构出现以前,尽管也有介入艺术经营的公司,但这些公司并不以艺术经营为主业。中国旧式的茶楼酒馆也有代理说唱艺术演出的情况,但其大多是作为提高茶楼酒馆人气,招徕顾客的一种辅助经营手段,而并不以此为主业。

在中国,演出团体往往都是自行经营,自己设台演出,专门经营艺术演出的剧场出现是比较晚的,专业代理更为少见。较早出现代理关系的可能是中国旧式的书画商行,这些书画商一方面凭着自己的艺术判断能力在买进卖出之间赚取差价,其方式就如一般的古董文物商贩,但较大的书画行也会与书画家建立一定的信誉关系,形成某种代理业务。不过,这些书画商与书画家之间的关系,主要还是一种代买代卖的委托关系,与现代美术馆或画廊对艺术的经

---

① [美]约翰·费斯克《理解大众文化》,王晓珏、宋伟杰译,中央编译出版社 2001 年版,第 31 页。

② [美]约翰·费斯克《理解大众文化》,王晓珏、宋伟杰译,中央编译出版社 2001 年版,第 34~35 页。

营模式仍然有很大的不同。

现代的艺术经营机构是按照现代企业的方式来进行市场开发和管理的公司。其主要的类型有美术馆、出版商、唱片公司等。

1. 美术馆

现代美术馆是全面提供艺术经纪人专业服务，专门经营艺术产业的公司，其知名度及经营收入的多少反映了它所代理的画家在文化市场上的成功程度。因此，在文化产业化条件下，一个艺术家在事业上的成功，除了艺术家本人的天才和努力而外，还取决于他是否找到了合适的艺术代理商。

美术馆的经营成功有两大决定因素：

一是正确的市场定位，它所经营的市场是否有足够的利润空间和发展前途；

二是公司是否能够承担日常经营费用和市场开发成本。至于它是否有足够的专业人员，是否有足够的画家资源和客户资源等其他因素，实际上都取决于这两大关键因素。

一位纽约的著名画商在 20 世纪 80 年代曾经对美国的商业性美术馆前期投资作过估算：大约需要 25 万美元的启动资金，启动后美术馆还需要在盈利之前承受 25 万美元维持费用。[①] 因为在盈利之前的一段时间，画商需要物色到真正能够获得成功的画家。在发掘到的画家成名之前，美术馆仅仅能够重复地展出作品，难以获形象力，更难获得现实的利润。

由于受到经典艺术品数以千万美元的市场定位的心理暗示，很多人以为艺术市场是一个门槛低、利润高的暴利行业，但其实这也是一个风险高、竞争残酷的行业。作为经纪人的画商其实既需要承担选择艺术家的成本和风险，也需要承担推广其作品的成本和风险。

由于成本的压力和艺术市场本身的风险，在美国，大约有 75％的现代美术馆营业期不超过五年。[②]

现代美术馆常常通过艺术名家、艺术经典和艺术新潮等经营手段，来降低风险，提高盈利能力。

建立艺术名家的代理关系，是美术馆最常见的经营手段。美术馆的业务量往往取决于他所拥有的名家和名作的数量。建立与艺术名家的长期代理关

---

① ［美］理查德·E·凯夫斯：《创意产业经济学》，孙菲等译，新华出版社 2004 年版，第 44 页。

② ［美］理查德·E·凯夫斯：《创意产业经济学》，孙菲等译，新华出版社 2004 年版，第 44 页。

图 7.2　网上画廊"中国画廊网"主页

系,拥有尽可能多的名作,不仅是销售收入的重要保证,也可以利用名家名作的影响吸引人气,从而提高一般商品的销售量。

　　由于名家名作都属于稀缺资源,数量有限,而且经营所需的成本往往很高,因此,一些敏感的美术馆经营者通常以经营艺术新潮的方式来获得可观的利润。招募、培养画家,是美术馆常用的一种经营手段,这样可以用较少的一次性投入来形成自己的核心竞争力,培育自己的未来盈利能力。

　　如果美术馆能够以自己培养的画家形成某种新的艺术潮流,并吸引到艺术评论家和博物馆的注意力,就能取得比较丰厚的利润。

　　另外,合理利用互联网等新媒体为传播手段,可以极大地提高传播效率,降低成本。因此,在互联网上开画廊,建美术馆,已经成为近年来艺术经营的一种新趋势。

　　2. 出版经纪人与出版商

　　在西方文化产业发达国家,图书作者与音乐家、影视演员一样,也需要聘请经纪人或经纪机构作为中介代理,帮助作家处理版权事务,获得最大利润。

经纪人首先要帮助作者找到合适的出版社,并协助作者通过谈判拿到最优厚的稿酬和版税。职业作家的出版量往往很大,而稿酬和版税的计算标准和付费方式又会因为不同的出版商和不同的图书而不同。处理相关的事情非常麻烦,尤其是当作品出现翻译、版权转让等业务后,相关法律和财务问题会更加复杂,稍有不慎就会损害当事人的利益。

因此,作家在知名度和出版量达到一定的程度后,往往都需要专业的经纪人来处理这些事务,以保证自己专心创作。对于未成名的作家而言,经纪人的帮助也是非常重要的。即使是非常有才华的作家,在自己的学术或文学圈子中建立了自己的声望,在出版社市场上也不一定顺利。因为作家的才华并不直接等于市场号召力。出版没有市场号召力的作品,对于出版社来说,所要承担的风险会更大。这就会使初出茅庐的作家很难找到愿意接受其作品的出版社。

一家美国著名出版社的总裁说,他每年接到的一万份投稿中,只有三四份能够通过审查,最终被采纳出版。而小说入选的机会则更小,大概每 15000 部中只有一部能够得到出版。相对而言,西方的学术和教科书入选机会更多一些,[①]但即使是质量很好的作品,被出版社拒绝的几率也相当大。许多非常成功的作品,都是在多次投稿后才被采纳的。出现这种情况其实并不奇怪,因为出版社确定选题的标准有很多,除作品本身的质量而外,作品所针对的市场大小、出版社的经营定位和出版社的出版计划等,都会直接影响到投稿的命中率。

如果一部书的专业性太强,营利空间不大,或作品风格与出版社的定位不相符合,都会造成投稿的失败。即使上述各项都不成问题,但如果作者在投稿时恰逢出版社正在处理一个重要的出版计划或积累稿件太多,也容易被拒绝。由于审核稿件需要投入大量精力,因此不知名的作者投稿被拒绝的可能性会更大。

在此情况下,出版经纪人就获得了自己的生存空间。出版经纪人凭着自己对出版市场的了解、对出版业务的熟悉和对出版社的了解,可以帮助作家更

---

① Lewis A. Coser, Charles Kadushin, and Walter W. Powell, Book: The Culture and Commerce of Publishing (New York: Basic Books, 1982), pp. 130～132, 理查德·E·凯夫斯:《创意产业经济学》,孙菲等译,新华出版社 2004 年版,第 51 页。

有效地找到合适的出版,从而大大提高中稿几率。

同时,出版社也会因为经纪人的工作而减少选稿成本,而愿意与经纪人合作。经纪人的收入是从作家的版税中提取 10％的佣金。

出版经纪人这一职业最初出现在 19 世纪的英国,[①]如今在西方已经非常普及。不过,也不是任何一家出版社都愿意与经纪人合作。一个成功的出版经纪人或经纪机构,首先需要对作品质量及其市场前景有准确的判断,因为他们实际上就是图书出版的第一个筛选人,这一筛选是否准确有效,直接关系到其业务声誉,关系到出版社与之合作的意愿。

出版经纪人的出现可以降低作者与出版社之间交易成本,提高出版效益。但是在中国内地,由于出版体制的改革还没有完全到位,文化市场的成熟度也还不够,出版经纪人尚未成为一种正式的职业。

现在中国的出版社和出版集团在体制上仍然有浓厚的计划经济色彩,是一个大而全的生产体制,而不是完全以市场为导向、以选题为主体的文化产业实体。可以预期,随着中国出版体制的进一步深化改革,随着中国出版社市场的进一步成熟,中国的出版社的市场意识和效率观念会得到提高,一些出版社也会像西方同行的通行做法一样,精兵简政,以研究市场、经营选题为工作重点,而编辑、印刷、发行、宣传等工作则可以通过委托的形式转包给第三方,从而在真正的出版创意领域建立起自己的核心竞争力。到那个时候,随着选题任务的加重和版权事务的增加,中国的出版经纪人就会有大显身手的空间了;而现在困扰人的"第一渠道"与"第二渠道"混战的局面和书号管理上的混乱,也可以得到有效的根治。

3. 音乐经纪人与唱片公司

音乐人对经纪人的需要,如同画家和作家对经纪人的需要,是由于创意性生产需要专门的知识和全身心的投入,使生产者常常难以兼顾复杂的经营活动。

一个与唱片公司签约的歌手或作曲家,不仅能够得到稳定的工作条件保证,不用操心庞大的市场开发费用,而且也能在市场开发上得到策划专家和执行团队的支持。唱片公司不仅可以获得演唱会的收入和 CD 等音乐制品的销售收入,而且还可以在一定的歌手或歌曲获得市场成功之后,以版权经营的方式从网络营运商那里获得点击、下载分成。因此,音乐人的成功条件之一是找

---

① ［美］理查德·E·凯夫斯:《创意产业经济学》,孙菲等译,新华出版社 2004 年版,第 52 页。

到有实力的唱片公司,并获得最佳条件的签约,而唱片公司的成功条件之一则是找到有潜力的音乐人。

音乐经纪人的工作就是为音乐人找到最好的唱片公司,并为之争取到最好的签约条件,对于唱片公司来说,音乐经纪人的服务则是帮他们从茫茫人海中找到有可能成为明星的音乐苗子。无论是音乐人还是唱片公司,都需要活动能力强,专业眼光敏锐的音乐经纪人提供服务。

初出茅庐的流行音乐人最初活动的场所常常是本地的俱乐部、酒吧、学校等场所,一边提高职业技能,一边等待机会。处于这一阶段的音乐人如果能够得到经纪人的及早发现和帮助,就能更快地受到唱片公司的注意。

有志于音乐职业发展的乐队或歌唱组合,更需要职业的经纪人,策划其市场定位、形象包装,代理其市场发展业务,并负责乐队的内部管理。这样的经纪人需要有较强的业务能力和组织能力,同时还需要有经营管理能力和风险承受能力。因为即使是有很高的天赋条件和专业基础,从业余乐队和演唱组成长为专业团队,并最终成为成名的专业组合,这一过程的淘汰率是非常高的。所以,相对于画家和作家与其经纪人之间的松散关系而言,这类经纪人与音乐人的利益关系更为密切,经纪人的作用在音乐人成名过程中的作用也更大、更直接,因此他们的提成也相对更高。

作为专业的音乐经营机构,唱片公司是整个音乐产业链上的重要环节。音乐人得到唱片公司的签约后,就获得了职业音乐生涯的新起点和后备明星的资格。传统的唱片公司就像传统出版业中的出版社一样,主要工作是负责制作音乐产品。但随着相关技术的普及和文化产业以版权产业为重心的特点日益鲜明,唱片公司的重心也像出版社一样发生了从具体的产品制作向版权经营的转移,倾向于把具体的产品制作环节剥离出去,就像出版社把编辑、校对、印刷甚至发行、宣传委托给别人做一样。

唱片公司往往要求音乐人按照一定的要求把自己的作品录制成个人专辑,而唱片公司的主要工作则是制作和发行 CD 等音乐产品,通过电视、广播、巡回演出等形式做宣传,推销这些产品。不过,这种做法目前在中国内地还不多见,更多的还是唱片公司或娱乐公司一手包办全过程的形式。由于经纪人制度的不发达,单个的音乐人往往难以胜任专辑策划、创作和录制工作。

4.演艺场馆

演艺场馆是表演、会展等产业的传播平台,是演艺类文化产业价值链上重要环节。演艺场馆的硬件和服务水平,往往是一个国家和地区演艺类文化产业的发展水平的标志。

由于演艺场馆的建设、维护都需要较大的投入和极严格的专业要求,从而产生较高的成本。因此,一些国家和地区往往从公益文化事业费用中给予能代表国家和地区最高艺术水准的场馆经营者以一定的补贴。世界上许多重要的演艺场馆往往都是当地的文化符号和地标性的建筑,同时又能获得丰厚的利润。

图 7.3　百老汇

百老汇艺术的特点是通俗易懂、娱乐性强;舞台布景富丽堂皇,加上各种现代化的科技手段,配合声响、灯光,使得舞台表演变幻莫测。

美国的百老汇(Broadway),就是一个美国文化的标志性符号,又是纽约市文化产业的支柱性产业的代名词。

百老汇是纽约曼哈顿区一条大街的名称,南起巴特里公园(Battery Park),由南向北纵贯曼哈顿岛。纽约地铁百老汇线及纽约地铁第七大道线均通过此路底下。由于此路两旁分布着为数众多的剧院,是美国戏剧和音乐剧的重要发扬地。长期以来,百老汇大道都是美国现代歌舞艺术、美国娱乐业的代名词。每年,都有几百万的来自世界各地的游客到纽约欣赏百老汇的歌舞剧。

百老汇艺术的特点是通俗易懂、娱乐性强;舞台布景富丽堂皇,加上各种现代化的科技手段,配合声响、灯光,使得舞台表演变幻莫测。台上演员载歌载舞,台下观众如醉如痴;气氛热烈,使演员和观众的交流融为一体。具有很强的观赏性和娱乐性。演员们身着缤纷绚丽的服装在优美动听的音乐中热情奔放、酣畅淋漓的舞蹈,使观众亲身感受到美国的文化和音乐。

图 7.4　中国国家大剧院

位于北京的国家大剧院北入口与地铁天安门西站相连在入口处设有售票厅,走过波光粼粼的80 米水下长廊,从橄榄厅乘扶梯而上便进入了大剧院内部的公共大厅,三个专业剧场展现于眼前:中间为歌剧院、东侧为音乐厅、西侧为戏剧场,三个剧场既相对独立又可通过空中走廊相互连通。歌剧院 2398 席(含站席),主要演出歌剧、舞剧等;音乐厅 2019 席(含站席),用于演奏大型交响乐和民族乐;戏剧场 1035 席(含站席),以上演戏曲、话剧等为主。

位于北京的中国国家大剧院,是中国当代文化的重要符号和文化产业重要展示平台。作为中国最高表演艺术中心,国家大剧院秉承人民性、艺术性、国际性的宗旨,以"艺术改变生活"为核心价值理念,努力成为国际知名剧院的重要成员、国家表演艺术的最高殿堂、艺术教育普及的引领者、中外文化交流的最大平台和中国文化创意产业的重要基地。

图 7.5　中国国家大剧院音乐厅

近年来,在文化体制改革的大潮中,国家大剧院改变传统的经营思路,以公益性为基础,以市场化为导向,增强内在创新能力和产业辐射能力。通过投资剧目创作、开发延展性文化产品等多种方式拓展文化产业发展,形成了以大剧院品牌为核心,辐射众多相关企业与产品的文化产业链条。通过开设音像制品店、音乐书店、艺术书店等市场手段经营相关文化产业、引导文化产品发展方向、开拓文化艺术产品的市场空间;通过完善的法律程序保障自主知识产权,充分释放文化创造活力、加强文化创新精神。

三、明星经济与贫富悬殊

在简单文化生产模式中,生产者之间在天赋和劳动投入差别不太大的情况下,其市场价值却有极其巨大的差别。明星与非明星之间的差别,远远大于普通商品市场上的名牌与非名牌之间的差别,这直接导致了作为文化生产者之间的贫富悬殊。

一个默默无闻的歌手,其市场收入可能仅够维持生计,而当其一炮走红成为明星后,立即身价百倍;不仅容易得到天价报酬,而且还是拥有这些明星的艺术经营公司的重要利润来源。

广义地讲,各行各业都有自己的"明星",他们才能出众,成就卓越,成为业内普遍尊敬和爱戴的对象。但是,这样的明星却并不一定与广泛的市场利润相联系,在正常情况下也不会形成近乎疯狂的"追星族"。在文化产业中,尤其是在表演和体育市场上,明星却是推动产业发展的重要经济动力。明星是事业和荣誉的主峰,更是利润的保障。一旦成为明星或拥有明星的经营权,不但可以在特定的职业领域获得可观的收入,而且还可以通过广告等其他领域获得可观的收入。我们把文化产业中的这种特殊经济现象称为"明星经济"现象。

1. 文化产业中的明星经济

在讨论明星经济之前,我们需要对"明星"与"艺术家"这两个名词进行辨析。所谓"明星"就是指那些有较高市场声望和利润号召力的演艺人;而艺术家则是指有较高艺术造诣的艺术创造人。明星一词所指涉的是市场上的成功,而"艺术家"一词所指涉的则是艺术上的成就。

为了说明明星经济的原理,经济学家提出了一个明星经济模式①。其中假设:

①歌迷眼中的演员水平存在明显差别,而且所有听演唱会的歌迷对演员属于一流还是二流的分类都持大体一致的判断。

②歌迷们的消费支出都包括两部分:一是门票支出,二是时间支出。

由此,我们就可以看出,无论是听一流歌手的演唱,还是听二流歌手的演唱,听众付出的时间成本都是一样的,即听一场高水平的演唱会与一场低水平的演唱会所花费的时间是一样的。在时间成本日益升值的现代社会,选择听明星(一流歌手)的演唱会显然更有效益。

这就从经济的角度解释了为什么尽管明星演唱会的票价高得多,而听众仍然踊跃的原因。从投入的角度来看,明星演唱会的投入并不一定比普通歌手演唱会的投入高多少,或者说,明星演唱会的舞台美术和明星自己的劳动投入等成本增加并不与明星的知名度成正比,而其票房收入则与明星的人气(景

---

① Sherwin Rosen,"The Economics of Superstars",American Economic Review 71(December 1981):845~858,理查德·E·凯夫斯:《创意产业经济学》,孙菲等译,新华出版社 2004 年版,第 71 页。

气指数)成正比。明星可以在投入增长不多的情况下,吸引更多的观众,并提高票价。

这在一定程度上说明了明星们为什么往往就是"大款"。明星经济除了在演艺界有典型的表现,同时在体育、绘画等领域也有明显的表现。因此,就出现了"球星"和绘画名家的高收入现象。无论是何种明星,他们的产生都取决于众多的因素。除宣传、包装、机遇等外在因素外,他们自己的天赋和努力是重要的决定性的因素。前者只是成为明星的外部条件,后者则是他们成为明星的内在根据。

2. 风格的艺术价值和市场价值

在艺术中,形成一定的艺术风格,是艺术家成熟的重要标志。在文化产业中,风格也是明星的基本条件。如果我们把足球等观赏性强的竞技体育也视为一种广义的艺术的话,那么,风格也是判断球星是否成熟的一项重要标准。因为风格往往代表了一定的艺术价值。

所谓风格,就是指艺术个性。而模仿别人的风格则意味着用不是自己真正的个性东西而走入别人的套路,从而把别人的风格在自己身上再现出来,无论再现得多么惟妙惟肖,都只能是一种伪风格。

模仿只能是初学者的标志,满足于模仿,尽管是模仿得非常成功,也成不了明星,更成不了艺术家。

由于特定市场对风格有明显的选择性,尤其是文化产业面向的大众市场,对风格的选择并不一定符合艺术的内在标准,因此出现了风格的艺术价值与市场价值相区别的现象,有时这两者还会出现极明显的背离。

由于艺术价值与市场价值存在着明显的分离,因此才有艺术家的贫富悬殊现象。一个明星的成功与一个艺术家的成功是性质不同的两回事:明星是大众市场的成功,可以表现为巨额的市场收入;而艺术家的成功是人类精神的创造,表现为一定的艺术成熟。明星的价值是可以通过市场价格来判断的,因为他们本来就是文化产业的大众产品。但是,我们却不能根据市场价格来判定艺术家的价值,如果我们这样做,实际上是对艺术的贬损。

第二节　复杂文化产业模式

复杂的文化产品,如电影、电视剧、动画片、网络游戏等,在生产时需要艺术家、创意人员和普通工作人员的协同配合。

由于艺术家和创意人员劳动天然具有个体性,如果按一般产业的组织方式,就难以有效率地进行生产。把创意性的个体劳动整合为一个有机的整体,仅仅从产业运行的角度,也需要考虑到多方面的因素,这样构成的模式就是复杂文化产业模式。

复杂文化产业模式的构成如下图所示:

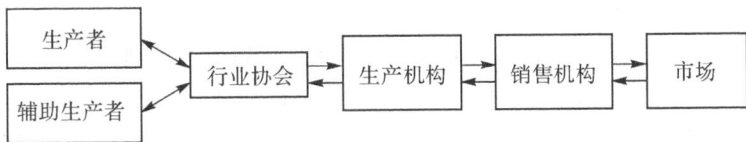

图 7.6　复杂文化产业模式

一、文化产业的生产协作

在复杂文化产业模式中,反映了多种创造性劳动的集合。一部电影需要编剧、导演、制片、摄像、道具、化妆、音响、作曲、编辑。其中每个人投入的专业技能都不相同,每个人都需要个性化的创造。他们可以在工作中实现自身的价值,提出自己的见解;而在整体上又必须保证每个人的个性创造能协调为整体上的统一风格。

同样,一台戏剧或歌舞表演也需要一支具有个体创造和整体创造相统一的团队,歌剧、交响乐演出需要精心挑选的音乐家能够在舞台上配合默契。

把不同的个性协同为一个统一的个性,把高度个性化的活动协调为一个整体风格,这就是复杂文化产业模式所面临的基本矛盾。

艺术团队的组织方式有长期的、短期的和一次性等不同形式。长期的团队中,全部或部分员工签订了长期劳动合同,属于团队中的常规员工。如美国波士顿交响乐团自 1881 年成立起,人员就比较稳定,乐队成员调整很小。

一次性的组织则专为一个具体的产品生产而构成。比如拍一部电视剧时,需要组建一个电视剧剧组,当电视剧完成后,这个剧组也就不存在了。

文化产业的复杂生产模式最早出现在影视产业。在影视业发展之初,公司通过与艺术人员之间签订长期劳动合同来组织生产。电影制片公司出现于第一次世界大战之后,并很快成为主流的影片制作形式。

在 20 世纪 30、40 年代,艺术家可以与电影生产商签订一次性合同。20

世纪 40 年代的几次重大变革,促成了它的解体。现在的影片发行人仍然保留了传统制片公司名字,但是这些电影的制作形式仅限于一次性合同,只有非正式的联合制片公司采用长期合同形式。①

美国好莱坞的明星制度起源于 20 世纪初。当时的影视制作人发现了电影明星对电影的票房提升有直接的影响,提出"好片配名演员"的观念,充分利用明星对电影票房的带动作用来赚取更稳定的利润。电影公司不再只关心电影制作,而实行了制作、发行、放映等环节的统一管理。

在明星制度中,制片公司可以指定演员的角色,而演员则没有自己选择角色的权利。此外,公司还常常要求演员更换名字,并严格控制演员接受采访和其他公开露面的形象,控制演员在广告和其他宣传活动中的照片。与此同时,公司花钱促进演员的成长,使其降低职业风险。如果演员顺利成为明星,则是一种双赢的结果。

好莱坞是以现代工业的标准化和高效率生产文化产品的一种典范。为了协调众多的生产者和辅助生产者的行动,把他们组织成一个高效率的生产流水线,制片公司通常指派制片人和导演两个部门负责人,共同组成制片组,一个负责行政协调工作,一个负责艺术质量。电影制作的这一模式,一直沿用至今,并为各国的影片公司所采用。

为了提高生产效率,电影拍摄的顺序并不是按故事情节的发展顺序来安排,而是把一定的演员、一定的场景集中在一起拍摄。不重要的角色和群众演员可以临时招聘,拍摄完他们的镜头就解散,场景和道具等也可以集中使用,从而大大节约了拍摄成本。这样,导演就需要事先做出分镜头剧本和场景表,以便演员和化装、服装、道具、置景、灯光、剧务等各部门协调工作,在规定的时间中完成必要的准备。同时,还需要专门的场记对拍摄的镜头进行记录,以避免出现后期剪辑的混乱。

电影产业投资大、风险高,是文化产业复杂生产模式的一个典型代表。为了有效地调动社会资源,降低成本和风险,当代的电影生产常常采用独立制片人负责的剧组制度。这种制度以独立制片人为主,通过融资方式筹集制作经费,所有参与人员都通过一次性合同的合作方式。

这样的方式,其实并不始于电影业,早在美国百老汇的演出业中,就已经形成和沿用了这种模式。随着现代文化产业生产复杂性程度的增加,参与的

---

① [美]理查德·E·凯夫斯:《创意产业经济学》,孙菲等译,新华出版社 2004 年版,第 84 页。

人员不断增多,协调难度也就越来越大,合同签订所要考虑的环节也更加复杂。各类人员进入工作的时间有一定顺序,从而形成了类似工业生产线的流水作业程序,但又要保证每一个人都有自己个性表现和独特的创造性。

另外,项目的预期利润也需要在结算前就明确地加以分配,因为合作是一次性的,很多人等不到项目结束就会离开剧组。

二、行业协会

行业协会是既保证市场有序运行,又体现市场自由竞争原则的非政府组织。无论是创造性行业还是普通行业,都存在行业协会现象。然而在文化产业中,尤其是在文化产业的复杂模式中,行业协会却发挥着更重要的生产协调作用。在文化产业发达的西方国家,各种行业协会和人才协会也相对发达,数量多,功能全,为保护从业人员权益,促进文化产业健康、有序发展发挥了重要作用。

在创造性相对集中的文化产业中,每个人创造性的投入都有自己的个性化特征。因此文化产业的生产过程不可能像普通工业生产一样能够完全预先确定,对工作质量也没有物质产品那样的客观检验标准,这就使工作成效与合同规定的要求是否相符成为经常被争议的问题。一旦发生争议,分散的从业人员与组织严密的企业相比,就明显地处于弱势地位,难以保证自己的合法利益。文化企业主常常以扣减和拖欠工资的办法,把自己的经营风险不合理地转移到从业人员身上。由于从业者无法准确统计企业的利润数量,无力长时间地与企业打官司,难以等待法院的漫长的审判程序等等,因此即使通过司法诉讼,分散的个人在取证和应诉时间等方面也完全处于不利地位。

文化产业市场利润的不确定性也使利润的分配和先期投入的价值估算成为问题。市场上意外的成功和意外的失败,是文化产业中经常出现的现象,这些问题都会以预期利润分配方案的形式,反映到生产过程中,表现为不同人员投入劳动和资金的积极性。

而且,在艺术产业中,不仅艺术家的直接劳动会影响到产品的市场价格,艺术家个人的名望也会影响到产品的市场价格。这就提出了如何评估艺术家的等级以及从业人员资历评估和培养新人的问题。

所有这些,其复杂程度都已经超出了单独的制片人或制片公司所能解决的范围,从而成为行业协会出现的内在根据。

当代的文化产业分工日益细化,衍生出各种不同的行业和行业协会,如电影协会、电视协会、记者协会、报业协会、作家协会、音乐家协会、广告协会、足球协会等,并成为该行业市场秩序的重要协调机制。

在市场经济条件下,这些协会由从业人员自发组织,目的在于保护从业人员的合法权益,协调劳资关系;如早期的美国的演员权益保证组织、美国音乐人联盟和好莱坞的各种人才协会,其发起成立的直接动因,都是保护从业人员不受企业主的损害。于 1931 年成立的美国演员权益保护组织,就是舞台演员保护自己的协会组织。这个组织针对公司与演员签订合可能使用霸王条款的现象,根据舞台演出的不同形式设计出标准的合同文本。这个组织还对合同的争议行使仲裁职能,规定在试用期过后,公司解雇演员要提前 2 周通知演员,或发放 2 周工资;对无偿排练的时间也规定了最长时限。

这个组织还要求企业在戏剧上演时迅速支付演员工资,承担大多数演员的服装费用,在巡回演出时向演员支付一定的费用,设立演员权益管理基金以支付陷入困境的演员的餐旅费用。为了这些条件得以实现,这个组织领导其成员进行了长期的激烈斗争,1919 年还举行了为期 30 天的罢工,最终基本得到实现。当时,大约有 90% 的演员都是演员权益保护组织的成员。[①]

美国音乐人联盟的成立是为了保护在各地方市场上演出的音乐利益的协会组织。协会处理演出合同中出现的问题,保证全体会员得到最低水平的收入,禁止剧院或音乐会经理违反合同损害音乐人的权益。

20 世纪 40 年代,美国音乐人联盟达到了自己的辉煌时期。当时联盟禁止使用新的录音方式,以保证市场对音乐人的需求,从而使一部分利润直接分流到美国音乐人联盟,用于资助音乐家举办音乐会。[②]

在中国这样的社会主义市场经济国家,各种协会则多由政府管理部门出面组织,而且过去都是由政府官员担任主要职务,其作用侧重于加强政府与行业的沟通。中国的行业协会也会组织一些大型的评奖活动和交流活动,并通过制定行业服务规范,培训从业人员,规范文化市场,促进行业水平的发展。

---

① Harding,Revolt of the Actors,pp. 456~503,理查德・E・凯夫斯:《创意产业经济学》,第 118~119 页,孙菲等译,新华出版社 2004 年版。

② [美]理查德・E・凯夫斯:《创意产业经济学》,孙菲等译,新华出版社 2004 年版,第 120 页。

三、资源整合与产业链延伸

生产各环节的配合和生产资源的整合,如个人创造性的调动与协调,各利益关系的协调和各生产要素的合理利用和分配等,都是复杂文化生产模式所要解决的特殊难题。不过,在文化创意产业的发展中,最困难的地方,往往也是蕴藏着最大机遇的地方。一旦找到了生产环节的配合与生产资源的整合的新方式,也就意味着找到了文化产业新的盈利模式和发展空间。

图 7.7　浙江横店影视产业实验区的一个摄影场地

浙江横店影视产业实验区,为我们创造性地解决复杂文化产业模式中的各种问题提供了丰富的启发。我们知道,影视产业是复杂文化生产模式的典型代表,涉及各种生产要素的组织和协调。美国好莱坞的成功,在一定程度上就是创造了一种解决影视生产中各生产要素的组织和协调的成功模式。在这方面,浙江横店集团可以说是结合中国文化产业发展现状和具体国情的成功案例。浙江横店影视产业实验区成立于 2003 年,是中国国家广播电视总局批准成立的第一个国家级影视产业实验区,由中国内地目前最大的民营影视集团企业浙江横店集团控股和管理。最初,浙江横店集团只是提供影视拍摄所需要的场地和场景,现在却已经成为具有生产要素的组织协调功能的文化产业基地,不仅实现了影视制作资源的高效组织和全面服务功能,使"带着本子来,拿着片子走"成为现实,而且还向旅游产业延伸,形成了一条影视制作与旅游产业相促进的新产业链。

从 1996 年为支持谢晋导演拍摄历史片《鸦片战争》而建立"广州街·香港街"拍摄基地开始,浙江横店影视产业实验区先后建立了广州街、香港街、清明上河图、秦王宫、江南水乡、明清宫苑、明清民居博览城、古战场、枪战片、武打片等 14 个拍摄基地,9 个室内摄影棚,总建筑面积 80 万平方米,可以实景拍摄从秦汉、唐宋到明清、民国各个时期、各种风格类型的影视作品。从各朝皇宫、官府,到民居、老街,从重大历史题材到武侠、言情,不同时代、不同风格的作品都可以在这里找到拍摄的场景。同时,横店影视拍摄基地还有为剧组提供衣食住行、服装道具、特约演员和群众演员、还有各种拍摄、后期制作器材等全面的服务,仅食宿服务系统就包含 14 个宾馆酒店,8000 多个床位,其中有两家为四星级酒店。

图 7.8　浙江横店影视产业实验区的"秦王宫"摄影场地

在后期制作服务方面,横店集团还以合资的方式,与中国电影集团、美国时代华纳公司联合成立了中影华纳横店影视有限公司,与香港东方娱乐合资組建了浙江东方横店影视后期制作有限公司,为到横店拍摄影视作品的剧组提供后期制作服务。

在行政服务方面,横店影视基地还有浙江省电影审查中心、电视剧审查工作室等行政审查机构,使完成的影视作品能够方便、快捷地完成审查手续,让入驻基地的摄制组真正能够"带着本子来,拿着片子走"。

这种集中、配套、完整的服务体系,既高效地协调和利用了生产资源,又生成了文化旅游的新价值链。横店以影视景点为依托,以影视制作基地的名气带动旅游,顺势而为地把产业链从影视产业延伸到了旅游产业。

横店影视基地经营的另一个特点是提供拍摄场地而又不收场地租金,这一优惠措施加上横店的完整服务,使海内外众多的影视界名人云集横店。著名导演谢晋、孙道临、唐季礼、王家卫、徐克,著名演员张丰毅、巩俐、王志文、赵薇、郭富城、藤原纪香、李连杰、张曼玉、梁朝伟、章子怡等,都曾经入住横店影视基地拍片。平均每天有10多个剧组在横店影视基地拍摄,高峰时多达20多个。

随着横店出品的《英雄》、《无极》、《荆轲刺秦王》,《鸦片战争》、《雍正王朝》、《天下粮仓》、《汉武大帝》、《大宋提刑官》等一系列作品的公映播出,横店影视基地也蜚声海内外。特色旅游、良好的接待条件加上高知名度,使横店迅速成为一个新的热门旅游点。横店影视产业实验区是国家审批的首批国家AAAA级旅游区。

横店影视产业实验基地的迅速发展表明,文化产业的核心是创意,而好的创意往往产生于对难题的解决;在文化产业的各行业之间,并没有固定的界线,传统的行业界线正是产业链延伸和价值链生成的机会。当人们都意识到中国的文化产业市场不成熟、产业链不完整的时候,似乎感到不能有所作为的时候,横店集团的积极作为给了我们丰富的启示。

练习、思考与案例

(1)简单文化生产模式与复杂文化生产模式的联系和区别是什么?

(2)试述明星经济的特点及表现。

(3)案例分析:阅读下面这篇新闻报道,讨论一下中小民营资本可以在文化产业的发展中寻找哪些商机?

┌─────────────┐
│ **小贴士** │
└─────────────┘

蛋糕这样做大——义乌发展文化产业的三个细节①

陈溪光　张建成　徐晓恩

浙江日报义乌 6 月 21 日电：

【镜头一】

"别看这小小的迷你铅笔包，在欧美市场上可俏着呢。"今天上午，又一辆装载着 42 万套各种花色品种铅笔包等学生用品的集装箱车，驶离义乌佳美文具实业有限公司直奔上海。多年经营文具生产的公司董事长楼国辉说："这批货销往意大利，是今年 4 月在文博会上签下的订单，货值 8 万美元。"

【画外音】

得益于义乌小商品市场的繁荣，义乌文化产业也迅速壮大。义乌市从去年 10 月开始，在国际商贸城专门设立了 4587 个商位的文体用品交易区，还专门建立了年画挂历、框画工艺品等十多个各具特色的文化产品专业市场。今年又设立义乌古玩书画城、义乌出版物中心。今年 4 月，首届省文化产业博览会在义乌市一炮打响，成交额达 13.6 亿元。

【镜头二】

在义乌市鑫达彩印公司，一幅幅带着欧美风景图案的仿真油画从印刷机上快速飘落。公司负责人王萃明说："这种油画是今年公司的主打产品之一，公司用高价购买了其版权。"今年公司有两个大的动作：一是今年 5 月加入了浙江国际文化艺术交流协会，为艺术品迅速形成产业创造了条件；二是将引进价值 400 万美元的世界先进设备。

【画外音】

在义乌，像鑫达公司这样舍得投入，致力于科技创新的文化企业越来越多。政府专门在佛堂镇设立了文化用品生产基地，引导企业加大科技投入。义乌市还千方百计延伸文化产品的产业链，带动了印刷包装业的迅速崛起，随之又带动了纸张、油墨、印刷器材配件的生产和销售，去年义乌彩印包装业的年产值已达 50 亿元，成了支柱性文化用品产业。目前义乌市拥有文化

---

① 浙江在线新闻网站，www.zjol.com.cn 2006-06-22。

生产和经营单位7000家,从业人员10万人,年产值200亿元。

【镜头三】

在义乌王斌相框公司的新产品设计室,被称为"中国画框大王"的公司董事长王斌拿着画笔,一边在图板上画着,一边与设计人员交流设计理念。今天公司又增添了10多个画框新产品。"王斌相框"近年来借助义乌小商品市场这个大舞台,拓展海外市场,很快成为海外一些"中国迷"装饰家庭的俏销货。如今,王斌相框已成为全国最大的相框专业出口企业,每天有10多个货柜的相框、画框出口,年出口额1900万美元。

【画外音】

文化内涵的提升,也显著提升了文化产品的竞争力。目前,义乌已成为中国文化产品外贸出口的重要基地,特别是工艺礼品、体育用品、文具、画框等深受外商青睐,远销欧美。据中国文教体育用品协会统计,义乌文化产品年出口额达60多亿元。

第八章

文化产业经营管理

文化产业的产品和服务具有双重的价值,即文化价值和商业价值。因为这种双重价值的特殊性,与一般的产业相比较,文化产业具有特殊的经济特点,需要特别的科学管理,以达到投入与产出的经济性目标;同时,达到不断推进文化建设和文明建设、提高人们道德觉悟和才能智慧的社会性目标。

第一节 文化产业经营管理的基本问题

文化的商业之道使其区别于传统产业,有其独特的经济特征,如何评定文化商品的质量,如何衡量文化服务的文化价值、艺术价值或娱乐价值,如何核算文化产品成本和进行产品定价,都成为文化产业各行业经营管理中的重要问题。总结文化产业的经营管理,大致存在以下三大基本难题。

一、文化产业投资的风险管理

文化消费需求难以确定,投资风险如何管理?

文化产业的投资人、决策人和生产者在产品投放市场之前,不太能确切评定消费者是否接受即将推出的文化创意产品或服务项目,创意新产品或新服务可能得到消费者的认可,或许是极大认同,因此获得远高于生产成本的巨额财富;也有可能完全不符合消费者的需求,一经面市就恶评如潮,甚至于完全无人问津。现代商业都会在投入生产之前,想尽办法调查消费者对商品的评价,然而文化产品的调查和预测常常成效不显著,除了电影票房调查略胜一筹外,其他文化产业行业投入生产前的预测还未见科学的管理方法。

文化产业项目如果投入失败,往往连基本资本都无法收回,整个公司情况会变得很糟糕。传统产业的投产资金一般主要用于购置固定资产,一旦投资失败,还有固定资产可以变卖;而文化产业项目的投入资金一般用于创意方面,一旦确认失败,主要的投入资本一般很难挽回。文化产业的创意性特点决定文化产品的投资蕴含着巨大风险,风险的分配与承担方式对于文化生产的组织形式至关重要。

小贴士

电影票房

电影票房是指一部电影放映期间累计的总收入,亦称"gross"。

在清朝乾隆征战大小金川时,军中满洲人多,因行军万里,一路无聊,始而思念家乡与亲人。为此,八旗子弟兵自编词、曲,即子弟书,以自歌自娱。清中叶以后,八旗贵胄嗜爱戏曲成风,并以演唱戏曲为乐。不过他们演唱不为生计,故谓之票戏。演唱时票友们汇集一堂,其汇合的地点就叫做票房。最早的票房始于道光年间,到同治末年的翠峰庵票房已有相当规模。

《现代汉语词典》解释,票房一是指戏院、火车站、轮船码头等处的售票处;二是指旧时票友聚会练习的处所。现在所称的票房是票房价值的意思,是指上演电影、戏剧等因卖票而获得的经济效益。

二、文化生产人员的合同管理

文化生产人员关注产品,那么,雇佣条件如何签订?

经济学家普遍认为,传统物质创造者即雇佣工人并不关心他们所生产的产品。确实,一般蓝领工人考虑更多的是工资、工作条件和自己的投入产出。当然,高级蓝领工人会关注自己的工作质量并为自己生产的产品自豪;但是,在传统产业领域,工人对自己工作和产品的认知感情很少影响到组织结构。

然而,在文化产业领域,创造者即艺术家、演员等文化生产人员,他们非常注重产品的原创性和卓越性,文化生产者的成就感督促他们的自我要求较高,并且会关注消费者对文化产品的接受程度,这是创意性生产与一般性生产的重大区别。一般性的生产投入通常与工资收入直接挂钩,收入基本与投入成比例,生产者不关心雇主是谁,工作目的是工资收入。而文化创意的生产很大部分来源于生产者即艺术家的内在需要,产品的创造性成为区分艺术家与普通工匠的标准。艺术家一般拒绝就艺术原则问题妥协,所以他们在交易过程中考虑的往往并非利益最大化问题。艺术家如果重视的只是个人收入,就难以创造出大量的、高品位的艺术品,所以文化产业主要创作人员的雇佣条款谈判是重要的管理问题。

三、文化产品赢利的持久管理

文化产品持久赢利,那么,如何科学管理小额利润收入?

优秀的文化创意产品往往能历经时间考验,所以在文化消费市场上也是持久赢利的。消费者们愿意花钱购买古典音乐、传世小说或者是经典电影制品,版税就成为原创作者或者演绎作者的经济回收来源。许多文化创意项目的利润是长期的、以若干小股资金的形式逐渐回报。例如动画形象小熊维尼的价值回收:迪斯尼公司花费 2.4 亿英镑购得小熊维尼未来 20 年的版权,成为当时英国历史上最大金额的文学合约。迪斯尼于 1977 年 3 月 11 日将之制作成动画片《小熊维尼历险记》,这只毛茸茸的小熊在全球范围广受欢迎。30 多

图 8.1 "商业的目的是要创造幸福,而不仅仅是财富的堆积。"

——B.C. 福布斯

年中,这只憨态可掬的小熊以无数种类商品标识等商品形式,一点一滴创造版税,仅 2003 年就创造了 59 亿美元的财富,小熊维尼是福布斯全球十大虚拟人物财富榜的常客。

然而,如何将小额的利润有效汇集是文化产业管理的难题。如何签订持久性文化创意产品的合同也是版权所有者和购买者面临的文化产业管理问题。

第二节　文化产业的成本

文化商品及服务是一种复杂的产品和服务,它包含了审美观念、主观感受以及与品位和教养有关的无法量化的因素,包括了有形物品和主观的个人经验等不同性质的内容。文化商品的消费者不会强迫自己接受不喜欢的文化商品,却愿意为喜欢的文化商品付出高昂的价格,这就为文化商品及服务的成本控制提出了新的课题。

地球村的形成,提高了文化产业对全球资源的开发和市场开拓的能力,从而产生了新的文化生产成本控制理念。而这种新的成本控制能力,会对一个国家或一个地区的文化产业的发展产生深远的影响。

一、文化生产的成本核算与成本管理

1. 成本及其本质

成本(cost)是生产某一产品所耗费的全部费用。

成本的本质是什么? 经济学家库珀和卡普兰于1987年发表的论文《成本会计怎样系统地歪曲了产品成本》中第一次提出了"成本动因"(cost driver,成本驱动因子)理论,这一理论认为成本的本质是函数,是各种独立或交互作用着的因素,是由自变量合力驱动的。

2. 成本的核算管理

在文化产业的管理中,总是要考虑生产文化产品时形成的所有成本的总和。传统的观念把产量视作唯一的自变量,而不计其他动因因素,按照这种成本动因思想,任何一种产品的总成本是由两种成本类型构成:固定成本和可变成本。

什么是固定成本? 固定成本是指在一定的范围内不受产量或商品流转量变动影响的那部分成本。固定成本大部分是间接成本,它包括:企业管理人员的薪金、固定资产的折旧和维护费、办公费等任何与产量水平相关的成本。当产品产量或商品流转量的变动超过一定的范围时,固定费用就会有所增减。降低固定成本有两个途径:一是减少一定时期内的固定费用支出;二是在一定范围内增加产品产量。

什么是可变成本? 可变成本按比例与生产的产品数量或产品单位直接相关,它包括:原材料或运输费用。

我们可以通过固定成本模型来认识固定成本和可变成本的关系:

总成本＝固定成本＋可变成本

固定成本＝总成本－可变成本

一旦知道了构成全部成本的固定成本和可变成本,就可以计算盈亏均衡点(也称盈亏相抵点),从而按照盈亏相抵的原则,根据售出的产品单位数量、每个单位产品的售价以及固定成本与可变成本的水平分布,制订成本回收策略。盈亏相抵点的数值通过固定成本除以总利润获得(即盈亏均衡点＝固定成本/总利润),而总利润是每个单位产品的售价减去每个单位成本的可变成本。这是成本核算的一种有效方法。

文化产业是一种创意产业,许多创新活动的成本都是固定而且是隐没的。固定成本不会因产品生产数量的变化而变动,如果某项固定成本保持不变,那么随着生产数量的增加,该生产活动中的平均总体单位成本将下降。

什么是隐没成本?隐没成本也称为沉入成本或已支付成本,是指那些对一项生产活动必要且不会随着生产活动的停止而被收回或撤销的成本。隐没成本不是固定不变的,可能会随着生产规模的变动而变化。

文化产业成本核算是成本管理工作的重要组成部分,文化产业的成本核算是指在文化产品生产和文化项目服务过程中对所发生的费用进行归集和分配并按规定的方法计算成本的过程。成本核算的正确与否,直接影响文化企业的成本预测、计划、分析、考核和改进等控制工作,同时也对文化项目的成本决策和经营决策的正确与否产生重大影响。通过成本核算,可以检查、监督和考核预算和成本计划的执行情况,反映成本水平,对成本控制的绩效以及成本管理水平进行检查和测量,评价成本管理体系的有效性,研究在何处可以降低成本,进行持续改进。

传统产业的成本核算管理和文化产业的成本核算管理有什么区别呢?传统产业的成本核算管理主要是通过减少各种服务项目或内容、降低原材料的采购价格、减少各项显性支出等短期行为来达到节约开支、控制成本的目的。这种为降低成本而降低成本的方法,并没有把成本管理和竞争优势结合起来。而文化产业的成本核算管理主要是通过挖掘文化商品的隐没成本,将成本信息的分析和利用贯穿于战略管理,为每一个关键步骤提供战略性成本信息,自始至终取得成本优势,从而形成文化产品和服务的竞争优势,提高核心竞争力,领先于对手。

3. 成本管理的方法

文化产业的成本管理的基本方法有价值链法、竞争对手分析法、成本动因法等。

（1）价值链法

价值链法是通过分析文化产品和文化服务的竞争优势，从而确定战略成本管理的一种方法。文化产业的价值链分析首先是对文化产品和服务的实现过程进行分解，以分解出的各个关键点上的价值活动为基础确定成本与效益，考虑每个关键点活动本身及其点与点的相互关系，根据文化产品和服务的战略目标进行权衡和取舍，从而确定企业在文化产业中的竞争优势。当企业在文化产业价值链上的所有关键点的活动累计总成本小于竞争对手时，就具有了战略成本优势。

（2）竞争对手分析法

竞争对手分析法是对竞争对手进行全面分析比对（例如在价值链、优势、劣势、反应模式、竞争战略、乃至核心竞争能力等各方面），获得竞争对手的完整信息；综合分析竞争对手在竞争中的态势、正在采用和可能采取的行动和反应，为制定和经营自身文化活动的决策提供参考依据。

（3）成本动因法

成本动因法是通过分析引起成本发生的根本原因，从而控制日常经营中的大量潜在的成本问题。它包括微观层次上的执行性成本动因分析和企业整体层次上的结构性成本动因分析。在文化产业领域中，产量或业务量并不是驱动成本的唯一因素。根据库珀和卡普兰提出的"成本动因"（cost driver）理论，成本动因可归纳为五类：数量动因、批次动因、产品动因、加工过程动因和企业动因。从这一观点出发，应该在分析各种成本动因的基础上，寻找成本控制的新途径。

例如，按照作业成本法（ABC 法，Activity Based Costing）对成本动因的分析，企业成本可划分为由业务量动因驱动的短期变动成本（如直接材料、直接人工等）和由作业量动因驱动的长期变动成本（各种间接费用）。在成本管理中，可以考虑通过适度的经营规模来有效地控制成本，如采购费用支出不单纯受采购数量所制约，还与采购次数有关，大量采购能降低单位采购成本。除了驱动成本的客观因素外，成本还会受人为的主观因素的驱动。作为无烟的文化产业更是高度依赖文化资源和人力资源，例如创作人才、表演人才、技术人才、管理人才、经纪人才等。人力资源的管理、人的综合素质、员工的集体意识、主人翁地位意识和组织管理的有效性等，都是影响成本的主观因素和驱动因素。①

---

① 转引自花建等著：《文化产业竞争力》，广东人民出版社 2005 年版，第 70 页。

二、文化生产的成本战略

1. 文化产业的成本战略

文化产业的成本战略包括固定成本战略和变动成本战略。

（1）固定成本战略

依据传统观念，固定成本战略普遍被理解为是固定的，没有管理的余地，不被重视。但事实上，固定成本战略非常重要，为什么呢？原因是，从减少固定资产投资到充分利用供应商，从间接费用的不合理摊销到作业成本法的使用，从扩大产量、提高设备利用率、超产到增加固定费用的摊销、降低单位成本等，都是管理出效益的项目，而且是建立文化产业的成本优势和核心竞争力的行之有效的方法。所以文化产业的固定成本战略具有管理新价值。

所有的文化生产活动都有固定成本，固定成本管理对于任何经济组织都是一个重要问题。例如，一部拍摄完成的电影或电视剧，无论播放时观众人数是几千人还是亿万人，其成本都保持不变；一场现场表演的话剧或歌舞的固定成本也是不变的。

（2）变动成本战略

变动成本是指那些成本的总发生额在相关范围内随着业务量的变动而呈线性变动的成本。直接人工、直接材料都是典型的变动成本，在一定期间内它们的发生总额随着业务量的增减而成正比例变动，但单位产品的耗费则保持不变。在文化产业中，每一部全新的文化作品（包括每一场表演）都需要创造性，需要灵感的创作，这就会发生另外一种成本——变动成本。作家、音乐家、歌唱家和舞蹈家们在成名成家的过程中投入的巨大成本，比如训练的时间和费用、其他获利机会的丧失等，是固定的也是隐没的。

变动成本与业务量之间的线性依存关系是有条件的，考察和决策变动成本的投入和可能的文化产品产出的"适用区间"，是变动成本战略最重要的管理工作。

2. 成本战略与价格技巧

我们以一部电视剧的营销为例，说明如何制定价格来收回其所投入的单位平均成本，即其固定成本和可变成本。举例说明如下：

假设一部电视连续剧每集的可变运行成本是 8000 元，如以此定价，会有更多的电视台购买，那发行量甚是可观。然而，它的定价还要同时承担固定费用。所以，如果每部集的价格涨到 15000 元时，每向一家电视台售出会有更多的固定成本收回,但也会有更多的电视台由于购买价格原因选择放弃。对文化产品而言,确定既能承担总的固定成本又能承担可变成本的售出价格是一个难题,当固定成本高于其对应的消费人群的支付意愿时,成本问题就会变得更为尖锐。

文化产品也可以通过价格技巧获得额外的收益,例如制订针对有支付能力消费者的方案。一部电视连续剧也可如此操作:第一阶段,在剧本拍摄期间就以天价卖给最有实力的一家电视台;第二阶段,在第一轮播出以后,作为第二轮播放,该剧以略低于第一轮的价格卖给市级电视台;第三阶段,甚至还可以作为三轮运作,将该剧卖给某些地方电视台在非黄金时段的剧场播出。

又例如,一部热炒的电影,承诺在某时某刻全球同步上映,那第一场的票价将以 100 元/张的价格卖给有最高支付意愿的观众,支付意愿略差的观众将在第二天以 60 元/张的价格购买观看,而不愿以现金支付的观众或许可以在一年以后,在电视台的电影频道中收看到该片,他们需要支付的只是承受不断插入的广告。

价格技巧可以提高一项文化产品的总利润,所以这种形式为文化产品的利润追求者广泛推崇,而不再顾虑能否承担固定成本或实现绝对净利润。

固定成本对文化产品市场的结构有着深刻的影响。当固定成本相对于市场规模而言,扩大到一定数量程度时,任何一种价格技巧都不再会带来足够的利润以收回固定费用。因此,只有扩展市场规模到一定数量级,特别是形成垄断时,才会有丰厚的利润,而且不会有竞争者进入市场形成威胁。如果市场被几家大公司分割形成垄断态势,垄断的公司都同时有利可图,而这时进入的市场竞争者,会对原有市场的垄断者形成挑战,双方以竞相降低价格争取客户的形式对垒,直至双方都无利可图。

三、文化产业的成本控制

文化产业是一个高投入、高风险的产业,成本控制是保证文化企业盈利的重要环节。在有效地发挥文化生产力要素潜力的情况下,尽量降低成本,是文化企业生存和健康发展的必要条件。一般生产型企业最大的支出可能是大型的厂房和设备,是大量使用的原材料,但对于文化产业而言,尽管也有昂贵的技术设备投入,但在生产场地面积和原材料消耗方面的问题却相对不是最主要的。对于文化产业这样的一个知识密集型产业来讲,人才的因素是第一位的,因此成本和效益的控制,重点在于人。对于市场发育尚不充分,产业链还不十分健全,市场环境还有待优化的中国文化产业而言,除了需要大量的专业技术人员而外,还迫切需要高级策划和市场营销人才,而雇用这类人才的薪金报酬,占总成本的比例,明显大于普通产业中的相应比例。

参照李思屈教授对数字娱乐产业成本控制的描述,文化产业的成本控制包括如下 7 个方面的内容①:

1. 员工创造的平均附加值

企业用于支付员工的费用之和,应该小于员工创造的附加值。这是雇用员工的前提条件。由于附加值是各种工序、各个岗位合作创造的,因此我们不能把一定岗位的收入直接等同于在这个岗位上的员工创造的附加值。为了对用于员工的成本总量进行控制,计算员工创造的人均附加值是必要的。

有了平均附加值的概念,就能更好地设定工作岗位,并任用具有相应能力的员工,使公司为特定岗位付出的报酬与这个岗位对企业盈利能力的贡献相应。这是从工作的"质"上讲的。与此同时,每个员工的工作量,也应当大到足以证明其岗位设立的必要性。工作量不足,就意味着不必要的成本损失。

用于员工的支出,不应只考虑到直接支付给员工的工资和奖金,而要考虑到为一定工作岗位创造的必要的工作条件,包括舒适的工作环境。这部分成本使平均附加值降低,但没有这部分成本的合理支出,则会影响工作进度,降低公司利润。

由于文化产业是创意性强、知识密集度高的产业,员工管理应该有别于一般生产行业。严格的规章制度应该与合理的创意管理流程相结合,才能真正提高员工的创造积极性,从而提高人均附加值。员工的创造热情的提高,是企业成本控制的一个重要因素,对于文化产业来说,富于创造性和凝聚力的企业文化建设,是必要的成本开支。

2. 员工报酬

员工的报酬应该公平,并具有市场竞争力。所谓公平,并不是指缩小差距,而是指与员工所创造的附加值相一致。所谓市场竞争力,是指付给员工的工资和奖金对相当的人才应该有吸引力,以免造成人才不合理地流失。

从心理学上讲,工资数量再高,对员工的激励作用也只能维持有限的时间。因此,合理地制定起点工资的水平,运用加薪、加班费等管理手段来周期性地激励员工,被认为是有效的。但是,这种手段的运用有一个难题,就是容易让员工误以为企业会定期地为大家加薪。如果员工习惯于定期加薪,其激

---

① 李思屈著:《数字娱乐产业》,四川大学出版社 2006 年版,第 99～104 页。

励作用就会减弱,如果某一天员工没有得到加薪,便会产生怨恨情绪。

与此类似,周期性发放的奖金或分红也有双重效果。管理专家建议,奖金和分红最好不要定期发放,它应该在给员工意外的喜悦中发挥更好的激励作用。一旦定期发放了,不仅激励作用会因心理疲劳而有所减弱,也会让一些员工有意无意地把它当成应得的福利。

定期收到的加班费也有类似效果,它会让员工觉得这是工资的一部分。一旦加班费没有了,就会产生工资减少的感觉。因此有些管理人员宁可外聘临时兼职人员来应付短时超量的工作,也不愿意经常让员工加班。

3.专业服务费用

文化产业涉及的专业十分广泛,为了既节约用人成本,又充分保证企业在这些工作上的专业水平,从而保证企业的市场竞争力,以"借外脑"和"用外体"的方式,量身订购专业服务,是最节约成本保持高效的方式。

可以订购专业服务的工作内容有:

①市场调研。包括:市场预测,消费者洞察,产品效果评估和竞争对手分析等。

②项目策划。包括:新产品策划,脚本创作,营销传播和品牌建设等。借用外脑进行项目策划,不仅有利于解决企业策划能力不足的问题,同时进行多个项目的论证和策划,而且可以降低项目开发的风险。

③会计和审计。财务、审计制度有越来越精专的发展趋势,如果花一定成本聘请一家会计师事务所完成日常的报税、审计工作,不仅能大大提高效率,利用专家减少不必要的损失,而且可以相对降低对公司内部财务人员的质量和数量要求,从而节约相应成本。

④法律顾问。文化产业中大型的公司往往聘请自己的法律顾问,但这需要较大的开支。根据文化产业目前面临的问题来看,主要的法律问题集中在版权维护和版权交易等方面,因此中小型企业可以考虑几家公司合请一个法律顾问,或合请一家律师事务所的方式来解决法律专业服务问题。

4.设施和设备

中国文化产业领域的企业大多数选择进驻高新技术开发区的办法来解决基本设施问题。因为购买土地和建设需要很高的成本,这种高额固定资产的投入不太适合灵活多变的高新技术和文化产业行业,而租用场地的风险则小得多,可以省出大量的资金用于生产和营销。在中国鼓励高新技术发展和文化产业发展的产业政策下,多数省、市都建立了高新技术开发区,甚至是配套设施齐全的文化产业园区。入驻园区的企业可以享受税收、租金等各种优惠政策。

文化产业对技术设备的要求比较高,购置高质量的技术设备,往往是文化厂商固定资源投资的重要部分。从效率和产业集群的角度讲,一些不常使用的设备最好是租用为佳。租用不仅可以省下许多购置费和维护费,也减轻了设备升级换代快而带来的资金压力。只是,现在中国的文化企业同质化程度高,即使是在产业园区内,这种设备上互补的优势也体现得不够充分。

5. 保险

中国的保险业还不够发达,因此文化产业实施项目保险的情况还不多见。

但类似动画这种高风险的产业,在实施大项目的时候购买保险是降低风险的必要手段。随着 WTO 条款生效后,中国保险业的不断开放和中国文化产业规模的扩大,项目保险会逐渐增加。

目前,中国文化产业的保险成本主要来自于对员工的保险成本。中国的劳动保护法规定必须给雇员购买社会福利保险和医疗保险。企业制定一个完备的保险条款,针对贡献程度的大小,实施差别保险,既能控制保险成本,又有激励员工积极性和稳定员工队伍的作用。

6. 坏账

在文化产业经营项目比较单一的情况下,出现坏账的情况并不多。但随着价值链的延伸和生产规模的扩大,财务往来也会更加复杂化。企业为了增强营销能力和增加创收渠道,以合资开发、置入式广告、冠名赞助、广告代表等形式进行联合经营的情况将会越来越常见。根本避免这类合作中的坏账的努力,往往会限制企业业务发展,付出成本比少量坏账还大。积极的办法是通过正规的付款程序减少坏账的风险,并加强对合作者的信誉考查。

7. 日常开支预算

日常开支的特点是每一笔数额都不大,但随时都在发生。这种数量小、频次高的特点,常常使日常开支成为一个成本控制盲点。为了既控制成本,又不影响工作人员的积极性,实行预算控制往往是必要的。预算控制就是对日常发生的费用总量进行分类控制,在预算范围内由部门主管签字报销。

需要预算控制的日常开支项目有:

①交通和通讯费用。一些业务部门的员工要展开正常的工作,就会发生交通和通讯费用,而这类费用的实际发生数额往往是难以预计的。但如果实行实报实销,又会形成较大的成本黑洞。因此,根据部门的性质和工作平均量实行预算控制,部门主管可以在预算控制内签字报销,既能守住上限,又给了部门以工作上的灵活性。

②差旅费。差旅费的报销应当有严格的制度。报销差旅费的办法和标

准,除考虑到出差人的级别,与其工资待遇相称外,还可考虑与项目成本挂钩的方式来控制总量。

③报刊资料费。文化产业的特点,决定了文化企业应该对企业全员开放报刊资料,这也会构成一定的成本。为了对此加以控制,建立专门的报刊资料订阅和管理制度,安排专人负责是必要的。为了保证有价值的资料用在最有价值的人手里,还要制定严格的分级借阅和归还制度。[①]

四、文化商品的价格

文化商品的价格是购买文化产品和服务的费用总和。因为文化产业结合了文化内容产业的核心价值和文化创意产业的增值价值,所以文化商品和服务既具有商业价值,也同时具有思想价值、艺术价值、娱乐价值和审美价值。文化产品或服务的商业价值是客观存在的,可以用数额标明其价格,但内容产业和创意产业生产的精神价值要由消费主体凭主观感受进行评判,无法统一量化。特别是某些创意性文化产品是珍贵的稀有资源,无法用货币精确计算标示价格;一些高雅的文化产品的最终购买价格只能由消费者主观确定(例如拍卖的文物)。因此,文化商品的价值,往往取决于消费者的判定,是由消费者的文化消费感受决定的。

于是,文化商品的定价就成为一项复杂而棘手的工作。对文化公司而言,制定价格既是向消费者传递文化商品和服务的信息,也是向市场宣布文化公司及其生产的文化商品和提供的文化服务的定位。定价决定着企业的利润率,更决定着企业的自身定位。所以,定价成为文化企业经营中最为重要的一环。文化商品定价的基本原则与一般商品相同,都是增加产量使边际收入等于边际成本,再根据文化商品和服务的产量和需求曲线来确定价格。由于文化产品相对一般产品的特殊性,其定价方式和定价战略有所不同。

1. 文化商品的定价方式

①消费定价方式。根据传统的营销理论,最适宜的价格是消费者愿意支付的价格。消费者是价格的最终裁判。价格制定过高,超出消费者期望,则意味着失去销售量和市场;而把价格制定在消费者愿意支付的底线之下,则意味着失去潜在的利润。因此,应该充分了解消费者能承受的心理价位,而了解消费者价格临界值的最可靠方法就是咨询和试销。

---

① 李思屈著:《数字娱乐产业》,四川大学出版社 2006 年版,第 104 页。

②竞争定价方式。文化企业根据竞争对手的价格制定自己的价格,由于不需要市场研究,所以这种定价方式比较简单,而且成本较低。但这种定价方式等于是让别人来决定消费者愿意支付的价格。换句话说,企业产品所具备的不同特点也许会被忽视,任何通过价格取得有利地位的可能都会丧失。不过,如果文化产品是同质的,竞争定价就成为最适当的方法,意味着购买者对价格的变化十分敏感。采用竞争定价方式监视市场价格变化以便迅速做出反应是十分重要的。

③成本定价方式。成本定价方式很简单,所定的文化产品价格是在制作成本的基础上,再加上足以使企业按目标回报率获得的利润。用这种方式制定价格,首先需要对企业生产的成本进行核算,然后加上确定的合适利润率,公式是:

$$P = AVC + AFC + X/Q$$

其中:P 是文化产品和服务的价格;AVC 是平均可变成本;AFC 是平均固定成本;X/Q 是单位产品的目标回报利润。

这种定价方式的最大优点是简单易行,也有利于价格的稳定;缺点有两个:第一,没有考虑消费者的反应。文化产品和服务中,消费者的主观评价是价格确定的重要因素,而成本定价法没有考虑消费者诸如娱乐、愉悦等心理感受;第二,如果单位成本对产品直接做出变化,或者某些成本很难通过公司的其他产品的生产进行平摊或吸收,那么这种方式则很难被采纳。[①]

2. 文化商品的定价战略

在制订文化产品和服务的价格时,要恰当地选择有利于消费者产生直观好感的方法,这一选择也是对自身文化产品和服务的市场定位。根据科尔伯特的文化产业营销理论,文化商品的定价策略有以下四种。[②]

①渗透战略。渗透战略主要用于新产品开发的价格策略,它通过尽可能低的价格优势以出售尽可能多的产品和服务。总利润总是单位利润与数量的乘积,单位产品的低价固然会获得相对较少的利润,却能通过由此带来的单位产品数量的增多而获得丰厚的总利润。渗透战略就是数量的渗透,是消费群体人数的渗透,是以价优而量多实现薄利多销。它的目标受众是针对价格敏感而处于数量较大的细分市场的那部分消费者。

---

① 唐任伍、赵莉著:《文化产业:21 世纪的潜能产业》,贵州人民出版社 2004 年版,第 148 页。

② 参见[加]弗朗索瓦·科尔伯特著:《文化产业营销与管理》,高福进等译,上海人民出版社 2002 年版,第 237 页。

②浮掠战略。浮掠战略是以高价推出新产品,既以高价位吸引消费者的注意力也由此获得单位产品和服务的最大利润。浮掠战略的目标消费受众是那些高端消费人群和先锋消费人群,这些消费群体愿意支付高价尝试新产品。采取浮掠战略的目标是以量少价高,一击而成,从推出产品或服务之初便获得收益。适用于浮掠战略的产品或服务一般具有这样的特征:产品或服务是市场中唯一的;具有独特的属性;具有极佳的口碑;享有一定的垄断权。具有上述特点的文化商品或服务,尤其是在对价格不敏感的细分市场中,采用浮掠战略有意想不到的收益。浮掠战略主要用于新产品的开发,有时也会应用在产品的成长期。例如,一场由知名演员排演的名著改编话剧,一经推出引来万众瞩目,如果再实行限场演出,市场价格自然会上涨。文化公司在安排续演时,会应时提高票价,而购票的观众对票价显得不再敏感。

浮掠战略与渗透战略的比较见表8.1。

表 8.1　浮掠战略与渗透战略比较

项　目	渗透战略	浮掠战略
定　义	以低价推出以获得产品销售数量的优势	以初始的高价吸引目标消费受众
优　势	快速渗透市场、占领市场份额	迅速获得利润、拉开竞争差距
目　标	消费人数较多的低价位细分市场	高价位细分市场
产品条件	消耗性、常用型	高品质、独特型

③降价战略。菲利昂(Filion)理论显示,产品常用的降价方式有,功能性缩减、数量折扣、季节性降价、折扣和补贴[①]。文化产品和服务是高度创意性的产业,其时效性和时尚性都很强,客观上更需要对价格进行时适的调整,以适应文化环境的变化,争取更多的文化消费者。

④品牌战略。诚如前面提及的,定价实质上也在为文化产品和服务确定地位,因为价格往往会导致多数消费者产生品牌的定位和评价。对于多数消费者而言,高价意味着低风险和优质。尽管质优往往高价,但高价并非都质优,所以质优和高价的想象性联系只是基于主观标准,那些通过个人经验吸取

---

① Filion,M,1995"Les décisions concernant le prix,"in gestion du marketing,2e édition, F. Colbert and M. Filion,eds. Borcherville,Quebec:Gäetan Morin diteur,chapter7,p207 ～259.,转见[加]弗朗索瓦·科尔伯特著:《文化产业营销与管理》,高福进等译,上海人民出版社 2002 年版,第 239 页。

高价教训的顾客并不一定会首肯。公司通常会运用各种方法反复强调质优和高价的联系,通过品牌定价和声誉定价提高商品的实际价值。

品牌定价战略取得成功的一个关键在于,要取得目标消费群体的心理和物质优势,否则会彻底失败。

如图 8.2 所示,消费或需求的单位数量随着价格下降而上升,直至 A 点;A 是一个平衡点和利润最大化点,如果价格继续下降,需求会随之下降。这一现象的解释基于这样的事实:高端消费者对品牌产品的消费是为了将自己区别于公众,一旦公众也能消费同样的产品和服

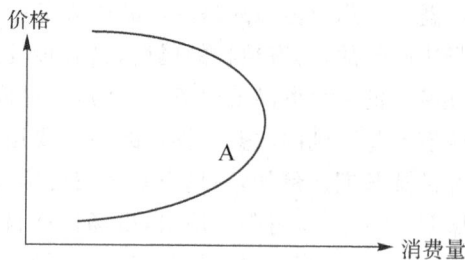

图 8.2 品牌定价曲线

务会导致原有的这一消费群体放弃消费,因为消费的心理优势和物质优势不复存在,通过消费与公众拉开距离的消费前提也不复存在,他们的消费意愿也随之消失。

第三节 非营利组织与文化市场

文化创意产业其实是一个高风险的产业,其"创意端"与"产业端"必须有机结合才能发挥产业优势。而让两端互相沟通的要点就在于"知识共享",文化创意的过程中要充分了解产业市场的消费情况,产业端也不能横加干预文化的创作。在两者之间,非营利组织发挥着"知识共享"的重要作用。作为中间机构,非营利组织扮演着一种沟通和协调的角色,避免文化创意与文化生产的对立,让两端有妥协的空间。

非营利组织(Nonprofit Organizations)是指具备法人资格,以公共服务为使命,享有免税优待,不以营利为目的,经营盈余不分配给内部成员,并具有民间独立性质的组织。[①]

按照约翰霍普金斯大学(Johns Hopkins University)提出了非营利组织国际分类(The International Classification of Nonprofit Organization,ICN-

---

① 江明修《非营利组织领导行为之研究》,国科会专题研究计划,1994 年 5 月,http://npo. nccu. edu. tw/content/section03/item01. php,2006 年 6 月。

PO），可以将非营利组织分为 12 个大类、27 个小类。

第一大类：文化与娱乐。包括：文化及艺术；娱乐；服务俱乐部。

第二大类：教育与研究。包括：初等及中等教育；高等教育；成人教育；研究。

第三大类：健康。包括：医院及保健；护理之家；心理健康与危机预防；其他健康服务。

第四大类：社会服务。包括：社会服务提供；紧急事件的援助；经济与生活的支持。

第五大类：环境。包括：环境保护；保护动物。

第六大类：发展与住宅。包括：经济、社会与小区发展；住宅供给；职业训练。

第七大类：法律、政治社团与政党。包括：政治社团；合法的法律服务；政党组织。

第八大类：慈善家与志愿工作的宣传。

第九大类：国际性活动。

第十大类：宗教。

第十一大类：企业与专业学会、协会。

第十二大类：其他方面。

沃夫（T. Wolf）在对非营利组织定义时，对其做过这样的描述：

①具备公众服务的使命；

②必须在政府立案，并接受相关法令规章的管辖；

③必须为一个非营利或慈善的机构；

④经营结构必须排除私人利益或财物获得；

⑤其经营享有免除政府税收的优惠；

⑥享有法律上的特别地位，捐助或赞助者的捐款列入免（减）税的范围。[①]

霍尔（Hall）认为非营利组织应具备三项目标：

①执行政府委托的公共事务；

②执行政府或营利组织所不愿或无法完成的事务；

③影响国家营利部门或其他非营利组织的政策方向。[②]

---

① Wolf，T. Managing A Nonprofit Organization. N. Y. : Simon & Shuster. 1990, http://npo. nccu. edu. tw/content/section03/item01. php，2006 年 6 月。

② Hall P. D. "A Historical Overview of the Private Nonprofit Sector." In Powel，W. W. (ed.). The Nonprofit Sector: A Research Handbook. New Haven: Yale University Press，1987，http://npo. nccu. edu. tw/content/section03/item01. php，2006 年 6 月。

一、文化市场中的非营利组织

1. 文化市场中的政府

在大多数西方国家,各级政府占据着文化机构的不同位置,政府有时成为文化的消费者,有时会介入到文化活动中,这种介入身份有时是简单的文化活动合作人,有时是掌握和控制国家文化资源和发展的赞助者。政府不仅仅是文化产品和服务的经营许可授权者,有时还是直接的投资者。在文化经营领域内,各个文化公司和企业都在努力争取政府的政策支持和直接的财政资助。与政府取得合作关系意味着将会占有更大的市场空间,也能得到政府文化预算资金的倾斜。

政府在文化产品的价格制定方面发挥着重要作用。通过吸引更多的文化消费者从而增加市场的需求份额,促使文化商品和服务的价格全面下调,是政府参与文化产业运作切实可行的手段之一。

在市场经济发达的社会中,政府投资文化产业的形式主要是法律法规资源和产业政策资源,产业政策包括:税收、关税、许可证和各种管制措施。虽然在政企分开、建立服务性政府的背景下,政府直接投资文化产业的可能性已经非常小,但政府通过扶持性的法律法规和产业政策的制定,间接投入到文化产业的资本仍然占有一定数量。通常的投入方式包括专门用于鼓励文化产业发展的公共平台建设费用投资、政府对文化产业的补贴、税收优惠和文化产业园区在租金等方面的各种优惠。

2. 文化市场中的非营利性组织

大多数作为非营利性组织的文化艺术企事业机构都接受来自政府的财政支持和其他赞助。政府资助和赞助商资助,目的是为了鼓励对价格极其敏感的消费者尝试他们感兴趣的文化产品或服务。一些消费者只愿意支付文化产品或服务真实成本的一部分,这就造成了文化产品或服务在市场运作中的价格交换落差。通过授权或补贴,政府和赞助商填补了应由消费者支付的因价格额度的减少而形成的空缺,由此吸引更多的消费者,促成所提倡的文化产品或服务的发展。

（1）非营利性组织存在的根源

非营利组织在文化市场中普遍存在,主要原因是两个:第一,在现代社会中,由政府推行的服务,是使符合必要条件的人皆能获得,但是无可避免的是,因为排除的成本过高,使得一些额外的人也能受惠,反而使得应该受惠的人被排除在外。第二，政府服务讲求普遍性，但是民众因收入、宗教、种族背景、教育程度等的差异性，产生不同的需求，所以服务势必无法满足每一个人，因而成就了非营利组织的出现以满足空档。①

以自然垄断的价格管理为例，理论上应该使管理价格等于边际成本，然后对边际成本与总平均成本的差额给予补贴，但政府几乎不大可能确定边际成本究竟是多少。又例如调节社会的贫富差距问题，政府的补贴目标是给最需要帮助的人，但是要筛选出最需要的人成本高，结果往往是那些不是最需要帮助的人得到帮助，而要想改进就需要把更多的用于补贴的钱用于调查和核实。而非营利组织的客观性、志愿性和非营利性的特点，使从事这些工作的成本更低，更客观中立，因此非营利组织具有巨大的存在空间。

（2）非营利性组织相对政府的优势

政府活动必须严格遵守一定的程序，而非营利组织作为一种民间组织，在行为上具有更大的灵活性，从而提高办事效率，能够满足不同的公益需求。政府授权非营利组织行使职能，在相同的支出下将有更多人受惠，总成本也可降低。在人员配置上，非营利组织的成本亦较政府的人事支出成本节省。② 总之，当政府部门所提供的集体性消费财政受到限制，而市场供应的产品亦不能满足需求者时，非营利组织的介入无疑是一种较好的解决办法。

（3）三分之二付费制

在存在固定成本难题的文化市场上，非营利组织确实拥有特殊优势，这些优势是非营利组织盛行的原因。在此，我们引用美国学者理查德·E.凯夫斯的理论分析一个收回高额固定成本非常有效的策略——三分之二付费制。

所谓三分之二付费制就是要求消费者首先交付一笔固定的费用，也可称为会员费，也可能另行加收每次使用场地或设备的费用。这一策略的效率优势表现在，单位使用费和边际成本在数目上相当。消费者交付的固定费用实质上承担起了企业运作的固定费用。在实际操作中，很多机构会不约而同地采取区别对待不同层次消费者收取不同会员费的操作方法，设置诸如钻石卡、

---

① Weisbrod，Burton A. The Nonprofit Economy. Cambridge，MA.：Harvard University Press，1989，http：//npo. nccu. edu. tw/content/section03/item01. php，2006 年 5 月。

② Jame，E. "Economic Theories of the Nonprofit Sector：A Comparative Perspective" in Anheier H. K. and Seibel W. (eds.) The Third Sector：Comparative Studies of Nonprofit Organizations. New York：Walter de Gruyter，1990，http：//npo. nccu. edu. tw/content/section03/item01. php，2006 年 5 月。

金卡、银卡等不同费用金额的贵宾卡,对持不同卡的消费者实行不同的优惠,以便从核心目标消费群体中获得更多的额外支付费。

似乎三分之二付费制是营利和非营利组织解决回收高额固定成本的共同途径,不同的是:营利组织在收回固定成本之余获取额外收益;非营利组织只是收回固定成本。但是,营利组织即使收取和非营利组织相同的入会费用,消费者仍然偏向于选择非营利组织;也就是说,非营利组织在高额固定成本收回时,仍然拥有某些优势。

为什么营利组织和非营利组织收取相同的入会费用,消费者偏向于选择非营利组织呢?要回答这其中的原因,先来设定在三分之二定价体系下文化企业的两种组织形式:一种是营利型管理人组建文化机构并提供合同,精确计算其固定成本并按投入比例与入会者签订合同;另一种是消费者达成协议支付固定成本费用组建自己的机构(例如会所或俱乐部),再雇用拿工资的人员管理这一机构,签订合同约束受雇管理人向机构成员提供约定的服务。实践证明,虽然这两种运作形式各有其优缺点,但非营利组织的运作显然更具有优势。理查德·E.凯夫斯在《创意产业经济学》中分析说,通常人们更愿意承认利润的驱动力,因为这种力量可以推动企业的高效运行,并且受利润驱动的管理者好像理应击败非营利组织中拿薪水的管理者。然而在合同不能完全有效规定管理者提供何种产品时,这一优势并不会发挥作用,因为追求利润的管理者在具备驱动力的同时也具备了在产品质量和品种上从事欺骗活动的机会。而对于被雇佣的拿薪水的管理者来说,这种情况不存在。当一个蹒跚学步的孩子被送到日托幼儿园时,母亲并不能直接观察到午餐的质量。那么她会把幼儿园管理的决定权交给一位追求最小成本的管理者还是一位喜欢孩子的管理者?当一位病人需要住院时,治疗的质量和彻底性是不可能事先规定的,那么病人是会选择追求最小成本的管理者还是为人民谋福利的管理者?答案显然是后者。以上例子表明:对利润的追求会引发多种形式的机会主义。例如,在顾客交付了一定的固定费用后,向他们提供比预期质量差的产品。而非营利组织则可以与管理者签订合同,后者将向俱乐部的成员提供符合要求的产品或服务。[①]

(4)非营利组织的评价指标

非营利组织也有好有坏。对于非营利组织而言,也有一个质量评估的问

---

① [美]理查德·E.凯夫斯著:《创意产业经济学》,孙菲等译,新华出版社2004年版,第218页。

题。一般而言,评价一个好的非营利组织有以下六大指标:

①使命达成度与社会接受度——其组织的使命是被服务对象所需求的,是被整体社会所肯定的。

②效率——应该有效地运用组织和社会交付的资源,不应有浪费虚耗的情况。

③投入程度——成功的非营利组织应该有持续而充裕的财力资源与人力资源可用于事业的建设。

④满意度——CPR 三方面对组织的各种运作及彼此的关系感到满意。其中,C 为 clients,即服务对象;P 为 participants,即参与者(含专职人员与志愿者);R 为 resources,财力与物力资源(含资源提供者)。

⑤平衡度——CORPS 五者间能维持一定的平衡水准,不致造成发展瓶颈,也不会形成资源闲置;其中,O 为 operations,即业务运作(含规划与组织);S 为 services,即提供的服务,其他字母的含义同上。

⑥CPR 三者之间有某种程度与形式的转换,使得他们之间可以互相交流,并经由交流而对本组织产生更高的凝聚力。①

二、非营利文化组织与文化传承

文化产业的一个重要功能是社会的文化传承,这与企业谋取利润的本质有时一致,有时不一致甚至完全冲突。营利型的文化机构总会从利益出发进行权衡选择,而大量成本无法回收的文化事业又总是需要有人来进行的。那么,应该由谁来进行呢?是政府吗?政府当然有义务承担相当的文化公益事业,以传承和发扬文化传统和文明成果。在中国,随着社会主义市场经济体制的建立和运行机制的逐步完善,政府不可能也不必要管理纷繁复杂的诸多事务,因而有条件把更多的注意力和社会资源用于公益性的文化事业。作为纳税人委托机构的政府,有能力提供社会所需要的公共产品,也有义务负责起文化传承的任务。

但是,由政府完全承担文化传承的功能存在诸多弊端,主要弊端是:由政府提供的公共文化产品来源于政治性的决策,倾向于反映代表社会大多数人的意愿。而非营利组织的运行体系可以更多地照顾到方方面面,甚至包括少

---

① 司徒达贤著:《非营利组织的经营管理》,转引自 http://www2. mmh. org. tw/taitam/mmhproj,2006 年 6 月。

数群体的意愿,这就给非营利组织的发展提供了契机。由政府组织之外的非营利组织来承担部分职能,具有政府机构不可替代的优越性。

在2003年"全球化下的全球治理学术研讨会"上,学者们对政府提供公共文化产品的行为及其局限性进行了深入系统的讨论。综合与会学者的观点,我们可以把政府机构提供公共产品的局限性,以及非营利组织相应的补充功能归纳为如下7个方面:

(1)少数服从多数的原则及其局限

社会人群会因为教育背景、信仰等原因对公共文化产品和政府的施政产生多种多样的看法。当政府遵循多数原则行事时,它所照顾不到的少数群体的需求则可以留给非营利组织给予满足,从而给整体社会的个性化需求及其满足提供条件。萨塞拉蒙指出,正如营利组织鼓励私人利益由个人直接决定一样,非营利组织也鼓励公共利益由人们自己直接决定,而不委托于政府。

(2)政府机构的办事功能原则及其局限

政府机构的功能决定了其规模性为主的特色,政府机构的决策和实权功能使得一般公民难以亲近。政府机构需要非营利组织从中协调,发挥政府与公民个人之间的纽带作用。

(3)宏观把握原则及其局限

政府机构往往是从文化产业的全局或从文化行业的全局来把握宏观层面,而将中观层面和微观层面的文化运作交由非营利组织操作。

(4)政策决策功能原则及其局限

政府的作用更多是充任政策决策、制定和督办的角色,而政策决策所需的信息、观点和相关研究,可以委托和鼓励非营利的研究中心和机构完成。

(5)普适化原则及其局限

政府提供的文化产品和服务总是普通的、统一的,适合于普遍的大众,无法满足有特别偏好的公众需求,这就为非营利组织创造了空间。同时,政府一般只在小范围内进行文化新项目的试验,为了达到服务全体公众的目的,需要非营利组织进行补充。从总体倾向来讲,政府的服务趋向于在所有的地方都一样,而个人和社团的服务则具有地域多样化的特征。

(6)政府主管所属文化部门原则及其局限

中国的文化产业发展,存量领域和增量领域的发展速度有差异。由于政府主管部门还没有完全从主管政府所属的文化机构向主管全社会的文化机构转型,新兴文化产业的发展速度比传统的领域,主要是相比国有文化机构所在的核心领域发展速度要快。从产值上它们已经基本相当,但是,从就业人数而言,新兴文化产业领域超过了传统文化产业领域一倍,这个趋势还在继续。在全社会文化机构的转型中,由政府大力支持的非营利组织将承担宣扬高雅经典文化并适应于文化市场机制的调节作用。

(7)文化的全球化主义原则及其局限

继军事全球主义(military globalism)和经济全球主义(economic globalism)以后,环境全球主义(environmental globalism)和社会及文化全球主义(social and cultural globalism)共同形成了全球主义的四个方向。前两者已为大家熟知,后两者中,环境全球主义是指大气或海洋中的物质影响人类的健康,比如臭氧层、艾滋病及沙尘暴对人类健康的影响;社会及文化全球主义往往伴随着经济及军事全球主义产生,包括理念、信息、影像的传播等等。伴随全球化的步伐,各国政府多致力于政府再造工程,如英国撒切尔政府以后施行的"西敏寺"改革、美国的"政府再造"运动等,试图将企业精神引入公共部门,以提升国家竞争力。然而,单以追求经济效益为基础的改革策略,无法真正解决问题。这一问题一直困扰着各国有识之士。所幸,各国民间自发性组织日益蓬勃发展,更积极地担负起弥补社会需求和政府供给间落差的角色,形成政府部门、私人企业等机构外,以公益为目的的非营利组织。不论是经济全球化、军事全球化或环境全球化,最终都将在文化及社会全球化层面展现其影响力,非营利组织对于私人赢利企业不愿介入,而在政府力有未逮的文化及社会领域,会起到恰如其分的作用。

上述这些原则及其局限解释了在政府承担文化传承功能之外,非营利组织作为制度形式存在的必要性,公共文化产品的性质及非营利组织的特性和优势使得文化产品和服务由非营利组织来提供比国家来提供更为有效。

非营利组织的发展是社会组织程度逐步提高、社会自律能力不断增强的客观反映,更是社会走向成熟的重要标志,它的产生和繁荣是社会历史发展的必然趋势。非营利组织参与全球治理多年,如反奴隶制度、女权倡导等运动,以及近年来非营利组织行动者在各领域中的表现,无论是数量、活动与国际创新的视野上,皆有与日俱增的趋势。的确,加速全球化的过程与社会团体的兴盛有关,自愿性团体可以协助解决若干的社会问题,非营利组织已然开创国际治理的新局面。[①]

---

① 参见江明修、郑胜分:《全球治理与非营利组织》,全球化下的全球治理学术研讨会,2003 年,http://npo. nccu. edu. tw/content/section02/item03_doc/20030220. pdf,2006 年 6 月。

文化产品是创新产品,需要艺术家多少有一些"为艺术而艺术"的态度,投身创造性劳动中。要将艺术的成本考虑下降到非重点的地位,只有非营利机构的经营方式才能完成。持"为艺术而艺术"态度的艺术家的基本工资往往很低,而他们愿意与某一文化机构合作的热情依赖于以下几个因素:

①所面临任务的性质;

②这些任务能在何种程度上挑战和发展自己的技能;

③自身的价值观与该机构中这一审美性项目决策协调者的价值观之间的吻合度。

在追求利润的艺术企业中,管理者常常迷失在利益当中。艺术家在与这类管理者签订合同时就会遭遇以下的难题:

①该项目的协调者不可能明确制定并承诺一套能够落实在合同中的条款;

②艺术创新活动中所必需的内在灵感和动力使他们在原则上更不可能提前做出承诺。

对于艺术家来说,最幸运的是莫过于遇到这样一位管理者:他的价值观与艺术家的创新目标不谋而合,并且他不会因利益而放弃自身的价值观。因此,相对于利润追求者来说,非营利管理者有望以更加有利的预算吸引更具才华和野心的人才,而不会有损害审美标准之疑。艺术家与某一表演机构合作的时间越长,他们对机构的审美活动所起的作用就越大,而且双方的这种关系就越显重要。当然,表演艺术家的这种创新激情是与贡献者的利他主义思想分不开的。这一点对非营利组织非常有利,因为当人们意识到了自己的贡献可以改变那些为事业而献身的艺术家的贫困状况时,其对演出的贡献热情就会越加高涨。[①]凯夫斯提出的这一原理正好诠释了非营利组织机构能够"为艺术而艺术"并真正为社会储存文化和创新文化的原因。

三、非营利文化组织的经营管理

非营利文化组织在文化市场中具有不可或缺的生态调节作用。然而,非营利组织也需要一定的经济收支,以维持其事业。其中,文化赞助常常是非营利组织重要的经济来源。但是,获得文化赞助也不是一件容易的事,它需要非

---

① [美]理查德·E.凯夫斯著:《创意产业经济学》,孙菲等译,新华出版社2004年版,第220页。

营利组织切实有效的规划策略。江明修先生把非营利组织的一些通用规划策略概括为如下三个方面：[①]

1. 募款

文化产业中非营利组织的一个重要规划策略是募款。非营利组织在一项募款中一般遵循以下 6 个步骤：

(1)由募款部门分析组织的内在优势与劣势，对组织的运作绩效（包括服务输送、服务成果、市场占有率、生产力、管理潜能）、组织要素（包括组织的制度、人事、任务与文化）、财源来源与限制（包括收益的所有来源、支出的配置、财务收费的比例、现金流量控管及组织预算的有效性等）以及发展趋势进行评估。

(2)列出组织目前的市场条件（包括搜集有关服务对象、需求、收益及动机等可能的变动信息）、大环境趋势（包括人口变迁、年龄、弱势团体、家庭及社会经济状况、文化形态、科技变迁等）、实际与潜在的竞争团体或机构（包括现存与潜在竞争者的规模、效率性、方案、资源依赖度及未来定位等）、服务对象的现况等调查情况。

(3)在搜集有关组织内在与外在的分析资料后，重新了解组织的历史，确认组织的使命(mission)。管理大师彼得·杜拉克(Drucker,Peter F.)曾说：应该把使命的焦点对准在组织的活动上。使命的定义是，为了达成重要目标所需的特定策略，同时也创造出训练有素的组织。所以这个步骤就是帮助非营利组织确认未来的发展方向，同时，也是凝聚组织内部共识的过程。

(4)决策过程。了解会员的需求、组织的使命、组织的长期目标、组织的短期目标和特定的行动步骤这五个要素的内容，见表8.2。

表8.2　特定行动步骤五要素

需求：人类的需求是什么？
使命：组织应该追求的是什么？
组织的长期目标：组织在 3～5 年内走向？
组织的短期目标：组织在 12～18 个月内特定可行活动为何？
行动步骤：在特定活动下应该采取的步骤为何？

资料来源：Mixer.1993:103.

① 参见江明修著：《第三部门：经营策略与社会参与》，台北：智胜，2000 年，http://knight.fcu.edu.tw/~d9352352/94rep2aword.doc，2006 年 6 月。

（5）执行募款计划。

（6）对募款计划的执行过程进行总体评估，以掌握非营利组织募款活动的实施与发展方向。非营利组织评估的范围包括组织的使命、财务管理、策略规划、资源配置及募款的成效等。

在整个过程中，对潜在捐款人进行心理状态的分析是至关重要的一环。针对捐款人的阶段特性制定和采取有效的方法向前推进，分为以下5个阶段：

①对从未捐过款的人员应启发其善心；

②对还不了解本组织及其使命的人要宣传介绍；

③对不认同组织使命的人要设法改进其观念；

④对组织的人员或操作方式不满意的人要向其承诺改善工作的意愿；

⑤要向过去曾捐款但不知后果和用途的人交代捐款的用途或呈报成果。

2. 游说

非营利组织在文化市场中的另一个重要策略是游说。

游说是一种综合了政府部门和社会民意的建设性工作。非营利组织通过工作人员和志愿者的游说活动，倡导组织的公共目的，促成共识和共同利益的实现。

游说包括直接游说和间接游说。直接游说包括提供信息、在场监听、邀约请托、互惠交换、参与诉讼以及直接代表等方式。间接游说是指，组织通过大众传播媒体影响或改变民意以达成联盟的策略。

各国非营利组织游说的策略各有不同。以美国为例，美国政府公共信息机构于1971年所做的研究，提供了关于非营利组织与国会人员沟通最有效的几种方式。

①写信。每年有超过200万封信寄往国会，国会对收到的信大多不太重视，但非营利组织非常依赖邮件活动说服议员们支持立场，一封有利的信会对游说产生巨大的影响力。所以，非营利组织要关注邮件活动的有效性，对所要寄出的信件进行特别的计划。

②个人会晤。对于非营利组织而言，已经有许多成功的先例说明了与议员会面的重要性，尤其是同那些提出的议案和非营利组织利益相关的议员见面。在拜访的时候，要陈述非营利组织对相关议案的支持并提出帮助和建议。

③听证会。在同议员的沟通方式中，听证会的效率是较低的。但是对如何运用听证会以达到沟通目的也是需要研究的问题。

④打电话。当议案投票的日子即将来临急于和议员联系时，就打电话到议员办公室，留下信息，以便议员办公室统计议题赞成或反对的数目。

⑤电报或电子邮件。电报和电子邮件是比个人信件或打电话更无效的方法,这种游说方式的最大作用是可以帮助议员办公室在投票前登记最后的意见。

3. 使命

(1)非营利机构经营管理的关键词是"使命"。

非营利组织的目标就是要改变社会大众,这是与生俱来的使命。非营利组织首先要确定自身的使命,并依此制定具体可行的目标,做到使命为先。非营利机构的管理职责就是要将使命中的承诺转换成更精确的目标,策划成具体的实施方案。

非营利机构不应该自视为施惠者,实质上也是受惠者,要实现施惠和受惠这两者的融合,必须借助组织的使命才能集合一批衷心支持组织的志同道合者。所以,非营利机构在创造文化的同时,也在创造着对文化的认同感。

要想把非营利机构经营得有声有色,在设计服务时就需要考虑自身的营销。在为非营利机构设计服务和营销时,有以下两条守则:

①把全部精力集中在本身能力所及的事项上,切勿将有限的资源遍洒在不会有收获的土地上,这是通向有效营销的第一要点;

②了解目标顾客群,为非营利机构的服务设计恰当的营销策略。

(2)非营利组织策略规划

为了有效地执行使命,以下几方面是非营利组织策略规划中的要点:

①积极募款发展基金。非营利组织也需要拟定基金发展策略,筹款策略的目的就是要让非营利机构顺利实现自己的使命,而不是反将使命置于筹款之下,发展基金是在创造一群衷心支持组织的人,因为组织值得他们鼎力相助,这就是所谓的藉施予而共享的会员制度。发展基金的第一类拥护者是组织自身的理事会,商业机构要靠自己的本事去赚钱,非营利机构身为捐助者的托管机构,钱并不属于自己,理事会要看着钱,确保资源的应用和募款目的相合,这也算是非营利组织的经营策略。做基金发展工作时要动之以情,服之以理,同时还要建立与大众间的持续关怀。

②理清目标市场。非营利文化机构营销的首要步骤是在文化市场中界定清楚自身的市场范围,认清机构将要面对的目标大众,清楚组织的产品和服务的针对对象。进行营销的最重要任务,是通过研究市场确定服务的目标市场,做好自己的市场定位,创造出与需求契合的服务,互惠和交换正是营销概念的两大柱石,非营利机构和营利企业一样,都需要做产品的细分工作,制订产品辨认策略,建立心理占有率和感情占有率,树立机构在目标市场中的知名度和美誉度。

③建立可靠的拥护群。推动非营利文化事业前进的重要力量之一,就是拥有广大坚固可靠的拥护群,要发展这样的基础,最好是从已拥有的赞助群开始做更完善的工作。组织需要他们的持续拥护,必须策划未曾开发的新财源,而不是凭空去说服别人。非营利机构应该强调的是以使命为焦点,唤起捐助人真正持续久远的激情,提高潜力捐助者的意愿。

④确立必胜的策略。策略能将想法转换成具体结果,对非营利机构而言尤为重要,一个真正的策略是以行动为导向,并且精益求精。拟定策略时,要谨记一条戒律,不要因为目标可能太过"争议性"而刻意避开它,并且切忌同一种信息行遍天下,以为可以打动不同的目标对象。当外部环境发生变化时,要及时改变策略,外界的变化是大好机会,组织大可借此实现改革更新。想要改革有成,首要条件就是将变化看成改变良机,不要视之为威胁。同时,要注意大多组织常犯的通病,从意念到实践过程中,切忌不要忽略实验阶段,要注重全盘的更新,不要只在现状中修补。

⑤正确有力的执行。非营利机构必须发展出策略来整合顾客和使命,策略的精华全在于执行——将使命目标和市场合为一体。策略始于研究,可以用系统的方式去找出顾客,以及他们的价值观和消费方式。现代研究不再是以产品为起点往下思考,而是从心满意足的顾客倒推回来。策略规划的精华所在就是从消费者的角度倒推回来。①

4. 企业的作用

在发展文化产业的非营利机构方面,除了政府和民间的积极作为外,企业也在其中发挥相当重要的作用。

尤其是在文化产业发达的国家中,法人财团以各种方式参与非营利组织的经营管理。有关资料显示,法国企业在发展文化产业方面的作用,近年来越发显著,已成为推动法国文化事业与时俱进的重要力量。在一系列大型古文物的修复和重大国际性文化交流活动中,都能见到法国企业的身影。在法国,无论大企业还是中小企业,都能依法参与文化赞助活动,而作为补偿,企业可获得减免税收或者享有冠名权等各种不同的回报。在积极参与文化产业发展的角色中,企业总是代表投资者的利益,但因为是以非营利为目的,其资金来源和用途都要受到财务及税务的严格审计。每当全国或地方上举办公共文化活动时,一些企业都会应邀参加,在负责组织和服务工作的过程中发挥不可忽

---

① 参见彼得·杜拉克著:《非营利机构的经营之道》,余佩珊译,远流出版社 2000 年版,http://npo.nccu.edu.tw/content/section03/item01.php,2006 年 6 月。

视的作用。

在日本,企业是文化产业发展的主体,大型文化活动要靠企业的参与和赞助,更重要的是,在演出界、电影界、出版界、广告界等行业拥有成熟的知名文化企业队伍。日本的文化产业不是由政府"包办"的,文化产业项目都进入市场操作。这是日本促进文化产业发展的重要经验。

法人财团等企业赞助或直接经营管理非营利组织的动机非常复杂,综其缘由,最主要的还是出于企业的经济发展目的。文化赞助对于企业经营目标的帮助,具体体现在如下几个方面:

①通过赞助非营利机构,可以扩大社会影响,增加企业的形象竞争力。

②当所赞助的非营利组织的文化内涵与企业文化一致时,可依托对方的文化品牌,打造企业文化。

③利用政府制订的免税政策。文化产业发达国家的政府,大多制订了多项鼓励企业通过赞助文化事业或经办文化产业就可以得到税收上优惠的免税政策。

④可将赞助文化产业视为赢利活动,例如,企业通过购买文物或文化产品赞助文化事业,而购买品成为企业保值其至增值的项目。

⑤可以赞助文化事业回馈社会。

⑥成立学术研究性非营利机构,既有利于企业又有利于社会。例如日本吉田秀雄纪念事业财团在世界范围内赞助以广告研究为主的学术活动等等。

练习、思考与案例

(1)组织一次社会调查,选择本地一家文化企业,分析其成本构成,并针对其中存在的问题,提出降低成本、提高效益的方案。

(2)非营利组织在文化发展中有什么重要作用?请利用文献检索和通信联系的方法,从国内外非营利组织中找出你感兴趣的一家,分析其组织结构特点、社会功能和经营管理特点。

(3)细读下面案例,讨论美国博物馆"公私双轨"制的优劣,及其对中国文化产业发展的借鉴意义。

(4)在小组讨论基础上,试提出组建一个新的非营利组织的方案,包括章程(宗旨、组织结构、主要活动及经费来源等)和经营管理方案。

案 例

走在两条轨道上的博物馆①
——美国博物馆的经营定位和资金来源

葛 岩

美国博物馆管理制度是一种公私双轨运行的制度,表现在经营定位方面,也表现在资金来源方面;美国博物馆是非营利公益机构,由政府和民间的赞助系统来支持。

(一)所有权和"非营利机构"的经营定位

美国大约有四五千家博物馆。大者如华盛顿的史密森尼机构,收藏涵盖艺术、历史、航天等多个领域,占据国会山旁的国之重地;小者可能只是在镇子上开了一个房间,收藏些地方工艺品。内容规模各异的博物馆有公立的,也有私立的。伯明翰艺术博物馆是市政府属下的公立中型博物馆;费城艺术博物馆则是私立大型博物馆。所有权上的有公、有私是所谓"双轨制"的第一层含义。

无论公立还是私立,博物馆在美国定位为"非营利机构"。了解美国博物馆管理体系,需要明白非营利机构存在的必要性和合理性。经济学家相信,社会上有一类产品属于公共产品。公共产品有两大特征:它不随个别消费者的使用而消耗;它一旦出现,无论参与购买与否,许多人都可能使用。典型的例子是冬天的扫雪服务。假定老张出钱雇了扫雪车,他有权享受服务,于是悠悠然从干净安全街道上走过。邻居老李、老王没有参与购买,但没人能因此禁止他们通行。这类服务为社会所需要,但投入和收益之间缺少保证关系,企业不会乐意经营。经济学家大多相信,这是个需要政府介入的领域。博物馆是文物收藏的集中地。收藏本身不一定是公共产品。东西到了私人藏家手里,对别人几乎不再有使用价值,起码在大多数情况下如此。当收藏目的是为大量非拥有者观赏时,收藏就有了公共产品性质:它既不会因为归了博物馆而消

---

① 摘自张晓明等主编:《2005年中国文化产业发展报告》,社会科学文献出版社2005年版,第259~267页。

耗,也不会排斥公众享用。这是政府介入博物馆领域的第一个理由。

政府介入还有第二个理由。博物馆收藏品通常是不可替代产品,天底下只有一件或几件同样的东西。不可替代,价格就可能很高。价格如此高的东西,政府为什么非要让公众去参观?光是东西好不成其为理由。奢侈旅行百万豪宅都好,谁是大款谁享用,政府不会资助大众去试一把。博物馆不同,其收藏是文明发展的浓缩形式,可以唤起对于人类、民族、地区的自豪和认同感,对社会整合和发展起到积极作用。

美国是个极重市场的国家,但上述市场机制的局限性也多是美国人发现的。重市场又不为市场所惑,于是有了"非营利机构"这类经营定位,有了博物馆管理的双轨制度。为支持非营利机构,美国政府通常会提供财务政策上的优惠。比如,博物馆每年会收到捐款。只要向国税局提供合理的说明,这些收入不必交税。又如,许多博物馆有商店,销售藏品的复制件、高品位的礼品等。多数州法允许这些商店免交或少交营业税。再如,地产税是地方政府主要的税收来源之一,不少博物馆位居城中要地,其地产税都会打折扣甚至完全减免。利用这些手段,政府鼓励把一定的资源用于营利之外的社会目的。

没有免费午餐,政府给你好处便会要你服从限制。限制包括经营地点、交易内容,甚至从业人员收入。多年前,纽约大都会艺术博物馆想在洛克菲勒中心开个礼品商店。为此,它需要得到政府的特殊批准,因为经营地点在博物馆外。当该馆试图在纽约之外的俄亥俄州再开一分店时,竟在媒体上引起了轩然大波。笔者在费城时,亚洲馆想卖掉一件多年前某善主捐赠的藏品,以便购买更好的。为此,我们必须向董事会报告,详细说明获得的款项将怎样使用。史密森尼收藏精良,优越的地理位置常使那里观者如潮,是创收的良机。但史密森尼下属博物馆一律免费参观。原因很简单,史密森尼是联邦政府机构,由纳税人支持,该向百姓提供免费服务。再如 United Way 是美国最大的慈善募捐机构。媒体发现,在这样一个善款支持的机构里,总裁的年薪高达 40 余万美元,一时间舆论哗然。虽然该总裁管理有方,在其管理下,募捐额迅速增长,这一风波还是以该总裁辞职了事。

(二)资金来源

政府的政策优惠并不能解决经费问题。博物馆必须自己找经费。经费来源包括政府和民间两种。这是"双轨制"的第二层意思。以伯明翰艺术博物馆为例。它是市政府属下的机构,1990 年初有不到 60 名雇员,在市中心有一座带花园的建筑。由于是公立的,建筑归市政府所有和维护。一部分雇员算是政府雇员,福利待遇比照政府雇员的待遇规定。亚洲馆馆长便是这样一类职位。笔者所做的亚洲馆助理馆长,则是由私人资金支持的职位。

有了人力和物业管理的资金,博物馆还必须解决日常业务活动资金,包括办展览,购买藏品,维护藏品等。参观过美国的博物馆的人会记得,几乎每件藏品下面的标牌上都会写着:"来自某某先生和夫人的礼物"之类的文字。实际上,具体的藏品未必来自"某某先生和夫人"。博物馆看上了一件东西,说服"某某先生和夫人"出钱,藏品便挂在他们名下。当然,也有"某某先生和夫人"碰巧是收藏家的时候,如此,展厅里的藏品便真可能来自他们的收藏。

费城博物馆是私立机构,1990 年中期有雇员 400 余人。费城馆是座气派十足的新古典主义风格的建筑,为上世纪初的世界博览会而建。事后,市府决定把建筑用做博物馆,请当地贤达讨论如何共襄盛举。政府许诺允许无偿使用建筑,贤达们捐了最初的一笔资金,博物馆于是开始运行。作为私立博物馆,费城馆的人事、日常业务开支自行解决。建筑是政府的,故日常维护、保卫由政府负担。

美国博物馆获得资金的渠道多样,大体分为专为特定博物馆建立的基金、政府基金、馆外民间基金、地方政府特殊拨款、私人捐献、公司赞助以及博物馆内一些销售/服务的收入。历史久的美国博物馆都有一些专属于该馆的基金,通常来自个人或家族的捐赠。一些是捐给博物馆的,一些则进一步说明是捐给博物馆中某个分馆的,如亚洲馆、非洲馆等。博物馆可以利用基金产生的利息甚至本金从事业务活动。这些基金中有些附加了使用要求,比如只能用于购买印象派绘画或日本瓷器展览。博物馆使用基金时需遵守相关要求。也有些基金是用来设立职位的。比如,史密斯夫妇设立一个基金用来付亚洲馆馆长的工资。作为报答,馆方会将该职位冠以史家的姓氏。除了专属于某博物馆的基金之外,美国还有一些馆外私人基金支持文化艺术事业,例如设在洛杉矶的盖提基金会,它专注于人类文化遗产的维护工作,每年提供数百万美元支持世界范围内的文物维修和保护。

民间的捐款也可能来自私营企业,通常是大公司。笔者有几个朋友在大制药厂和华尔街的金融公司做事。在纽约时,我们会一起去博物馆。他们只需展示工作证就长驱直入。所以如此,是因为不少大企业赞助博物馆。投桃报李,博物馆允许这些企业的雇员免费参观。据国际赞助研究机构统计,2000年企业赞助支出达 220 亿美元。其中百分之十几用于文化艺术。但这一部分中以赞助表演艺术居多,用于博物馆的部分该是不多。

美国没有类似中国文化部这样对文化加以行政管理的机构。它有的是一个国家艺术基金会,不是通过行政手段来管文化,而是通过资金发放来影响文化。该基金会每年从国会得到一定预算,审查个人和机构的申请报告,决定什么项目可以得到资金支持。除了联邦政府,各州甚至城市政府也会有一些官方艺术基金。这些基金通常数量不大,对办展览只能起到不无小补的作用。

文化艺术专用资金之外,政府方面还可能通过其他渠道来支持博物馆。例如,美国博物馆非常注意吸引少年儿童来参观。馆里有专门协调和中小学关系的职员。孩子们参观不但免费,且一定配有专门的讲解员。这些措施表现出对孩子的爱心,也包含了经济企图。比之政府的文化艺术部门,教育部门拥有大得多的预算。大量的中小学生参观者可以证明博物馆对社区的贡献,是争取教育部门拨款的理由。再如,伯明翰办兵马俑展览时,博物馆反复游说政府,张扬兵马俑的意义,强调展览将给伯市形象带来正面影响。市府于是慷慨解囊。又如,笔者离开费城后不到一年,费城馆办了声势浩大的塞尚展览。一时间旅馆纷纷爆满,展览一票难求。为看展览,笔者专程赶去费城,不想也弄不到一张门票。好在警卫多熟人,念旧放笔者进去。一位同样从外地赶来的艺术史教授,因无后门可走,困守旅馆两日,落得败兴而返。为了这个展览,费城市府提供了特别资金。可见博物馆如能为当地制造某种文化事件,闹得满城争说,政府便会签署支票。

在民间和政府之外,博物馆自身资源的经营亦是一类资金来源。博物馆内会分出一些地方为餐饮之用,有中高档饭店,也有小吃部。博物馆的建筑通常风格高雅、地点重要。餐饮处除了参观者使用,企业也会来举办酒会。博物馆另一经营项目是礼品商店和书店。观众刚看完展览,置身在文化气氛之中,容易动念购买纪念品、书籍和招贴画。这类商店可能办得有声有色,加上政府减免税收的政策,成为博物馆的一个收入来源。

(三)赞助系统的组织和动机

美国博物馆的资金赞助系统有"明""暗"两部分。民间在明处,政府在暗处,又是一类"双轨制"。

民间赞助组织最常见的形式是所谓"朋友圈","馆员组织"和"义工组织"。"朋友圈"中人,少则捐千元,多则数千数万。根据捐赠的金额多少,捐赠人可以加入董事会朋友圈,总馆长朋友圈或分馆长朋友圈。捐款定额、组织名称、形式并无定式。各博物馆可以依据需要量体裁衣。博物馆定期向这些组织的成员发送馆务新闻,有事会征求他们的建议,让组织成员对博物馆事务产生参与感。有了难处,博物馆便请他们解囊相助。

馆员组织形式可以用健身俱乐部的会员制来打比方。你选择一个健身计划,交数目不多的会费,使用计划所提供的设备和服务。馆员组织也会将"馆员"们的待遇和收费标准分类,鼓励参观者加入,按年收费。新年伊始,博物馆还会给馆员组织的成员发信,呼吁他们继续支持博物馆,通知他们明年将有何等不同凡响的展览和活动。馆员组织收费标准远远低于上述各种"朋友圈",但仍可以为博物馆带来一些收入。

大部分美国博物馆都有义工办公室,负责招募训练义务人员。博物馆中的售票员、解说员、礼品店服务员多由义工担任。义务人员作用:其一,义务人员节省了博物馆的人工开支;其二,庞大的义工队伍是连接博物馆和社区资源的纽带。举个例子,费城的亚洲馆有位义工,是当地一位名律师的妻子。她每周来工作两个半天,做些档案整理一类的工作。由于其家族向博物馆做过不少捐赠,这位义工是博物馆董事会成员,任博物馆妇女委员会的主席。她广泛的社会联系为亚洲馆带来许多好处,我们的不少藏品便是由妇女委员会出资购买的。有一次,一个古董商手上有件韩国青瓷瓶,我们志在必得,但经费还差数千元。给财务部门打了几通电话也没能解决问题。义工女士开始没有吱声,到快下班的时候看我们仍然成功无望,她便慷慨地开出一张支票。

论及上述种种民间赞助组织,难以避免的一个问题是:一种什么样的机制使这些组织成为可能? 换句话来说,为什么这许多人要来义务地替博物馆工作,向博物馆捐赠?

世界上每个民族历史上的每个时代都会有些怀抱圣者情怀、关注公共事物的人,他们是非营利事业积极的推动者。不过,设计一种组织,不能期待参与者非贤即圣。只有从利益驱动的角度出发才可能对组织形成的机制、参与者的动机有更合乎现实的解释。有理由相信,赞助组织参与者的动机首先是文化的,其次是经济的。而这两个层面的动机都应该是符合他们的利益的。

人类学家讲,所有文化中都存在这种或那种捐赠习俗。捐赠不会或不会直接为捐赠者带来金钱利益。但捐赠一旦成为文化习俗,在给定文化体中对其成员具有某种强制性,赔钱也得干。举个例子,笔者的一个堂弟在亚利桑那州结婚。时在纽约的笔者想不出该买件什么礼物,于是想寄张一百元的支票,让他自己买件东西作为纪念。开支票的时候,一位多年前从福建偷渡来美的朋友正好在场。当知道了支票的用途后,该朋友大不以为然。据他说,在纽约的福建人社区中,遇到亲戚结婚,甚至那些刚刚来美,欠下数万美元偷渡债的人,也不敢只捐一百元。像堂兄弟这样的近亲,结婚应该给五百到八百元,生孩子可以给三百上下。问及如果捐不了那么多会怎么样,答曰:"那就很难做人了。"

朋友没有解释"很难做人"具体意味着什么。推想是说丢了面子,疏远了与其他社区成员的关系,损害了当事人的社会地位。了解大纽约地区拥众数十万的福建社区的人都知道,那里的大部分人没有受过很好的教育,其生活高度依赖于亲戚老乡构成的社区。初到美国,要靠亲友教授技能,介绍工作才能生存。安定后,开餐馆,杂货铺,洗衣房,亲友又几乎是唯一的融资渠道。因此,遵守文化习俗,建立社区认同感对每个成员都十分重要。

上述例子提供了一个解释博物馆赞助组织形成机制的角度。捐赠在美国社会广为认同。每年大学校园里的献血人群、圣诞街头救世军募捐者的笑脸、竞选季节高速公路边义工挥舞的竞选人名牌,都会给初到美国的人留下深刻的印象。这种社会习俗必定和美国的历史及宗教传统有关。其形成的渊源非本文所能讨论。但显然,在这一背景下,捐赠是获得人们尊重的必要行为之一。在伯明翰时,博物馆亚洲收藏主要靠一个叫做"亚洲艺术协会"的组织支持。其成员多为当地的医生和律师,领袖是一位企业的老板。笔者和他接触颇多,觉得他对亚洲艺术的了解仅仅止于喜欢而已。笔者问过同事,什么原因令他为亚洲馆付出大量的金钱和时间。答曰:"因为他是社区领袖。"如果套用对纽约福建人捐赠习俗的分析,可以说,对于具有不同经济能力,与社区有着不同关系(领袖、有影响者、一般成员)的社区成员,社区对他们在不同场合(如人道、文化、教育等)的捐赠行为有不同的、带有某种强制性的期待。想做社区领袖,理应按规矩出牌。

无法了解成为社区领袖可以给那位老板带来何种经济利益,但推想他和他的家族会因此获得某种文化意义上的满足。还可以推想,在他的社区中,在他所属的阶层里,对于公益事业的捐赠是获得领袖地位所需的一类功课。事实上,传统中国的绅士阶层也扮演过类似的角色。以血缘/乡亲为基础的社区的公益事业,如办学,修桥补路,建祠堂,常常是这个阶层的义举,也是他们和社区交换尊重和地位所付出的代价。只是现代史上连绵不断的革命逐渐剥夺了民间的经济资源,摧毁了政府之外的各种社区组织形式,致使作为社会资源配置形式的民间捐赠行为和我们阔别已久。

必须说明,博物馆民间赞助组织成员并非个个既富且贵,更非人人争当社区领袖。对于处于中产阶层的一般人而言,赞助的动机恐怕主要还是对于文化的热爱。再深究,可能与其群体认同的需要有关。刚到伯明翰时,邻居是个退休独居的老太太。当知道我在博物馆做事,她一时兴奋莫名:"你真是好运气,在那样高贵、文雅的地方工作。"她甚至还和我讨论过自己是否该去做义工。在纽约的一家媒体研究公司工作时,有个同事想改行,想先去大都会艺术博物馆做义工。谁知心有同想的人太多,她只能被排在等待名单上。于是她要我找朋友帮忙。问她为什么放着高收入的 IT 工作不干,她说:"博物馆有那么多美丽的东西，有教养的人，那该是我的生活方式。"可见在一般社会心理中，博物馆被感受为特定的文化形象，与特定的生活方式相联系。

除了文化层次的动机，博物馆捐赠组织机制也有着经济动机。在博物馆工作时，我们常收到捐赠的文物。我们会向捐赠者介绍拥有鉴定证书的古董商人来为捐赠品作价。估出的捐赠金额可以用来减免个人所得税。一般情况下，收藏多年的文物会升值，捐赠者所获的更像是一种投资收益。

从捐赠减税来看，私人赞助行为的后面还是藏着政府。通过减税，政府变成了间接的捐赠者。既如此，政府为何居于暗处？其中似有道理。首先，从经济角度看，将资金用在文化艺术方面，即便在减税政策下可以收回全部资金甚至有一定收益，捐赠人仍然可能付出过高的机会成本。一位曾服务于苏富比拍卖行的朋友告诉我："股票不好，古董生意才好。"他是说经济景气时，购买文物并非是最好的投资方式。这种资金的使用方式可能远不如购买股票效益为佳。捐赠人在经济上牺牲的机会相当大。其次，从文化发展的角度看，政府直接投资于博物馆这样的文化事业，会力图表现出政府的文化取向，造成政府的文化垄断。私人捐赠则可能维护民间的文化选择权力。我买件清真寺的瓷砖来捐也罢，买件基督教圣经抄本来捐也罢，政府只管减税，别的免开尊口。这种制度体现出政府对其公共产品生产者权利的让渡，其结果是公共产品体现出更多的公共性质。

除了上述对于社会长期投资、公共产品应尽的责任之外，政府还可能有现实利益考虑。例如，公共文化设施是决定一个城市居民生活品质的指标之一，会对经济发展活动有一定影响。博物馆对地方旅游经济的影响更为直接。前面提到过费城举办的塞尚展览，各地赶来的观众多到博物馆不得不早八点到晚十一点连轴开放。笔者参观的时候，参观者挤满展厅，摩肩接踵，活像是春节运输高峰时候的广州火车站。可见参观者为费城带来的收入一定不少。有的城市，如威廉斯堡，几乎没有什么产业。但该城在美国历史上的地位、满城的历史建筑和收藏带来了参观者。他们看，也吃，也住，还会带走纪念品。如果该市府对城中博物馆大慷其慨，没有人会感到意外。

第九章

文化内容产业与市场策略

内容产业是以生产精神文化内容为核心的产业（详见第一章第二节），如印刷品内容（报纸、书籍、杂志等）、电子出版物内容（联机数据库、音像制品、电子游戏等）、电波传播内容（电视、录像、广播和影院）、各种消费软件等。内容产业是文化产业的核心层次，没有一定的内容生产，整个文化产业都将失去存在的基础。

在发展文化产业中，各国都意识到，在 21 世纪，文化强国将成为经济强国；同时，也达成另外一个共识：如果一个国家不能创造出自己的文化内容，将遭遇严重的文化危机，而这将是比经济或政治依附更为严峻的问题。文化产业范围内的各产业相互联结，其"波及效果"会带动其他类别的产业。

20 世纪 70、80 年代，世界经济以制造业为重心；90 年代，世界经济以服务业为基础；21 世纪，世界经济重心则是以知识产权为基础的内容产业经济。文化内容产业以投入少、产品附加值高的产业特点引起了各个国家的重视，各国都设法将文化内容产业作为国家发展的战略性产业来扶持。

例如日本，早在 1995 年就确立了 21 世纪的文化立国方略；从 2001 年开始，日本全力打造知识产权立国的战略，明确提出 10 年内把日本建成世界第一知识产权国的口号；2003 年又制定了观光立国战略。在振兴地区和地方文化方面，日本政府明确规定：政府应支援地区文化活动，包括重新挖掘、振兴具有地方特色的文化遗产、民间艺术、传统工艺和祭祀活动等；制定长期规划，对具有地方特色的文化艺术提供综合援助；中央政府与地方政府联手举办全国规模的文化节等。

第一节　内容产业与文化产业链

一个国家的文化竞争力主要在两个方面实现：一是，由创意和想象力支撑的内容产业；二是，由形成产业链经营格局而增加的产业附加值。

文化产品的消费与物质产品比较，具有两个重要的特点：排他性和无限性。例如一位歌手，新歌可以现场演唱，也可以灌制 CD；老歌也可以在演唱会表演，还可以重新配器翻唱，推陈出新，由产业链的延伸而实现价值链的丰富和内容的再增值。

文化产业的高附加值体现在内容的核心地位和产业链的延伸。例如，一部热播的电影可以带动原著、影碟和游戏等的畅销，也可以让片中出现的服装、服饰、手机、随身听、玩具等等物品热卖，延伸其价值。美国动画大片《超人特工队》有 300 多种片中出现的产品因授权获利，反而票房只占总收入的20％。一般而言，好莱坞电影的全球票房只占其总收入的 25％～27％，动画片的票房则仅占 20％左右。

因此，产业链和价值链理论在文化产业理论中具有重要作用。

一、内容产业的优先性

文化产业的内容承载体可以具体划分为"核心层"、"外围层"和"相关层"（详见第一章第一节），策划一项文化活动的产业链往往是从核心层向外围层再到相关层依次推进的，在产业链的这一推进过程中起最本质关联作用的到底是什么？就是内容。承载文化的形式在变化，但以产业化为目标的产业内容核心不变。文化产业的核心是内容产业，内容生产是关系文化产业成败的关键。

在当今各国的文化产业发展中，有一个奇怪的现象：文化资源大国是文化产业小国，而文化产业大国将文化资源大国的传统文化巧妙地包装返销该国，取得经济上的巨大利润。

作为创意产业的文化产业不是内容为王的产业吗？拥有丰富的文化内容为什么不能取得文化市场上的成功？因为文化内容不等同于内容产业。内容产业是对一定的文化内容进行产业化加工和销售的过程。文化产业是一个有机系统，它始于对文化资源进行开发，根据文化消费者的接受心理进行符号的制作和加工,形成在印刷品、电波产品、演艺、互联网、室内外游乐、食品、广告代言、文具、玩具、工艺品等产品的相关市场中价值层层回收的产业链。

例如,我国妇孺皆知的中国民间传奇故事"花木兰",由美国迪斯尼公司以7000万美元的成本改编成动画片,获得全美总票房1.21亿美元的收入和全球总票房3.04亿美元的收入,是迪斯尼利润最高的影片之一。在历时四年的制作时间里,600多位迪斯尼动画师借鉴中国画的技法,虚实结合、工笔水墨结合,运用中国意境悠远的绘画风格制作"中国的"长城、"中国的"烽火、"中国的"古代战将、"中国的"战马、"中国的"皇帝、"中国的"匈奴、"中国的"单于,尤其是"中国古代奇女子"等让西方观众着迷的四大文明古国之一的中国的东方文化符号,这种符号的制作不是对原题材依葫芦画瓢似的照描,而是在对中国文化符号的西方观众接受心理做了充分调查研究的基础上,重新"制造"的符号。例如,花木兰的守护神"木须龙"这个符号,就是产业化制作的一个美国式的"中国符号"。木须龙的形象在民间故事中从未有过,但罗伊·迪斯尼认为,一谈到中国,就让人想到云雾缭绕的山峰和上下翻飞的神龙,"这部影片怎么没有中国的龙和神仙或者有魔力的小动物呢?"根据西方观众对中国文化符号的理解和爱好,他们"毅然"增添了所谓"理想中"的中国符号——木须龙。作品中可爱的木须龙不仅由艾迪·墨菲配音,而且他的一举一动就是美国喜剧明星艾迪·墨菲的翻版。从本质上讲,这一符号实则是美国的文化符号,但在产业化的背景下,转换成了"为西方观众所认可的中国文化符号",这种背离正是文化资源和文化产业符号生产的差别所在。

在电视频道等文化渠道资源珍惜的岁月里,渠道优先的观念至今还残留在许多人的记忆中,然而在产业化的文化市场中,我们以往认识的渠道优先在文化产业市场中已经被内容优先所替代。在世界文化市场中,以管制电视频道来限制国外文化产业的入侵,以政策鼓励国产文化产品的生产,只能是一时的应急措施。从长远的发展来看,只有研究受众,制造受众喜爱的符号内容才是应对美、日、韩文化竞争的真正优势力量。毕竟,受众消费的是节目内容而不仅仅是技术。从一定意义上说,媒介产业等文化产业核心层的生存能力取决于"内容"的创造和消费,并以此为依托发展外围层和相关层产业。如果没有广大受众需要或喜爱的文化节目,没有与受众的实际生活相关的内容生产,高新技术与新经济就没有了市场,也就失去了持续发展的内在动力。从发展的环节看,内容产业已成为文化经济传播交流的"基础的基础"。

二、内容生产与市场开发

文化产业的主导要素包括智能要素、创新要素、信息要素、管理要素和政策要素等;而综合这些要素进行文化产业化生产的优先级要素应该是以符号制作为特征的内容生产。

文化内容的产业化,意味着以市场为导向的内容生产和对消费者偏好的研究与满足。因此,"以销定产"的商品生产原则也适用于文化生产领域。在文化产业化的社会中,艺术的生产不再是艺术创作家们个人感悟的表达,而成为艺术家们将受众对生活和时代的感悟用文化生产的方式表达出来,引起受众的"同感",引导更多受众进行升华性的思考。再换言之,文本创意完成了从"作者中心"走向"读者中心"的巨大转变历程。随着文化阅读方式的这一历史性变化,内容生产的程序也悄然改变,对受众接受心理和消费心理、文化市场要素和时代审美规律的研究成为文化产业商业性研究的重要工作。在现代的文化市场中,要通过文化内容的"有意义生产"产生文化的注意力、影响力和创造力。①

从文化内容的产业生产角度对文化资源进行研究,会发现文化资源具有以下两个特点:

1. 文化的资源原属并不是造就文化产业大国的必要条件

文化资源的原属性和现实市场活力不是一定对等的。(例如被日本和韩国分别改编成热门游戏的《三国演义》的源故事属于中国,中国拥有这个文化的历史原属)不同国家因为历史的缘由,拥有的文化资源的数量差别很大,在文本创意时代,古文明的博物馆展示和民间故事的传媒传播都是文化资源大国引以为荣的资本;但是在文化产业化时代,通过"借鉴"而进行的符合市场受众接受的产业符号的生产和消费,强有力地扭转了文化资源大国的文化优势,改变了文化历史资源原属国的市场拥有者地位。

例如,美国建国历史短,被公认为文化资源有限,但是,仅仅一个美国的动画公司迪斯尼借鉴他国的文化资源进行动画文化的再创造就可以拉出一份长长的名单:借鉴德国民间文学制作了世界第一部长篇动画电影《白雪公主》,并因此获得第十届奥斯卡特别成就奖;借鉴意大利作家卡洛·科洛迪(Carlo Collodi)的经典童话改编了《木偶奇遇记》,在 20 世纪 40 年代初取得了北美票

---

① 参见李涛:《文化改写与产业符号生产》,财经论丛 2006 年增刊,第 130～133 页。

房 8400 万美元的收益；在 20 世纪 50 年代初收获北美票房 8100 万美元，全球总票房 3.15 亿美元的《仙履奇缘》改编自 17 世纪的法国神话故事；动画片《爱丽丝梦游仙境》改编自英国作家刘易斯·卡罗（Lewis Carroll）的同名童话小说，由于动画片的热播效应带动《爱丽丝梦游仙境》图书初版本于 2002 年 12 月在纽约苏富比拍卖出 154 万美元的好价格，创下儿童文学名著的拍卖纪录。而这部名著 1865 年初版时，总共只印发了 48 册，目前留存在世的只有 22 册，有 17 册被世界各地图书馆收藏，其余几册由私人收藏；获得第 62 届奥斯卡最佳原著配乐奖、最佳歌曲奖，第 47 届金球奖最佳原作配乐、最佳原作歌曲奖，全美票

图 9.1　世界第一部动画长片《白雪公主》DVD 宣传广告

房 1.12 亿美元，全球总票房 2.2 亿美元的《小美人鱼》改编自丹麦童话作家安徒生的《海的女儿》。

　　这份名单可以继续统计下去，而迪斯尼公司也还正在和将在这份名单上续写，在统计中发现类似《风中奇缘》改编自美国本土历史民间传奇故事和类似《玩具总动员》的原创故事所占比重很小，迪斯尼不仅把整个从古希腊开始的欧洲文明作为自己的文化源泉，也积极汲取非洲和包括中国在内的东方文化的养分，并因此赢得了巨额的全球票房。

　　2. 复制技术和商业传播正使历史的积累发挥现实的作用

　　一方面文化资源自身并不能自然地成为文化产品或文化商品，只有经过再创造，成为商品符号，才能进入产业循环链中成为文化产品；另一方面，文化生产所依赖的资源同传统制造业所需要的自然资源不同，不是越用越少，而是可以反复使用，甚至可以在符号生产和使用中增值。文化资源相对于特定的开发技术而存在，技术含量更高的复制技术可以更好地增加文化产品的量；新媒体的商业传播能力可以通过传播增加文化产品的质。正是由于复制技术和商业传播使文化产品成为产品系列和产品组合，实现了产业化目的。

在文化产业的内容生产中,产品系列和产品组合是常用的两个产品化策略。

所谓产品系列,就是利用内容的关联性,生产出同一产业门类中的关联性产品,例如在印刷产品中的图书系列、杂志系列。

所谓产品组合,就是利用内容的关联性和产品形式的互补性,将不同系列的产品提供给受众消费的方式。例如,同一个传奇故事被改编成电视剧、小说、音乐剧等不同品类,在文化市场中形成一个产品组合。

文化产业的市场开发需要向受众提供文化产品的系列组合,创造多样化的利润增长点,才能形成文化企业的市场优势。通常,电影、展览会、书、音乐会等,都可以被视为相互协作的产品组合,因为它们可以形成相互补充、相互强化的市场功能。在西方,大约有 2/3 的博物馆都向公众提供图书馆、会议室、纪念品商店、餐厅或咖啡厅,这就是产品组合弥补博物馆收入不足的经营策略。

三、产业链与价值链理论

我们首先要清楚两个容易混淆的概念:产业链和价值链。

1. 产业链和价值链的定义

产业链(Industry Chain),是指经济布局和组织中,不同地区、不同产业之间或相关联行业之间构成的,具有链条绞合能力的经济组织关系。

价值链(Value Chain),是指企业在一个特定产业内的各种活动的组合,它反映企业所从事的各个活动的方式、经营战略、推行战略的途径以及企业各项活动本身的根本经济效益。

2. 产业链和价值链的区别

由定义可知,产业链是建立在产业内部分工和供需关系基础上的,以若干个企业为大节点、产品为小节点纵横交织而成的网络状系统。

产业链分为两种类型:一种是垂直的供需链,另一种是横向的协作链。垂直关系是产业链的主要结构,一般把垂直分工划分为产业的上、中、下游关系,横向协作关系则是产业的服务与配套。例如,一家从事专业演出的公司可以拆散文化团体自有的舞美、音效、灯光等管理机构,按照专业化分工,成立社会化的舞美公司、音乐公司、灯光公司、CD 制作公司及各种后勤服务公司,或者在一项演出活动中组合社会公司,统一管理完成由自己公司贴牌的演出。这一系列过程都需要许多公司进行协作,就像一个链条是由一个个的环和节组成的一样。

产业链理论在宏观经济管理和区域经济发展中发挥着重要的作用,其对于经济板块联系的加强以及产业复合体的形成有着重要的推进作用。目前,产业链条的构筑已经成为地方乃至国家在经济发展规划中的重要议题。

价值链主要是相对于一个企业而言的,是针对企业经营状况开展的价值分析,其目的是弄清楚企业的价值生成机制,剖析企业的价值链条的构成并尽可能加以优化,从而促进企业竞争优势的形成。企业不同,其价值生成机制也不同。在这些企业的价值链条构成中各有其价值生成的重要节点,有的在生产环节,有的在研发环节,有的则在营销或管理环节上。如果企业某一节点上的价值创造能力在同行中遥遥领先,我们可以说这个企业在这方面具有核心竞争能力。

3. 产业链和价值链的联系

产业链理论是宏观经济管理的理论。产业链的运作依赖于企业,企业是构筑产业链的载体,具体地说,产业链条的构筑依赖于企业之间在经营上的有序连接。所不同的是,供应链连接可能是多向的,也可能发生在有限的产业范围内,而产业链条往往则是多环节的。同样可以认为,供应链的连接往往是产业链生成的基础,而产业链条正是多重供应链条的复合体。

价值链理论的应用有助于人们了解企业的价值生成机制,其既是一个分析竞争优势的工具,同时也是建立和增强竞争优势的系统方法。但是,价值链并不是孤立地存在于一个企业内部,而是可以进行外向延伸或连接的。如果几个企业之间形成了供应链连接并实现了同步流程管理,那么我们可以认为这些企业的价值链已经实现了一体化连接,只不过这时价值链已经不再是价值链条,而是变成了价值星座。因此,企业辨清自身的价值链是实施供应链管理的前提。

总之,价值链和产业链是两个既相区别,又紧密联系的概念。认清两者之间的区别和联系具有重要的指导意义。

4. 文化产业链的利润实现模式

在文化产业的产业链层面展开的竞争中,取胜的关键在于有效识别和追逐在文化产业变动中不断"漂移"的利润区,通过文化产业链条的打造实现对潜在"厚利润区"的有效覆盖,或预留接入口,保有随时进入的柔性能力与资源积累。

文化产业链的利润实现模式主要有：[①]

（1）强势主导型

强势主导型是由强有力的主导者操作文化产业链的构筑，其他利益相关方依附在产业链上，合作共生，协作共进。

强势主导型的模式又包括"喷泉式"和"漩涡式"。"喷泉式"是指文化企业拥有核心信息源优势、信息处理模式优势、运营模式优势、高黏合度的核心受众群体等某一独特优势，在产业操作过程中利用已有的核心优势在地域空间或业务范围上向外拓展；"漩涡式"是以核心文化产品或服务充当沟通平台，打造核心战略联盟，以吸引各种社会资本与资源向此汇集，并在资源的碰撞中不断产生新的灵感与商机。

（2）优势互补型

优势互补型是由存在优势互补的文化企业以战略联盟的形式构筑整个产业链。

在不同的产业链条之间存在资源总体、产业链规模与产业链效率的竞争，在同一产业链内部也同样存在对于链条主导权的激烈竞争。随着外部环境的变化，制约产业链条运行发展的"瓶颈问题"将不断变化，解决问题所需的资源与能力的优势地位也将发生变化；在不同的时点上，整合产业链条的主导权将随之递交，产业链条的主导者凭借较大的话语权可在一定程度上占有其他利益合作方的"剩余价值"，同时承担更大的公共责任。

打造文化产业链是实施文化产业项目的战略之一，而通过提升文化产业内部价值链是开拓文化产业新局面的另一管理方式。

许多企业成败的经验教训揭示出：随着企业规模的扩大，企业将承受来自市场的更大风险，意味着更加脆弱。那么，文化机构如何取得竞争优势？哈佛大学著名管理大师迈克尔·波特的"价值链理论"提出，应该从产业出发，通过结构化的竞争，实现建立竞争优势的目标。迈克尔·波特认为，企业的竞争优势来源于企业为客户创造的超过其成本的价值。价值是客户愿意支付的价钱，而超额价值产生于以低于对手的价格提供同等的效益，或者所提供的独特效益补偿高价而有余。也就是说，当一个企业在为客户提供产品或者服务的同时，能够获得低于竞争对手的成本，或者可以为客户提供其他附加价值，则这个企业就在市场上获得了相对于竞争对手的竞争优势。

---

① 喻国民、张小争著：《传媒竞争力》，华夏出版社2005年版，第25页。

迈克尔·波特(Michael E. Porter)

迈克尔·波特是当今世界上竞争战略和竞争力方面公认的权威,被誉为"竞争战略之父"。波特在普林斯顿大学时,学习机械和航空工程,随后转向商业,获哈佛大学的 MBA 及经济学博士学位,同时拥有瑞典、荷兰、法国等国大学的 8 个名誉博士学位,32 岁就获得哈佛商学院终身教授之职。波特博士获得的崇高地位缘于他所提出的"五种竞争力量"、"三种竞争战略"。迈克尔·波特的三部经典著作《竞争战略》、《竞争优势》、《国家竞争优势》被称为竞争三部曲。

竞争优势有两种表现形式:成本领先和标新立异。[①]

成本领先是指企业的产品低于产业内平均成本而获得的竞争优势。在成本领先的情况下,如果企业的产品按市场平均价格出售,则可以获得高于竞争对手的利润率;如果根据竞争对手的价格水平出售产品,则可以低价优势获得更大的市场,争取更多的销路,从而得到优于竞争者的利润水平。

标新立异是企业以创新产品获得优于竞争者的市场号召力,争取消费者的注意,从而提高和保持优于对手的销售能力。

5. 价值活动

根据价值链理论,我们可以把文化生产分解成与竞争战略相关的许多活动,每一项文化活动都是设计、生产、营销以及对文化产品或服务起辅助作用的各种活动的集合,这些活动都被称为价值活动。

有一些活动在任何产业竞争中都需要,被称作主要价值活动,它们是以下 5 种类型:

①内部后勤:与接收、存储和分配相关联的各种活动。

②生产作业:与将投入转化为最终产品形式相关的各种活动。

③外部后勤:与集中、存储和将产品发送给买方有关的各种活动。

④市场和销售:与提供一种买方购买产品的方式和引导他们进行购买有关的活动。

---

① 迈克尔·波特著:《竞争优势》,陈小悦译,华夏出版社 1997 年版,第 3 页。

⑤服务:与提供服务以增加或保持产品价值有关的各种活动。

除此以外,那些能够确保主要价值活动顺利进行的活动被称为辅助价值活动,包括:企业基础设施、人力资源管理、技术开发和采购四种。① 加上前面所述的5种类型,一共有9类主要的价值活动,这9类价值活动是决定企业竞争优势的各种相互分离活动的组成;它们又相互关联,构成企业价值的动态过程和主要内容。

对于文化企业而言,由特定文化项目所必须经历的价值活动构成的一定水平的价值链是文化企业在一个特定文化产业内各种活动的组合。文化企业正是在每项价值活动中比竞争对手更廉价或更有特点地开展文化战略活动来赢得竞争优势。一项文化活动中的每一种价值活动及其经济效果,将是衡量一项文化活动在成本方面相对竞争能力的指标;另一种衡量指标系统是,不从每一种价值活动出发,而是从总成本的角度整体考虑其经营管理效果,不片面追求单项价值活动的优化。

如果从某项文化产业项目的角度来考虑某一文化企业的价值链,则文化企业的价值链成为一个更大的活动群中的一环,这家特定文化机构的价值链存在于联结上游供应商、中游生产商和下游分销商的复杂价值链条中,迈克尔·波特称其为"价值系统"(value system)。在价值系统中,上一级价值链活动中的成品是下一阶段价值链的原料。企业的产品通常经由销售渠道的价值链到达最终客户,最后产品又变成下一阶段价值链的采购元件,执行一个以上的采购活动,如图9.2②:

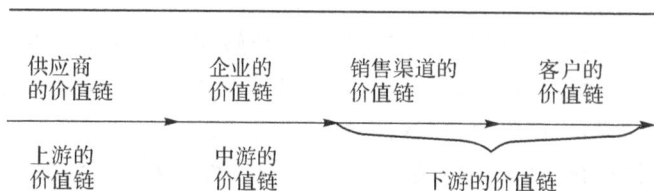

图 9.2　价值链

价值链是分析企业竞争优势的基本工具,运用价值链理论对企业进行管理,或者说价值链管理如何转变成企业的结构竞争优势,需要引入一个重要概念——"联结点"。迈克尔·波特理论中的企业价值链是一个交互依存的活动

① 迈克尔·波特著:《竞争优势》,陈小悦译,华夏出版社1997年版,第42页。
② 迈克尔·波特著:《竞争论》,高登第、李明轩译,中信出版社2003年版,第73页。

系统,由联结点衔接。当执行某项活动的效益会影响到其他活动的成本或效益时,联结点就会出现并造成原本应该形成最大效果的个别活动出现取舍效应。比方说,产品的设计成本核算愈高、采用的材料愈贵,售后服务成本便可能愈低。企业要根据它的战略,解决这类取舍问题,并达到竞争优势。[①]

所以,文化价值活动之间的联结点成为文化企业"成本领先"或"标新立异"变化的核心,文化机构组织内部不同层面的联结点是构成文化机构在文化市场中竞争的基本架构。文化企业要取得更大的利润,除了保证内部九类价值活动正常运转外,还需要通过协调价值链中的上游供应商和下游分销商,根据企业的总体目标对价值活动进行权衡取舍,通过对联结点进行最优化或者协调一致的管理,确保文化企业或项目在文化市场中的竞争优势。

第二节　产业集群与文化战略

产业的集群化发展是世界性的经济新现象。

集群化是一种为创造竞争优势而形成的产业空间组织形式,它具有群体的竞争优势和集聚发展的规模效益。为了适应文化全球化和日益激烈的文化市场竞争的产业发展新趋势,世界各地的文化产业集群纷纷崛起,形成文化产业区域集聚发展的态势,利用集群所特有的专业化分工与相互协作功能,参与全球文化生产的分工体系,在全球化的文化市场中占据一席之地。在经济全球化的今天,文化产业集群化发展已成为全球性的文化生产潮流。

一、产业集群的概念和特征

什么是产业集群?产业集群有哪些基本特征和运行规律?

对于这些问题的研究,早在 19 世纪末,产业集群一开始出现的时候就受到了人们的关注。当时的英国经济学家马歇尔在其《经济学原理》一书中解释了基于外部经济的企业在同一区位集中的现象,并将产业聚集区定义为产业区。他从新古典经济学的角度,通过研究工业组织,间接表明了企业为追求外部规模经济而集聚。

1909 年,德国经济学家阿尔弗雷德·韦伯(Alfred Weber)从微观企业的

---

① 迈克尔·波特著:《竞争论》,高登第、李明轩译,中信出版社 2003 年版,第 73 页。

区位选择角度,阐明了企业与企业之间是否靠近,取决于集聚的好处与成本的对比。他在 1909 年出版的《工业区位论》一书中,把区位因素分为区域因素和集群因素,并将产业集群的发展分成初级和高级两个阶段,初级阶段是企业通过自身的扩大而产生集聚优势,高级阶段是企业通过相互联系的组织实现地方工业化,是高级集聚阶段。

胡佛在 1948 年出版的《经济活动的区位》中认为,集聚经济是生产区位变量,产业集群是产业在特定地区的集聚体的规模所产生的经济。

1976 年,巴顿在《城市经济理论与政策》中探讨了,因产业集群的地理集中特点引发的竞争性创新、沟通性创新和采纳性创新。

20 世纪 90 年代,以美国经济学家克鲁格曼为代表的新经济地理学理论为产业集聚的产生提供了很好的解释。克鲁格曼以规模报酬递增、不完全竞争的市场结构为假设前提,认为产业集聚是由企业的规模报酬递增、运输成本和生产要素移动通过市场传导的相互作用而产生的。

1998 年,美国著名管理大师迈克尔·波特在发表的《产业集群与新竞争经济学》中认为,产业集群是能在效率、效益和柔韧性方面创造竞争优势的空间组织形式。

尽管产业集群现象得到了长期的深入的研究,但是至今没有一个完全统一的概念。学者们在研究中,基于不同的研究背景和目的,为产业集群下了许多不同的定义。钱志新先生在《产业集群的理论与实践》一书中把它们归纳为如下 12 种定义[①]:

①产业集群是由一群具有分工性质的中小企业以完成某种产品的生产联合为目的而结成的群体。这是亚当·斯密从分工的角度对产业集群作出的描述。

②产业集群是企业的一种空间组织形式,是在某一地域范围内相互联系的集聚体。(韦伯)

③产业集群是通过相互间的配套合作以获取绩效优势的众多中小企业在地理上的集中。(德瑞奇和特克拉)

④企业集群是基于专业化分工和协作的众多中小企业集合起来的组织,是介于纯市场组织和层级组织之间的中间性组织,它比市场组织稳定,比层级组织灵活。(威廉姆森)

⑤产业集群是相似的、相关联的或互补的众多中小企业在一定地理范围

---

① 钱志新著:《产业集群的理论与实践》,中国财政经济出版社 2004 年版,第 37～39 页。

内的聚集,有着通畅的销售渠道、积极的交流及对话,共享社会关系网络、劳动力市场和服务,共享市场机会及分担风险。(罗森·菲尔德)

⑥产业集群是在某特定领域中,一群在地理上邻近、有交互关联性的企业和相关法人机构,并以彼此的共通性和互补性相联结。产业集群的规模,可以从单一城市、整个州、一个国家,甚至到一些邻国联系的网络。[①]迈克尔·波特还给出了垂直企业集群与水平产业集群的定义:垂直的产业集群是指通过买卖关系来联结的众多企业所形成的产业集群;水平的产业集群是由包括共享终端产品市场、使用共同技术、技巧及相似的自然资源的企业所组成的集群。(迈克尔·波特)

⑦产业集群是具有包括经济活动在一定地域范围内的集群过程、产业间不同部门的水平和垂直联系、共享技术的使用、中心活动主体(如大企业、研究中心等)的产生以及企业网络和企业合作的特点等关键的因素的企业群体。(杰克伯斯和戴蒙)

⑧产业集群是趋向位于同一地方的一组经济活动,其判断标准是,这一组经济活动中任两种经济活动就业人之间是否相关。(伯格斯曼)

⑨产业集群是指在所有经济产业中,一群在商品和服务联系上比国民经济其他部门联系强,并在空间上相互接近的产业。(克若曼斯科等)

⑩产业集群是在生产过程中相互关联的企业集群,它通常在一个产业内,并且根植于地方社区。(派克等)

⑪产业集群是企业在地理和部门上集中,企业之间存在着范围广泛的劳动分工,并拥有参与本地市场为竞争所必须具备的、范围广泛的专业化创新的企业群组。(斯切密特兹)

⑫产业集群是为了获取新的互补技术,从互补资产和知识联盟中获得收益,加快学习过程,降低交易成本,克服或构筑市场壁垒,取得协作经济效益,分散创新风险和相互依赖性很强的企业(包括专业供应商)、知识生产机构(大学、研究机构和工程设计公司)、中介机构(经纪人和咨询顾问)以及客户通过增值链相互联系形成的网络,这种网络就是集群。(J. A.西奥、罗兰特和皮姆丹·赫托格)

这些关于产业集群的定义从不同的角度对产业集群进行了描述,强调了产业集群的不同重点,可以帮助我们从多个侧面加深对产业集群的理解。不过,这些形形色色的定义却不利于我们形成一个对产业集群的整体把握。为

---

① [美]迈克尔·波特著:《竞争论》,高登弟、李明轩译,中信出版社2003年版,第256页。

了在对文化产业的分析中方便地使用产业集群概念,我们需要一个相对集中统一的工作性定义。

相对而言,钱志新先生在综合前人理论的基础上对产业集群的定义能够满足我们的需要。钱志新对产业集群的定义是:

"产业集群是在产业发展过程中,特定领域内相互关联的企业与机构在一定地域内的集中所构成的产业群。这些产业群同处于一个产业链上,呈现横向或纵向延伸的专业化分工割据,彼此具有紧密的共性与互补性,使得技术、信息、人才、政策及相关产业要素等资源能够得到充分共享,知识传播与创新的速度通过产业链迅速推广,集群内企业因此而获得规模经济效益,并大大提高整个产业集群的竞争力。"①

这一定义对产业集群的本质、特征及其内在关系进行较为全面的描述,方便我们对产业集群的理解。在本书中,我们将采用这一定义来展开相关论述。

产业集群内的企业具有相互关联性,从事相同或相似经济活动,相互之间形成辅助关系。集群内企业间联系密切,相互依存。其成员企业通常包括上游供应商,下游的客商,以及向侧面延伸到互补产品的制造商或由于共同投入培训技能和技术而产生联系的公司及基础设施的供应者。集群内各企业地缘接近,但彼此独立,各自保持其独立法人地位,拥有不同的投资渠道,并往往有各自不同的主导产业和竞争优势。

产业集群运行的基础是法律、法规制度和诚信的商业文化,这种人文因素是维持集群内企业形成长期关系的重要纽带,也是产业集群形成和保持整体竞争优势的基础。如果没有起码的人文建设,一个地区的硬件设施配套再完备,也难以形成产业集群的整体效应。

现阶段,中国很多地方政府为了促进本地文化产业的发展,纷纷建立了各种文化产业园区,其中一些园区运行情况较好,在促进文化产业整体发展,形成整体竞争优势方面起到了明显作用;而另一些文化产业园区的入驻企业则貌合神离,整体优势不明显。究其原因,往往不是由于企业之间缺少关联性,而是由于缺少必要的人文因素将园区内的企业整合在一起。在个别园区内,甚至还出现企业之间互相挖墙脚的现象。出现这种现象的原因,往往与这些文化产业园区建设重硬件设施建设,轻人文环境建设的政策有关。

---

① 钱志新著:《产业集群的理论与实践》,中国财政经济出版社 2004 年版,第 39 页。

二、文化产业集群与文化产业的发展

文化产业集群的发展同区域经济有着必然的联系,区域经济越发达,文化产业就能获得越好的发展环境和发展动力。这一方面是由于区域性合作是以贸易自由化形式进行的经贸合作,通过取消合作成员间的贸易壁垒,增加贸易机会,促进资金、技术、人才和商品的自由流动,实现区域内合作各方的共同发展。区域经济贸易的优惠政策和合作理念对该经济合作区域内的文化产业也相应起着推动和促进的作用。另一方面,文化产业集群的产生同地理位置有着天然的联系,有着良好区域经济合作的地域是产生文化产业集群的温床。

目前,世界上主要的区域性合作组织——欧盟,率先在文化产业自我保护方面发挥了区域的作用,形成文化产业的集群力量。为了提高欧盟成员国文化产业的全球竞争力,欧盟于 1997 年 4 月提出了《欧盟电子商务行动方案》(A European Initiative in Electronic Commerce),规定了信息基础设施、管理框架和电子商务方面的行动准则,建立了先进的共用网络"泛欧网"。正是由于欧盟各国文化产业的携手并进,形成世界文化产业重要的强大的产业集群,才有了与美国文化产业抗衡的竞争实力。美国曾在乌拉圭贸易谈判中,将集成电路和文化产品打入欧洲市场作为谈判要点,遭遇欧共体国家的一致反对,断然拒绝了美国文化产品在欧洲"自由贸易"的要求,坚持了欧盟文化产业的自我特色发展。欧盟的文化产业集群还推进了一项"欧洲——共同的遗产"活动,保护和重建欧洲传统文化,加强欧洲文化间的交流,提升欧盟各国文化产品的竞争力,实现了欧盟文化产业集群的整体发展。①

一定区域内的文化产业集结成为产业集群,可以提高区域内文化机构的各自相对竞争优势(即比较优势)。

竞争优势(或称比较优势)是指一地区与另一地区相比较具有的优势,是一种潜在的优势,主要由版权保护、文化政策、资金资本、文化资源等基本生产要素决定,是一种天然的较低层次的竞争力,其优势的发挥还有赖于智力水平、知识更新、技术创新、资本运作和管理水平等软要素的配合。竞争优势是

---

① Commission of the European Communities, Cohesion Policy and Culture: A contribution to employment, COM(96)512 final, 20 November 1996, Brussels, http://www.inforegio. cec. eu. int/document/pdf/document/culture/en. pdf.

该文化产业集群中文化生产力发展水平的标志,不仅与基本的生产要素有关,而且与制度、政府、知识、品牌、管理和人力资本等高层次要素有关,是一种内生的现实的竞争力,是集群后天积累的结果。

文化市场形成产业集群对文化产业发展的影响主要表现在以下三个方面:

1. 文化产业集群有利于提高区域文化产业的整体竞争能力

当文化产业集群形成后,可通过降低成本、刺激创新、提高效率、加剧竞争等多种途径,提升整个区域的文化生产能力,形成一种集群竞争力。这时的集群将拥有非集群企业没有的新竞争力,比非集群更具有竞争力。产业集群内企业地理相邻特点,刺激各文化企业不断强化自己的市场能力,以适应在集群内"优胜劣汰"的选择机制。在产业集群内,大量文化企业展开既相互激烈竞争又多形式合作的发展态势,建立文化生产供应链,实现高效的网络化的互动和合作,克服单个文化组织在各自为政时会表现出的内部规模经济劣势,形成合力,以便在更大范围的文化产业竞争中与强大的对手抗衡。

2. 文化产业集群有利于区域性文化品牌的建设

由于具有地理集聚的特征,区域性文化产业集群能够有效地吸引相关的政府政策、学会研究、金融资本和人才培养等诸方面的支持,聚集和共享相关资源,形成区域性的核心竞争力,打造区域性的文化品牌。随着产业集群的高效运作,文化产品或服务容易形成有区域特色的文化品牌,从而使集群内的单个文化企业能够共享区域品牌的效益,减少各自投入的广告宣传费用。这种集群品牌是众多单个文化组织品牌精华的浓缩和提炼,比单个的企业品牌具有更广泛而持续的品牌效应。集群品牌是一种可以共享的无形资产,有利于提升整个文化产业集群的价值,为集群内单个文化组织的经济发展创造竞争优势。

3. 文化产业集群有利于文化企业的发展

集群内完善的配套体系、竞争与支持竞合的环境、良好的整体文化创新能力和成熟完整的文化供应链都吸引着外来文化企业的加入,也鼓励集群内文化机构因扩张规模而派生新企业。文化产业的核心竞争力是创新能力,集群能够为文化企业提供良好的创新氛围,促成文化企业的创新行为。一方面,集群内文化企业彼此相邻,随时受到竞争的压力,迫使文化组织不断进行内容创新、技术创新和管理创新;另一方面,在产业集群中,各文化企业由于地理接近,合作密切,新思想、新观念、新技术和新知识会迅速在集群内扩散,形成溢出效应,从而增强集群整体的创新能力。

三、"钻石"模型与文化产业集群要素

20世纪90年代初,美国管理大师迈克尔·波特教授以产业结构"五力竞争"模型为基础,逐步研究形成了适应经济全球化环境的产业国际竞争力分析框架和方法,即波特的"钻石理论";波特在钻石模型的基础上,结合产业情况又发展了国家优势的钻石体系。该理论认为,国家特定产业是否具有国际竞争力,答案系于一个国家的四大特质,这些特质各自独立,又能系统性地组合成国家优势的钻石体系。

在组成这个钻石体系的各领域中,各国可以据以建立其产业,并加以经营。这四大特质分别是:

①生产要素条件,该国生产要素的地位,例如熟练的劳工或基础建设,这些是产业必备的竞争要素;

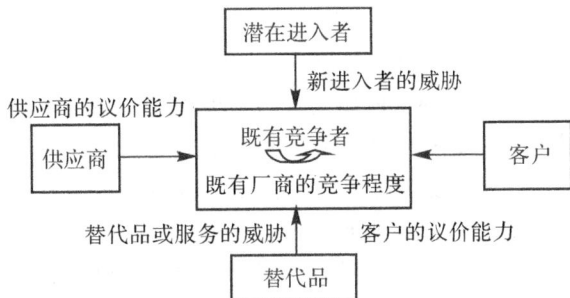

图9.3　迈克尔·波特的五力模型

②需求条件,本地市场对产品或服务的需求本质;

③支援产业与相关产业,该国是否具备这项产业的支援产业与相关产业,及这些产业是否具有国际竞争力;

④企业的战略、结构和竞争状态,支配企业如何创建、组织与管理的国内条件,以及该国的国内竞争性质。

钻石体系的每个点,以及体系本身,都是影响企业在国际竞争中获得成功的基本条件。例如,是否具有形成产业竞争优势的必要资源与技术;是否拥有能让企业察觉趋势方向,获得资源和技术机会的充分信息,以及企业主、经理人与员工的目标。而最重要的是,企业投资与创新的能力。[①]

波特在《国家竞争优势》中提出了国家竞争优势的"钻石模型",参见图9.4。"钻石模型"的构架主要由以上四个基本要素和两个附加要素(即机遇和政府)组成。波特的产业集群研究是结合国家竞争优势研究展开的,他强

---

① ［美］迈克尔·波特著:《竞争论》,高登弟、李明轩译,中信出版社2003年版,第173页。

调各个要素是在一个动态系统的变化中发挥作用,而国内市场竞争的压力是提高其他竞争者创新能力的动力,地域优势使四个基本因素整合为一个整体,相互作用和共同提高。波特指出,产业发展往往是形成两三个有竞争力的产业集群。

波特在 1998 年发表的《集群与新竞争经济学》中,

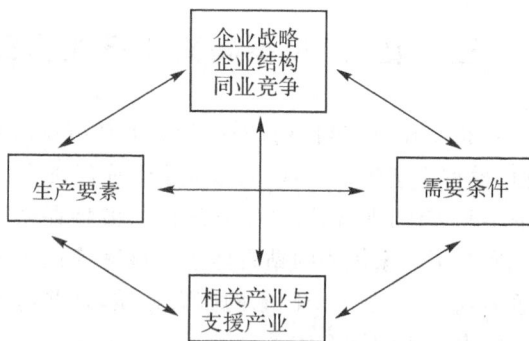

图 9.4　波特钻石模型及要素

系统地提出了产业集群理论,认为"(产业集群)是特定产业中互有联系的公司或机构聚集在特定地理位置的一种现象。集群包括一连串上、中、下游产业以及其他企业或机构,这些产业、企业或是机构对于竞争都很重要,它们包括了零件、设备、服务等特殊原料的供应商以及特殊基础建设的提供者。集群通常会向下延伸到下游的通路和顾客上,也会延伸到互补性产品的制造商以及和本产业有关的技能、科技或是共同原料等方面的公司上。最后,集群还包括了政府和其他机构——例如大学、制定标准的机构、职业训练中心以及贸易组织等——以提供专业的训练、教育、资讯、研究以及技术支援"。

各国文化产业集群的发展是多要素综合作用的结果,其中文化要素条件、文化需求状况、支持性产业和相关产业、文化机构的战略结构与竞争四因素是影响文化产业国际竞争力的决定因素,具有双向作用,与文化产业的集群发展息息相关。

1. 生产要素条件是文化产业集群发展的基础

生产要素条件有初级要素和高级要素、专门要素和一般要素之分。

初级要素内容广泛,包括文化资源、自然资源、气候、地理位置和资金等。

高级要素特指现代化的基础设施,以及专业人才和研究机构等。

在文化产业领域内,初级要素可以通过全球的市场网络获得,所以地域的优劣势影响很小,对文化产业集群的产生和发展的影响也较小。而高级要素是生产具有优势竞争力的文化产品和服务的关键要素,具有不容置疑的重要性。高级文化生产要素很难从外部获得,必须由文化产业集群内的文化机构长期地对人力资本和物质资本的积累投资才能获得。

一般要素是适用范围广泛的要素,而专业要素则是高级专业人才、专业研究机构和专用的软、硬件设施等。在文化生产领域,特殊的文化设施、特定的创新性专门人才将为文化产业的集群发展提供持久的竞争优势,拥有专业文化生产要素的文化产业集群就会拥有竞争优势。

2. 文化需求条件是文化产业集群发展的动力

本地市场对文化产品或服务的需求本质非常重要,内行而挑剔的消费者是影响文化产业竞争力的因素,他们会在文化产品创新性和优质服务等方面建立起高标准,激发出本地区文化产业集群的竞争优势,因为如果能满足这部分高要求的顾客,其他的客户要求就不成问题。另一方面,本地的顾客需求领先于其他地区,也可以成为本地文化产业集群的一种优势,因为先进的文化产品需要前卫的文化需求来支持。例如一个休闲消费型的城市,在本地消费者的要求下,不断对休闲项目推陈出新,而名目繁多的休闲项目会让来自节奏紧张城市的消费者耳目一新,尽情享受。

3. 文化产业集群中的相关产业是休戚与共的关系

文化产业集群要形成竞争优势,在核心文化产业之外,不能缺少支持性产业和互补性产业的密切合作,而有竞争力的相关产业通常会带动核心文化产业的竞争力。在文化产业领域内,特别要注意"产业集群"现象,一个优势的文化产业不是单独存在的,它一定是同本地区相关强势产业一同崛起。一个油画村的发展,与纸业、油彩业、装裱业的强势发展息息相关。波特指出,即使下游产业不在国际上竞争,但只要上游供应商具有国际竞争优势,对整个产业的影响仍然是正面的。

4. 文化机构的战略结构与竞争

文化企业的战略结构对文化产业创新和差异化起着决定作用;而文化产业集群内的同行业的竞争会迫使单个文化组织不断更新文化产品和服务,形成与之相适应的战略结构,以取得持久、独特的优势地位。此外,激烈的本地集群内竞争还会迫使文化企业走出地区参与异地竞争。经过激烈竞争锻炼的文化组织和文化项目往往更加成熟,更具有竞争力。成功的文化产业必然先经过区域集群市场的缠斗,经过改进和创新,再参与到更大的市场中,上一级市场则是竞争力的延伸。

四、文化产业集群支持体系与国家文化发展战略

"战略"本是军事术语,美国经济学家艾伯特·赫希曼将"经济"和"战略"结合起来,率先提出"经济发展战略"的概念;文化发展战略的提法,在世界上

都是 20 世纪 80 年代的文化现象。1986 年上海市委宣传部召开"上海文化发展战略研讨会",是中国较早将"战略"概念引入文化发展领域的例子。

文化战略就是战略主体对战略目的的应用,文化产业集群就是一种偏重于整体性的文化战略,在文化日益成为主导和影响国际政治、经济的重要力量的时代中,文化战略是一种国家战略,是国家全面发展中的一种重要战略,也是国家和民族存在和延续的文化形态。一个文化产业集群所生产的文化,代表着地区乃至国家的文化品牌,也反映和表现着地区或国家现存的基本文化态度和文化观点,这种态度和观点影响着国家对未来的选择,并影响着世界对它的看法和它对世界的看法。

国家文化发展战略是关于一国文化发展的一种长远的整体性谋划和政策安排。一国所支持的文化集群门类,不仅关系到国家的整体文化竞争能力和财富积聚方式,也代表着国家的文化价值观和文化特质。民族的文化性格、文化态度和文化价值观构成一国的文化特质系统,而不同文化心理结构的民族会选择不同项目和操作方式的文化产业集群,文化产业集群门类同国家的文化特质有着必然的联系。一种文化产业集群的文化内涵是国家文化的实力形态和基本资源,成为国家"软实力"的重要标志[1]。同时,国家和民族的文化特质决定了产业集群的文化内涵,也就是说地区或国家的文化产业集群的门类并不完全是随意产生的,具有"先天性"。文化产业集群决定着国家文化的发展方向,文化产业集群对国家的文化发展具有重要的影响。

发展文化产业集群是发展国家文化产业的基础,为了更好地发挥双方的促进作用,应该重视以下三个方面:

1. 根据本国文化特点,科学地发展文化产业集群

产业集群是一个复杂的有机系统,文化产业集群的产生与国家地区的文化特质息息相关,文化特质是决定一个地区文化产业集群门类的最重要因素,是一种必要条件。如果某区域并不具备某个文化产业集聚产生和发展的条件,强行地推行这种产业,失败的概率将很大。

文化产业集群是产业与区域文化的有机结合,它是通过本地特有的、不可移动的文化特质和文化生产要素吸引全国乃至全球的文化资源和文化生产在本地区建立文化产业,从而形成文化资源的有效汇集和配置。

不同地区适合发展的文化产业不同,不同地区所拥有的文化生产要素

---

[1] 关于文化产业与国家软实力的关系,可参阅本书第三章内容及李思屈《数字娱乐产业》第一章相关内容,四川大学出版社 2006 年版。

也不相同。因此,本国政府应根据地区的具体情况,制定具有特色的文化产业集群发展规划,并尽可能地创造一些地区不可移动的文化生产要素,刺激自发性文化产业集群产生,并采取发展文化经济的重要手段促进文化产业集群的形成与发展,通过大力发展文化产业集群,实现国家文化产业发展的战略目标。

2. 文化产业集聚的发展与区域产业竞争力密切相关,政府的产业制度尤为重要

市场竞争已从企业发展战略竞争向产业集聚发展战略竞争演化,在文化产业领域中,规划投放的文化产业项目要充分考虑该地区具有的产业竞争力,因为文化产业集聚地区的特征是关联度高的产业竞争力。

文化产业集群的发展是由文化环境因素、文化需求条件、文化生产要素和相关与支持性产业四要素共同作用的结果。

政府在文化产业集群的产生和发展过程中将起着非常重要的作用。原因是:

首先,文化产业集群的四要素的激发和维护需要政府的间接参与。在文化产业集群产生时期,四要素还处于松散的"潜伏"阶段,各方面的优势还不能在产业运作中体现出来,需要政府的有效帮助,刺激文化产业集群的产生。

其次,文化产业集群的产业环境需要政府的参与。集群内部的不正当竞争、相关联体系的建立和完善、产业的升级以及集群外部的市场环境的建设均需要政府的手笔。

另外,文化制度创新是实行文化产业集群战略的关键。文化产业是创意性产业,客观上需要政府文化制度的创新,政府通过文化制度的创新形成一种指导创意产业发展的政策调控和间接干预体系,为文化产业集群的发展提供平台,优化创新环境,推动国家文化产业的发展。

3. 提倡文化创意,培育区域文化,促进文化产业的聚集

所有的产业集群都是建立在一定的区域文化基础上的,而将"文化"作为核心生产内容的文化产业更需要区域文化的支持系统。文化产业与区域内经济和社会之间具有高度的内在联系,单个的文化组织在一个区域内相邻而结网,形成紧密合作共同发展的态势,既需要市场机制和产业法规等文化制度的完善,也需要形成文化产业集群所在地的文化环境氛围,以及文化产业集群作为一个整体对外宣传的自身文化品格。一项文化建设,是产业集群内的单个文化机构不能统筹完成的,需要政府的作为。政府在积极培育和建设文化产业集群的文化内涵的同时,不仅向世界宣传了自己的文化,也是促进国家文化发展的重要举措。

练习、思考与案例

(1)在社会调查基础上,试用波特"钻石模型"分析一个地区的文化产业竞争力要素,并提出面向政府和企业的文化产业发展建议方案。

(2)细读下面案例,谈谈你对"班加罗尔模式"的认识,并说明它对中国文化产业集群、文化产业园区建设有何启发意义。

案 例

班加罗尔模式与产业集群的发展[①]

印度卡纳达克邦首府班加罗尔是以信息产业为支柱产业的新兴科技型城市,其信息产业,尤其是软件业的发展已经蜚声国际,不仅成为班加罗尔的主要都市型工业,还为班加罗尔带来了"印度硅谷"的美誉。班加罗尔软件业的产业规模与质量不仅在印度首屈一指,即便在世界范围内也是一流的。

班加罗尔软件业的飞速发展只是短短的 10 年。1991 年,印度政府在班加罗尔设立该国历史上第一个软件科技园——印度软件科技园(STPI),园区耗资 60 亿卢比,由卡纳达克邦、印度塔塔集团与来自新加坡的资金合建,邦政府占 20% 的股份,其他两家各占 40%,至此班加罗尔的软件产业才乘上发展的东风。1997 年,卡纳达克邦宣布其 IT 产业发展政策,成为印度第一个宣告发展 IT 产业的邦,并将发展的腹地选择在首府城市班加罗尔;目前,在班加罗尔市 2000 多家企业中,1500 家是软件企业,占了印度软件企业的 1/2。其中 250 家是跨国公司,世界 500 强有 65 家落户这里。印度软件产业的收入 60% 来源于卡纳塔卡州与班加罗尔。[②] 1991—1992 年度,班加罗尔的计算机

---

①　选自胡宇辰著:《产业集群支持体系》,本小节原标题为《印度班加罗尔软件业的高速发展》,经济管理出版社 2005 年版,第 56～66 页。

②　高丽华:《印度纪行》,计算机世界网.2003 年 11 月 26 日。

软件出口仅为 150 万美元;2000—2001 年度猛增到 16.3 亿美元,10 年内飙升了 108 倍。[①] 2003 年,其软件出口已达 35 亿美元,预计 2008 年将达到 150 亿美元。[②] 班加罗尔已经成长为世界上继硅谷之后的又一信息技术产业基地。班加罗尔软件业快速发展的经验很值得我们研究和借鉴。

班加罗尔软件产业取得如此辉煌的业绩和极高的国际地位,归功于政策、技术和环境因素的联合推动,其中最关键的是政府的主导、国家的扶植、政策的倾斜、国际市场的跟进与自身发展战略的结合。

(一)适宜的外部环境

班加罗尔之所以将信息产业发展成为具有代表性的都市型工业,与其各方面的环境条件是密不可分的。这里政府民主、法规严明、治安良好、热情好客,顶级 IT 专家云集、研究制度一流,文化丰富、气候宜人、劳资关系良好,正是这些政策环境、技术环境甚至地理环境,为班加罗尔的软件产业带来资金、技术和人才。此外,班加罗尔的硬件设施也堪称一流。庞大的地面卫星站可以随时同世界任何角落进行畅通无阻的交流;完善的基础设施,提供诸如复印、文传及培训、保安等服务,使入园公司放心投资,安心经营。尤其令投资者瞩目的是,这里集中了印度科学研究所、班加罗尔大学、拉曼研究所、国家宇航研究实验室、国家动力研究所等国内一流的科研机构和高等院校。据统计,在班加罗尔周围有 10 所综合大学和 70 家技术学院,每年输出 1.8 万名软件人才,成为班加罗尔软件业发展的坚强后盾。[③]

(二)有效的政策支持

印度政府和卡纳达克邦政府的推动措施和政策是软件产业得以发展的关键力量。

1.班加罗尔发展软件业与印度政府的信息产业战略导向一致。

20 世纪 80 年代后期,印度政府根据现代信息技术发展的潮流,制定了重点发展计算机软件业的长远战略,将发展软件业置于优先地位。1991 年,印度政府在班加罗尔成立了该国第一个计算机软件技术园。1992 年,班加罗尔又成为印度第一个建立地球卫星站发展高速通讯服务以加速软件出口业的城市。

---

① 《走进印度的软件王国——班加罗尔》,央视国际网,2002 年 1 月 13 日。
② 钟坚著:《世界硅谷模式的制度分析》.中国社会科学出版社 2001 年版,第 491 期。
③ 杨公朴、夏大尉:《印度班加罗尔发展都市型工业的经验》,成都经济信息网,2003 年 9 月 1 日。

2. 政府制定了一系列包括税收、贷款、投资等方面的政策措施。

政策措施主要有以下几个方面：

(1) 关税政策。政府对软件出口实行零关税、零流通和零服务税，允许出口商选择纳税方式，免除进出口软件的双重赋税，允许其保留出口收入的50%。2000年，进出口政策出台"促进出口资本货物计划"，对任何部门进口的资本货物都征以5%的关税。在此之前，对软件企业进口到岸价不超过100万卢比的资本货物实行零关税政策；为提高计算机软件的质量，引进国外先进技术，政府还放宽了对计算机进口的限制，大幅度降低关税等。

(2) 所得税政策。凡是软件产品全部出口的企业，免交所得税；对各种形式的软件出口收入(包括部分由IT带动的服务业出口收入)，免征所得税，免税期为5年，每年的免税额以20%的比例递减；风险基金企业投资任何项目的所得，包括利息收入，均免征所得税。

(3) 进出口优惠政策。根据1999年颁布的政策规定，对进口各种计算机，无需任何许可证；自2000年开始，对按处理价格进口10年以下的二手资本货物，不再要求有许可证；从1997—2002年，对具备ISO9000质量资格认证和"软件成熟度模型"二级以上水平的软件企业进行离岸产品开发、网上咨询服务给予特殊进口许可证；自2000年开始，对过去有关企业资格审查由一年一审改为四年一审。

(4) 货物税和劳务税政策。软件园区企业从国内保税区采购货物时，免征货物税；自1999年开始，对软件服务企业免征劳务税。

(5) 投资政策。上述的税收优惠政策，诸如免收进出口软件的双重赋税，全部产品用于出口的软件商可免征所得税，吸引了大批知名软件企业在班加罗尔的投资。在企业资产方面实施的优惠政策有：外资控股可达75%～100%；允许进口计算机技术的企业资产限额从两亿卢比降至100万卢比。

(6) 信息技术政策。卡纳达克邦政府相关政策鼓励企业在卡纳达克邦其他地区成立业务部，在这一政策的鼓励下，班加罗尔在迈索尔、胡布利、玛尼帕尔、门格洛尔等城市下设了许多分支机构扶持当地IT产业，尤其是软件产业的发展，这些机构主要提供人员培训、就业机会等。这样建立起来的一些IT企业不仅通过软件出口为国家赚取了大量的外汇，而且也增加了当地的财政收入。

(7) 产业扶持政策。采取印度前所未有的低额税收，从2000年3月2日开始，对计算机业和计算机相关外围业只征收0.25%的税收，是印度有史以来最低的税收比率；免收硬件业4%的每年续约劳动合同税。

(三)优惠的入园待遇

班加罗尔是印度第一个软件技术园 STP 的所在地,STP 作为注册机构执行软件产业政策和扶持当地软件产业发展的入园企业,除了享受一般软件企业享受的以上政策之外,还享有一些优惠"特权"。

在行政服务方面,在技术园内实行政府一门式服务,简化行政审批手续,提高办事效率;提供海关担保和出口许可一体化服务。

在外资政策方面,允许建立全额外资企业,允许外资独资进驻,即可以100%外资注册;外方可用关键技术转让费、版税、股息投资的本息,在缴纳相应的所得税后,余额可全部汇往国外。

在进出口方面,从注册到 2010 年期间免收所得税;软件园区成员企业进口资本货物时,免交任何关税;园区成员单位国内采购免交地方税;在国内保税区可销售相当于其出口产值 50% 的产品;成员单位的货物在海关的保税期为 5 年,若项目投资大、周期长,可延长至 10 年;允许进口二手资本货物。

(四)持续发展的创新动力

首先,班加罗尔软件业的迅速发展得益于质高量大的人力。各种类型的软件技术人员富足,软件程序员、软件工程师、软件专家构成了技术过硬的软件开发队伍。其中,软件专家数每年以超过 50% 的比率递增;在专业人才培养方式上,政府采取国际、企业、私人并举,产、学、研结合的方式,即依托高等院校设置计算机专业培养、民办或私营机构培训(最成功的是 NIIT)以及软件企业自己设立培训机构。这里的信息技术公司特别注重培养计算机应用专家、系统分析员等。

其次,企业运用先进的开发工具,执行较高的质量标准。为了提高软件产业的国际竞争力,政府鼓励企业按照国际标准生产软件产品,印度政府还建立了权威的质量认证机构,并设立了软件试验基地。截至 2000 年,印度全国有170 多家软件企业通过 ISO9000 质量体系认证,是世界上获得质量认证软件企业最多的国家。

总之,班加罗尔模式是一种典型的政府主导的模式。在一个比较落后的国家或地区,通过在某个地方设立"特殊区域",政府可以集中为其改善局部投资环境和提供完备服务,来吸引外资和增加投资,发展优势产业,形成增长极,并对周边地区产生辐射作用。

第十章

文化产业品牌战略

在文化产业的价值链中,创意是灵魂,而品牌则是一种核心竞争力。

20世纪80年代开始,品牌战略越来越受到应有的重视,品牌战略对于文化产业发展具有重要意义。首先,一个优秀的品牌是市场的保证,可以形成竞争防线,提高注意力经济的影响力,文化产业的品牌战略可以提高文化产品的竞争力,特别在应对环境变化时,具有更高的竞争力;其次可以确立文化产业的品牌资产,品牌资产是一系列与品牌、品牌名称、标识物相联系的资产,它能增加文化产品或文化服务的价值,创造更大的利润空间。世界文化产业第一梯队美国的各类文化产业门类都十分注重品牌形成、营销与加值,从而形成一个名副其实的产业价值互动与张力。例如,迪斯尼品牌的价值就高达325.91亿美元。迪斯尼、梦工场、环球等一系列国际文化娱乐名牌企业和产品,其品牌在识别定位、广告策略、个性产品包装等多方面都具有跨越国界的高度。

第一节　文化产业品牌战略的界定

一、什么是"品牌战略"?

自"品牌"一词诞生以来,"品牌"和"品牌战略"的概念至今在学术界仍然具有争议。随着商业社会时间的推移,市场竞争格局和产业形态不断变迁,"品牌"和"品牌战略"承载的含义也越来越丰富,甚至形成了专门的研究领域——品牌学。

1. 品牌

(1)品牌的起源

品牌的英文单词是 Brand,源自于古挪威文 Brandr,原意是"烧灼"。那个时代,人们用这种标记方式来区别自己和其他人的家畜等私有财产。中世纪的欧洲,手工艺匠人在自己的手工艺品上烙下标记,以便顾客识别产品的产地和生产者,并以此对消费者提供担保,同时也为生产者提供法律保护——这就是商标的最初由来。16 世纪上叶,蒸馏威士忌酒的生产商将威士忌装入烙有生产者名字的木桶中,以防不法商人偷梁换柱。1835 年,苏格兰的酿酒者首次使用"Old Smuggler",用这一品牌提醒消费者"这种采用特殊蒸馏程序酿制的酒"是具有质量声誉的。

(2)品牌的定义

"品牌"在《牛津大辞典》里被定义为"用来证明所有权,作为质量的标志或其他用途",其含义即是"品牌是用以区别和证明品质的"。品牌是什么? 半个世纪前,广告教父大卫·奥格威对品牌做出这样的定义,"品牌是一种错综复杂的象征,它是品牌的属性、名称、包装、价格、历史、声誉、广告风格的无形组合。"这个定义得到国际性广告公司和咨询公司的广泛认同。

目前,理论界对于品牌的定义有多种,综合基本含义可以归纳如下:

①品牌是指组织及其提供的产品或服务的有形和无形的综合表现,其目的是借以辨认组织产品或服务,并使之同竞争对手的产品或服务区别开来。

②品牌是指企业及其所提供的商品或服务的综合标识。

③品牌是一种名称、术语、标记、符号或图案,或是它们的相互组合,用以识别企业提供给某个或某群消费者的产品或服务,并使之与竞争对手的产品或服务相区别。

④品牌包含着商标、属性、名称、包装、价格、历史、声誉、广告方式等多种因素,蕴涵企业及其商品或服务的品质和声誉。品牌价值取决于消费者对它的感性认识(印象及经验)。

⑤品牌是企业或品牌主体(包括国家、城市、个人等)一切无形资产总和的全息浓缩,而这一浓缩又可以以特定的"符号"来识别;它是主体与客体,主体与社会,企业与消费者相互作用的产物。

⑥品牌既是企业对消费者的质量承诺又是企业所获得的消费者的信任水平。

2. 品牌战略

品牌战略与组织战略、人才战略、投资战略、产品战略、技术战略、跨国经营战略等并列齐观,成为诸多战略选择的一种。从文化角度来看,品牌是文化产业旗帜,实施品牌战略是发展文化产业的突破口。

(1)品牌战略的定义

所谓品牌战略,就是将品牌作为核心竞争力,以获取差别利润与价值的经营战略。

品牌战略是市场经济中竞争的产物。品牌战略的本质是塑造出企业的核心专长,从而确保企业的长远发展。因为现代社会科技高度发达、信息快速传播,产品、技术及管理诀窍等内容极容易被对手模仿,而品牌一旦树立,得到了消费者的认知,则这种认知和感觉不能被轻易模仿。正是品牌具有这种不可模仿的无形价值,近年来,中国一些意识超前的企业也纷纷运用品牌战略的利器,获取市场同质竞争的优势。

小贴士

品牌战略的历程

品牌战略管理经历了100多年的研究与发展过程,其历程概要如下:

1870年以前,是品牌观念时代。

1870—1900年,个体生产者拥有消费品品牌。

1915—1928年,广告宣传突出品牌;企业品牌管理设置职能部门。

1930—1945年,出现了品牌经理;诞生了品牌管理系统。

1950—1960年,企业开始实施品牌管理系统;学者开始品牌管理理论研究。

1960—1980年,全球盛行品牌经理制。

20世纪80年代—90年代初,出现品牌整合;品牌资产盛行。

20世纪90年代以后,品牌战略和品牌管理成为公司战略和管理的重要新领域。

(2)品牌战略的内容

品牌战略的内容,包括品牌化决策、品牌模式选择、品牌识别界定、品牌延伸规划、品牌管理规划与品牌远景设立六个方面的内容。

品牌化决策是解决品牌的属性问题,即是选择制造商品牌还是经销商品牌、是自创品牌还是加盟品牌。这是在品牌创立之前就需要解决好的问题。

　　品牌模式选择是解决品牌的结构问题,即是选择综合性的单一品牌还是多元化的多品牌,是联合品牌还是主副品牌,品牌模式虽无好与坏之分,但却有一定的行业适用性与时间性。

　　品牌识别界定是确立品牌的内涵,也就是企业希望消费者认同的品牌形象,它是品牌战略的重心。它从品牌的理念识别、行为识别与符号识别三个方面规范了品牌的思想、行为、外表等内外含义,其中包括以品牌的核心价值为中心的核心识别和以品牌承诺、品牌个性等元素组成的基本识别。

　　品牌延伸规划是对品牌未来发展领域的清晰界定。明确了未来品牌适合在哪些领域、行业发展与延伸,在降低延伸风险、规避品牌稀释的前提下,以谋求品牌价值的最大化。

小贴士

品牌战略理论

　　围绕品牌战略管理,出现了一系列理论和操作方法,举例如下:

　　1. 奥美的“品牌管家(brand stewardship)”;20世纪90年代末进一步提出的“360度品牌”理论模式;

　　2. 萨奇的“全球品牌策略(the global branding)”;

　　3. 电通的“品牌传播(brand communication)”;

　　4. 达波思提出的“品牌轮(brand wheel)”;

　　5. 智威汤逊提出的“整合品牌建设(total branding)”;

　　6. 戴维森提出的“品牌冰山”理论和思想;

　　7. Tom Duncan提出用“价值范畴”代替“价值链”的品牌关系研究新模式;

　　8. David A. Aaker提出的“品牌群”概念;2000年进一步提出了“品牌领导”新管理模式;

　　9. Agnieszka Winkler提出了“品牌生态环境”新概念。

　　品牌管理规划是从组织机构与管理机制上为品牌建设保驾护航,在上述规划的基础上为品牌的发展设立远景,并明确品牌发展各阶段的目标与衡量指标。

二、什么是"文化产业的品牌战略"？

文化产业强国需要强势品牌的支持,中国文化产业的发展需要从品牌战略的角度切入思考和研究,因为品牌在国际文化产业竞争中扮演主导角色。因此展开对中国文化产业的品牌战略研究,不但在文化产业理论研究上具有创新意义,而且直接关系到中国文化产业的进一步发展,关系到经济结构的调整,关系到民族精神的弘扬光大。

1. 与文化产业品牌战略相关的概念

(1)品牌资产(Brand Equity)

品牌资产是与品牌、品牌名称和标志相联系,能够增加或减少企业所销售产品或服务的价值的一系列资产与负债。它主要包括 5 个方面,即品牌忠诚度、品牌认知度、品牌感知质量、品牌联想、其他专有资产(如商标、专利、渠道关系等),这些资产通过多种方式向消费者和企业提供价值。

(2)品牌文化(Brand Culture)

品牌文化是指品牌在经营中逐步形成的文化积淀,代表了企业和消费者的利益认知、情感归属,是品牌与传统文化以及企业个性形象的总和。与企业文化的内部凝聚作用不同,品牌文化突出了企业外在的宣传、整合优势,将企业品牌理念有效地传递给消费者,进而占领消费者。品牌文化是凝结在品牌上的企业精华。

(3)品牌符号(Brand Symbol)

品牌符号是区别产品或服务的基本手段,包括名称、标志、基本色、口号、象征物、代言人、包装等。这些识别元素形成一个有机结构,对消费者施加影响。它是形成品牌概念的基础,成功的品牌符号是公司的重要资产,在品牌与消费者的互动中发挥作用。

(4)品牌个性(Brand Personality)

品牌个性是特定品牌拥有的一系列人性特色,即品牌所呈现出的人格品质。它是品牌识别的重要组成部分,可以使没有生命的产品或服务人性化。品牌个性能带来强大而独特的品牌联想,丰富品牌的内涵。

(5)品牌定位(Brand Positioning)

品牌定位是在综合分析目标市场与竞争情况的前提下,建立一个符合原始产品的独特品牌形象,并对品牌的整体形象进行设计、传播,从而在目标消费者心中占据一个独具价值地位的过程或行动。其着眼点是目标消费者的心理感受,途径是对品牌整体形象进行设计,实质是依据目标消费者的特征,设计产品属性并传播品牌价值,从而在目标顾客心中形成该品牌的独特位置。

(6)品牌形象(Brand Image)

品牌形象是指消费者基于能接触到的品牌信息,经过自己的选择与加工,在大脑中形成的有关品牌的印象总和。品牌形象与品牌识别既有区别,又有联系。二者的区别在于,品牌识别是品牌战略者希望人们如何看待品牌,而品牌形象是现实中人们如何看待品牌的;二者的联系在于,品牌识别是品牌形象形成的来源和依据,而品牌形象在某种程度上是执行品牌识别的结果。

2."文化产业品牌战略"的定义

所谓文化产业的品牌战略,是一个国家、一个组织或一个企业生产或营销文化产品或服务时以品牌为核心的一种市场策略,具体讲就是将某一项文化品牌作为核心竞争力,以逐步获取公众知晓、好感和认同,最终实现社会价值和差别利润的战略。

第二节 文化产业品牌的价值

文化企业和文化产品的成功和其品牌的成功密不可分,文化产业的市场竞争实质上是品牌的竞争。运用品牌战略发展文化产业时,会同时创造两种重要价值:文化价值和经济价值。[①]

一、文化品牌的价值内涵

品牌的文化价值是吸引消费者的根本原因,所以品牌的魅力集中体现在它的文化价值上。例如,迪斯尼的文化价值是"生产快乐",这一世界知名的百年品牌的奥秘正是在于,消费者对于其米老鼠等动画形象背后的文化价值的认同。

---

① 文化价值的论述参见黄小竹:《品牌战略——有关品牌的文化价值》,《商场现代化》,2009年5月(上旬刊)。经济价值的论述参见赖丹:《文化产业的品牌战略探析》,《科技广场》,2009年第6期。

强势品牌、知名品牌意味着高附加值、高利润、高市场占有率。例如知名导演、知名演员是电影票房的基本保证。创造品牌文化价值的战略大致包括以下几个要点：

1. 塑造品牌精神价值，是文化企业品牌战略的重中之重

文化品牌独特的文化价值内涵，已成为征服消费者的利器。一旦消费者认可了某一品牌内含的文化价值，这个品牌也就牢牢地拴住了消费者的经济消费。文化品牌，以其独特的文化价值，超越国界、超越民族、超越意识，吸引全世界人民共同消费。

2. 塑造文化企业的企业文化品牌，是发展文化产业的另一个重要战略

企业文化是一个企业在共同价值观基础上形成的所有的思维模式、产品模式和行为模式的总和，主要反映在企业精神、理念、内部规章制度和相对一致的行为方式上。企业文化是向内的，但是通过企业的产品销售、公关事件、广告宣传、公司人物等向顾客传达一种文化精髓，内向的企业文化通过产品品牌文化进行外在表现。

文化企业的每项公共事件都会直接影响其文化产品的公众形象和口碑，是积累品牌内涵和宣传品牌精神的重要方式。品牌文化价值是企业竞争优势的主要源泉和富有价值的战略财富。拥有明确定位且充满自信的品牌，是企业将本身的价值及文化，清楚、明确、持续地传达给消费者的最重要的途径。

3. 塑造品牌核心价值理念，是统帅文化企业经济活动的重要战略

品牌文化是文化企业整体形象在外部市场上的表现，其目的是让目标消费者在文化价值观上对文化产品产生共鸣，获得消费者的文化认同，促进其文化产品的销售，从而最终实现文化企业的经济价值。另一方面，品牌价值的宣传也间接地向消费者提供了文化产品或文化服务的属性，以及体验的保证。

因此，产品功能、包装与外观、广告传播等所有向消费者传达品牌信息的机会都要同品牌文化价值一致，都要充分体现品牌的文化价值，即用品牌文化价值统帅文化企业的一切营销传播活动，才能使消费者深刻记住并由衷地认同品牌文化价值。即更深一层讲，文化企业的一切价值活动都要体现品牌文化价值。

所以说，正确地实施品牌战略，文化企业可以有效地丰富其文化产品的精神价值，有效地提升品牌资产，从而增强文化企业自身的竞争力。

二、文化品牌的经济价值

品牌已经成为全球经济瞩目的焦点,成功的品牌意味着较高的利润和较多的市场份额。市场竞争越来越激烈,品牌是识别某个或某些文化生产者和代理商的文化商品或文化服务的重要组合标识。

要增强市场竞争能力,就要实施品牌战略。尤其是文化产业的发展,文化品牌,是文化产业品牌化的结果,是文化的经济价值与精神价值的双重凝聚。

文化产业的发展是一个系统工程,涉及社会许多方面的因素,文化品牌占有不可忽视的重要作用。品牌效应是市场经济一般规律中非常重要的基本要素,在文化产业中品牌效应有着举足轻重的地位。只有品牌才有经济的竞争力和市场的感召力,品牌所带来的附加值已经远远超出了商品本身所具有的价值。文化产业更是如此,文化产业的形成来源于人们的精神消费,而这种精神消费一旦形成一种心理取向,随即会变成一种特有的文化符号,形成特定的文化品牌。这种文化品牌的意义在于消费者会自觉地把品牌与产品联系在一起,产生特有的消费行为,以文化品牌效应促进文化产业的发展,对经济发展和产业结构调整将起到十分重要的带动作用。

在发达国家,文化产业之所以成为支柱产业,与其文化品牌发挥的作用密不可分。国内文化产业快速发展的省区的经验也印证了品牌带动对于加快文化产业发展、提高文化产业核心竞争力的巨大作用。在世界范围内文化产业快速发展、市场分割快速进行的今天,没有优势文化品牌,就意味着没有核心竞争力和产业优势,在市场占有和竞争中必然处于劣势。目前,越来越多的国外文化品牌涌入我国,市场竞争日趋激烈。要提高我国文化产业的竞争力,必须全力打造我国自己的文化产业品牌,这也是衡量我国经济发展水平的重要方面。因此,实施文化产业品牌战略、促进文化品牌的段位升级,已成为文化企业生存和发展的需要,也是融入国际化竞争的必然要求。

第三节 运用品牌战略发展文化产业

一、"文化资源"与"文化资产"

进入 21 世纪,以知识产权为基础的内容产业经济占据世界文化经济结构的主导地位。在当今文化产业发展中,文化资源大国往往不是文化产业大国,文化产业大国却往往是文化资源小国。文化产业大国运用品牌战略将他国文化资源本国化,取得经济上的巨大利润和意识形态上的广泛影响。

从文化内容的品牌生产角度研究,不同国家拥有的文化资源差异很大,在文化产业品牌化时代,通过"改编"的产业符号生产,剥夺了文化资源国的文化拥有权。

小贴士

美国迪斯尼品牌动画片的文化资源①

美国是改编别国文化资源,重新生产品牌符号并因此取得商业成功的典型。美国被公认为文化资源有限,但在文化品牌市场上,美国动画公司每年的营业利润占据全球市场的相当份额,仅迪斯尼动画王国涉及电影、主题公园、房地产开发,年利润高达50亿美元。

表1截取从1937年12月21日公映的迪斯尼第一部剧情动画长片《白雪公主》至2004年2月10日以录像带形式发行的《狮子王3》的近70年时间中,美国获世界大奖或有票房保证或有巨大知名度的品牌动画片为CORPERS,进行统计得到如下数据:

表1　美国获得效应成功的品牌动画片统计

CORPERS	取得票房成功	获世界级大奖
68 部	59 部	57 部

对 CORPERS 中的动画片按素材来源分四类进行了统计,这四类是:(1)改编自别国民间故事、经典童话或名著;(2)改编自本国现代小说故事或同名电视剧;(3)原创故事;(4)改编自本国民间故事。

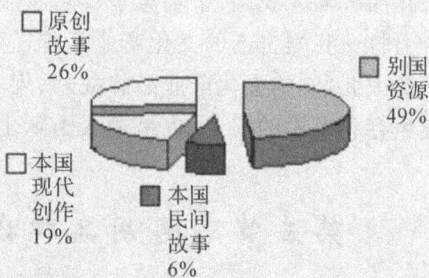

美国获得效应成功动画片的素材来源统计

---

① 参见李涛:《文化改写与产业符号生产》,《财经论丛》,2006 年 12 月。

从图中可以读出,美国品牌动画片经改编其他国家的文化资源占其动漫市场成功产品的比例是 49%,而本国文化资源只占 6%;在现代小说和原创故事中,也有灵感来自别国文化资源的作品,例如电影史上首部进入票房排名前 10 名的动画片《狮子王》①是属于原创故事,但创作者坦言其灵感来自莎士比亚的名剧《哈姆雷特》。

在美国动画片素材来源表中,改编自英国文化资源的比例最大,其次是安徒生童话、格林童话、法国神话等。

在全球化的视野中,美国的文化资源改编操作手法似乎没有太大的不妥,但作为文化资源大国的"文化第三世界产业小国"而言,在文化品牌生产和文化意识领域两方面都存在着严重的危机。阿明在《全球化时代的资本主义:当代社会的管理》②中认为,发达国家是全球化的中心,拥有资本、生产技术、营销网络并攫取绝大部分利润,其他国家则只是充当全球化生产的劳动力。对动画片的品牌生产进行剖析,是推动中国动漫产业乃至文化产业良性发展的当务之急。

作为创意产业的文化产业是内容为王的产业,但拥有丰富文化资源大国不能在文化市场上取得成功的根本缘由是:在文化内容生产机制中,文化内容是原材料,是不等同于内容产业的,内容生产的实质是品牌符号生产。"体验"与"真实"毕竟是文化产业的生命,在使用符号构建"符号真实"上,由于文化规范和"语境"的不同,存在不同的解码方式,受众在阅读文化符号时,带着明显的自身文化语法,所以在进行文化产业符号编码时,要重视文化传播的社会文化语境(context)。因为任何文本的意义都依赖于它的语境,依赖于其与其他文本的关系(互文性),依赖于它激活心理结构的能力。这些心理结构不一定直接出现在文本里面,它们常常是更大的、潜意识的心理结构。③ 在文化生产的流程中,第一步骤是选择文化内容,对即将开发的文化资源进行研究,附之以内容符号。下一步骤才是根据目标受众的接受心理设计符号内容生产和销售,形成在出版物、电波产品、演艺、互联网、室

---

① 《狮子王》获得全美总票房收入 3.13 亿美元,全球总票房收 7.67 亿美元,录像带售出 5000 万盒的业绩;囊括两座奥斯卡金像奖、三座金球奖及两座葛莱美奖,成为动画市场的大赢家。

② 参见 Samir Amin, *Capitalism in the Age of Globalization : The Management of Contemporary Society*, Zed Books, 1997.

③ 李思屈著:《东方智慧与符号消费》,浙江大学出版社 2003 年版,第 31 页。

内外游乐、食品、广告代言、文具、玩具、工艺品等相关市场中,层层回收的价值产业链。

二、"民族文化"与"人类共同价值"

全世界以国家战略的形式大力发展文化创意产业,原因是,一方面为了保护本国的传统文化维护本国的全球文化话语权;另一方面是为了把经济关注点转向绿色 GDP、低碳消费以此控制资本密集型和能源消耗型行业的投资。世界经济的可持续发展尚在努力,从文化传播学的研究领域分析,世界经济持续稳定地增长还需要配合以文化的因子来控制。转型文化产业类型,是经济转型的重大举措,因为文化产业自身的发展迎合消费的投资,是消费社会和谐发展的积极因子;另一方面,文化产业内容生产的文化目标和人文关照,是解决经济单向度负面影响、促进人与社会协调进步的重要措施。以动漫产业为例,作为文化创意产业主要类别的动漫产业,不仅承担绿色消费品市场中的杠杆作用,动漫作品中蕴涵的经济转型和社会转型过程中的文化担忧正是产业形态转型需要张扬的核心内容。

将"民族文化"转化为"人类共同价值",由此建立品牌文化的成功者——日本吉卜力工作室的成功之路,可以很好地为文化产业的品牌战略发展提供借鉴。在世界动漫产业界,宫崎骏不仅是能够和迪斯尼、梦工厂共分天下的一支重要的东方文化力量,也是能在动漫产业经济链条上抗衡美国动画票房和衍生产品市场的代表。宫崎骏及其动漫作品的成功经验有规律可循:宫崎骏的每部作品多是天马行空之作,题材虽然不同,却将梦想、环保、人生、生存这些全人类需要共同反思的价值观融合其中,含有深远的寓意。宫崎骏的作品由此被誉为"宫式"迷路的森林①,宫崎骏以其动漫作品推崇正确的生态观和表述自己的人文困惑,并将这种人类共通的思索生产成文本进行市场销售,获得了不菲的经济效益。宫崎骏的作品是以生产价值观实现文化生产的典型,是符合全球化语境的世界通行文化产品。宫崎骏的作品传达反思社会的价值观,首先,具有强烈的环保意识,思考人与自然的关系。动画片《千与千寻》里,一个浑身散发着恶臭的怪物来到了汤池,没有人愿意接近它,更没有人愿意服侍他洗澡。千寻帮助了它,等到怪物身上一切污秽物拽出来后,怪物变回了面目清朗的河神。人类肆意污染河流,清澈的河水变成了臭气熏天的怪物。宫

---

① 参见李涛著:《美日百年动画形象研究》,光明日报出版社 2008 年版,第 185 页。

崎骏运用河神的想象,奇异地展示人类的错误。《幽灵公主》中,人类企图占领整个森林,并杀死守护森林的山兽神。但是当森林被毁灭的时候,人类引以为傲维系生存的兵工厂也同森林一起毁灭了,人类的生存成了问题。人类的科技文明难道不能和自然共存吗? 山兽神临死前用最后的力量保了大地的绿色,这时的人类才幡然醒悟。其次,在利己主义、个人主义盛行的时代,宫崎骏不断在作品中提醒善良、温馨的理想人际情谊,表达深远宽阔的爱。宫崎骏之作的高远目标正如他自己所说的,"我希望能够再次借助更具深度的作品,拯救人类堕落的灵魂。"①

图 10.2　宫崎骏动与吉卜力工作室的代表性动画片

宫崎骏深谙文化产业的品牌战略之道,动漫作品创作中着力塑造纯真可爱的品牌动画形象,以动画少女和少男的故事去赢得动漫产业链中核心受众的注意力。宫崎骏塑造的动画少女都是典型的日本女孩,具有典型的日本文化特点,这些动画女孩纯真可爱、善良热情、青春活泼、乐于助人,涌动着生命的活力和探寻世界的好奇。《风之谷》里的娜乌西卡不惜牺牲自己保卫家园和族人;《幽灵公主》里的阿姗为捍卫森林法则的信念与侵犯大自然的人类浴血奋战;《千与千寻》里的千寻在那个充满陷阱的神界里,坚定"一定要用自己的力量救出变成猪的父母"的信念,由胆怯变得勇敢;《猫的报恩》里的小春虽然在人类世界有种种烦心事,但当她可以成为猫王国安逸享受的猫王妃时,却排除万难坚定地回到人类的世界;《魔女宅急便》里的小魔女琪琪则是 13 岁便独自离开家来到靠海的大城市进行魔女的修行,热情并快乐,热心帮助老奶奶不惜错失自己心驰神往的晚会。宫崎骏动画片中的小女孩几乎都是经历磨难后,蜕变成熟。宫崎骏的动画少女们在典型日本式日常生活的点点滴滴中,高扬着坚强、勇敢、自尊、自立、理智、机敏的旗帜,将自然、生存、成长、女性自觉等令人反思的社会价值观和社会议题融入其中,巧妙地将"民族文化"转化为

---

①　沈黎辉等编:《宫崎骏的感官世界》,作家出版社 2004 年版,第 125 页。

"人类共同价值"。

在社会反思和文化传达中,宫崎骏获得的不仅仅是明确的票房丰收和衍生产品的消费额;以宫崎骏领导的吉卜力为代表的日本动漫产业借助动漫跨越疆界的文化感召力,潜移默化中实施柔性化外交,影响他国的社会舆论,改变世界民众的价值认同。这种文化影响力和控制力是典型的文化软实力。奈尔(Joseph S. Nye,Jr)提出的"软实力"标明是在国际政治中,一个国家可以通过这样的方式来获得它想要的结果:其他的国家追随它,欣赏它的价值,模仿它的榜样,热衷于它的繁荣和开放程度。① 在动画产业的文化格局中,软实力是一种有效的意识形态的感染力量和影响力量,这种力量最终还幻化成强劲的经济动力。

三、"文化消费"与"价值消费"

文化产业变成如此中心化的重要的经济现象,很难划一条明确的时间界线,但文化已成为大众消费品却是 21 世纪不争的事实。大众的文化消费是一种社会作为,是与社会相联系的活动,受社会关系的影响。经由消费,文化消费者向社会申明自己是怎样的人;同时,文化消费又是大众日常的生活实践。透过文化消费活动,不同人在实现着各自不同的个人生活目的,或满足需要实现欲望或为梦想提供素材;并且,通过文化消费的实践创造出新的大众文化,成为文化创意产业内在的驱动力。

因迎合了大众的需要而兴起的文化产业,是在大众的"个性化"需求中繁荣。大众的个性消费似乎很难把握,一项研究已揭示② :大众的文化消费与大众消费者内在的需求息息相关,包括大众娱乐消费也是与大众消费者内心的审美观点和价值观念如出一辙的。在文化创意产业中,形式是外壳,内容是核心。从实质上讲,消费者需要的是内容体验,文化消费的核心是内容,文化产业的基础是内容生产,所以文化产业仍然是内容产业。所谓内容产业,有人认为内容产业就是特定精神内容的创造;也有人认为内容产业就是生产出能够投放市场的"内容"的生产环节;还有人论证内容产业是以文化消费为导向的

---

①   Joseph S. Nye,Jr,*The Paradox of American Power*,New York,NY:Oxford University Press,2002,p. 8,9.

②   教育部博士点基金课题《媒介美学:大众传播时代的审美精神》,主持人李思屈。

符号生产①。若从文化消费者的角度说明内容产业,内容消费的深层动力是欲望消费,是价值观消费。

在经济全球化和文化全球化的语境中,人类的深层消费有着共同的内容。全球化的语境推动各民族语言的交汇和各个国家语汇的相互渗透,而全球化语境文化的核心内容是价值观,是全球普适性价值观。

文化产业品牌战略的一个显著特点是,努力在人类普适性价值观基础上创造财富。2001 年出版的《创意经济》(Creative Economy)一书的作者约翰·霍金斯(John Howkins)说明了经济从信息社会转型为文化社会后,身处其中的人类对社会的希冀和要求。霍金斯认为,信息社会正在失去对我们的吸引力,而且也许的确是走到了尽头。信息社会是以信息技术、电子传播、媒体和金融服务的迅猛发展为象征的。在信息社会,人们花费大量的时间来处理信息(通常使用技术的手段),而且他们挣的钱也大部分来源于此。"如果我只是数据中的一个比特,我将为自己生活在信息社会而深感自豪。但是,作为一个有思想、有感情、有创造精神的存在——尤其是在心情愉快一天——我还想要一些更美好的东西。"②霍金斯提出的这种"更美好的东西"既是驱动文化产业发展的原动力也是人类社会本体建设的客观存在。

文化产业的品牌内容生产是现代学界和业界关注和研究的热点,快乐学、幸福学等交叉学科和边缘学科应运而生。经济为基础和文化为上层的理想境界成为理论公理,但现实情况不尽如人意,于是昭示梦想机制的视听作品大量呈现,在净化受众心灵之际,让观众成为衍生产品的消费者。在文化产业品牌化时代,文化生产利用人们做"白日梦"的事实,文化产品提供着"白日梦"的素材③,观众从观赏声光作品到接受其中的文化内涵再到消费作品中的衍生品以获得满足,是文化产业存在的重要的内在生产动力。以梦想机制为创作源泉的文化产业,不仅自身是典型的绿色无烟产业,是产业转型中的重要选择项目;其品牌战略的内容也多以探讨人类的终极理想、社会生态观和人文困惑为主要叙事,通过生产文化达成了文化的生产。

---

① 李思屈著:《数字娱乐产业》,四川大学出版社 2006 年版,第 53 页。

② 约翰·霍金斯:《创意产业市长委员会》,[澳]约翰·哈特利编著:《创意产业读本》,曹书乐 包建女 李慧译,当代中国出版社 2007 年版,第 98 页。

③ [英]约翰·史都瑞著:《文化消费与日常生活》,张君玫译,台北巨流图书公司 2002 年版,第 21 页。

┌─────────────┐
│   小贴士   │
└─────────────┘

创意经济之父约翰·霍金斯

约翰·霍金斯先生是杰出的经济学家,被誉为"创意经济"之父。他致力于媒体商业,是国际创意产业界著名专家,版权、媒体及娱乐业研究方面的领军人物,知识产权宪章的负责人和提供创意及知识产权咨询的创意集团的主席及创始人之一。他是 Equator 集团、电视投资公司、世界学习网及其他公司的负责人,同时也是创意商学院的主席。约翰·霍金斯先生是哥伦比亚国际互联网(ITR & Co)公司负责人之一,同时也是该公司的顾问,曾经为美国广播公司、英国广播公司、中国中央电视台、欧盟委员会、韩国信息战略发展研究处、日本公共广播电视台、联合国及环球影视等机构提供咨询。

约翰·霍金斯先生著作多部,包括《沟通在中国》、《创意经济》、《CODE:数字化经济中的协作及所有权问题》和《了解电视》等。《创意经济》主要探讨创意和经济学之间的关系,约翰·霍金斯认为创意并不新鲜,经济学更是老生常谈,但是"创意"与"经济"特质的不同程度结合,可以共同创造非比寻常的价值和财富。

四、"中国制造"与"中国创造"

全球经济竞争已经不仅仅是企业的竞争和产品的竞争,更是产业链的品牌竞争。以刚满"50 岁"的芭比娃娃为例,可以充分说明品牌在产业链中不可忽视的重要地位。芭比娃娃是中国加工出口玩具中的一种,价值 1 美元,在美国沃尔玛超市的零售价是 9.99 美元,这中间近 9 美元的价值来自产品设计、原料采购、物流运输、订单处理、批发经营、终端零售等。尽管这 6 个环节是整条产业链中最有价值的部分,但是却无法由位于产业链低端的中国企业分享,因为中国企业没有芭比娃娃的品牌所有权。在国际分工中,缺少创新意识、缺乏创造能力的中国企业大多都分布在产业链中附加值最低、消耗资源最多、破坏环境最严重的环节,而最能创造价值的环节却常常掌握在处于产业链高端的西方发达国家手中。扣除原料、人力等成本,"中国制造"在这条产业链中只分得 2% 左右的利润,而美国的厂商和零售商却得到我们的几十倍之多的高额利润。[①]

我国文化产品目前占有世界市场 19％的份额,这说明我们已经具有相当成熟的文化产品加工能力,但是在文化创造力方面我们与文化产业强国仍相距甚远。专家预测,今后 5～10 年是中国制造业大转型的时期,以内容产业为主体的文化产业必须尽快实现从"中国制造"到"中国创造"的转变,占据产业链高端地带,才有中国文化产业的整体繁荣。

目前,中国经济转型是将财政、贸易和金融政策的重点从制造产业转向创意产业。制造产业是典型的"控制系统";而在全球语境下,高度重视个人才能、想象力和创意艺术的创意产业是典型的"智慧系统",中国发展创意产业也需要培育先锋的、高智力倾向的价值观。这些能使创意带来真正惊喜的价值观,是扭转中国与西方文化贸易赤字,将转变"中国制造"成为"中国创造"的口号落到实处的实施工具。

文化产业在全球范围内被认为是知识经济发展的推动力,能直接转化为国民经济中其他产业的竞争优势和创新能力,并产生创意资本和培育创意阶层。理查德•佛罗里达(Richard Florida)确认"创意阶层"的诞生。他认为,创意阶层将主宰 21 世纪的经济和文化生活,就像劳工阶层主导了 20 世纪的前几十年,服务行业主导了 20 世纪的后几十年一样。在美国,蓝领和白领工作场所已变成为"无领工作场所"。[②] 中国的创意产业还处于起步阶段,"模仿"和"拷贝"往往是文化产业品牌战略的开端,现有的对全球相关国家和地区成功的文化产业模式的总结,被寄予能成为一种借鉴,以帮助中国的创意产业实现腾飞的希望。

创意产业概念出现于 20 世纪 90 年代早期的澳大利亚,自此,世界创意产业实践和概念的发展大致可以概括成以下三个阶段:

第一阶段,20 世纪 90 年代,包括影视、广告、软件、出版、动漫、游戏、艺术设计、表演在内的十几种依赖于个人创造力的产业聚集成为"有创意的创新"群集现象,"创意产业"(creative industries)术语横空出世,表征着一种文化创意产业群集进入它的第一个阶段。问题出现了,创意产业概念在世界范围内流行,但不同地区和国家偏爱不同的具体产业,地区性政策本身使这个概念遭

---

① 中华人民共和国文化部官网。

② Richard Florida(2002) *The Rise of the Creative Class*. Basic Books,New York. . P12～13.

到学术批评。[①] 因为如果创意产业仅仅是由互不关联的创意产出合并,"创意产业"概念确实具有价值局限性,会随着产业结构的调整退出视野。

第二阶段,创意产业概念起源于全球知识经济的语境下,是对经济、技术、媒介和创意整合的最好注解;但是最初,创意产业概念的问题在于,按照产业的传统惯例,将创意局限在了"产出"而忽略了"投入"。只有当创意产品和创意服务的高增值被计算进产业中时,创意作为一种"投入",模糊了产品和服务的界限量,才使越来越多的设计和创意因素成为竞争优势。创意"投入"意义的加盟使创意产业概念迈进第二阶段。

第三阶段,创意产业纳入最新的经济驱动力和文化活动,使消费者协同创作,创意产业概念进入新阶段。例如数字互动技术让普通消费者参与创新,这种自我表达和社会建构支持了一些创意企业的运行;另一方面,消费者的内容创新使某些研发形式反馈成为未来的商业开发可能。于是,"消费者"的创意使成为商业性的或是基于共同兴趣的社区性的互动事业增值,每个人在当代商业民主中几乎都是消费者,[②] 又都是创造者。

文化产业在社会生活和经济发展中扮演着"鼓励普通消费者增长知识和参与创新"的角色,这客观上要求创意产业系统是开放性的。中国发展创意产业有英国、韩国、美国、日本等范例的前车可鉴,但就理论逻辑思考,中国发展自己的文化产业不应该采取"拷贝"模式的品牌战略,而应该运用开放的、复杂的、适应性的"智慧系统"品牌战略模式。

"控制系统"具有精确性、可预测性和可大规模复制的特点,控制系统的产品消费正如子弹击中目标。根据大众传播效果研究的子弹理论,大众消费者是极易受消费信息攻击的,如果消费信息"射中靶子",就会取得期望的消费效果;而弹道学公式能精当地计算出指标,量化地指导消费引导的命中率。于是,消费者就被"态度强化"所控制。但是,事实上,创意产业的消费品在传递过程中会自我增值或变质,具有不可预测性;它往往不是子弹,而更像是蜜蜂。子弹的控制模式能恰当地命中目标,而放出的蜜蜂很难想象会飞往何处,所以创意是一种"智慧系统"。"智慧系统"客观要求去了解怎样使蜜蜂前往你想让它去的所在。也许是设置蜜源,也许是不同的花圃,让

① Jing Wang(2004)The Global Reach of a New Discourse:How Far Can Creative Industries Travel?,International Journal of Cultural Studies,7:1.

② [澳]约翰·哈特利编著:《创意产业读本》,曹书乐 包建女 李慧译,当代中国出版社2007年版,序言第13页。

蜜蜂自己"寻香而去"。吸引蜜蜂自愿地前往希望的目的地,是"智慧系统"的双赢。这种将消费者注意力从被动的机械控制转向错综复杂系统的创新经济,需要研究"消费人"内在的动力,这也是文化产业品牌战略的内在驱动力。

在现代化社会中几乎每个人都是"消费人"或者是"潜在的消费人",而且他们不仅仅是消费者。事实上,他们对自由生活的渴望和舒适生活的向往是促进社会现代性进程的一对引擎。在全球现代经济布局中,对自由和舒适的追求已不是特权阶层或特权阶级的权利,全体脱离生存危机的人类都奋斗在争取丰沛物质境遇和理想精神境界的历程中。人们通过旅游、体育运动等娱乐活动发展大众化的消费模式,并在文化消费中对自由、公正和纯美推崇备至。现代媒体和娱乐活动提供着由幸福感、公正性和自由度整合而成的体验性生活,而体验是刺激创意产生经济效益的重要因素,例如迪斯尼乐园般的梦想性体验抚慰着"消费人"日常被绷紧的神经。然而,正是缘于这样的梦想机制诞生了全球化语境下的文化产业结构。文化产业是在产业组织中强调个人富有想象力的创意天分,包括创意体验消费。就此意义而言,文化产业的概念是在"创意艺术"和"文化创意产业"的混沌中日渐显露出来的。

工业产业化时代的消费模式中,消费者不是经济驱动的动因,消费者们被视为企业和市场成功的结果,而非动因。消费者是市场营销中心需要攻克的对象,而不是研究机构开发的方向。市场营销学依据心理学原理诱导消费者实施消费行为,其间的市场心理模式是让消费者相信企业生产的就是他们需要的;到了文化产业品牌战略时代,这种简单易行的心理模式行之无效了。文化产业提出了修改消费模式的充足理由,产业的研究中心不能只是生产活动方面,因为文化消费者千奇百怪并且变化莫测,只有将文化消费者行为研究和文化生产行动研究一视同仁,才能把握文化产业的品牌化前景。

世界经济总量的增长带来单向度追求经济利益的诸多疑问,环境污染、资源枯竭、民族摩擦骤增等人类问题已严重阻碍生产力的发展,运用人文关怀和人文向度理念反思和批判经济社会发展观成为研究经济发展的新领域。文化产业对世界整体产业结构的调整,不仅从经济生产和日常消费的角度极大地推动现代消费社会经济结构的转型,还强力地促进现代思维的形成和现代生活方式的变迁。

第四节　文化产业品牌战略的符号学运用①

人们在物质生活需求不断得到满足的前提下,对精神娱乐消费的需求不断高涨,是文化产业蓬勃发展的内在动力。要实施文化产业品牌战略,需要更好的把握文化品牌的内涵和特性,通过比较文化品牌与传统品牌之间的区别,可以更好的把握文化产品品牌的内涵和特性。

一、文化品牌是符号的构建

传统品牌的载体一般是具体的有形的产品,产品是品牌的载体,而品牌是产品的核心。消费者在做出购买决策之前,产品的物质性功效往往是一个重要的驱动因素。文化产品则不同,消费者在文化消费中得到的纯粹是精神层面的娱乐和体验。如一部优秀的动画作品或是一款精彩的网络游戏,它是现代数字科技和文化娱乐内容相结合的产物。虽然从外在的形式来看,它也有包装物、光碟等物质载体,但是消费者购买的是刻录在光碟等物质载体中的符号内容,而与外在包装、光碟质地等几乎没什么关系,所以可以肯定,文化品牌的载体不仅仅是具体的有形产品。"所谓娱乐中的消费,实际上就是对符号的消费。"②因为文化产业所提供的文化内容是由许多具有文化价值的符号系统组合而成,而文化内容的创作和构思实质上就是一个符号的生产过程;消费者也就是通过对这些视听符号和叙事符号的消费来获得精神层面的愉悦和满足。可见文化品牌的载体是符号,符号构成了文化内容的核心。

二、文化产业品牌的构建

1. 传统品牌的生成

传统品牌符号的诞生一般要经历一个"产品—意义—品牌"的生成过程。

它表示传统品牌的打造总是先从有形的物质产品载体开始,中间经过长期的卓有成效的品牌构建和传播活动,从而给物质的产品赋予特定的品

---

① 参见李思屈等著:《中国数字娱乐产业发展战略研究》,中国社科文献出版社 2007 年版。
② 李思屈著:《数字娱乐产业》,四川大学出版社 2006 年版,第 53 页。

牌意义。可以说,它是一个从有形产品价值到无形品牌价值发展的过程。

2.文化产品品牌的生成

文化产品品牌则突破了这种传统品牌生成的模式,它的诞生一般要经历一个"意义—品牌—产品"的生成过程。

它表示非实物化的内容产品在品牌化之前就首先被人为地赋予了特定的象征意义,这种象征意义是人为约定俗成的,是文化创意工作者基于特定的市场研究和市场环境赋予的。这种意义经过不断的品牌传播活动慢慢转化成品牌的象征价值,而文化产品品牌实质上就是一个蕴涵特定意义的象征符号。当这个品牌符号达到一定强度时,就可以通过品牌授权和延伸等策略向有形的产品领域扩展。它是一个从无形象征价值到有形产品价值发展的过程。

更有报道,最近在日本又出现了一种新的品牌生成模式,即围绕着"形象再生"的营销思路,先从售卖物质产品玩具开始,再根据玩具卡通形象在消费者中的受欢迎程度来"量身定做"动画、游戏等娱乐媒介形态,然后再向更为宽泛的有形产业延伸。由此也可见,在文化产业时代,品牌生成的模式完全是可以多种多样的。

> **案　例**

动漫形象米老鼠的符号品牌

以大家非常熟悉而喜爱的动漫形象米老鼠(Micky mouse)为例,它从一个卡通形象成长为一个享誉世界的卡通明星,直至这个形象出现在数以千计的有形产品之中并为这个卡通形象版权的所有者迪斯尼公司带来滚滚财源,它其实就是一个从"意义—品牌—产品"的生成过程。

"米老鼠之父"沃尔特·迪斯尼在创作这个卡通形象时,就给这只可爱的小老鼠赋予了"聪明、可爱、美国式的幽默"等象征意义。米老鼠在美国风靡,分析家们认为,美国人的灵魂中存在一段真空,需要米老鼠填补。后来分析家们探求米老鼠的魅力所在时认为,从某种意义上讲,"米奇是由一系列圆圈组成的",迪斯尼的一位动画家说,"圆圈总是使人愉悦,我们看到尖的东西、三角的东西,可能会有不好的感觉,但是圆从来也不会,圆圈总是给我们带来快乐。"小说家福斯特解释他最喜欢的动画形象说:"我只是觉得很轻松,它让我放松。米奇是每个人的神,当它出现的时候,甚至连伦敦电影学派的人物都停止了互相指责。"不管米奇本质是什么,它却是沃特的阿芙洛狄特。沃特说,他爱米奇超过任何一个他认识的女性,甚至包括他的妻子、姐妹和女儿。[①] 因为,"米奇是第一个被加入了个性的卡通角色。一开始我就认为他是一个清晰的个体,而不仅仅是一般喜剧中的卡通类型或者符号。"[②] 随着《威利号汽艇》等一系列动画片在世界各地热播,米老鼠这个卡通形象在把快乐带给人们的同时也慢慢成长为一个极具品牌价值的卡通明星;随后迪斯尼把米老鼠这个形象通过品牌授权向玩具、文具、服装、饮料、食品等其他有形产业延伸,而在这个品牌延伸的过程中,迪斯尼不但赢得了丰厚的利润,而且米老鼠这个卡通形象品牌的价值也不断得以扩展。这种从无形象征价值到有形产品价值发展的过程也是整个数字娱乐品牌生成发展的普遍模式。

三、文化产业品牌战略的管理工具

从符号学的观点来看,品牌是体现一定精神价值的符号。它既表现为产品、标识、品牌名称等作为其"能指",又表现为核心价值、品牌个性、情感利益等"所指",它是一个综合的符号体系。

文化产品品牌作为一种特定的品牌形态,在品牌要素上与传统品牌并无不同,但是在表现形式上却有独特的内涵。为了更好地展现文化产品品牌的内涵和结构,我们将介绍日本电通广告公司的品牌工具——"电通蜂窝模型"(Dentsu Honeycomb Medol)。

电通蜂窝模型(Dentsu Comb Model)是世界最大的单体广告公司——日本电通广告集团为迎接全球品牌竞争时代的挑战,拓展全球品牌业务而推出的基于品牌构建和品牌诊断的新成果。这是一个将现行的品牌理论模型化而得到的一个实用的品牌管理工具,它构成了电通一整套品牌构建系统的核心。借用电通蜂窝模型对文化品牌的内涵和结构做深入剖析,不但是对电通蜂窝模型在文化产业品牌战略中的灵活而有益的尝试运用,同时也为发展文化产业提供了一个新的品牌支点。

如图所示,这个完整的电通蜂窝模型由品牌核心价值(Core Value)、象征符号(Symbol)、事实基础(Base of Authority)、情感性利益(Emotional Bene-

---

① 李涛著:《美日百年动画形象研究》,光明日报出版社 2008 年版。

② [美]帕特·威廉姆斯 吉姆·丹尼著:《迪斯尼传奇》,李雅芬 黄维益 周峰译,当代中国出版社 2006 年版,第 51 页。

第一层信息　象征符号　事实基础　这是什么

第一层信息　情感性利益　品牌核心价值　功能性利益　你能得到什么

品牌个性　理想的消费者形象

第三层信息 我是谁　第四层信息 你是谁

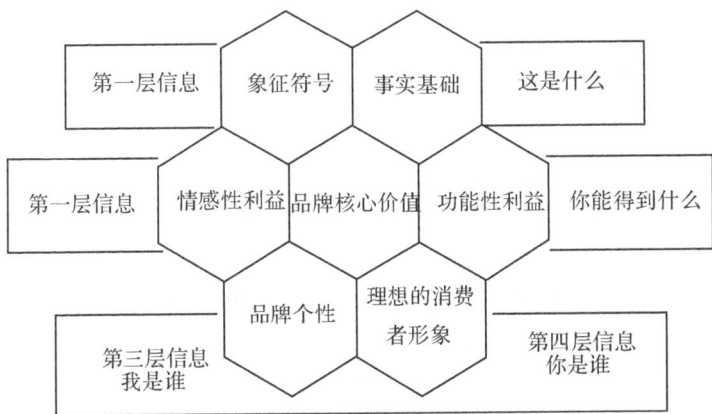

图 10.3　电通蜂窝模型

fit)、功能性利益(Functional Benefit)、品牌个性(Personality)和理想的消费者形象(Ideal Customer Image)这 7 个品牌要素组成。品牌核心价值居中,其他四个层次、六个要素两两对应,紧紧围绕品牌核心价值,并按照其临近关系相互依存,形状酷似一个生物学意义上的蜂窝,共同构成了一个品牌完全的内容和稳定的本质。[1]

品牌在本质上体现的是一种"产品－消费者"之间的关系;"品牌的价值,除了商品的价值以外,还有积累在人们心目中有关品牌知识的价值。"[2]消费者对于品牌的认知是衡量一个品牌价值的重要标准。而电通蜂窝模型第一次把消费者心目中对于一个品牌的完整知识展现出来,它包括 7 个品牌要素,共同组成一个特定品牌的价值。电通蜂窝模型在完整展现一个品牌的内涵同时,还把消费者对于品牌认知的层次展现出来:

第一层:象征符号和事实基础,它表明这个品牌的客观信息是什么,往往以具体的产品和品牌标识等品牌符号的"能指"而出现。

第二层:功能性利益和情感性利益,它表明这个品牌能为目标消费者提供什么价值。

第三层:品牌个性,它把品牌拟人化,回答了"我(品牌)是谁?"这个问题。

第四层:理想的消费者形象,它与品牌个性对应,回答了"你(消费者)是谁"这个问题。

[1] 李思屈著:《东方智慧与符号消费》,浙江大学出版社 2003 年版,第 171 页。

[2] [日]阿久津聪,石田茂著:《文脉品牌》,上海人民出版社 2004 年版,第 14 页。

练习、思考与案例

(1)品牌记忆测试：按下列骤完成一个简单的品牌测试。

A．选一组同学(8～12 人)，每人在卡片上写出自己喜爱的文化品牌，看看在 5 分钟内最多能写出多少个。

B．测试统计：算算你们一共写出了多少个文化品牌？得票数最多的(前3 位)品牌是什么？它们分别是什么国家的？

C．解释：对统计出的结果给出你的解释。

(2)案例分析：阅读下面这个案例，谈谈你对创建中国文化产业自主品牌认识。你认为我国文化产业品牌战略的成功经验和不足之处有哪些？

"蓝猫"——中国原创的卡通品牌①

湖南蓝猫动漫传媒有限公司经营领域跨越电子音像出版、音像连锁租赁、动画制作发行、品牌(形象)授权衍生、特许专卖等多种业态，融合了文化、娱乐和教育，其产品寓教于乐、寓乐于教，并以信息技术为载体形成了一种全新的快乐文化产业。

重拳出击，突出重围

一、开创"知识动画"模式

美国动画侧重"动作"，稳坐世界动画市场的龙头宝座；日本动画侧重"故事"，也打下一片江山。那么，我们中国动画应该怎么做，才能找到一条出路呢？

蓝猫动漫传媒另辟蹊径，不断探索实践，大胆将"动画娱乐"和"知识传播"结合，开创全新面目的"知识动画"，推出中国第一部也是目前唯一一部超长篇科普动画片《蓝猫淘气 3000 问》，赢得孩子、家长、老师等全方位的喜爱，在美日动画的重重包围下撞开一个缺口，打破"洋卡通"长期统治我国电视荧屏的局面，大大增强了国产动画发展的信心，为中国动画寻求出路指明了方向。

二、动画生产的"工业革命"

湖南蓝猫动漫传媒有限公司在全力打造蓝猫品牌的同时，继续发扬刻苦

①　由湖南蓝猫动漫传媒有限公司供稿。

创新的精神,在卡通制作生产上进行改革,广泛应用信息技术,率先运用软件代替手绘,压感笔和鼠标取代画笔,成功实现了整个动画制作流程的计算机化、网络化、流水线作业、无纸化制作。

湖南蓝猫动漫传媒有限公司不仅把信息技术与传统的卡通制作工艺完美结合,还创新开发了一套拥有自主知识产权的计算机动画制作集成软件、集成渲染系统以及卡通素材数据库,使传统的卡通动画制作业焕发勃勃生机。

三、辉煌的成绩

蓝猫动漫成功地制作了我国第一部大型科普动画系列片《蓝猫淘气3000问》,使蓝猫成为华语地区4～14岁儿童中有影响力的卡通形象。该片自播出以来,屡获社会高度评价,先后获得中国动画业内各种奖项近30个,被吉尼斯世界纪录评为世界上最长的动画片!

2001年底,蓝猫动漫与香港亚洲电视台(ATV)达成版权交易协议。

2002年初,迪斯尼公司到中国考察后得出一个结论:"蓝猫"将是继"米老鼠"、"铁臂阿童木"之后,成为销售收入过1000亿元的卡通品牌!

2002年3月18日,香港亚洲电视台(ATV)开始播放《蓝猫》粤语版,蓝猫旋风登陆香港,标志着蓝猫的海外版权正式进入国际机构投资者的视线。

2003年12月13日,台湾版《蓝猫》在台湾东森幼幼台播出,台湾媒体称之是"两岸文化交流过程中最大一次文化输出"。

2003、2004年两年度《蓝猫》入选台湾"儿童暨青少年优质节目"。

2004年2月,国家工商总局认定"蓝猫"为"中国驰名商标"!这不仅是中国文化领域第一个驰名商标而且是中国卡通业的唯一一个驰名商标!

2004年12月,湖南蓝猫动漫传媒有限公司被国家广电总局授予"国家动画产业基地"!

2005年01月,联合国秘书长安南在"东盟地震和海啸灾后问题领导人特别会议"上,特别表彰了将自己积蓄的22美元零花钱捐献给灾民的忠实蓝猫迷牟奕祯小朋友,喜好帮助别人的蓝猫对小牟奕祯起到了潜移默化的作用,懂得了"帮助别人是一种美德!","蓝猫"的健康、优秀展现了新一代中国儿童的良好教育和品格塑造。

2005年5月,与南美至尊(香港)有限公司在杭州首届中国国际动漫节上正式签约,将1000集《蓝猫淘气3000问》节目输出到南美洲地区,此次版权输出包括电视播出、音像制品及衍生产品开发权力。

2006年初,蓝猫动漫与国际知名出版集团艾格莫斯出版集团公司(Eaglemoss Publications Ltd)签约,授权其出版发行以"蓝猫"卡通形象为主体的儿童百科全书系列丛书,标志着"蓝猫"实现与国际图书出版市场的正式接轨,再次印证中国卡通第一品牌形象"蓝猫"的文化价值受到国际公认。

2006年5月,湖南蓝猫动漫传媒有限公司被文化部授予"国家文化产业示范基地"!

2006年12月,文化部授予湖南蓝猫动漫传媒有限公司"(湖南)国家动漫游戏产业振兴基地"、"原创·出版·科研中心""(湖南)国家动漫游戏产业振兴基地""数字媒体发展中心"

2007年3月,中共长沙市委、长沙市人民政府授予蓝猫动漫2006年度"文明单位"。

2008年,制作《奥运福娃漫游记》60集,作为动漫湘军一分子的蓝猫动漫能够从国内众多动画公司中脱颖而出赢得《福娃漫游记》的制作权。

2009年4月,湖南蓝猫动漫传媒有限公司等4家企业的技术开发团队被国家工业和信息化部评定为"动漫开发软件(工具)技术人才优秀团队"。

2009年8月,"蓝猫"入选国家文化部发布的第一批国产《重点动漫产品保护名录》。

一鼓作气,卡通产业化

在对卡通的认识和理解上,湖南蓝猫动漫传媒有限公司独具慧眼,深刻地看到卡通具有独特的教育功能、艺术魅力和广泛的观众覆盖面,能够带动其他行业的发展,进而实现卡通产业化,同时也能对卡通品牌形象进行反哺。

因此,蓝猫动漫致力于树立"蓝猫"、"淘气"等诸多良好的卡通形象,推出"蓝猫"系列衍生产品,让"蓝猫"在电视上提升品牌,带动系列产品,扩大产业,走出一条良性的循环之路。

湖南蓝猫动漫传媒有限公司在一条跨行业的"文化产业链"下,把创意、技术、营销等环节紧紧联系在一起,形成一个"上游开发、中游拓展、下游延伸"的产业链,构建了一个跨行业的"艺术形象——生产供应——整合营销"的"蓝猫"产业群,这就是业界尊称的"蓝猫模式"。

在"蓝猫模式"产业链的运作下,蓝猫动漫的成绩斐然。

1.先后与上海永久自行车、广东纺织品进出口公司、深圳荟仙堂、台湾乐升等知名企业达成品牌强强合作,开发出横跨图书、音像、文具、玩具、服装、鞋袜、钟表、童车、食品、饮料、保健品、日用品、电子用品等十几个行业的系列衍生产品6600多个品种!

2.互联网、电信增值"声讯"业务等发展势头最好,"蓝猫快乐热线"在中国电信声讯类业务中收入排名第一!

3. 其他行业领域正在积极规范品牌授权,逐步健全产业链。

4. 蓝猫动漫也将在新兴市场上寻求更多的突破,这包括:

(1)数字家庭卡通内容应用模式:依托有线电视等网络,在数字家庭应用中实现卡通文化的传播,从而实现内容增值赢利。

(2)网络传播下载模式:依托互联网,依靠卡通网站运营、卡通内容下载、流媒体在线点播等形式,实现卡通内容的增值。

(3)手机动漫赢利模式:依托新兴的"第五媒体"(手机媒体),依靠彩信、彩铃、卡通手机报、真人卡通秀等增值业务,实现卡通内容在手机网络上的内容增值。

(4)移动电视应用模式:依托移动电视网络,实现卡通内容增值。

(5)各类分众媒体收益模式:在各类分众媒体的终端上,实现卡通内容播出,实现内容增值。

卡通新兴市场的赢利模式主要是依托信息服务业的发展,依托信息服务平台进行卡通文化的传播,从而实现卡通内容的增值。目前,新兴市场方兴未艾,赢利模式比较清晰,但具体的收益依赖收费方式的确定

目前,"蓝猫"这一卡通品牌通过产业整合,定位与行业领先的企业集团展开了战略合作,全力打造中国第一、世界一流的卡通品牌,中国儿童消费品市场第一品牌。

第十一章

发展有中国特色的文化产业

文化产业在不同的历史文化传统、意识形态和政治制度条件下,文化产业必然会表现出不同的特色。我们应该在学习和借鉴文化产业发达国家的经验,同时又要根据自己的国情,走一条发展有中国特色的社会主义文化产业的道路。

中国文化产业发展的最终目标,是发展面向现代化、面向世界、面向未来的社会主义文化,其生产目的是源源不断地为人民群众创造和提供文化产品和服务,不断丰富人们的精神世界,不断增强人们的精神力量,实现民族的振兴和人民的幸福。因此,中国的社会主义文化产业应该与单纯追求感官享乐的文化产品和服务有着本质区别。

第一节 什么是文化产业的中国特色?

文化产业的中国特色是一个动态的存在,它是在继承和发挥中国优秀文化传统的基础上,借鉴各国文化精华和文化产业发展经验,寻找和建立中国自己的核心竞争优势,是一个历史运动的、不断形成和完善的过程。

因此,中国特色并没有一个固定不变的模式。根据目前中国文化产业的发展现状和面临的历史条件和基本任务,可以大体确立中国的社会主义文化产业的发展特色和阶段性的目标。我们可以把这些特色概括为三个方面:传统精神与时代特色的统一、国际文化普适性与民族创新精神的统一、通俗性与健康趣味的统一。

一、传统精神与时代特色的统一

中国是一个具有丰富文化遗产的国家。源远流长、博大精深的中华传统文化是中国各族人民对人类文化的重要贡献,在世界文化宝库中具有不可替代的价值。

丰富的文化遗产是我国发展文化产业得天独厚的优势,是取之不尽、用之不竭的宝贵资源。只有立足于这个优势,充分开发宝贵资源,中国的文化产业在世界竞争中才有自己的比较优势,只有创造出具有中国作风和中国气派的文化产品,才能获得真正的市场竞争力。

不过,发扬传统并不等于复古。积极发展文化产业,既要充分发挥中国的优势,利用民族文化的资源,又要坚持与时俱进,锐意创新。我们应该以宽广的胸怀,开放的思想和世界的眼光,融入人类文化的时代大精神,创造出具有时代特色的文化产品,推动中华文化以旺盛的生命力、创造力和凝聚力走向世界。

二、国际文化与民族创新精神的统一

无论是东方的文化还是西方的文化,都是人类的共同财富,都应该为全人类谋幸福,这是中国文化产业参与全球竞争的基本前提。因此,我们在发展文化产业的过程中,要有全人类的眼光和气魄。既要充分发挥中国传统文化的特点和长处,又要以海纳百川的胸怀虚心学习西方文化的优点,创造出具有人类普适性的文化产品,为全人类服务。

"南学北学,道术未裂;东方西方,心理攸同。"我们要研究文化需求的一般特色和普遍规律,既发挥中国文化的创造性,又追求人类文化消费需求的普适性,让中国的文化产品打开国际市场,走向全世界,为全人类服务。

加入世界贸易组织之后,随着外国产品和服务的进入,中国文化将面临国外文化的产品冲击、资本冲击和价值观念的冲击。要经受住这种种冲击,真正使中国文化永远立于不败之地,就必须积极参与经济全球化的过程。为此,必须在精神上进入人类文明的时代高度,用全人类的文化财富来丰富自己,从而提高中国文化产品和服务的国际竞争力和影响力。

同时,在文化产业的经营和管理上也要积极实施"引进来"和"走出去"的战略,开辟国际国内两个市场,利用好国际国内两个资源,使尽可能多的中国文化产品和服务打入国际市场,争取进入西方发达国家的主流社会,向世界传播和展示中华民族精神和优秀传统文化的无穷魅力,展示现代中国生机勃勃、充满青春活力的文化形象。

西方发达国家的文化产业已经经历了数十年的发展历程,无论是从综合实力、规模效益、经营能力上讲,还是在现代科技的应用上,都有许多值得学习借鉴的地方。在发展文化产业的过程中,一方面要密切结合中国的实际,立足于中国的文化实践,另一方面要善于借鉴国外文化产业发展的经验和手段,在充分挖掘本土传统文化资源现代价值的基础上,有效地吸收外来文化的优秀成果,创造性地形成具有中国特色、中国风格和中国气派的文化产业。

三、通俗性与健康趣味的统一

文化产业的本性之一是服务于大众的文化娱乐需要,因此决定了它的大众性和通俗性。广大的普通大众的文化娱乐需要,是文化产业发展的前提条件。

拥有进入小康社会的 12 亿多人口的国内市场,是中国文化产业发展得天独厚的市场优势。这一巨大市场空间的填充,单纯依靠高雅艺术和精品文化,是不可能完成的。文化产业作为一种按照工业标准生产、再生产,储存以及分配文化产品和服务的活动,它的复制性、批量化、标准化的生产特征,决定了它是一种更易于为大众所普遍接受的通俗文化,有着广泛的消费群体和巨大的经济潜力,最为适合开发和填补市场空间。

但是通俗性并不等于低俗性,我们需要的是与健康趣味相统一的通俗性,而不是一味迎合低级趣味的低俗性。从国内外文化产业的发展经验来看,坚持通俗性与健康趣味与高尚人性的统一,才是发展文化产业的康庄大道,也是中国社会主义文化产业所必须具备的基本特色。

第二节　发展中国特色文化产业的原则

确保上述三大特色的实现,需要政府、企业和国民的协调配合,各尽其能,充分发挥各自的创造性,展开一系列的工作,付出艰苦的劳动和聪明才智。在这一过程中,任何有利于总体目标实现的努力都应该鼓励,任何大胆的设想和创新都应该提倡。

不过,为了协调各种政策和各项措施,我们也需要有明确统一的行动原则。大体而言,要发展中国特色的文化产业,需要遵循如下三大原则:

一、坚持发展先进文化的要求

有人把文化产业比喻为"双刃剑",因为它既是发展和传播文化的利器,又能迎合低俗文化甚至是腐朽、专制、没落文化制作和传播的需要,对社会造成危害。

任何事物都具有两面性,文化产业也不例外。它在开拓文化市场,使文化产品的生产和消费社会化的同时,又可能为追逐经济利益最大化而牺牲社会效益;它在大批量生产文化产品满足大众需求的同时,可能把某种特定文化风格普遍化,强加给整个社会,从而压抑和抹杀人的自由个性。

文化产业的全球体系为中国的文化产业融入世界文化产业体系,促进文化开放提供了大好机遇,同时也为外来异质文化冲击民族文化打开了方便之门。文化产品的交换可以为中国引进一些优秀文化精神产品,也可能把一些腐朽落后的价值观念和生活方式也带进来,给人们带来一些潜移默化的消极影响。因此,在发展文化产业时,一定要坚持贯彻发展先进文化的要求。

面对国内外各种思想文化的相互激荡,我们要保持高度的政治警惕,坚持为人民服务的方向和百花齐放、百家争鸣的方针;坚持宏扬科学与民主的精神,立足于改革开放和现代化建设实践,着眼世界科学文化发展的前沿,大力发展先进文化,支持健康文化,改造落后文化,坚决抵制腐朽文化。

二、坚持社会效益和经济效益的统一

文化产品和服务既有一般服务业的产业属性,又有意识形态的特殊性。既可以产生经济效益,又具有精神功能。文化企业及文化产业从业人员,在追求合理经济利益的同时,绝不能为谋求经济利益而伤害公共文化利益。政府部门应该积极履行自己提供公共文化产品的义务,同时推动和支持非营利文化组织从事文化事业。

坚持社会效益和经济效益的统一,就是要找准两个效益的最佳结合点。

在保证社会效益的前提下,追求经济效益;在优质的文化产品和服务中实现经济利益。落实两个效益的统一,既是社会主义政府和公民所应遵守的法律、道德准则,也是文化市场规律的基本要求。

是否实现了两个统一,第一个检验标准是国家的法律法规和社会的道德,第二个检验标准就是市场的受欢迎程度。广大消费者接受不接受、欢迎不欢迎、喜欢不喜欢,是文化产品发挥影响的关键。

三、尊重文化生产和商品经济两种规律

要落实两个效益的统一,就要充分尊重文化产业的客观规律,既尊重文化规律,又尊重市场经济规律,做到思想性、艺术性和观赏性、娱乐性的高度统一,尽可能把艺术的吸引力和感召力转化为市场号召力。

作为一种文化生产,文化产业必须尊重精神生产的规律,尊重个性化的创造,为文化艺术的生产者提供天才发挥的最好环境,同时又从精神影响的角度对其社会效果进行评判。

作为一种经济活动,文化艺术的生产、流通自然要遵循市场经济发展的规律和要求,重视经营,讲求效益。目前,中国文化产业领域懂经济、会管理、能经营的人才还太少,远远不能适应文化产业发展的需求。培养一大批文化产业的专门人才,既需要教育部门的努力,也需要政府和全社会的重视。

另外,还需要注意培养全社会学习文化产业理论的风气,掌握文化市场经济知识和经济运行规律。

文化产业界更要深入研究投入与产出的规律、营销和推介的手段,以及不同地区、不同人群的文化消费心理和消费习惯等,尽快掌握市场经济的规律,成为发展文化产业的行家里手。

第三节　中国文化产业面临的问题

中国文化产业的发展正在进入一个全新的发展时期。改革开放 30 年来,中国文化产业的发展经过了以"文化事业"为基本特征的初期发展阶段,和以"事业单位、企业管理"为基本特征的探索发展阶段,目前正处在"后 WTO 时代"的全面提速阶段。

在这个重要的时期,认真研究目前面临的问题,找出不足,看清障碍,分析原因,对于中国文化产业的未来发展将是十分必要的。

综合理论界的研究成果,我们可以把中国文化产业面临的问题归纳为如下五个方面:

一、文化生产力水平亟待提高

改革开放以来,特别是20世纪90年代以来,经济社会生活各方面条件迅速改善,人民群众的文化娱乐需求正在被迅速释放;各种新型文化产业门类不断产生,文化产业结构性变化频繁。

但是现有统计数字显示,中国的文化产业力水平仍然较低,不能满足社会丰富的文化需求。从需求方面说,根据国际上的一般规律,在人均GDP跨越1000美元时,消费支出中吃穿用类比重大大下降,住房类基本不变,而文化精神消费类支出开始大大上升;在这个阶段,第三产业一般应该占到GDP总量的40%左右,其中文化类产品的产值所占比例应该大大增加。

2002年,中国的人均GDP已经达到了1000美元,反映城乡居民生活水准的恩格尔系数也降至50%以下。但是第三产业的比例(33.2%)低于这个标准6个百分点,有专家估算,中国文化产业存在着大约3000亿至4000亿元人民币的市场空缺,没有被释放出来。

对于这3000亿至4000亿元人民币的市场空缺,专家们的解释是,一方面,是因为中国居民文化消费能力被大大压抑了,因此制约了文化产业的成长。中国的电影业、电视业存在大量经营不善和亏损的现象,许多作品出版后无人问津,库存积压严重。

这些现象说明,中国文化产业部门所提供的产品,有相当一部分不能满足人民群众日益增长和不断变化着的文化消费需要。

第二种原因是,中国居民事实上已经实现的文化消费有相当一部分没有被列入统计。目前音像界有一个被公认的市场容量计算方法,即根据居民的消费类视听技术设备的拥有量估算音像制品的市场容量。根据这种方法,中国居民目前大概拥有电视3.5亿台、CD机1000多万台、VCD机3000多万台、LD影碟机500多万台、多媒体电脑1000多万台。

如果按照每个硬件每年均需要10件(套)新的音像制品统计,每年音像产品的总销售额应有超过1000亿元的规模。但根据有关部门1996年的统计,我国的音像制品只有不足 20 亿元的正版收入,占总量的 2％～3％;根据 1999 年的统计,正版收入约有 50 亿元,即使由于政府加大"扫黄打非"的力度,正版率有所提高,中国的实际市场规模也只在 1500 亿至 2000 亿元左右。

这方面的事实说明,有相当大部分居民的文化消费需求正在流失。我们的文化市场供需之间存在巨大的结构性缺口应该是一个不争的事实。

文化市场巨大的供求差别问题已经成为国家文化安全和经济安全的隐忧。加入 WTO 之后,中国文化市场已经暴露在国际文化资本的强大压力之下,中国广大的文化市场已经成为国际文化资本垂涎的目标。

目前,中国居民个人金融资产已经达到 9 万亿元左右,银行存款约 7 万亿元,随着中国在住房、养老、医疗和教育等方面各项改革措施的逐步推出,人们对文化、教育和娱乐的消费需求将得到进一步释放。这是一个巨大的市场空间,甚至已经形成了一个目前中国文化产业亟待填补的真空。

加入 WTO 后,国外文化产业集团将可能以资金、技术与内容的多重优势大举进入,迅速占领中国的文化市场,目前中国政府实行的文化市场"有限开放"的政策,在市场规律的作用下可能会受到严峻挑战。

从目前纷纷见诸报端的数据来看,英国文化产业的年产值将近 600 亿英镑,从业人员约占全国总就业人数的 5％;日本娱乐业的年产值早在 1993 年就超过汽车工业的年产值;美国的文化产业更加发达,其视听产品出口额已经成为第一大出口产品,并在国际市场上占据了 40％以上的份额。

面对巨量的市场需求,以及国际传媒文化集团的大兵压境,中国的文化产业在总体上缺乏竞争力,难以满足人民群众不断增长的文化需要。中国如果不能在短期内提高自己的文化生产水平,就可能面临严重的文化和经济危机。

二、产业集约化程度必须加强

中国的传统文化产业诞生于计划体制之下,长期以来既被行政体制分割又受各种政策保护。在这种情况下形成的总体格局,表现出经营单位众多,产业集约化程度不高,资源极度分散和经济效益相对较低等特点。

中国文化产业资源分散和集约化程度低的问题在新闻出版和广播影视业中表现得极充分,这已经引起了决策部门的高度重视。新一轮的文化体制改革正在新闻出版和广播影视业中积极推进。

中国新闻出版体制与传统工业经济管理体制有共同特点:新闻出版单位

必须是以一定级别的行政机构为"上级单位",并且建立在其财政拨款的基础上。这些新闻出版单位一旦形成就被固化,既不能淘汰也不能重组;新的需求一般产生于新的行政机构,通过新的拨款来建立,同样先天不足。

长此以往,新闻出版机构就随着行政机构的膨胀而膨胀起来。这些新闻出版机构规模小、数量多、效益低,既不能满足人民群众的精神文化需要,又造成了资源的闲置和浪费。

近20年来,特别是近10年来,各有关方面一直在尝试对文化管理体制进行多方面的改革实验,各地都推进了新闻传播媒介的集团化,大大增强了集约化程度。1998年,中国政府职能部门不再直接办刊办报,退出出版经营领域,切断了新闻出版单位与各个政府机构的传统依附关系;2000余家报纸和8000余家刊物走上产业化运行的轨道。

1999年,开始了传媒集团和传媒文化产业集团的组建;2000年,"传媒概念"走红股市,开始尝试传媒集团与资本市场的结合。文化产业的体制改革从分行业的、局部的改革,逐步进入整体性改革的阶段。

三、资源配置机制与市场化要求之间存在着矛盾

文化产业的基础是市场,现代市场经济要求公开、公正和公平的竞争,任何形式的地方保护和垄断都是对市场经济的压抑和伤害。

中国传统的文化事业单位是按地方和行业一纵一横的"条块"分割的方式设立的,目前已经在不同程度上开始与行政主管部门脱钩,实行了"专业归口管理"和集团化经营。

在加入WTO和深化改革的形势下,在数字化信息技术的冲击下,传统传媒制度的经济基础和技术基础已经发生了变化,人民群众的文化权利的实现方式也已经发生了变化:越来越从以国家行政机制为中介的非自主方式,转向以市场为中介的自主选择方式。

但是,我们面临的具体国情是,中国的传媒产业既具有普通的大众传媒的特点,又是党和国家的宣传渠道。保证广大人民群众的文化权利是一个根本性的问题,也是确保对社会主义文化事业领导权的基础。如何根据这些特点做出制度性的安排,既按照市场经济的一般规律健康发展,又保证先进文化的主导作用,仍然是一个没有完全解决的问题,需要我们以创新的精神大胆开拓,积极探索新路。

四、将文化资源转化为价值的原创力不足

中国文化有着巨大的影响力,世界上使用汉语的人口最多,中国悠久的历史文化在东南亚、北美及欧洲的华人区也具有广泛的影响。这是中国的文化企业进行市场开拓的最有利条件。

经济学的垄断竞争理论认为,保持产品差异是维持产品在市场上的垄断力量的关键。文化产品的差异首先来自价值观及表达手段的独特性;文化差异也是中国在国际竞争中和在赶超发达国家时可以依赖的比较优势。

中国的文化遗产资源异常丰富。漫长的中华文化发展史,在幅员辽阔的国土上留下许许多多的历史文化遗址和遗迹,还有各种类型的自然地理和人文地理景观;图书馆和博物馆里保藏着数以百万计的艺术珍品、典籍和文物;中国人的言谈举止、风情习俗、节日庆典中保留着大量有形无形的文化遗产,丰富多彩的文化符号,这些丰富的文化资源为中国文化产品乃至其他可以负载文化符号的耐用消费品的设计、生产、创新提供了不竭的灵感源泉。

但是文化资源的丰富不等于文化产业的发达,文化资源的大国也不等于文化产业的强国。如果我们仅仅满足于文化资源的丰富,而不是充分利用这种资源优势,以最大的原创精神把资源转化为文化价值和市场价值,就会永远处在落后的状态。

在现代文化产业时代,文化已经具有"原生形态"、"经济形态"和"技术形态"三种不同形态。丰富的文化资源仅仅是文化的"原生形态",只有把它转化为"经济形态"和"技术形态"后,才能实现其文化产业的价值。

而这种转化,需要资本市场和信息技术的推动。正是因为有了资本市场和信息技术两驾马车拉动,才有现代新兴文化产业的高速发展,大批文化资源才会奇迹般地转化为产业和财富。在资本市场和信息技术两个方面,还有许多工作需要做。

例如,文化旅游是将文化遗产资源转化为文化产品的重要方式,但如何将文化遗产成功地转化为文化产业的产品,却有不能违背的客观规律。一些地区大搞"人造景观热",结果事与愿违,不仅没有带来希望的旅游热,反而败坏了游客的胃口,造成大量投资无法收回,更严重的是自然景观遭到严重破坏。

实践表明,凭空建造的主题公园永远不会有声誉,文物的粗放式开发无异于破坏。如何将文化遗产的保护与开发有机结合,既保护文化遗产,又推动文化旅游,是中国旅游业发展亟待研究解决的问题。

文化遗产的数字化也是将民族文化资源转化为新兴产业基础的一个关键环节。目前,"文化内容革命"正在世界范围内展开。世界各国为迎接信息时代的到来,正大规模地将文化遗产转换成数字化形态。

1992年,联合国教科文组织开始推动"世界的记忆"项目,旨在世界范围内推动文化遗产数字化,以便永久性地保存,最大限度地实现人类文化的共享。

文化资源的数字媒体化,是信息时代传统文化资源转化为经济资源的必要步骤,是为空前规模的产业整合做必要的准备,具有重大的经济意义。国际传媒集团早已开始着手整合世界各国的数字文化资源,为开发新的世界市场做准备,其中也包括中国的文化资源。而中国的文化资源是关系占有中国文化产品市场的关键。

1999年,美国大片《花木兰》实际上已经敲响了警钟:中国的文化资源经过国际传媒资本之手转化为文化产品,返回来成为挤占中国文化市场的工具。

2000年"五一节",中国经历了第一个"假日经济"高峰,敦煌洞窟壁画在大量游人参观的压力下不堪重负,美国的基金会开始与中国商谈"数字化虚拟洞窟"计划。同年,日本信息技术企业加速了与中国故宫博物院关于建立数字化多媒体网上故宫博物院的谈判进程。发达国家已经开始谋求对中国文化资源的新一轮开发,这一动向值得认真研究。

五、现行政策制度与 WTO 规制之间需要进一步协调

WTO是一种法律体系和政策系统。WTO所形成的诸多协定和协议广泛涉及文化产业的各个领域,有关文化产业的规章条例主要包括WTO服务贸易和知识产权保护的基本规则,即《服务贸易总协定》和《与贸易有关的知识产权协议》。这些协议的基本原则也就自然地成为各成员政府制定和执行国内文化贸易政策的基础,给国家的文化管理制度和文化产业政策支持系统带来制度、法律和政策性影响。

中国自20世纪80年代以来开始进行文化体制改革,90年代开始确立社会主义市场经济体制的改革目标,至今已经初步建立起了由一系列行政法规

和规章构筑起来的文化产业政策系统,以及由这个系统建立起来的文化管理机制。

加入WTO之后,又根据WTO原则制定了一系列新的管理办法。但是,中国现存政策法规体系与WTO对中国文化产业政策的要求之间的矛盾仍然存在。

中国政府正在逐步加大文化管理体制改革的力度,《中华人民共和国著作权法》的修订颁布已经在国内法与国际法的规制对接方面做了不少工作。国家文化产业政策的合理性,将影响着未来文化产业的发展,影响整个经济产业结构的调整和升级。

发展文化产业已经成为共识,但是一个真正合理的产业政策的制定过程才开始,目前中国文化产业的发展更需要一种积极探索的精神。

第四节　如何发展中国的文化产业?

根据文化产业发展的趋势和中国文化产业所面临的问题,中国政府确定了中国文化产业的发展方向,这就是:文化事业单位和文化产业单位相对分离,并各自按照不同的规律和法则发展。为此,中国建立了"文化事业政府保障,文化产业宏观调控"的管理运行机制,初步形成了"多渠道多元化投资、国有文化单位为骨干、多种所有制形式并存竞争"的文化产业发展格局。

2009年9月,国务院正式发布了《文化产业振兴规划》,这是继纺织、轻工等规划之后的第十一大产业振兴规划。这是在国际金融危机的大背景下,中国政府做出的重要扶持计划。今后,中央财政将明显增加文化产业发展专项资金规模,在现在每年投入10亿元的基础上大幅增加;中国文化产业投资基金也已成立,基金规模100亿元,由财政部注资引导;鼓励有条件的文化企业通过主板和创业板上市融资;通过深化文化体制改革推动文化资源向优势企业适度集中。

可以预见,中国的文化产业将在创造财富、扩大就业,提高人民生活水平方面发挥越来越重要的作用。

在国家政策宏观调控下,市场机制在文化资源合理调节与配置上的基础性作用得到越来越充分的发挥。经过资产重组和结构调整,已经形成了具有一定规模的文化产业群体和文化产品生产、服务和销售网络。各个门类分别推出一批实力雄厚、竞争力较强的大型文化企业,文化品牌的建立开始受到重视,文化产业增长速度明显高于全国国内生产总值的增长速度。中国文化产品和服务走出国门,并在国际市场上占有一定的份额。文化产业的整体实力和竞争力明显增强。

中国文化产业发展在宏观层面上需要努力推进的重点工作是:进一步完善政策法规、调整文化产业结构、培养文化产业人才、推动文化产业科技进步、培植文化产业品牌、加强文化产业理论研究等项工作。

一、进一步完善政策、法规

通过对中国文化产业面临问题的分析,我们可以看出,中国文化产业目前所面临的许多问题与中国现行体制不适应新的发展需要相关。因此,需要进一步完善政策和法规,推进中国文化体制的改革,建立完整的政策创新系统保证文化产业的顺利发展。其中主要应包括以下几个方面:

1. 继续完善积极的文化产业政策法规体系,构建既与 WTO 原则相适应又符合中国国情和文化发展需要的文化管理与文化产业政策系统

文化产业属于国际服务贸易范畴,已经列入 WTO 中国承诺的条款。在一定意义上说,加入 WTO 意味着规制环境的变化,以及国家与市场、国家与企业的新的关系的出现,其意义远远大于文化产业中具体某个领域是否承诺开放的细节问题。加入 WTO,意味着接受一种新的法律文化、秩序形态和政策系统,意味着按照 WTO 的原则和精神重构中国的法律、法规和政策。

中国加入 WTO 引发了全面的制度创新,面对如此之大变局,应当制定积极的,既与 WTO 原则相适应,又符合中国文化发展要求的文化产业政策。

中国应该以前瞻性的眼光,重新审视现行文化产业政策和文化管理机制,改革不适应国际文化产业竞争形势的旧体制、旧法规、旧办法,创立和完善新的法律法规体系。

2. 放宽市场准入,以市场机制为基础调整和重组文化经济利益关系

加入 WTO 后,中国文化产业在资金、技术、人力和管理等方面的差距将更加明显,这一系列问题只有在对外和对内两个全方位开放的环境中,充分整合社会的参与意愿,通过完善以文化投资主体多元化为核心的文化产业政策体系才能加以解决。

解决问题的关键是市场准入条件的改变。目前中国长期以来所实行的文化产业准入政策是以计划经济和文化事业的观念来制定的,对民营企业和外资企业限制太死,不利于调动各方面的文化投资。

根据 WTO 的原则,中国原有的作为意识形态部门看待的文化产业,将作为普通产业对外开放,这意味着外国资本将能够介入这些文化产业。近年来,中国正朝着逐步开放并最终允许非文化系统的、各种所有制类型的社会资本介入的方向努力。允许财团、企业、基金会及其他合法的企事业单位和非营利性社会组织,参与和经营包括报刊业、出版业和广播电影电视业等在内的核心文化产业;有计划、有步骤地,按照专业分工和规模经营的要求,运用联合、重组、兼并等现代企业的资本运作方式,优化和提升原属国有的文化资产,调整现有的不平衡的单极化文化经济利益关系,给国有文化企业创造一个更完整的市场环境,促进其竞争能力的迅速提高。

现在,许多重要的文化产业部门已经开始放开对民营资本的准入限制。在市场准入方面,能允许外国人进入的,应该首先允许中国民营资本等多种形式进入。这一政策法规的改变,有利于动员民营资本和民间力量,发展中国的民族文化产业。

3.改革文化外贸体制,鼓励文化产品出口

中国应该充分借鉴这些年来外贸体制改革取得的成功经验和卓有成效的外贸进出口政策,放宽文化产品出口的审批权,简化出口手续,鼓励国家、集体和个人参与国际文化贸易交流;鼓励版权贸易和电影的出口,进一步放宽政策和下放相应的权限,鼓励国有的、民营的、国家的、地方的文化力量,按照国际惯例开拓国际文化代理和中介服务,实施文化外贸新机制。

同时,中国还应该以更加积极的姿态开展与世界跨国媒体集团的合作,利用外国先进的技术和有效的管理经验,雄厚的资金实力和全球性的市场网络系统,开拓国际文化市场,参与国际文化竞争,与世界各国特别是西方发达国家进行卓有成效的对话,以适应新的世界文化格局变动后对文化传播提出的新要求。

4.建立国家文化安全预警系统,加强文化安全立法

在当代国际竞争中,文化本身已经成为国家竞争实力的一个重要方面。文化市场的开发、控制和利用,文化产业的调整、提升和转型,文化的渗透和反渗透,已经成为全球化背景下国家间利益争夺的重要内容。因此,实行文化产业对外开放政策,推进中外文化交流,并不等于一个国家可以在文化上完全不设防。保卫本国的文化利益,保护涉及国家文化安全和民族文化传统传承的重要内容,是世界各国发展文化产业的重要内容,也是WTO的重要原则精神。在目前信息技术革命迅猛发展,文化资源迅速实现数字化和大规模转化为新的战略资源的情况下,国家文化安全已经具有新的技术形态和经济形态。

因此,我们应该展开文化安全研究,借鉴国外保护民族文化和社会安全的立法经验,制定适合中国特点的文化安全政策,建立科学的国家文化安全预警系统和保护屏障,并且把它作为国家安全的一项重要内容,纳入法制化轨道。通过建立完整、科学、高效的国家文化安全体制,完善文化商品进出口管理制度和文化市场监督机制,建立文化产业投资风险评估和管理体系,通过对国际文化商品的流动趋势及其各种渠道的监督,将国际文化资本对中国文化市场和文化产业可能构成的威胁控制在安全警戒线水平之下,始终掌握中国文化产业和文化管理的主动权。

二、调整文化产业结构

积极发展文化产业,还必须结合文化体制改革,加快文化结构调整的步伐。要通过结构调整,优化资源配置,发展与新科技结合的新兴文化产业,将资源优势转化为产业优势和竞争优势,使各级文化结构能够适应市场经济发展的要求和群众文化消费需求的变化。

要继续推进具备市场条件的赢利性文化事业单位的企业化改革,促使各类国有文化企业建立产权清晰、权责明确、政企分开、管理科学的现代企业制度,建立科学合理、灵活高效的管理体制和文化产品生产经营机制。在尊重文化规律和市场规律的基础上,运用联合、重组、兼并等现代企业的运作手段,组建和培育文化产业集团,最终实现打破地区分割和行业壁垒,建立统一的文化市场的目标。

三、培养文化产业人才

中国文化产业的发展,急需一大批有文化、有创意、善经营、会管理的人才。

现在,文化产业对专门人才的知识与能力结构要求越来越高。加入世贸组织以后,人才资源的竞争将会越来越激烈,人力资本在文化产业领域内的流动将不断加快。中国要大力发展文化产业,形成与国际文化产业强国的竞争优势,就必须积极培养文化产业人才,充分发挥现有大专院校的培养能力和各级文化产业研究基地的作用,培养社会急需的文化产业创意人才、经营人才、管理人才和研究人才,充实中国的文化产业队伍,为文化产业的可持续发展积蓄人力资本。

四、推动文化产业科技进步

现代科技进步的突飞猛进,使信息产业和文化产业的密切结合成为一种世界潮流。信息技术和网络手段更为深入地用于文化产品的开发和传播,数字化趋势正在给文化产业的存在形态和发展趋势带来革命性的变化。我们要充分注意高新技术在文化产业的应用,加强技术引进和自主开发,用高新技术手段改造传统文化,开发新兴文化产业。

要运用高新技术加快改造文化产业基础设施。加强文化产业和文化资源数字化、网络化建设,实现中国文化产业的跨越式发展。同时,要运用现代市场经济信息和营销方式,促进文化产品的流通。

五、培植文化产业品牌

品牌竞争是现代市场竞争的重要手段,更是文化市场竞争的重要内容。

中国的文化产业要参与高层次的国际市场,就必须有一定知名度的文化品牌,从低附加值的文化产品加工走向自主品牌的建设。

我们要开阔视野,拓宽思路,把打造具有中华民族特色的"文化品牌"作为文化产业发展的战略重点来抓。要积极推动演出、展览等中介机构的改革和发展。同时,选择知名度高、有影响力、对中国友好的境外文化中介机构进行合作,利用其营销网络,把中国的文化产品尽可能多地打入国际市场。

六、加强文化产业理论研究

文化产业理论的重要性主要体现在支持国家制定政策制度的宏观层面、

支持文化产业企业的经营管理的中观层面和支持从业人员素质提高的微观层面上。

从宏观层面上讲,国家的文化产业政策是文化产业发展的基本生态要素,而文化产业政策的合理制定,需要科学的文化理论指导。

理论创新是管理创新和制度创新的基础,没有新的理论学说和公理体系,不可能有管理创新和制度创新。在中国现阶段,文化产业理论的研究还处于起步阶段,许多重要的理论问题和现实中等待解决的实践问题需要去研究、去解决。

因此,大兴学术研究之风,组织研究力量对当前和今后相当一段时期中国社会和文化发展中一系列根本性的问题进行学术探索,建构适应 21 世纪中国社会发展和文化产业发展的新理论,具有重要的现实意义和深远的历史意义。为了保证文化产业理论研究的推进,应该整合高校、研究机构、政府、产业界多重资源优势,形成国家文化产业研究思想库与人才战略资源库,使研究工作能够落实到项目和具体的研究者。从中观层面讲,文化产业企业的经营和管理应该有一套科学的理论来指导。

由于文化产业是特殊的新兴产业,有关经营管理的理论研究还处于起步阶段,尤其中国的相关研究还相当薄弱,这种情况极不利于企业管理经营水平的提高,不利于企业做大做强,进入国际竞争。

从微观层面讲,文化产业从业人员的培训、提高,需要系统的理论,完善的教材,而在这方面基础理论和系统教材的建设方面,中国基本上还是一个有待填补的空白。

综上所述,中国的文化产业发展前景广阔,有很多工作等待着我们去完成,很多困难需要我们去克服,有志于投身中国文化产业年青人大有可为。振兴中国文化产业,迎接中华文化在 21 世纪的伟大复兴,前途光明,任重道远。

练习、思考与案例

(1)为什么发展中国文化产业要坚持民族文化传统与时代特色的统一、国际文化普适性与中国文化创新精神的统一、通俗性与健康趣味的统一?

(2)结合下面这两个案例,谈谈你对中国文化产业发展前景的看法。

案例一

"喜羊羊与灰太狼"的成功营销①

国产贺岁动画电影《喜羊羊与灰太狼之虎虎生威》自 2010 年 1 月 29 日全国公映以来,在各地掀起观影狂潮。据发行方介绍,该片首周末 3 天的票房达到 4350 万元,创下国产动画电影的新纪录。

2001 年,广州原创动力文化传播有限公司开始探索"喜羊羊与灰太狼"最初的剧本创意和形象设计;

2005 年,"喜羊羊与灰太狼"电视动画剧集陆续在全国 50 多家电视台热播,剧集投入约为 1000 万元,最高收视率达 17.3%;

2008 年,"喜羊羊与灰太狼"图书销售额已达 400 万元;与 Hello Kitty 合作伙伴玩具反斗城强强联手开发塑料玩具;与生产樱桃小丸子的童装公司建立合作关系;与杭州食品厂合作推出主题冰激凌,销售已过千万;

2009 年,由原创动力、SMG 及北京优扬文化传媒有限公司共同出品,三方投资共计 600 万元的第一部剧场版电影原创动画电影《喜羊羊和灰太狼之牛气冲天》(以下简称《牛气冲天》),首映日票房 800 万、周末 3 天票房收 3000 万,总票房超过 8000 万;衍生品已达十几种之多;500 多集动画登陆近 70 家电视台;大型动漫人偶剧《喜羊羊与灰太狼之记忆大盗》在上海、南京、杭州等 10 余个城市登台亮相。

2010 年,第二部剧场版电影《喜羊羊和灰太狼虎虎生威》(以下简称《虎虎生威》)与观众见面,用低幼视角与戏谑笔触直指社会问题,首周末票房突破 4350 万,春节档期票房不负众望地突破亿元大关。

从商业盈利与营销推广而言,"喜羊羊"已经成为了中国动漫产业当之无愧的领头羊。

作为动漫企业的重要盈利点,动画电影比同类型的电视片和图书具有更大的影响力,也是国外传媒娱乐集团和玩具企业进一步延伸产业链和获取商

---

① 参见苏乏:"《喜羊羊与灰太狼之虎虎生威》低龄包抄,营销至上",http://movie.douban.com/review/2949040

业价值的"杀手锏"。

《喜羊羊与灰太狼之虎虎生威》是由上海东方传媒集团(SMG)、广东原创动力文化传播有限公司和优扬传媒集团联合出品"喜羊羊系列"的第二部剧场版作品。动画片中,羊村世代居住的青青草原被野心勃勃的入侵者改造成主题乐园,甚至灰太狼一家的安乐窝也未能幸免被征收,"虎威太岁"仗势欺人乐得逍遥自在,喜羊羊们却迫为劳力饱经折腾备受关怀,为夺回失去的家园为不被列强鱼肉,喜羊羊和灰太狼双色合璧党外合作,远赴沙漠寻找守护万物的神秘图腾,此间青青草原的原住民们更机缘巧合经历了一番地底世界大冒险。

《虎虎生威》的创作意图与传播效果显示,"喜羊羊"显然不仅仅满足动画电影票房的收入。

1."低龄包抄,全家通吃"策略

娱乐至上、吸金为上的剧场版动画一般具有如下四个特征:1.人物矛盾简单,人物造型简单,人物逻辑简单;2.喜剧效果轻松,无负担不思量,仅供视觉暂留以供娱乐;3.具备一定的市场基础与口碑,尤以动画群体以往的观看、消费经验为参考;4.禀持"低龄包抄,全家通吃"原则,实为动画片营销的上上策。

"喜羊羊"2009年的剧场版绝非意外,早先数年业已打好群众基础,一茬一茬的电视动画剧集和周边产品早已是喜闻乐见的大众消费品。趁着市场渐具规模,2010年"喜羊羊"的成功或许也能起到抛砖引玉的作用,逐渐培养起来的观众也将在自身成长过程中萌生新的认知与需求,随之而来的便是更大商机,当然也会催生一些不乏思想深度和技术水平的佳作。

据悉,剧场版动画片《喜羊羊与灰太狼之××××(任意生肖填空)》以贺岁由头,今后有望年年奉上,喜羊羊的肥硕有目共睹。

2.三位一体的营销

较之2009年档期向前浮动10天赶着寒假伊始上映《牛气冲天》的攻心之举,2010年《虎虎生威》并未对《阿凡达》来势汹汹做以调档绥靖。"喜羊羊"掐指卜算过谁可能买单,为什么非买不可,以及怎么买才最称心如意逢人说项。

"喜羊羊"实至名归是胜在营销。《虎虎生威》在上海和北京的宣传十分到位,450个胶片加300多数字拷贝做到见者有份,歌手拉人气的方式虽不比08年《花木兰》Vitas、张靓颖、孙燕姿阵容强大,但以周笔畅的资质打榜也不逊色,而郑中基的加盟或许确然是在考虑白领及家长市场,不过耳目一新的尚属杨沛宜配唱的插曲。

延续《牛气冲天》的推广手法，《虎虎生威》除了立体立牌、海报、灯箱、刀旗、玻璃贴、地贴等影院宣传的黄金搭档，招贴、主题歌抢占各地 KFC 门店，儿童套餐亦有公仔赠送，而让人联想起旺旺大礼包的喜羊羊"大福袋"更可谓来势汹汹。自 2010 年 1 月 29 日上映开始 5 天内，在北京的 3 组人偶听候影院调遣。在 SMG 的强力支持下，

电影院中喜羊羊灰太狼人偶

《虎虎生威》借由"电视播出推广（On Air）、网络游戏互动（On Line）、地面活动参与（On The Ground）三位一体的商业模式，实现了'在播、在线、在场'的结合"。

"喜羊羊灰太狼"电影海报

88 分钟的动画电影能够产生多少经济效益？在迪斯尼，一部作品可以通过电影票房、贴片广告、院线广告、电视广告、付费电视、音像图书、音乐剧、冰上芭蕾、玩具等日化用具，乃至主题公园娱乐项目以及更为宽泛的版权交易获取收益，其制造的价值不可估量，"一个创意、多次利润"的模式正逐步本土化。

动画电影在市场上大受欢迎让众多动漫企业感到振奋。种种迹象显示，国产动漫以动画片这一传统产品作为促销工具，依托大量衍生产品获取丰厚利润的商业模式正在形成。同时，以虹猫蓝兔、喜羊羊与灰太狼等为代表的动漫形象也为国产动漫的崛起带来一线曙光。

（3）案例分析：结合下面这个案例，谈谈你对文化资源利用、文化创新与中国文化体制改革关系的看法。

大型山水实景演出《印象·刘三姐》①

广西壮族自治区首期投资 9600 万元的大型山水实景演出《印象·刘三姐》,于 2003 年 10 月 1 日正式公演。这是自治区文化产业重点工程——"漓江刘三姐歌圩"的项目之一。"漓江刘三姐歌圩"工程于 1998 年通过自治区计委立项,由桂林广维文华旅游产业有限公司分期投资 3.2 亿元建设。工程在"锦绣漓江风景区"内,包括刘三姐歌圩、山水剧场、阳朔东街、书童山休闲度假区等项目。

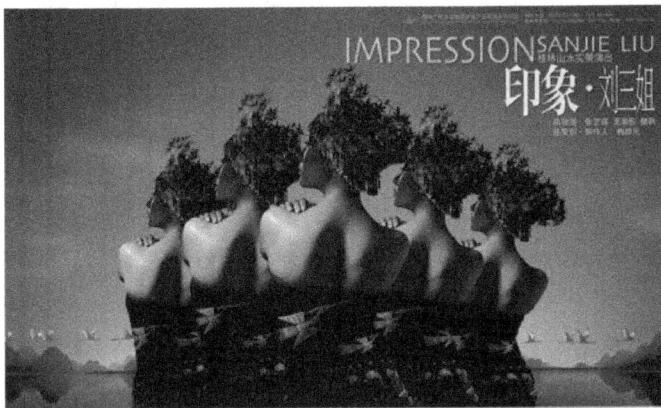

《印象·刘三姐》以方圆两公里的漓江水域为舞台,广袤无际的天穹形成自然幕布,巧借晴、烟、雨、雾、春、夏、秋、冬的自然景观,演绎着全新概念的"山水实景演出"。

《印象·刘三姐》的"山水剧场"坐落在漓江与田家河交汇处,与闻名遐迩的书童山隔水相望,种植有茶树、凤尾竹及大面积的草坪。园林里建了一幢近 4000 平方米的木古楼群,全部由少数民族的工匠手工建造,纯木结构,没有一颗铁钉,目前正在申请吉尼斯世界纪录。

观众席依地势而建,由绿色梯田造型构成,180 度全景视觉,可观赏江上两公里范围内的景物及演出。观众席设座位 2200 个,其中普通席 2000 个,贵宾席 180 个,总统席 20 个。

---

① 选自文化部文化产业司组织编写、王永章主编:《中国文化产业典型案例选编》,北京出版社 2003 年版,第 63~66 页。

舞台是方圆两公里的漓江水域,广袤无际的天穹形成自然幕布,背景图画是 12 座拔地而起的山峰。巧借晴、烟、雨、雾、春、夏、秋、冬的自然景观,展现漓江不同的神韵。白色印象的梦幻漓江、红色激情的欢乐漓江、银色画境的烟雨漓江、金色圣诗的锦绣漓江,色彩的魅力在此被挥洒得淋漓尽致。600 多名演员的强大阵容,以及宏伟壮观的演出场面,演绎着全新概念的"山水实景演出"。"刘三姐"的经典山歌、广西的民族风情、漓江游船渔火等元素,构成天人合一的美妙境界。在整个大约 60 分钟的演出时间里,将艺术性、民族性、震撼性融为一体,是一次演出的革命,一次视觉的革命。

一、走文化产业与旅游结合的新路子

这场大型桂林山水实景演出自与国内外观众见面以来,就作为广西文化的重点项目、桂林民族文化的景点走进了广西的文化旅游。

桂林山水的重要组成部分是阳朔的自然水光山色。阳朔是中国的旅游名县,素有"阳朔风景甲桂林"的美誉。凡是游览桂林的客人 80% 要到阳朔。这里喀斯特地形地貌奇特,峰林、峰丛、清江、溶洞、田园、古民居构成独具特色的风情画卷,吸引了众多西欧、美国以及港澳客人到阳朔度假休闲。20 个世纪60 年代在国内外产生轰动效应的电影《刘三姐》,对旅游者来说有着巨大的"磁力效应",把尽人皆知的旧电影变成以自然山水为实景的大型民族音乐剧《印象·刘三姐》,是一种艺术的再度创作。《印象·刘三姐》选址在地处青山绿水的"仙境"——刘三姐歌圩。同时,与演出配套的有停车场、餐饮、洗浴、出租自行车、登山、攀岩、泥浴、逛东街西街等项目。文化与旅游紧密结合,对于推广广西山水风光旅游和民族文化旅游品牌有着积极的意义。目前《印象·刘三姐》演出项目已与 60 多个国家和地区签约,并把观赏《印象·刘三姐》纳入桂林旅游的行程。明年,桂梧高速公路接通后,阳朔将会成为广州、珠江三角洲地区人们游桂林的第一站。这个项目对阳朔、桂林乃至广西的文化产业、旅游业及经济的发展将起到很好的推动作用。

二、运用政府扶持、市场主导、企业运作的新机制

广西壮族自治区领导和有关部门重视支持"漓江刘三姐歌圩"工程及《印象·刘三姐》项目。在项目进展过程中,自治区党委、政府的有关领导不仅多次亲临现场考察,还对每一个阶段都给予指示。几年来,有关部门组织专家反

复评估论证,协调相关部门对该项目进行考察和评审。据不完全统计,自治区和桂林市以及阳朔县的计委、文化、旅游、环保、建设、交通、银行等部门为该项目下发文件近百个。桂林市旅游局将此项目纳入自治区旅游重点项目,并将其列为来桂旅游团队必选的重要内容之一。文化厅厅长容小宁为项目多次与各级领导和有关部门沟通,协助解决具体问题,为项目的顺利实施搞好服务。由于扶持力度大,措施得力,尽管该项目在运作中几次遇到挫折,但总体进展没有受到过多影响。

在整个项目运作中,自治区政府只投入 20 万元作为前期费用,其余投资全部都是由企业根据需要,采取市场化方式运作的。项目投资及资金来源分别有:国家政策性扶持资金、民营公司投入股份资金和品牌的无形资产投资。项目总投资 3.2 亿元,投资建设的主体是桂林广维文华旅游文化产业有限公司。

三、探索资源整合、强强合作的新方式

《印象·刘三姐》项目将美丽的桂林山水风光、闻名遐迩的民族文化品牌、著名艺术大师进行整合,努力打造世界级的民族文化艺术精品。项目汇集了国内强大的创作队伍。由张艺谋担纲,国家一级编剧梅帅元任总策划、制作人,同时邀请两位年轻的导演王潮歌、樊跃以及刘彤、程池、曾力、易立明、邹游、李源等音乐制作、舞美设计、灯光设计和服装设计等方面的艺术家。在演出方面,邀请王菲、齐秦、刘欢、阿里郎、刘彤、程池、窦唯、孟可、苏聪、妮南等著名音乐人加盟。

这场演出不仅仅是众多艺术家的集合,还是不同艺术风格的集合,丰富多彩的艺术形式将剧目烘托得淋漓尽致。如演出中除保留电影《刘三姐》的原唱段外,还融入了王菲、齐秦的唱段,使纯粹的、本原的民歌旋律在现代演绎中有了新的表达。多达 600 人的庞大演出阵容都不是专业演员,其中 400 名是当地渔民,因为只有当地渔民才能把竹筏使唤得服服帖帖,使水面上的造型和场面绚丽壮美、堪称一绝。在剧目演出和山水剧场的建筑方面,引进现代科技手段,投入巨资建造了目前国内最大规模的环境艺术灯光工程及视觉、烟雾效果工程,在 1.654 平方公里水域的舞台上,呈现出震撼心弦、如诗如梦的视听效果。演出中的烟雾系统是抽漓江水制作的,不仅不污染,而且增加了负离子。灯光、音响系统不仅保证整个视听效果,而且采用隐蔽式设计,与环境融为一体。水上舞台全部采用竹排搭建,不演出时可以拆散、隐蔽,对漓江水体及河

床不造成影响,江面上白天依然是波光粼粼。园区工程由清华大学建筑学院设计,充分体现了"绿色艺术、环保先行"的建设理念。

四、不断完善产业链,增强项目规模效应

把演出作为龙头项目延伸带动其他项目开发、升值,是《印象·刘三姐》项目的经营模式。山水剧场白天是山水,晚上是剧场,有很大的附加值。现在周边的房地产持续增值,相关活动接踵而至。如宝马公司在这里搞了一个产品发布,剧场一次就收入几百万,其他化妆品、服装等著名品牌也在这里进行发布。还有音乐项目正在与华纳集团等一些大的跨国公司洽谈合作意向,一旦出品又可产生新的效益。加上照相、放乐曲、点柚子灯、摊点等经营活动以及停车场、餐饮、足浴、桑拿等配套工程,形成了一条比较完整的文化产业链。

《印象·刘三姐》还拉动了宾馆、运输业和其他服务业,给阳朔创造了500多个就业机会。

参考文献

1. 彼得.杜拉克著：《非营利机构的经营之道》,余佩珊译,远流出版社,2000。

2. 毕佳、龙志超编著：《英国文化产业》,北京：外语教学与研究出版社,2007。

3. Brian Kahin/Hal R. Varian 编著：《传媒经济学》,上海：中信出版社,2003。

4. 布尔迪厄《文化资本与社会资本》,包亚明译《布尔迪厄访谈录：文化资本与社会炼金术》,上海：上海人民出版社,1997 年

5. Colin Hoskins 等：《全球电视和电影产业经济学导论》,北京：新华出版社,2004。

6. 恩斯特·卡西尔《人论》,上海：上海译文出版社,1985。

7. 弗朗索瓦·科尔伯特著：《文化产业营销与管理》,高福进等译,上海：上海人民出版社,2002。

8. 孔正焉：《WTO 与中国文化产业政策》,中央党校出版社,2001。

9. 范中汇：《英国文化管理》,北京：文化艺术出版社,2001。

10. 方明光主编：《文化市场与营销》,上海：上海人民出版社,2003。

11. 弗罗里达《创意新贵》,台湾：宝鼎出版社,2003。

12. 花建等著：《文化产业竞争力》,广州：广东人民出版社,2005。

13. 花建等：《文化金矿》,北京：海天出版社,2003。

14. 赫斯蒙德夫《文化产业》,北京：中国人民大学出版社,2007。

15. Harold L. Vogel：Entertainment Industry Economics—A Guide for Financial Analysis (Fifth Edition)：北京：清华大学出版社,2002。

16. 侯聿瑶著：《法国文化产业》,北京：外语教学与研究出版社,2007。

17. 胡正荣：《媒介管理研究》,北京：北京广播学院出版社,2000。

18. 黄升民、丁俊杰：《国际化背景下的中国媒介产业化透视》,北京：企业管理出版社,1999。

19. 胡惠林著：《文化产业发展与国家文化安全》,广州：广东人民出版社,2005。

20. 胡惠林、李康化主编：《文化经济学》,上海：上海文艺出版社 2003。

21. 胡宇辰：《产业集群支持体系》,北京：经济管理出版社,2005。

22. 胡正荣：《媒介管理研究》,北京：北京广播学院出版社,2000。

23. 菅谷实《美国传媒产业政策——电信和广播的融合》,北京：中国经济出版社,1997。

24. B. Josehp Pinei II/James H. Gilmore：《体验经济》，北京：机械工业出版社，2002。

25. 江明修著：《第三部门　经营策略与社会参与》，台北：智胜出版社，2000。

26. 江蓝生、谢绳武主编《2001—2002 年中国文化产业蓝皮书》，北京：社会社会科学文献出版社，2002。

27. 姜锡一（韩）赵五星编著：《韩国文化产业》，北京：外语教学与研究出版社，2009。

28. 金元浦主编《文化研究：理论与实践》，郑州：河南大学出版社，2004。

29. 康芒斯：《制度经济学》，北京：商务印书馆，1997。

30. Kermally：《信息时代的经济学》，南京：江苏人民出版社，2000。

31. The Battle of Symbles：Global Dynamics of Advertising, Entertainment and Meeia, by John Fraim, Daimon Verlag 2003.

32. 赖因哈德·莫恩：《合作制胜——贝塔斯曼的成功之道》，北京：华夏出版社，1997。

33. 李岚：《中国电视产业评估体系与方法》，北京：华夏出版社，2004。

34. 李思屈：《数字娱乐产业》，成都：四川大学出版社，2006。

35. 李思屈：《东方智慧与符号消费》，杭州：浙江大学出版社，2003。

36. 李思屈等：《广告符号学》，成都：四川大学出版社，2004。

37. [美]理查德·E.凯夫斯著，孙菲等译：《创意产业经济学—艺术的商业之道》，北京：新华出版社，2004。

38. 林拓等主编：《世界文化产业发展前沿报告》，北京：社会科学文献出版社，2004。

39. 刘李胜：《中外支柱产业振兴之路》，北京：中国经济出版社，1997。

40. 陆扬、王毅《大众文化与传媒》，上海：上海三联书店，2000。

41. 刘玉珠、柳士发：《文化市场学》，上海：上海文艺出版社，2002。

42. 刘玉珠、金一伟主编：《WTO 与中国文化产业》，北京：文化艺术出版社，2001。

43. 迈克尔·波特著《竞争优势》，陈小悦译，北京：华夏出版社，1997。

44. 闵大洪《数字传媒概要》，北京：复旦大学出版社，2003。

45. 祁述裕主编《中国文化产业国际竞争力报告》，北京：社会科学文献出版社，2004。

46. 彭永斌：《传媒产业发展的系统理论分析》，昆明：西南财经大学出版社，2004。

47. 钱志新著《产业集群的理论与实践》，北京：中国财政经济出版社，2004。

48. 薛晓明，曹荣湘主编《全球化与文化资本》，北京：社会科学文献出版社，2005。

49. Samuel P. Huntington：《文明的冲突与世界秩序的重建》，北京：新华出版社，2002。

50. [美]Samuel P. Huntington/Peter L. Berger 主编：《全球化的文化动力》，北京：新华出版社，2004。

51. Shankleman, L.K.：《透视 BBC 与 CNN：媒介组织管理》，北京：清华大学出版社，2004

52. 申维辰主编《文化产业创新与发展专家谈》，太原：山西人民出版社，2004。

53. 孙有中等编著：《美国文化产业》，北京：外语教学与研究出版社，2007。

54. 施密特：《娱乐至上：体验经济时代的商业秀》，北京：中国人民大学出版社，2004。

55. 唐任伍、赵莉《文化产业：21 世纪的潜能产业》，贵阳：贵州人民出版社，2004。

56. 王仲尧著:《文化市场与管理》,哈尔滨:黑龙江人民出版社,2002。

57. 吴季松:《知识经济:NEW TRENDS OF 21ST CENTURY SOCIETY KNOWLODGE ECONOMY》,北京:北京科学技术出版社,1998。

58. [美]沃尔夫:《娱乐经济》,北京:光明日报出版社,2001。

59. 王永章主编:《中国文化产业典型案例选编》,北京:北京出版社,2003。

60. 夏大慰主编:《产业组织:竞争与规制》,上海:上海财经大学出版社,2002。

61. 谢名家:《文化产业的时代审视》,北京:人民出版社,2002。

62. 叶朗主编:《(2004)中国文化产业年度发展报告》,长沙:湖南人民出版社,2004。

63. 叶取源等主编:《中国文化产业评论(二)》,上海:上海人民出版社,2004。

64. 叶取源等主编:《中国文化产业评论(一)》,上海:上海人民出版社,2003。

65. 尹鸿、李彬主编:《全球化与大众传媒》,北京:清华大学出版社,2002。

66. 余敏主编:《2003—2004中国出版业状况及预测》,北京:中国书籍出版社,2004。

67. 喻国民、张小争著:《传媒竞争力》,北京:华夏出版社,2005。

68. [美]约翰·费斯克著:《理解大众文化》,王晓珏、宋伟杰译,北京:中央编译出版社,2001。

69. 张晓明、胡惠林、章建刚主编:《2005年中国文化产业发展报告》,北京:社会科学文献出版社,2005。

70. 张晓明、胡惠林、章建刚主编:《2004年中国文化产业发展报告》,北京:社会科学文献出版社,2004。

71. 张晓明、胡惠林、章建刚主编:《2003年中国文化产业发展报告》,北京:社会科学文献出版社,2003。

72. 张晓明、胡惠林、章建刚主编:《2006年中国文化产业发展报告》,北京:社会科学文献出版社,2006。

73. 张雷:注意力经济学,浙江大学出版社,2002。

74. 张荐华:《欧洲一体化与欧盟的经济社会政策》,北京:商务印书馆,2001。

75. 赵子忠:《内容产业论》,北京:中国传媒大学出版社,2005。

76. 张维迎:《博弈论与信息经济学》,上海:上海三联出版社,1996。

77. 赵曙光、史宇鹏:《媒介经济学》,长沙:湖南人民出版社,2003。

78. 周振华:《信息化与产业融合》,上海:三联书店、上海人民出版社,2003。

79. 国家计委编:《中国产业发展报告(蓝皮书)》,1997—2000。

80. 《英国政府通讯白皮书》:中国法制出版社,2002。

81. 成都文化产业发展报告编委会:《2005年成都文化产业发展报告》,成都:成都时代出版社,2005。

82. 联合国教科文组织编:《世界文化报告(1998)》,北京:北京大学出版社,2000。

83. 国家信息中心中国经济信息网编著:《CEI中国行业发展报告——图书出版发行业》,北京:中国经济出版社,2004。

84.武汉大学媒体发展研究中心等《中国媒体发展研究报告》,武汉:武汉大学出版社,2005。

网站

法国文化交流部官方网站:www. culture. gouv. fr/culture/regions/role. htm

英国文化、传媒、体育部官方网站:www. culture. gov. uk